淮海战役史料汇编 ⑧

追忆卷 上

淮海战役纪念馆 编

国家图书馆出版社

《追忆卷》前言

为了进一步弘扬老一辈无产阶级革命家的丰功伟绩，客观真实地反映淮海决战时参战的国、共双方在精神状态、军事布署、后勤保障等方面的实际情况，并及时向社会展现淮海战役纪念馆近几年的研究成果，特别编撰本书。

书稿由四部分组成。第一部分"热血年华"，主要由参加过淮海战役的老战士描绘亲身经历的那段峥嵘岁月，文章涉及战斗场面、战地生活、人民支前、新闻报道、后勤保障、医疗、文艺创作等方面，计74篇。编排时按照中原野战军在前，华东野战军在后，以纵队为序进行排列。第二部分"生命光辉"，由参战老战士的家属、子女、亲朋以及战友执笔，记述了淮海战役时发生在老战士身上的，能够展现老战士风格、风貌、气质和气节的故事性文章，计18篇。第三部分"历史留言"，选编了曾参加过淮海战役的国民党军将领与士兵的一些回忆性文章，从不同侧面反映出国民党军对淮海战役的认识，计10篇。第四部分"天地长存"，由编者执笔，介绍了为纪念淮海战役的伟大胜利而建设的一些纪念碑、纪念馆、纪念地等，以求把淮海战役的精神永远传播与发扬。

书稿大部分来自为了编撰本书的约稿，小部分为淮海战役纪念馆的馆藏资料，如淮海战役胜利60周年的纪念性文章等。同时，为了充实与丰富图书的内容、全面反映淮海战役的历史，还选编了阵地日记和后人对淮海战役的研究文章。书中使用的图片全部由淮海战役纪念馆提供。

由于受研究水平和资料的制约，书中难免有错漏之处，敬请读者朋友提出宝贵意见！

编　者

2013年3月

目录

第一篇

热血年华

配合华野阻击黄维兵团

——忆西淝河阻击战

辛运和

淮海战役第一阶段的张公店战役中，三营七连伤亡较大，第二天补充俘虏后又扩充为100多人的连队，整编为13个班，我正式被任命为文化干事，正排级。我部只用了一天的诉苦教育就开向了淮海战役第二阶段的战场。

这时，华野歼击黄百韬兵团已处最激烈、最关键的时期，为了解救黄百韬兵团，奉蒋介石之命，国民党军第十二兵团黄维部正由河南确山急急忙忙地赶赴淮海战场。

11月15日，第一纵队行进到宿县以西约3华里处，我中野三纵、九纵已开始向宿县发起总攻。有位同志说："我们可能是预备队。"一位领导同志回答："野司首长看得起我们一纵，硬仗还给我们留着的。"话刚说完，一个骑兵通讯员飞马来到二团首长面前："报告团长，黄维兵团正在阜阳一线北上，上级命令一纵在蒙城设防，旅里命令你团先头阻击部队于明日上午10时赶到西淝河，确保华野全歼黄百韬兵团。"王副团长转身问："参谋长，西淝河离我们有多远？""可能有一百六七十里，阜阳离西淝河约六七十里。"参谋长估摸着回答着、分析着，团长沉默几秒钟说："啊，我距西淝河比敌人远两倍，这又要同敌人进行田径比赛了。命令各营加速行进，争取明天上午10时到达目的地。"我团奉命迅速穿过两条河流和蒙城县城，直奔西淝河，于16日上午10时先于国民党军到达。此时，未见国民党军踪影，大家心中放下了一块石头。此阵地是阚疃集，阚疃集的南边200米处就是从西北流向东南、满河长着白花花的一二丈高的芦苇的西淝河，下游200米处是一个木板桥，是行人必经之道。上游100米处一片沼泽地带。开始我们就在此段河北岸挖好了工事，经上级首长查看认为：国民党军不会从此过河，决定转移在我们左侧一块麦地边，重挖工事。太阳快落山了，大家又饥又渴，汗水打湿了衣服，可并没有怨言，连夜赶挖工事。

我提干后，还没有分配具体工作任务，指导员总是鼓励我说："你工作不错，好好干吧。"可我心中总想多为连队做些事。借着月光，李志富副连长发现河中芦苇长得高，有碍射击，决定把芦苇打断一些。我主动报名和通讯员小李下河打芦苇。进入河中，突然发现一只小木船，我们一边打芦苇，一边摇动船，正在忙碌中，突然河北岸我们阵地上嗒嗒的机枪响了，我们认为是国民党军从河南岸过来了，聚精会神地观察四周动静时，听到李志富副连长喊道："谁叫你们打枪的？那是文干他们在打芦苇。"机枪班长说："我们不知道，还以为是敌人钻进了芦苇中。"我们险遭误伤。

当夜，大家宿在战壕里，背包不能打开，背靠背抱枪而眠，尽管天气已冷，北风呼啸，阵地上的战士们却没有发出一点声音。

临阵的伙食不错。一大早，炊事班张班长就送饭来了，他一面走一面喊道："同志们开饭了，白面油饼，大白菜汤，吃饱喝饱才能打胜仗。"战士们睁开疲惫的眼睛，把双手在冰水里沾后往脸上抹了几下，就算洗了脸。

中午，连里杀了一头猪，白面馒头，大块肥猪肉，比平时伙食更好，魏指导员乘机作了战地动员："今天，我们当面之敌是国民党第十二兵团十八军十一师，是我们的死对头，黄维可能又命它打前站，我们要发扬连续作战不怕牺牲的精神，完成阻击任务，配合友邻部队打好淮海战役的胜仗，共产党员、革命干部要发扬冲锋在前、轻伤不下火线的顽强精神……"

指导员话毕，爱说笑话的小炮班班长米文和说："打好这次阻击仗，我们首先要感谢司务长和张班长。"一班战士舒同志说："你不要说了，张公店战役两天没吃到饭，歼灭了一八一师，活捉了你'哥'米文和（国民党军第四绥靖区副司令官兼一八一师师长。——编者），老子这次有白面馒头，打了牙祭肚子饱了，敌人有翅膀也别想飞过去。"一排机枪班副班长释必金说："是英雄是好汉，打响了再看。"此时，战士们的情绪都十分高昂。

约十几分钟后，哨兵报告：河对面村内跑出来3个人，径直向我们阵地方向跑来。是什么人？可以肯定不是国民党军。不是我们的人，就是老乡。为什么老乡跑得那么快呢？一定有人在追他，大家一面吃饭一面分析着。连长和指导员预料到战斗将要打响，马上命令："抓紧时间吃饭。"不久，这3个人跑入了我们阵地，果然是我们团侦察员，才知国民党军已进入对面村子。这个村子离我们阵地前沿河边约 400 米，沿途有十几个断续坟包，是国民党军进攻的好路线。

不到半小时，对面村子出来几个鬼头鬼脑的家伙，向我军阵地东张西望一阵，一个家伙好像在指手画脚地说着什么，又缩回了村子，一切迹象表明国民党军先头部队已经到达，一场激烈的战斗即将打响。热腾腾的白面馒头、香喷喷的大肉正吃着，国民党军的飞机从头上飞来侦察，地面炮弹落在了我们的阵地上以及后面 200 米处的小集镇。"伙计，不能吃了，准备吧。"李副连长和魏指导员打招呼后就出去了。指导员扭头对通讯员说："马上通知各排立即进入阵地，准备战斗。"在这千钧一发之际，李副连长命令："同志们，一定要听从指挥，不到 30 公尺不准射击！放敌人到河边再打！步兵班要做好反冲锋的准备。"指战员们沉着地经受着国民党军炮火轰击。只有炮兵连长蹬上一棵小树，用望远镜观察国民党军军情，指挥 3 门八二迫击炮打击对面小村南边国民党军的集结地。

国民党军轰击约 20 多分钟，只见一个连的国民党军，通过小坟包试探性地上来了，逐渐进入我军的打击距离，李副连长一声令下："打！"轻重机枪一齐开了火，杀伤大量国民党军，幸存的逃了回去。

不到一小时，国民党军约一个营的兵力，在炮火掩护下又冲了上来，他们炮火更加猛烈，我军营重机枪掩体的土被炸得四处飞扬，勇敢的战士们未等敌人步兵上来，冒着他们的炮火把土覆了上去。这时，几百名国民党军沿着坟包冲了上来，很快冲到三四十米处，我军轻重机枪又一齐响了，打得敌人不敢抬头。国民党军官端着枪喊着："不冲就打死你。"怕死的国民党军一下拥到了河边，甚至有的下了河，个别敌人到了河北岸。霎时，我军一排手榴弹掷了出去。敌人死伤惨重，只有少数顽抗，离我军阵地有十几米。七连手榴弹基本用完了，二排长带伤夺过机枪射手的轻机枪，跃出工事冲向敌人，被连长喊了回来，关心地说："不要着急，能不拼就用火力杀伤，要保存自己，不得已才和敌人拼刺刀。"许多解放战士十分感动，认为解放军十分爱护士兵。

为了预防敌人再次发起冲锋，连长叫我到营里报告敌情，请求支援手榴弹。我跳出战壕冲过敌军火力封锁线，看到赵营长正在指挥所向团里打电话。我十分着急地简要向其作了汇报，又回到了连里。团里很快送来了两箱手榴弹。

敌军两次冲锋仍以失败告终，改为晚上进行偷袭。天刚黑，板桥对面"嘟"一声长号声响了，一群国民党军从我们阵地左边木板桥上喊着杀声，胆战心惊地冲过来了。七连同志们对防守的九连一枪未发十分气愤，"九连干什么吃的？竟然一点动静也没有。"大家七嘴八舌地议论着。我也很纳闷，不知道上级有什么安排。

　　敌军过河后进了村庄怕被我军消灭，点燃了村周围老乡的谷草，火光照得满地通红。正在大家着急的时候，营部通讯员传令："报告连长，六纵已全部过沱河绕到敌人后尾，为诱敌深入，上级命令你连立即撤出阵地，作战略转移。"同志们这才恍然大悟，怨气全消，内心佩服刘邓首长指挥英明。

　　　　　　　　　　　　（作者时任中原野战军第一纵队一旅二团三营七连干事）

中野三纵鏖战双堆集

郑国仲

双堆集，位于浍河、淝河之间，距宿县西南 25 公里，距徐州 80 公里，是由东西马围子、大王庄、吴庄、杨围子等 40 个村子组成的平原地区，有利于大兵团展开作战。在宿县战斗结束后，刘、陈、邓首长便总览战役全局，定下了设伏引诱国民党军围歼黄维兵团的作战方案。

黄维兵团是蒋介石嫡系中的精锐部队，辖十军、十四军、十八军、八十五军和第四快速纵队，共约 12 万人，装备精良，有较强的战斗力。其中，十八军是陈诚一手培植起来的，全为美械装备，各级军官是清一色军校毕业生，受法西斯教育较深，号称蒋军"五大主力"之一。他们自恃装备好、运输车辆多、机械化程度高，骄横跋扈，不可一世。如果再让这样一支力量投入徐州东线作战，其影响是十分明显的。为了拖住黄维兵团，配合华东野战军歼灭黄百韬兵团，刘司令员命令仅两三万人的中野二纵、六纵和陕南十二旅等部对黄维兵团进行追击作战，咬住国民党军，迟滞其前进。那一段时间，正值连日阴雨，给部队行动带来很大困难。人民解放军追击部队由西向东日夜兼程前进，一路上几乎和一年前千里跃进大别山时相似，依旧是一道河流又一道河流，一条泥泞道路又一条泥泞道路。但大的方面却有了根本的变化。去年今日向大别山进军，沿途不断受到反动保安团的火力"欢迎"和"欢送"，今年今日却走在解放了的土地上，到处有人民的政权、人民的地方武装、人民的全力支援。国民党军的情况却反了过来，一路上遇到的是破桥、破路，不断受到人民解放军野战军部队、地方武装和广大民兵的追击、侧击和迎击，真是江山依旧，人事全非了。因此，尽管人民解放军遇到了很多困难，几天行军作战下来，很多同志的米袋空了，鞋子磨穿了，脚板上打了一个又一个血泡，但大家士气很高，纷纷提出"开动我们的'十一'号，赶过敌人的车轱辘"、"拖住黄维兵团就是胜利"等口号，甘愿忍受饥饿和疲劳，奋不顾身地追赶敌人。黄维兵团的 12 万人马，刚出发的头两天，每天尚能前进 80 里，但在解放区沿途军民不断牵制和袭扰下，前进速度越来越慢。有时，仅仅因为一座小小的桥梁被破坏，不得不一停就是几个小时。

华野主力 11 月 19 日傍晚起对碾庄圩黄百韬兵团发起总攻。黄维和李延年两部在人民解放军的牵制下行动极为迟缓，四天仅前行 15 到 30 公里。黄百韬兵团连连呼救，黄、李援兵却鞭长莫及，无法增援。蒋介石原指望黄、李两兵团能改变黄的处境，这下全落空了。22 日，黄百韬兵团全部被歼，淮海战役第一阶段的任务胜利完成。

黄百韬兵团被歼后，守备徐州的国民党军惊恐万状，迅速将邱（清泉）、李（弥）、孙（元良）兵团紧缩徐州。黄维兵团为了摆脱不利态势，也急于向徐州靠拢。黄维兵团在先后渡过涡河、浍河以后，直向浍河扑来，11 月 22 日清晨向人民解放军南坪集阵地猛攻，气焰十分嚣张。根据这一情况，刘伯承、陈毅、邓小平等首长作了一个大胆的部署，决定在浍河北岸让出一大片地方，将国民党军诱入人民解放军预设在宿县西南的袋形阵地以内，然后集中兵力围歼之。

中央军委很快便批准了总前委的建议，认为歼击黄维兵团的主客观条件已经具备，决定以中原野战军主力担任歼灭黄维兵团的任务，并指令华东野战军派出必要兵力参加这一作战。军委还明确指出："情况紧急时，一切由刘、陈、邓临机处置，不要请示。"此时，中野各纵队中，除四纵、九纵和六纵比较充实外，其余

▲ 中野某部乘黄维兵团收缩之机，展开猛烈攻击，收缩包围圈

几个都不满员，总兵力约 12 万人，与黄维兵团的兵力是 1∶1，但武器装备却比他们差多了，要打这样的大仗，实在很困难。但当时中野部队从上到下，对歼灭黄维兵团的决心很大。邓小平政委说："只要歼灭了南线的敌军主力，中野就是打光了，全国各路解放军还可以取得全国胜利，这代价是值得的！"

根据总前委的统一部署，人民解放军主动放弃了浍河沿岸的南坪集，引诱国民党军深入。此举给国民党军造成很大错觉，在强渡浍河之后，大摇大摆，如入无人之境。当其发现人民解放军的战略意图后，为时已晚。刘、陈、邓首长当即命令九纵及豫皖苏军区独立旅、一纵、二纵、三纵、四纵分由东、西、北三面出击，六纵、十一纵再从南面坚决堵住国民党军的退路。至 25 日晨完成了对黄维兵团的全面包围，将黄维兵团围困于宿县西南双堆集，就此，摆开了歼灭该兵团的战场。

三纵按野司的命令，在陈锡联司令员的指挥下，命八旅 25 日晚以二十二团、二十三团分路向南坪集以西之小戴庄、汴家庄猛插。在周大庄、小陈家遇到国民党军十八师二十五团掩护其主力后撤。国民党军在坦克的配合下，对人民解放军实施堵击。人民解放军二十二团、二十三团打得非常艰苦，国民党军几次猛扑均被击退。八旅两个团乘机追击，以浴血搏斗，终于攻占了周大庄、小陈家、丁庄、王庄。二十三团在攻进王庄时缴获美式野炮一门，俘虏国民党军一部。为了包围国民党军，人民解放军边出击边构筑工事。战士们说："平原作战可不像山地作战，必须修筑工事作为掩体。"淮北这地方现在是天寒地冻，滴水成冰，给修筑工事带来了不少困难，战士们用洋镐刨、铁锹挖，汗流浃背，手上磨起了血泡，也不叫一声苦。他们为的是彻底打败蒋介石，推翻三座大山，解放全中国，使人民过上和平、美满、幸福的生活。

人民解放军十九团三营十连阎世华排为了配合旅的作战，顽强阻击国民党军以坦克配合的一个营的兵力进攻，他们一面沉着抵抗，一面英勇机智地在村落周围用高粱秆燃烧许多堆火，国民党军坦克不敢前进，只好逃窜。

从 11 月 24 日起，连续激战四天，黄维兵团被人民解放军压缩于东西马围子、大王庄、吴庄、双堆集、杨庄、杨围子等十几个村内。国民党军陷入包围后，一看形势不妙，便调集 4 个主力师在飞机、坦克掩护下，企图冲破人民解放军的包围。国民党军向东、南突围，均遭人民解放军友邻部队的痛击而宣告失败。此时，廖运周将军又率领 3 个团于 27 日 2 时在双堆集以东地区起义，给国民党军政治上以很大的打击。国民党军被迫重新调整部署，龟缩于以双堆集为中心的纵横约 10 余里的狭小地区，固守待援。并不断以两三个团或是一两个营的兵力向外出击，反包围，企图夺回失地。人民解放军分析，黄维急于向徐州靠拢，妄图改变其不利地位，突围几次不成，只有就地固守待援。人民解放军从此由进攻战转为阵地作战。纵队命令部队撤出对东西马围子的攻击，重新调整了部署，研究了阵地作战的战法。

刘、陈、邓首长来电指示："坚决持久围歼敌人，攻占一村巩固一村，逐步紧缩包围圈，消耗敌人，以达到最后聚歼国民党军的作战方针。"纵队已形成了包围歼灭国民党军的态势。于是，陈锡联司令员命令各旅集中准备，以东西马围子国民党军为重点攻击，以持久地把国民党军围住，先消耗他们，然后达到聚歼的目的。要求部队日夜开展大规模的土工作业，把战壕挖到他们阵地前沿，利用工事为进攻出发阵地，利用交通壕减少伤亡，首先挖成线沟，尔后逐步向前延伸，由卧姿、跪姿挖成立姿和 1.5 米深的交通壕及各种掩体，伸到距国民党军近五六十米处，构成纵横的工事，连通为攻防兼备的阵地。

至 12 月 2 日，部队经过连日的作业和紧张的战斗后，比较疲劳，有些同志产生了急躁情绪。针对这一情况，我们责成各级领导，引导大家回忆过去，总结经验，讲清任何一次战斗是先打开局面困难，最后聚歼敌人容易的道理。进行了周密的战斗准备，不打无把握之仗，防止一冲了事的轻敌急躁情绪。这时，纵队和旅团政治机关根据阵地战的特点，积极开展战场立功运动和战地文娱活动，印发战地传单，宣传好人好事，频传各方面的胜利消息，激励战士杀敌的士气。政工人员深入第一线，实事求是地开展政治工作。通过宣传教育和开展各项活动，部队情绪空前活跃，掀起了杀敌立功竞赛的热潮。大家想办法、献计策，总结出国民党军坦克有"七怕"，即怕火烧、怕沟大、怕夜战、怕靠近、怕履带断、怕离步兵、怕炸药包。国民党军地堡有"五怕"，即怕夜攻、怕炸药包、怕手榴弹、怕战斗群队、怕火力轰击。

12 月 3 日，战役进入阵地歼灭阶段。为了迅速歼灭该团，刘、陈、邓决定采取全线有重点的攻击，并根据国民党军的防御态势，以陈赓同志指挥四纵、九纵及十一纵、独立旅为东集团，先攻双堆集以东之沈庄、杨围子、李围子、郭庄之国民党军；以陈锡联同志指挥一纵、三纵及华野十三纵为西集团，歼灭东西马围子、平谷堆、大王庄、周庄、后周庄之国民党军；以王近山、杜义德同志指挥中野六纵、华野七纵为南集团，歼灭双堆集以南之国民党军。待各集团得手后再视情况总攻双堆集。

正当刘、陈、邓命令各部队重点攻击国民党军的时候，十二兵团副司令胡琏（兼十一师师长）亲自指挥 4 个团的兵力，向人民解放军九旅二十六团杨大庄阵地发起攻击。国民党军先以飞机 10 余架、坦克

▲ 总攻双堆集，解放军南集团负责人华野参谋长陈士榘（左）和中野六纵司令员王近山

12 辆，集中大量炮火，实施狂轰滥炸，瞬间把解放军工事大部填平。当日 9 时许，国民党军逼近二十六团一营阵地前，用美式装备的大炮、飞机、坦克联合轰击，并用汽油弹使一营阵地布满了弹火硝烟。战士们跟国民党军英勇拼杀一个多小时，上下联系也中断了。但一营长不畏国民党军的飞机、坦克和炮火，指挥着全营战士沉着应战，坚守阵地。国民党军的步兵虽仗着是嫡系和美式装备，但在人民解放军的英勇抗击下也不敢轻易冒进了。

▲ 国民党第十二兵团副司令官胡琏

10 时许，国民党军第十八军十一师及第十军一部由大王庄、马围子兵分三路北犯，向我二十六团二营阵地攻击，被人民解放军阻于阵地前，双方成胶着状态。国民党军来自大王庄十一师的第一梯队约一个多团兵力，分两路猛扑人民解放军一营阵地，其左路由人民解放军一营、二营结合部插入，向人民解放军九连猛攻未逞，其右路在坦克的掩护下，倾全力突击我一营阵地中部。此时，一营营长和教导员已感恶战来临，立即号召全营"坚守阵地，决不让黄维兵团从北面跑掉"。营长、教导员指挥并带领全营干部战士从阵地上一跃而起，冲向国民党军，与其展开了短兵相接的激烈搏斗。混战中，一次、二次、三次，一次比一次凶猛，米袋子装的炸

药包，本是专炸坦克和铁丝网用的，在此时对国民党军步兵也用上了，炸死一堆又一堆。刘长胜营长、李先志教导员高喊着口号鼓舞着士气，要战士们用刺刀拼杀，留下炸药炸国民党军的地堡，殊死的斗争持续 20 分钟，国民党军不得不增兵。20 分钟后，国民党军大量步兵楔入人民解放军阵地中部，后续部队亦陆续赶至。此时，坚持下去对人民解放军不利，解放军一营在完成消耗国民党军战斗力的任务后遂主动撤到村沿二线阵地。国民党军随即以坦克五六辆从解放军中线结合部迂回杨大庄村北，步兵则跟从绕至村东向村内猛攻，原被阻于九连阵地之前的国民党军亦乘机以一部转至我村南攻击。我撤守村内的一营部队及原配置在村西头的七连、三营机炮连一部，先与国民党军僵持在村沿，继而逐屋争夺，终因国民党军楔入兵力过多，先后被其夺去村子的三分之二，人民解放军仅剩西南一角。

此时，国民党军迂回之坦克已切断解放军前后联系的唯一交通壕，配合正面步兵对人民解放军形成三面包围，在此情况下，二十六团部队表现出无比坚定的战斗意志，战斗分队全力以赴，全团动员运用炸药包炸坦克、手榴弹炸步兵和战车，分成若干突击小组。这些小组都是爆破老手，刘小金把帽子一甩，与 3 位战友抱起炸药包，向着坦克冲了上去，眼看火光一闪，坦克队伍中立即浓烟冲天。这时，团长尹书信、政委杨礼堂率领机关直属分队和在阵地上的全部人员投入战斗，他们的口号是："杨大庄不能失掉，坚持阵地，消耗敌人，疲惫敌人，坚持到底就是胜利。"二、三营发挥连续抗击、突击的战法，炸毁敌坦克一辆，与国民党军在阵地前相持。

13 时许，左翼四纵队，右邻八旅，支援配合恰当有力，很快就阻止了国民党军的扩张，使国民党军处于进退维谷的境地。14 时，纵队命令已集中进入阵地准备重点攻击的炮兵一齐给敌以突然而猛烈的炮火射击，立即切断、打乱了他们的后梯队。二十六团八连、四连、六连趁势发起了反冲攻击，八连分路勇猛冲进杨大庄与国民党军展开白刃格斗，时已疲惫的国民党军惊惶失措，纷纷后退。部队猛追溃逃之国民党军，使其尸横遍野，顷刻尽复杨大庄阵地。战斗从上午 9 时至下午 5 时共 8 个小时，国民党军伤亡 1500 余人，坦克被炸 2 辆，二十六团伤亡500 余人，取得了以 1 个团抗击国民党军主力 4 个团的胜利。

12 月 6 日，解放军三纵队任务是重点攻歼东西马围子之国民党军。西马围子位于双堆集以北（偏东）约 3 公里处，地势较高，系由 3 个各有数十户的集团房屋组成，按方位分东、中、西马围子。其中东马围子约 150 米，中马围子约 20 米，并环有寨墙，房屋土墙较多。

据守在东西马围子的国民党军是第十军十八师五十二团及五十三团一个营，九团两个营，共 6 个营兵力。第五十三团二营位于东马围子，九团两个营位于中马围子，而五十二团则全部位于西马围子。该部原系蒋介石五大主力之第十八军老团之一，特务统治很严，反共教育深，骄横好战，军事素质较高，装备好，有各自为战的能力，3 年来与人民解放军接触多次，但未受严重打击。国民党军到达该地后，即积极挖筑工事，拆毁民房，砍伐树木，

▲ 在双堆集战场，我军某部前沿阵地六〇炮发射之情形

造成障碍，凭借有利地形和较现代化装备试图顽抗，并在狭小地域内配置两个团的兵力，进行纵深的、有机动的预备队防御。在工事结构上依托村落，在村外 50 公尺的地域里以子母堡（暗堡）为骨干，各地堡群既可互相支援，又可独自为战，村内穿墙破壁开设射孔，从屋内挖掘简便地道伸向墙外射击。坚守此地的国民党军五十三团三营依托村落，构成环形阵地，村内外布满地堡，交通壕连接各地堡，构成三角形、梅花形据点，火力相互交叉，若被人民解放军部队突破一角，国民党军则准备逐屋、逐堡顽抗，整个阵地构成坚固、纵深的防御，辅以散兵壕、鹿砦、铁丝网掩蔽部，并以纵横交错的交通沟连接起来，其主要阵地在村沿外 20 米处，外围系分散与独立的火力支点。当遭解放军攻击时，可以及时得到兵力、火力、兵器的补充支援，并非常重视交叉火网的组织，企图长期固守。

"炮兵射手们，准备好了没有？"我纵队首长问道。

"准备好了！"山炮、迫击炮的射手们铿锵有力地回答。

西北风卷着尘土，横扫着浍河和澥河两岸，夕阳西下，气温降至零下，战士们顶着寒风，迎着尘土，坚守在自己的阵地上。指挥员看着手表，16 时 30 分，山炮 4 门、迫击炮 20 门齐鸣，对国民党军进行了火力急袭。此时，纵队命令七旅向东马围子实施强攻，八旅向西马围子实施强攻，九旅向中马围子佯攻，各旅分头

执行着自己的任务。七旅十九团二营部队在火力延伸时，突击的先头连乘烟雾弥漫发起勇猛冲击，用出其不意的奇袭动作，一举突入国民党军的工事，占领了国民党军的前沿阵地。这时，五连、七连亦乘胜投入，向西、南扩大战果，时已过了15分钟，五连连长徐斌同志、七连连长王友才同志率领各自连队以小兵群战术，分成若干战斗小组，实施密切协同，逐堡爆破，逐堡搜索，分路前进。双方展开了肉搏，战士们有的用刺刀戳倒国民党军，有的用手榴弹捆起来炸国民党军的暗堡，一个个暗堡飞上天空，经1小时激战，歼国民党军大部，俘国民党军营长以下100余名。

天刚黑下来，赵旅长便电话向纵队报告，十九团二营已打上去了，五连徐连长、七连王连长他们配合得很好。我们都静静地听着战场上的胜利消息。陈锡联司令员在电话中指示赵旅长，要乘胜前进，扩大战果。随即李长林团长前来报告：三营在向纵深发展中遭国民党军炮火袭击和火力点的封锁，部队伤亡较大，正副营长均负伤，前进迟缓，有的班、排失掉了战斗力。在占领国民党军阵地时，就应加强构筑工事和利用自己占领的国民党军阵地，逐步向纵深发展，组织火力，准备防御国民党军的反扑和火力袭击，由于我求胜心切，对此注意不够，国民党军乘人民解放军立足未稳，便由大王庄和西马围子组织各一个连的兵力，向人民解放军反扑，连续向解放军冲击，使解放军失掉了进攻的主动权，转入防御，抗击国民党军的反冲击。激战两小时，击退国民党军连续3次反击。李团长重新指挥三连协同五、七连投入战斗才稳住阵脚。趁着战斗激烈，八旅二十二团一营、二营同时猛烈向国民党军发起攻击。一营在火力掩护下，将西马围子正北突出部的国民党军工事占领，俘虏国民党军一部，缴获轻机枪3挺，攻击部队抵近国民党军的主要阵地继续发起冲击时，国民党军的二梯队投入，在以暗堡为骨干的地堡群火力阻击下，解放军前进受挫。此时，指挥员指挥部队稳住现已占领的阵地，迅速构筑工事，准备反击，从国民党军反冲击中消耗他们，保存自己。二十二团二梯队投入战斗过早和突击队拥挤在一起，遭敌火力袭击，伤亡甚大。左侧之二营，将西马围子西北突出部之国民党军暗堡群攻占，全歼该部。该营继续攻击时，也为国民党军火力所阻。这时国民党军反冲击更加凶猛，其利用有利的阵地和火力，使解放军伤亡不小。已苦战5个小时了，因火力组织跟不上，炸不掉国民党军的暗堡，摧毁不了他们的工事，前进困难，双方久久相持，时已近晚，解放军遂决定撤出战斗。

部队撤下来之后，经查点，解放军付出了不小的代价，十九团三营正副营长负伤，五连伤亡近半，其他连也都有损失。天近拂晓，枪声渐渐稀疏，战场上出现了暂时的沉寂。国民党军骄横好战的气焰未能打下去，搞得人心烦意乱。听了部队的汇报，我深思着：这次突击虽未奏效，但实实在在地

▲ 战役第二阶段，解放军坚守在大杨庄的机枪阵地

摸清了国民党军的底，十军是他们的主力部队，打得就是硬，其不惜用肉墙来堵我们，这也说明他们差不多走到了穷途末路了。在这节骨眼上，战斗不仅是力量上的决赛，而且是意志的决赛。此时，我记起刘、陈、邓首长的指示："准备伤亡过半，夺取胜利。"一定要硬、硬！这就看谁硬得过谁，谁硬就能取得最后的胜利。

12月8日，纵队命令第二次攻击东西马围子，以八旅二十三团为主攻，由正北方向，对马围子国民党军实施攻击，并以二十二团一个营在该团右侧助攻，七旅二十一团主力亦同向马围子攻击，配合攻击西马围子。时间紧迫，准备的时间不多了，正当黄昏，火力好发挥。16时30分，按计划炮击国民党军后方，发起战斗，但炮击35分钟都未见二十三团二营突击。由于未能很好地利用炮火威力，错过了冲锋时机，从而只好利用人民解放军原占领敌之突出部，连续爆破，突破国民党军的新前沿，国民党军又乘解放军立足未稳，实施连续反扑，与解放军展开了激烈的争夺战。战斗打成了对峙。人民解放军以占领的前沿房屋为依托，不断地用手榴弹和轻重机枪向国民党军阵地射击，国民党军感到我们占领的新前沿对他们威胁太大，便拼命反扑。营长命令战士们，无论付出多大代价，都要坚守阵地，坚持到底。此时，敌人火力虽然猛烈，但想把解放军压下去是困难的，我二梯队突击力量提前投入阵地，稳住了双方争夺的焦点。右翼二十二团一营突破了鹿砦，占领了国民党军工事数处，因国民党军火力炽烈，其地堡工事难以摧毁，没有杀伤国民党军反突击力量，人民解放军却伤亡过半，再度撤出战斗。十九团正在攻击东马围子，在火力、爆破、突击队的密切协同下，三连、四连首先从东北角突破，分4个战斗小组向敌纵深楔入。由于各路密切配合，部队很快突入国

民党军阵地，此时，枪声、炮声、爆炸声和战士们震天的喊杀声响成一片。战士们个个都打红了眼，嘴里喊着："叫你不交枪，炸死你们，要叫你们这些硬钉子变成肉钉子。"仅仅半个多小时，国民党军的连长和他的士兵们便乖乖地举手缴械投降了。东马围子就此被解放军攻占，全歼国民党军一个加强连。攻击西马围子的二十一团，奉命于东北角实施突破。西马围子的工事更坚固、守备更强，坚守的是国民党军五十二团全部和九团的一个营。解放军二十一团一营为突击营，三营为二梯队，战斗发起后，在解放军猛烈的炮击下，部队顺势攻入国民党军鹿砦内，突破了他们的前沿，二连一排勇猛插入纵深，连续击退国民党军 3 次反扑，歼灭国民党军一部。由于步、炮兵协同不好，未能彻底摧毁地堡群，部队也不是突破一点，巩固一点，然后再向前发展，而是突破口未能巩固，二梯队投入不及时，使攻击受挫。

解放军根据部队的准备情况，决定以全力再攻西马围子。七旅十九团、二十一团各部从东及东南攻击，八旅二十二团、二十三团一部从西及西南进攻，九旅二十六团从北面攻击，二十四团为预备队，位于杨大庄机动。部队按部署于 12 月 10 日晚进入阵地并连夜加强工事，将已延伸至国民党军鹿砦外二三十公尺的交通沟，加筑了壕沟；冲锋出发前在阵地严密地进行了伪装，火力尽可能地推到国民党军前沿，挖掘大量土坑和安置自制的发射铁筒，准备了 500 公斤炸药；为实施连续突击，各旅编成突击一队、二队，实现了将部队隐蔽于地下的要求和完成进攻的一切准备。11 日白天，部队保持正常的活动规律，并大量向国民党军开展宣传和加强对敌观察、侦察。

12 月 11 日下午 16 时 30 分，我纵和一纵的炮火及各种发射器并鸣，强大的威慑力量，立即掀动了国民党军整个阵地，前沿附近之国民党军顿时大部被炸死炸伤，国民党军的阵地也被摧毁。17 时，七旅十九团团长李长林同志说："一场决定生死的战斗开始了，胜利掌握在我们手里，我们的干部要沉着指挥。"三营长说："勇敢加战术，给他们来个声东击西。"部队首先以担任助攻的三营十一连开始攻击，国民党军果然发生错觉，误认为是主攻，吸引了国民党军大量火力，尔后再以主攻的一营四连采取小集群战斗队形，乘国民党军注意力对着十一连时，来一个勇猛冲杀，一举占领了其前沿。爆破手随着突击手的配合，连续爆破了国民党军暗堡，战士们呼啦一下子冲了上去，把国民党军团指挥所包围起来。一营营长刘德生迅速在二连、三连、四连两翼扩大战果。八旅攻击的部队动作勇猛，协同

七、九旅迅速楔入国民党军侧后，使他们垂死挣扎，抵抗无力。17 时，九旅在七旅战斗深入展开的同时，二十六团七连、九连趁硝烟弥漫，一举突破国民党军的防御，十九团在友邻的配合下即指挥三营七连从一营北面投入战斗，3 个连齐头并进，相互策应，四连猛攻国民党军团指挥所并楔入内部，全歼了指挥所之国民党军，俘虏了原蒋介石五大主力之十八军的老团第五十二团团长唐铁冰、副团长曾品超以下 300 余人。三营接着把十连投入战斗，占领国民党军前后输送的交通壕，切断了国民党军的退路，而其残余仍在房屋、地堡中顽抗。我们的战士见哪里有国民党军，就把枪口、炮口、炸药对准哪里，刺刀就捅向哪里，直杀得国民党军死尸累累，美造冲锋枪、美式大衣扔了一地。战士们一鼓作气，分路交替歼灭敌人。这时，部队一面对国民党军团长喊话，劝其投降，一面组织工兵进行连续爆破，用炮火轰击。国民党军在我双重攻击下，只得乖乖地缴械投降。

此时，解放军炮火向国民党军纵深延伸，打他们的增援部队，他们继续挣扎顽抗。解放军二梯队机动向村北发起冲击，在其火力转向五连、八连时，七连、九连趁势攻占国民党军的主要阵地。解放军对西马围子之敌用 3 个旅的部队分五路交替攻击，使中马围子的国民党军首尾不能兼顾，至 10 时，经过 3 次连续猛烈的攻击，驻守马围子的国民党军终于被全歼。

我们攻占西马围子之后，加上解放军工事延伸至距大王庄四五十米时，给黄维兵团所守的吴庄、双堆集很大威胁，国民党军遂于翌日 11 时以两个营的兵力附坦克 6 辆在其飞机、大炮的掩护下，从两翼向大王庄以北二十一团三连阵地攻击，并用火力掩护一度占住五团大王庄以北的阵地。在解放军猛烈的炮火下，国民党军以攻为守，损兵折将。

黄维所固守的阵地在解放军猛烈的攻击下，阵地不断丢失，伤亡也日益惨重，至 12 月 14 日，其核心阵地全部暴露，被迫于 15 日 18 时向西南突围。我纵闻讯后，立即全部出动，分头追歼逃跑的国民党军。这时，七旅已相继占领了大王庄、三官庙、郭庄、金庄等地，国民党军残部在解放军猛追猛打及政治喊话的劝降下，纷纷缴械投降。骄横一时的黄维，在逃跑中，也做了我七旅警卫营的俘虏。他们的司令官都被我们俘虏了，其余的国民党军也只剩垂死挣扎之力了。八旅在追击中，至 24 日止俘虏国民党军多人。国民党军处于弹尽粮绝、四面楚歌的境地，唯一的希望就是指望空投，解其饥渴。当晚，我部全力攻击，二十五团协同，迫使国民党军一个营投降。我纵主力则直向双堆集追击。二十六团在前铺子、卢沟集俘虏国民党军 300 多人。至此，黄维的十二兵团全部被歼，我纵共俘获国民党军 11074 人，毙伤 5805 人。在这场战斗中我纵伤亡 3764 人。

黄维兵团被歼后，李延年兵团回窜蚌埠，被围困于永城东北地区的杜聿明兵团，处于孤立无援的境地。淮海战役遂转入以华野主力围歼杜聿明兵团的第三阶段。华野于 1949 年 1 月 10 日歼灭了杜聿明集团，淮海战役胜利结束。

（作者时任中原野战军第三纵队副司令员）

淮海决战中的红军团

赵华青

人民解放军在各个战场的辉煌胜利，迫使蒋介石由"分区防御"改为"重点防御"。裁并绥靖区，扩编机动兵团；从次要战场抽调兵力加强主要战场，并将其机动兵团配置于各战略要点附近。国民党的军事力量已呈现捉襟见肘之势，其反动统治已摇摇欲坠。

为加速夺取全国胜利的进程，人民解放军从1948年9月开始，先后在各个战场发起了规模空前的秋季攻势。毛主席和中央军委依据战局的发展变化，因势利导，把解放军的攻势引向就地歼灭敌重兵集团，先后组织了辽沈、淮海、平津三大战略性战役。

9月下旬，济南战役胜利结束后，中央军委决定华东野战军举行淮海战役。10月11日，毛主席发出《关于淮海战役的作战方针》的指示，规定战役第一阶段的重心是歼灭黄百韬兵团，并要求中野部队攻击郑、徐线，以牵制孙元良兵团增援。

11月初，辽沈战役胜利结束。党中央鉴于南线决战时机业已成熟，11月16日，指示中原野战军迅即东出徐（州）、蚌（埠），并确定由刘伯承、陈毅、邓小平、粟裕、谭震林5人组成总前委，以刘、陈、邓为常委，邓为书记，统一指挥中野、华野两大野战军，发起以徐州为中心的淮海战役，与蒋介石最大的战略集团进行决战。准备以3到5个月的时间各个歼灭敌人于淮北地区。为此并责成中原、华东和华北三大解放区全力组织支援。

10月27日，我团随旅和纵队从郑州出发东进，准备参加淮海战役。部队自带3天给养，经4天行程，通过渺无人烟的黄泛区，于30日抵太康地区待命。接着随旅继续东进，经3日行程，抵达安徽亳州附近集结。

11月4日，中野四纵在安徽亳州召开团以上干部会议，陈赓司令员传达中央军委的决定，贯彻中野郑州会议精神，动员部队进行淮海决战。陈司令表示：刘邓野战军主力挺进大别山，作战艰苦，消耗较大。四纵在这次决战中，理所当然应

▲ 11月初，淮海战役发起前，中野四纵某部召开营以上干部会议，交代任务，研究战斗方案

该担负起较重的作战任务。谢富治政委讲：要以烧铺草的精神，不惜一切代价，打好淮海战役。会后，十旅召集营以上干部，包括供给处长、卫生队长和民运股长开会，向部队发出号召，以血战到底的决心，不怕牺牲，排除万难，夺取战略决战的胜利。并在会上布置了后勤工作。我团召集营连干部进行了政治动员，号召全团上下抱定最大决心，贡献自己的一切，在大决战中为人民立功。

一、痛击第五军

1948年11月6日，淮海大决战拉开了序幕。战役第一阶段，中野的任务主要是保障华野主力在碾庄地区歼灭黄百韬兵团。

砀山迎击第五军。6日夜，陈赓司令员率中野四纵队由亳县北上陇海铁路，参加商（丘）、徐（州）作战。十旅的任务是攻占砀山城，吸打第五军（蒋军五大主力之一）。我团二营八连副指导员石友夫光荣牺牲。7日晨，我旅解放砀山后，我曾仔细察看了第五军的工事构筑、阵地编成，发现国民党军多以梅花形的子母堡为核心形成野战防御体系。而后，我旅沿铁路向东迎击第五军。8日在段楼击溃国民党军一个团，在杜双楼歼国民党军一个营。8日晚，我团驻郑大楼。

次日凌晨，我到村东视察，见国民党军有一路纵队来郑家营，我即命令一、三营合击该部。因国民党军一路纵队行军，只歼其一个连，俘获连长及以下官兵74人。据俘虏称，是第五军一个营来郑家营抢粮的。第五军连遭解放军痛击，龟缩黄口地区防守不出。

经过几次与第五军接触，通过现地考察及俘虏口供，了解了第五军的攻、防特点，防御阵地编成，据此研究了对第五军作战的对策，首先在干部中树立起敢打"王牌军"的信心。

南下截击孙元良。10日，陈赓司令员又奉命率四纵南下津浦线，截击北上徐州的孙元良兵团。十旅由我团为前锋。11日，我团参加向津浦线上的桃村和夹沟车站攻击，歼孙元良兵团后尾一二四师和辎重部队3400余人后，跟踪向北追击。沿途遇到许多国民党军遗弃的汽车、火炮，国民党军飞机不断轰炸。一次八连副指导员带队到老乡院子里找水喝，刚一出来敌人飞机一颗炸弹扔到院子里，险些把一个排打掉。我团继续追击到徐州附近，和我两广纵队发生了一次误会，我以为是孙元良的部队，连续两次攻击，后发现不对，让司号员吹号联系，才知道是两广纵队。孙元良兵团的后尾部队乘机逃窜。这次追击，十旅俘虏国民党军四十一军军部和一二四师共3400余人，缴获山炮12门、汽车60辆。此时华野已将黄百韬兵团包围于碾庄地区，邱清泉兵团已进至徐州东南之郁集、潘塘镇和张集地区，孙元良兵团主力已在徐州以南泰山营地区集结。

13日，中野首长令陈赓司令员率四纵、华野三纵和两广纵队，迅速北上逼近徐州，钳制邱清泉、孙元良两兵团东援，保障华野主力歼灭黄百韬兵团。

徐山村阻击。14日下午，旅的部署是：二十八团占领徐山村、杨山头一线；三十团占领铁路至崔庄一线；二十九团为旅预备队。我团的部署是：三营（营长周峰、政教张化民）占领徐山村，一营占领杨山头，二营为团预备队。部队连夜修筑工事。

15日8时，邱清泉兵团第五军在飞机、坦克和强大炮火掩护下，向解放军徐山村阵地发起猛烈进攻。进攻规模从一个团逐次增加到两个师（4个团），天上7架飞机轮番轰炸扫射，地上引导步兵集团冲击的坦克也从5辆逐次增加到21辆。我三营指战员在"坚守徐山村，粘住第五军"的战斗口号下，发扬我团"攻如猛虎，守如泰山"的战斗传统，充分利用徐山村外围沟壑河渠纵横的地形特点，运用近战歼灭国民党军的手段，把国民党军步兵放到阵地前沿，用手榴弹、排子枪、自动火器大量杀伤他们；用九二式步兵炮、八二迫击炮送炸药、集束手榴弹打国民党军坦克；并组织3挺重机枪对临空国民党军飞机集火射击，迫使飞机不敢低飞轰炸扫射；团适时加强三营火力配属，先后使用团炮兵连和团预备队机炮连及时增援，至16日下午，连续打退国民党军4次疯狂进攻，守住阵地，挫败其两个师的进攻。国民党军伤亡200余人，坦克被阻于解放军前沿阵地前，其中2辆陷入泥塘；解放军伤亡50余人。十旅协同兄弟部队，拖住了邱清泉、孙元良兵团不能东援，保证了华野主力歼灭黄百韬兵团。经过几次与第五军的攻防交战，足以证明，第五军的战斗力并不像国民党军吹嘘的那么强。

16 日，中野三纵和九纵一部攻占了宿县，歼敌一万余人，提前完成了对徐州的战略包围。当晚中野首长又令陈赓司令员率四纵兼程南下，务必于 18 日进至南坪集地区设防，阻击黄维兵团北援徐州。

淮海战役才打了 10 天，徐州敌人战略集团已被人民解放军割裂，形势对解放军十分有利。黄百韬兵团在碾庄地区即将被歼，解放军攻占宿县，完成了对徐州杜聿明 3 个兵团的战略包围，李延年和刘汝明两兵团被我阻击于固镇地区，唯有黄维兵团沿阜（阳）、宿（县）公路向徐州孤军挺进。

1948 年 11 月 22 日，黄百韬兵团被华野全歼。淮海决战进入第二阶段，目标为歼灭黄维兵团。总前委根据中央军委指示，决心以中野全部及华野一部兵力首先歼灭孤立突出的黄维兵团，以华野主力位于徐州以南，阻击杜聿明集团南援黄维兵团，另以一部兵力阻击蚌埠之李延年、刘汝明两兵团，使其不能与黄维兵团会合。

二、朱口阻击，浍河大出击

23 日，根据黄维兵团主力正在猛攻解放军四纵十一旅南坪集阵地的情况，总前委决定：引诱国民党军十八军（蒋军五大主力之一）到浍河以北地区，利用浍河割裂黄维兵团；而后集中中野主力向浍河以南出击，争取先歼黄维兵团一部。据此，总前委又令解放军四纵十一旅撤离南坪集阵地，引诱国民党军过浍河，以便割歼。十旅奉命调整阵地，我团于浍河北岸的徐家桥至蔡家园地段构筑三道防线，准备坚守。

11 月 24 日上午，国民党军十八军由我团左翼闵家渡过浍河，占领周家、大王庙后，向二十九团防守的朱口、伍家湖攻击。下午，国民党军乘二十九团调整部署之机，突破朱口第一道防线，我团三营配合二十九团向国民党军反击，因国民党军占据工事顽抗，解放军反击未果。

11 月 25 日 9 时 30 分，国民党军七十五师二二三团在飞机掩护、坦克引导下，向朱口解放军二线阵地攻击。我团三营策应二十九团坚守，将国民党军击退。三营营长周峰负重伤。

经我纵队 3 天阻击，国民党军发觉处境不利，即向东南收缩。四纵决心向其出击。次日 10 时，接纵队通知，国民党军总退却。我团正面王庄、顾家的国民党军已向东南运动。14 时，我团一营、三营由闵家强渡浍河，向南坪集右翼的国民党军攻击前进。15 时，我二营由南坪集北渡浍河与团主力会合，向胡圩子、丁庄攻击。我二营于丁庄外围俘获国民党军数十人，插进丁庄后攻击受挫，八连遭受重大伤亡，连长阎顺昌、政指魏才旺壮烈牺牲。

11 月 27 日 9 时，丁庄、小王庄的国民党军向东南撤退，我纵队通告国民党军全线溃退，谢富治政委提出要抓一万俘虏。我团参加全线猛追。当时许多部队分头追击，特别是在沈庄，几个部队都攻击受挫，损失很大。事实证明，国民党军不是溃退，而是有组织地转移。我团见此情况，没有分散。在一个村庄，遇上二十二旅查玉昇旅长，二十二旅全部分散追击，他仅带几个人。查要我留给他一个营，我指令三营留下。我带一、二营继续向前追击。迎头来了国民党军 3 架飞机投弹，我高喊："部队向右，快跑几步卧倒。"刚卧倒，在部队前进路上连续爆炸 9 颗炸弹，没有一人伤亡。三营归建后，教导员张化民说，你们刚走不久，国民党军一个营在 3 辆坦克引导下，向该村进攻，被解放军击退。可惜的是，副营长何明德（红军）、十二连指导员刘杰壮烈牺牲。

▲ 人民解放军构筑工事，步步进逼国民党军，围歼黄维兵团

当夜，我团一、二营突进丁家皇，歼灭国民党军八十五师一个营后，经丁庄、王庄向沈庄、杨围子前进中，与三十团一起冲垮国民党军十四军军部，俘十四军军长熊绶春、参谋长梁岱。熊绶春乘乱逃跑。陈赓司令员给熊绶春写了一封劝降信，让梁岱带给熊绶春。十四军军部溃退时，丢失了炮兵和辎重，又加熊绶春、梁岱被俘，蒋介石以熊指挥失当，记大过，罚其戴罪防守。

三、三打李围子

黄维兵团的 4 个军共 12 万余人，被压缩包围在以双堆集为中心、25 平方公里的狭小区域内，兵力密度之大，是超常规的。国民党军十四军两个师只担任李围子、沈庄和杨围子 3 个村庄的防守。这 3 个村都是只有二三十户居民的小村庄，国民党军对每个村都派两个团以上的重兵防守。其阵地编成和工事构筑，经过 3 昼夜精心设计和不断加修，已在村外百米筑成了梅花形或三角形的地堡群支撑点，外铺设鹿砦和铁丝网为其一线阵地，在村沿构筑地堡群支撑点外设铁丝网为其主阵地；以村内房舍构成其核心阵地。交通壕纵横相连，掩蔽部密如蚁穴，兵力已全部转入地下，形成了野战筑垒地域。其特点是：村庄小，兵力多，火力强，工事坚。

黄维兵团被困双堆集，做困兽之斗；杜聿明集团逃出徐州企图南下与黄维会合，被我华野主力包围于永城东北的陈官庄地区；李延年、刘汝明两兵团在蚌埠地区，惧怕被歼，迟迟不前。毛主席为加速战役进程，指示总前委采取集中兵力歼灭黄维兵团、围住杜聿明、阻住李延年的方针。刘伯承司令员具体说明，这个方针是"吃一个（黄维），夹一个（杜聿明），看一个（李延年、刘汝明）"。

据此情况，总前委决定将我参战部队区分为东、西、南 3 个集团，以陈赓司令员指挥四纵、九纵、十一纵、豫皖苏独立旅为东集团，负责突破国民党军十四军、十军防线。周希汉旅长率十旅并指挥二十二旅在东集团右翼，负责攻歼李围子、沈庄两地的国民党军。

我团驻距李围子北两公里的李八集。从开始打李围子到歼灭黄维兵团，我团基本指挥所和后方都在李八集。我每日凌晨 8 时安排好工作，回李八集休息，吃饭后，躺在老百姓麦秸堆里睡觉。国民党军飞机不断轰炸，解放军没有防空武器，好在飞机没有向李八集投弹，只是扫射了两次，没有造成任何伤亡。下午 4 时吃饭后，到前方布置战斗。

小郭庄遇险。 11 月 30 日拂晓，周学义副旅长给我打电话，让我带二十八团、三十团连以上军事干部去小郭庄侦察李围子敌情、地形。他说：小郭庄是二十二旅。天已拂晓，我没有来得及带三十团的干部，我、王非、侦察参谋张秀明带侦察分队和我团连以上军事干部去了小郭庄。张秀明带侦察分队走得很慢，我喊他："小郭庄是二十二旅，你怕什么？要快走。"走近小郭庄之后，我看到一个哨兵，问他："是哪一部分的？"他说是十师三十团，我才知道这是国民党军士兵。因为怕惊动他，我一个人带他又不方便，故没有抓他，我赶快跑到小郭庄的北头，见我团 3 个连长在一房间内烤火。我刚一站住，国民党军一个机枪班长把机枪放在我的脚下，向我立正站着，看来他误会了，把我当做是他们的长官（因为我们都穿着在漯河缴获敌咔叽布做的军装）。我说："你们排长呢？赶快把他叫出来，你们这样麻痹，解放军把你们捉走了，你们也不知道！"听我一喊，所有的干部都跑出来，我拉了一下王非，示意让他赶快把干部带走。他们刚一走，我迅速跑到房后撤离。张秀明带侦察分队南进到国民党军连部，一发现国民党军，赶快向村东平原地跑。

此时，距小郭庄 200 米外李围子之敌轻重机枪向我射击，但没有敌炮兵开火，我仅伤一名侦察员，安全撤回了驻地。这次没有侦察到李围子的情况，仅知道小郭庄为敌据守，回来我向旅部汇报。陈赓司令员知道后，批评了周学义副旅长。

一打李围子。 我团和二十九团调整防务后，当日 19 时，在旅山炮和华野 5 门榴弹炮配合下，我一营向小郭庄攻击，另一个营于李围子东北佯攻小郭庄。19 时 50 分，攻占小郭庄，歼灭国民党军一部，残部逃往李围子。

李围子有二三十户居民，按常规也就是驻一个营。继攻占小郭庄之后，11 月 30 日 20 时 30 分，我团分两路进攻李围子。突击队突近国民党军鹿砦边时，被他们密集火力所阻，特别是喷火器，使解放军伤亡严重，三营九连副连长郑太英（红军）壮烈牺牲。

一打李围子受挫，主要教训是轻敌，战前未做周密侦察，没有考虑到国民党军超常规密集设防的特点，对其野战快速构工布防能力估计不足，而采用了急袭的战术，在其坚固筑垒阵地碰了钉子。

二打李围子。 据俘虏供称，李围子是国民党军十四军十师师长率两个团防守。这次攻击，比较慎重。陈赓司令员根据汾孝战役打中街的教训，要搞近迫作业。我指定王非副团长负责指导近迫作业，每个营第一梯队两个连，利用夜晚都挖一条交通壕，至国民党军前沿 30 至 40 米再挖掘一条横沟做进攻出发地。

经一昼夜准备，12月2日17时，我团二、三营由东北，二十九团两个营由西北，在华野榴炮1个连和5门山炮配合下，抛射7个炸药包（炸药包威力很大，把盖交通壕的门板炸飞两三米高），向李围子发起攻击。

我三营由东北突进鹿砦，突击队大部伤亡，十连步兵仅剩30余人，副政指郑志忠（红军）壮烈牺牲。由东面攻击的我二营突击队突入国民党军阵地，遭其师长率队反扑而退出，七连只剩10人，副政指张吉荣壮烈牺牲。我二、三营二梯队各两个连均被国民党军火力阻于鹿砦外。西北方向二十九团的攻击也受挫。

这次的主要教训仍然是轻敌。明知国民党军守军为两个团，仅仅增加了近迫作业，兵力、火力都未加强，火力未能有效压制住国民党军；近迫作业的工事也不完备，后续梯队上不去，难以形成连续突击。但看出国民党军防御作战的规律是：当解放军炮火准备时，他们全部隐蔽在地堡盖沟内，当解放军对国民党军破坏射击后，向其冲击时，国民党军全部出来射击，致使我伤亡很大。因此，考虑到炮兵火力假转移问题。

改急袭为准备攻坚。本来总前委预定3日发起总攻，陈赓给陈毅司令打电话说："是不是总攻推迟3天，我们认真地加强一下近迫作业。"陈毅说："你等一下，我问问粟裕。"接着，陈毅给陈赓司令员回电话说："粟裕歼灭黄百韬兵团，开始用急袭的办法，伤亡很大，而后采用近迫作业，伤亡很小，才把黄百韬兵团歼灭。你的意见是对的，刘、邓也同意。"

这时，适值毛主席指示"不是依靠急袭，而是靠充分的侦察和技术准备（近迫作业和步炮协同等）去取得成功"，进一步统一了各级指挥员对平原地进攻作战近迫作业重要性的认识。

陈老总还说，调一个榴炮团支援你们打李围子，华野炮弹多，准备用一万发炮弹歼灭黄维兵团。

12月3日上午，周希汉旅长召集四纵十旅和二十二旅旅团领导开会。大家认真学习了总前委的指示，总结了两次打李围子和沈庄的经验教训后，周旅长说："为了尽快地突破黄维兵团的防御体系，东集团首长决定，集中十旅、十一旅和二十二旅，采取攻坚战术，首先攻歼李围子之敌。具体部署是：十旅仍从东北和西北两个方向突破；十一旅从东南方向突破；二十二旅以一个团割断李围子与沈庄、杨围子之敌的联系，以另一个团佯攻沈庄，保障主力攻歼李围子之敌。我们按总前委规定，12月6日黄昏前，对李围子发起第三次进攻。大家利用3天时间，把一切攻坚的战斗准备做好，确保这次突破成功。"周旅长为弥补炮火不足，指令工兵连制作了 50 个"飞雷"，参加炮火准备。

我团参加淮海战役近一个月的时间，一直处于机动和连续战斗之中，这次有 3 天准备时间，确实不易。受命攻打李围子的战斗任务后，团的干部进行了分工。我和政委何云峰负责部队整编、突击队编组和步炮协同；副团长兼参谋长王非负责工程作业；于克法副政委负责思想政治工作；顾永武副团长伤未全好，负责后勤保障。

战斗编组。这次战地整编，实际上是一次部队缩编。我团从参加淮海决战以来，已伤亡 1500 多人。虽然也曾采取"即俘即训即补"的措施补充了 500 余人，但战斗连队仍然缺员很多。为了完成当前的攻坚任务，根据旅的指示，采取缩编措施，抽团直属连队和勤杂人员充实连队。我团由 3 个营编为 2 个营，12 个步兵连编为 7 个步兵连，3 个营属机炮连编为 2 个机炮连。

对刚从国民党军队解放过来的士兵，在战场上进行简要而有效的诉苦教育和国共两种军队不同本质的教育，鼓励他们自愿报名参加我军，随时补入部队，不愿参军的发路费回家。补入部队后，各连依靠党支部为核心，组织具有战地特点的欢迎新同志活动和新战士座谈会，普遍在班、排严密而细致地组织新老战士互帮互学的"对子"和"战斗小组"。

近迫作业。这次工程作业，是始终在国民党军炮火威胁下进行的。全团干战经两昼夜挥汗苦挖，到 4 日晚，已完成由李八集到李围子国民党军前沿前约 2000 米长、1.5 米宽、1.8 米深的两条纵向交通壕，距国民党军前沿 100 米左右分为 4 条 60 到 70 米的纵向交通壕，连接距国民党军前沿 30 米到 40 米的一条横向战壕、交通壕作为进攻出发地。交通壕内挖有猫耳洞、掩蔽部。我团有生力量已全部转入"地下长城"之内，可以减少运动中的伤亡，保证进攻的突然性。同时，可以保障担架抬运伤员。但部队全部分散在"地下长城"的枪位、炮位和猫耳洞内，无法集中活动。根据这个特点，我团的后勤保障工作和政治工作都有了新的发展。

后勤保障。副团长顾永武负责后勤保障工作，把热饭热菜送到每个战士手中，子弹、手榴弹送到枪位，炮弹送到炮位；医务人员每天到各连巡诊一次，治病、给轻伤员换药。

政治工作。政委何云峰、副政委于克法调集机关干部成立政工指挥所。一是开展军事民主。对两次攻打李围子伤亡较大、攻击受挫的情况，认真进行"战后

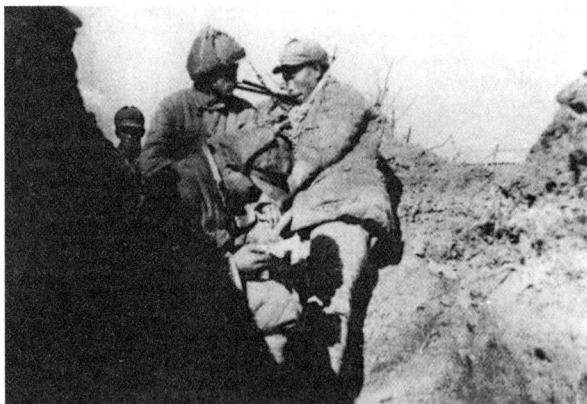

▲ 总攻双堆集之前，中野四纵某部支部动员各党小组讨论支部计划并写决心书

三评"，即评伤亡、评技术、评指挥，用群众路线方法，从班到团各级都实事求是地总结经验教训，为下一步作战出主意、想办法。我提出了加强步炮协同的具体措施、方法，说明了使用炮火假转移的理由、步骤，提高战斗信心和决心，以保证下次作战任务的顺利完成。团党委及时提出有力的战斗口号："坚决打下李围子、砸碎黄维防御外壳"。二是宣传鼓动。战壕里利用"宣传板"及时进行鼓动工作。团的战地油印小报，创造性地用"胜利快报"、有诗有画的"战壕小传单"等形式，随时向部队发放，使党委号召、首长指示、胜利消息、英雄事迹、战斗经验、能鼓舞部队的材料及时发到部队，变成群众自觉自愿的行动。如一张坚决服从命令的传单上写道："刘邓首长命令到，坚决把黄维兵团消灭掉；只准前进不后退，完成任务第一条。"类似这样的传单很多。在战斗受挫、部队伤亡大的情况下，全团没有出现惧战、气馁的情况，始终保持愈战愈勇的精神状态。许多新战士立功，三连机枪手新战士廖福保记特等功。三是瓦解国民党军。利用解放军阵地逼近国民党军阵地的条件，广泛开展瓦解国民党军工作，向饥饿和疲惫的国民党军投掷食物和宣传品；对国民党军喊话，宣传解放军的胜利消息；请解放过来的战士向国民党军说明解放军优待俘虏的政策；宣传国民党军当前的困境和必定失败的命运，揭露他们的欺骗宣传，劝说国民党军乘早投降。同时，用释放俘虏、派人向国民党军投书送信等办法瓦解他们的士气。我团三连七班用喊话争取国民党军营长胡鸿光和3个连长以下100多人投降。

组织步炮协同。12月5日一早，陈赓司令员在周希汉旅长陪同下，到我旅一线视察，到我团突击连说："李围子、沈庄是敌人的防御外壳，只要敲开这个外壳，到纵深就好打了。"并征求我的意见，我说："根据第二次打李围子的经验，我想来一次炮火假转移。"并向他说了理由。陈赓司令员说："你这个办法很好。"并指示周希汉旅长，召集各旅团以上军事干部开会时，让我介绍这个办法。

12月5日上午，周旅长在十旅指挥所召开步炮协同会议。参加会议的人员有各团团长、各炮兵群指挥员和旅工兵连长。陈赓司令员专程到会指导。周旅长说："我们这次有二十几门榴炮、野炮、山炮和反坦克炮，主要任务是摧毁敌前沿的地堡火力点。压制任务主要由各团的八二迫击炮和工兵连的'飞雷'担任。"与会人员讨论时，让我讲用炮火假转移"引蛇出洞"的打法。我说："从我团二打李围子看到敌人的行动规律是：我们炮火准备时，敌人在洞里藏着；我们炮火准备后，敌人就从洞里出来占领阵地，抗击我们冲锋。"我的意见是：第一次炮火急袭后，在破坏射击时，增加一次炮火向纵深转移，把国民党军从掩蔽部引诱到表面阵地上来之后，再用飞雷和火炮对国民党军阵地进行一次猛烈的急袭。与此同时，部队的轻重机枪一起开火，掩护突击队破障冲锋。这样，步炮协同会更密切，对国民党军的杀伤会更大，我们突击成功的把握也就更大。我发言后，陈赓司令员说："华青这个意见很好，就这么组织。"他接着说："我们要不惜一切代价，打好淮海战役，只要把蒋军徐州的重兵集团歼灭，过江后没有大仗可打，就是追击了。"后来的事实证明，他这个预见是完全正确的。

三打李围子。12 月 6 日，全线发起总攻。15 时 30 分，各突击营占领冲击出发阵地。16 时 10 分，按第二次打李围子同样的火力进行炮火准备。炮火准备 20 分钟即向纵深转移。16 时 30 分，集中所有炮火，对国民党军实施第二次炮火准备。霎时，敌阵地硝烟弥漫，大部工事被摧毁。接着，我全部轻重火器又对敌实施 5 分钟急袭。

17 时，各突击队发起冲击，我团突击队第三连在国民党军前沿遭到火焰喷射器和轻重机枪火力袭击。连长霍守聚带领满身火焰的战士，勇猛冲击，壮烈牺牲。指导员张兴豪接替指挥，反复争夺突破口，不到 10 分钟，三连战士大部伤亡，仅剩 10 余人，仍继续坚持战斗。在一连从侧翼迂回协同下，17 时 10 分，终将国民党军前沿突破。一连副连长李连生、副政指吴俊杰，一排副排长王起山，二连副政指王金平壮烈牺牲。

我团各突击连和兄弟部队共 12 个突击连并肩突击，随即向国民党军主阵地猛冲，仅用 5 至 10 分钟，就相继突破国民党军主阵地，并集中全力向核心阵地攻击。18 时，我攻击李围子的十几路突击队在村中会合，与国民党军展开激烈拼杀。残余的国民党军虽逐墙逐壕拼死抵抗，但在解放军强大突击力量的分割包围下，迅速土崩瓦解。经过 1 个小时的战斗，守备的国民党军十师师部及其两个步兵团悉数被歼。解放军共毙伤国民党军 3000 余人，俘虏 1500 余人。我团一营先后突入国民党军师指挥所，俘虏800余人。我团仅在突破口就缴获国民党军火焰喷射器2具、重机枪7挺、六〇炮3门。至此，在黄维兵团的防线上，打开了一个口子，取得了阵地攻坚战的经验，为扩大突破口和向纵深突击创造了有利条件。

战后，经旅党委批准，给我团三连一排记特等功一次，给我团三连、一连各记大功一次。

战斗结束后，天亮，我去李围子勘察国民党军的工事，见许多掩体都是用士兵的尸体盖上土作为堑壕的前沿，有的露着腿，有的露着手臂，还有的露着头颅，令人感到非常悲惨。

缴获国民党军营长一本日记，上面写着我第二次攻打李围子的情况：我们用的飞雷，他不知道是什么炮，他名之为"没良心炮"；另一点他写天亮到村边一看，见我们的交通壕像蜘蛛网一样把全村围起来了。

我知道，我团的下一次任务是参加攻克杨围子，当天下午，我带国民党军第十师师长张用斌看杨围子的地形、军情。张用斌把杨围子的工事构筑、兵力部署和军部的位置讲得一清二楚。我问张，他对小郭庄那个排长怎么处理的，他说枪毙了。陈赓司令员给十四军军长熊绶春写了一封劝降信，让张用斌送给熊绶春，因为张和熊是黄埔六期的同学。

三打沈庄。陈赓司令员再次明确，由周希汉、廖冠贤、陈康三人组成四纵前指，统一指挥各旅攻占沈庄、杨围子，全歼十四军。打沈庄的计划是由前指拟定的。

守御沈庄的国民党军为八十五师师部及两个团，其工事构筑与李围子相同。第三次攻击，二十二旅、十三旅、二十九团采用炮火假转移和近迫作业的办法，战至8日19时，将国民党军八十五师师部及两个团全部歼灭，毙伤国民党军2000余人，俘国民党军师长潘琦以下1200余人。

四、攻克杨围子，击毙熊绶春

杨围子是个仅有30户人家的小村庄，是第十四军指挥所所在地。距杨围子正西3里为小马庄，是黄维兵团指挥所和临时机场所在地，正西南半里为杨文学庄，守御在此的为国民党军第十军七十五师主力和兵团督战营。杨围子国民党军的防御部署和阵地编成是：以十师二十八团担任村正北至东南的防守，以八十五师二五五团担任村西北至正南的防守；军直分布在村内，军指挥所位于村西北的掩蔽部内。其阵地编成是以村庄房屋和围墙为其核心阵地，其主阵地是由围墙外绵亘不断的三角形、鱼鳞形和梅花形地堡群构成，并以堑壕、交通壕纵横相连。阵地前 50 米还设有铁丝网、鹿砦、地雷等障碍物。他们为增大防御纵深，还特意在主阵地外 100—200 米的西北、正北、东北、东南等地构筑了 4 个壁垒阵地，每一壁垒派一个加强连防守，各壁垒之间可相互交叉支援。

四纵前指总攻杨围子的部署和要求是：由我团在右，三十团在左，由北向南并肩突击，二十九团为预备队；十一旅三十二团向杨围子东北突击，三十一团为预备队；十三旅三十八团向杨围子西北突击，三十七团在三十八团右翼占领阵地，准备抗击国民党军由兵团部方向来的反击；九纵二十七旅八十团向杨围子正东攻击，并以该旅七十九团进至东南断其退路；以二十二旅一一二团留沈庄向双堆集方向警戒打援。十三旅炮兵压制杨文学庄的国民党军，支援杨围子战斗。前指并要求各旅：（一）按规定任务，于 8 日夜逼近杨围子，进行近迫作业，9 日黄昏前各团完成一条 1.5 米深、1.2 米宽的交通壕和进攻出发地横向堑壕；（二）各旅组建炮群，并制造 30 枚"飞雷"参加炮火准备；（三）各旅炮群与"飞雷"队应于 10 日拂晓前占领阵地，并做好射击准备；（四）总攻分两步实施，10 日下午攻占国民党军 4 个壁垒阵地，扫清外围工事，11 日下午发起总攻，全歼国民党军第十四军。

我团将交通沟挖向国民党军主阵地前五六十米处过程中，夜间他们发射照明弹，如同白昼，炮兵和轻重机枪不断对我射击，并不断进行小规模的反冲击。我每前进一步，都要付出血的代价。我团十连先后击退国民党军 5 次反扑，毙伤国民党军 100 余人，我也伤亡 30 余人。经一昼夜艰苦奋战，终于挖掘成 1.5 米宽、1.8 米深、600 米长的蛇形交通壕，直逼国民党军主阵地前沿。十四军在我凌厉攻势面前，已斗志大减，许多士兵乘夜暗爬到人民解放军阵地投诚。我团五连挖交通壕至国民党军阵地前沿时，他们一个班投降。人民解放军控制国民党军前哨阵地，准备总攻国民党军纵深阵地。

对杨围子总攻前，陈赓司令员让把电话直接与十四军军长熊绶春架通，陈在电话中劝他投降。熊绶春执意顽抗，对人民解放军的劝降置若罔闻，妄图凭借杨围子复杂而坚固的工事做垂死挣扎。据此，纵队首长决心，按原计划于 10 日夜，扫清外围集团工事，11 日发起总攻。

当天下午，炮火准备将开始时，国民党军以一个营的兵力，在四辆坦克引导下向沈庄一一二团（团长朱英）阵地进行反扑，我团以团炮兵连火力立即转移射

▲ 解放军某部在开"诸葛亮"会，研究攻坚战术

向，支援一一二团击退国民党军 3 次连续进攻，而后立即进入对杨围子敌前沿的炮火准备。

炮兵火力强大和步炮协同密切，是总攻杨围子的两大特点。参加总攻的各种火炮有近 200 门，其中八二迫击炮 100 门，每门配足 60 发炮弹，专供炮火准备用。另外，还有其他火炮和 100 多枚"飞雷"。

按要压制的杨围子主阵地和核心阵地只有两公顷计算，仅八二迫击炮弹已达到 3 平方米一发炮弹的密度，主阵地突破地段每平方米可达一发的密度。关于步炮协同，经过火炮射速计算和沙盘推演，确定总炮火准备时间为 50 分钟。其组成是：先实施 10 分钟火力急袭，接着进行 20 分钟破坏射击，在破坏射击时工兵发射两次"飞雷"；接着炮兵再进行 10 分钟火力急袭。最后 10 分钟炮火急袭，前 5 分钟内，轻重机枪掩护突击队在障碍物中开辟通路，后 5 分钟炮火向核心阵地延伸，各突击连同时向国民党军主阵地发起冲击。周旅长说："我们这样组织突击有两个好处，一是火力不中断，步炮协同密切；二是冲击发起突然，更易奏效。"

在周密、细致的准备工作基础上，12 月 10 日 17 时，人民解放军强大炮兵对国民党军外围阵地实施猛烈轰击。17 时 20 分，各突击营按照预定目标对壁垒阵地发起冲击。18 时，各路突击队均突破国民党军前沿，利用已占的国民党军堑壕攻击堑壕，利用已攻克的国民党军地堡攻击地堡，席卷外围野战阵地。国民党军做垂死挣扎，以飞机、大炮和坦克作掩护，倾其主阵地之兵力向解放军发起反冲锋。我旅各部先后击退他们 3 次营规模的反扑。

11 日 16 时 25 分，四纵前指准时发出炮火准备开始的命令，人民解放军 5 个炮兵群和 4 个"飞雷"队按照计划进行炮火准备。这次炮火准备有三大特点：一是炮火特别猛烈。各炮群在 20 分钟两次炮火急袭中，把一万多发炮弹倾泻在国民党军阵地上。在 20 分钟破坏射击时，120 枚"飞雷"发射到国民党军核心阵地上。所以炮火准备一开始，就把杨围子打成了火的海洋。二是效果特别明显。炮火准备摧毁了国民党军地堡，打垮了他们的堑壕，毙伤国民党军士兵过半，瘫痪了他们的指挥，瓦解了士气。在指挥所抓到督战营一个连长，他颤抖着说："你们的炮火太可怕了，像狂风暴雨一样盖下来，我连在外面的人全死了。"三是步炮协同密切。17时整，解放军炮群火力向纵深延伸，各突击连、营同时向国民党军主阵地发起冲击。我团"洛阳英雄连"五连随着炮火延伸的弹幕，乘主阵地硝烟未散，一举突入国民党军阵地，直插国民党军指挥所，击毙中将军长熊绶春，俘少将副参谋长詹璧陶，再俘少将参谋长梁岱、少将师长张用斌以下400余人。

战至18时，人民解放军攻占了杨围子，全歼敌第十四军。计击毙国民党军军长以下1500余人，俘虏少将军官以下1800余人。我团二营营长兰礼法（红军），一营二连指导员吴守玉、副政指孔吉祥，一营机炮连连长戈云，三营十一连副政指元少利英勇牺牲。

熊绶春死后，陈司令员让人买了一副棺材厚葬他，坟头上用木板立了一个碑，上写"蒋军十四军军长熊绶春之墓"，根据梁岱提供的他家属的情况，陈司令让人给他家属写了封信，让他家属来领尸。

五、打杨文学庄，休整待命

当解放军东集团攻歼李围子、沈庄、杨围子、张围子，全歼国民党军十四军时，西集团也攻占了马围子、小马庄、周庄、腰庄，南集团攻占李土楼、小周庄、大王庄等地，歼国民党军八十五军、十军大部，十八军一部。黄维兵团残部被压缩在1.5平方公里的地区内，饥寒交迫，军心涣散，以南京送的大饼和马肉充饥，为争空投食物，竟互相开枪射杀。

12日，中野首长发出《促黄维立即投降书》，但黄维决心顽抗到底。据此，中野首长下令：坚决、彻底、干净、全部地予以歼灭。

陈赓司令员对在解放战争中与我们交战过的蒋军将领都熟悉，对他们的特点也都清楚。如胡宗南、黄正诚、宋希濂、李铁军、黄维都是黄埔一期的同学。他说，黄维是个书呆子，只能按条令办事，教书可以，打仗不行，情况一变化，就不知道该怎么应付。

杨文学庄毗邻双堆集，是黄维兵团的核心据点之一。攻克杨文学庄，便可直取国民党军兵团部。守御该庄的为国民党军第十军七十五师师部、二二五团全部、二二四团两个营、二二三团一个营及一个炮兵营。黄维严饬该兵团"要与阵地共存亡，否则以军法严惩不贷"，妄图依靠其坚固的梅花形和鱼鳞形阵地，凭借精良的美式装备，特别是靠加强各级督战队和法西斯统治，迫使官兵卖命，固守待援。

我纵的部署是：以十旅三十团由西北，以二十八团由正北，十一旅三十二团由东和东北实施攻击；以十三旅一个团位于杨围子西南担负打援和阻止国民党军逃跑的任务。以百门以上火炮和大量的"飞雷"支援战斗，乘胜一举歼灭对方。

十旅接受任务后，各团再次进行火线整编，合并减员连队，进一步精简机关和保障分队。将旅、团首长和机关的警卫员、公务员以及炊事员、饲养员、理发员、通讯员、经过审查教育的解放战士补充战斗连队。我团缩成两个营，一营缩成两个步兵连、一个机炮连，营长刘则先、政教陈占楼；二营3个步兵连、一个机炮连，代营长张秀明，政教郭学文。一营在左，二营在右，准备突破阵地之后，二营向纵深进攻。

12月13日，我团配合友邻参加攻打杨文学庄。在配合十一旅于17时对杨文学庄发起攻击时，国民党军飞机群穿梭飞行，轮番轰炸扫射。我带两个营同时发起冲击，一举突破国民党军阵地后，国民党军释放毒气，乘机进行反冲击，人民解放军冲击部队全部中毒，遭重大伤亡仍顽强抵抗，在国民党军一线阵地与他们形成对峙。二营七连连长杨英、代连长王满贵，一营二连副政指王新政壮烈牺牲。三十团和十一旅也攻击受挫。这次攻击失利，主要是国民党军连遭惨败之后改变了战术，将兵力转入深层地下，并加强了前沿防守力量。而解放军有轻视对方的麻痹思想，对国民党军坚守的顽强性估计不足，对其施放催泪性毒气缺乏防护经验，加之解放战士增多，突击力也相应减弱。

14日，我团和三十团撤至宋庄、徐家寨一线整顿。陈赓司令员在十旅指挥所召集四纵各旅旅长会议，决定15日再次攻歼杨文学庄，并调整部署如下：以二十九团从正北攻击，十三旅三十团由西南攻击，二十二旅由西北攻击，十一旅由东北和东南攻击。决定于15日15时发起总攻，全歼杨文学庄武装完备的国民党军，为攻击双堆集扫清道路。

15日15时，我纵队百余门火炮和百枚"飞雷"开始向杨文学庄轰击。15时30分，我4个旅从五个方向向杨文学庄发起冲击，并先后突入国民党军阵地。这时，国民党军又故伎重施，用火焰喷射器、燃烧弹还击，并施放毒烟，企图阻止解放军进攻。就在这时，周希汉旅长亲率机关干部和警卫分队投入战斗，亲临一线指挥，经 1 小时激战，将杨文学庄国民党军全歼。毙伤千余人，俘虏 1800 余人。与此同时，九纵、十一纵也歼灭了杨老五庄、杨子全村和杨四麻子村守备的国民党军。

在解放军东集团发起攻击的同时，西集团和南集团也向黄维兵团核心阵地发起总攻。黄维见大势已去，乘坦克率残部向西南突围，被解放军俘虏，副司令胡琏乘坦克寻隙逃脱。我各集团全力展开追击，至 15 日 24 时，蒋介石嫡系精锐部队黄维兵团 12 万人全部被歼。

经过 15 个昼夜的战斗，终于全歼了黄维兵团，南集团、西集团指战员激动万分，在战场上用各种枪支、信号弹、照明弹对空射击，双堆集南面、西面上空一时如同白昼。

淮海战役前，我团共有 2518 人，经过 40 个日夜的浴血奋战，其中机关以外的战斗员，在战斗中未阵亡或负伤的，只剩下干部 66 人、战士 108 人，干部、战士合起来只占战前战斗人员总数的 17 %，连以上干部牺牲 23 人，其中 5 名红军（营长、副营长各一，副连长二、副指导员一）。这些统计数字说明：在淮海战役中，二十八团任务繁重、战斗频繁，历经血战，付出了重大牺牲！

12 月 16 日，我团随旅撤离南线战场，北移至南坪集地区，旅部驻小惠家，我团驻徐家。12 月底，我团在旅教导队学习的 150 多位干部归建，大批伤愈的伤员归队，有的还缠着绷带赶回部队。全团迅速做了调配和补充，各连的骨干力量得到加强，不但使团的优良传统能够很好地保持和发扬，而且部队战斗力和战斗士气也更高涨。同时补充了一批农民和大批解放战士。全团按三三制整编，即团辖 3 个营，每营 3 个步兵连一个机炮连。团直属一个炮兵连，一个特务连，全团总人数达到 2578 人。

1949 年 1 月 1 日，新华社发表毛泽东主席的新年献词《将革命进行到底》。1 月 4 日至 8 日，我团随旅从南坪集地区出发，抵达亳州西南之梅城集地区，一面学习《将革命进行到底》，一面作为华野攻歼杜聿明集团的预备队，待命行动。

1 月 10 日，华野将杜聿明集团全歼，淮海决战胜利结束。淮海战役是中国人民解放战争中三个具有决定意义的重大战役之一，战役历经 66 天，全歼国民党精锐部队 22 个军、56 个师共 55.5 万人。此役彻底粉碎了蒋介石"力争华北，坚守中原，经营华南"的战略防御计划，实现了毛泽东主席将国民党军主力歼灭于淮河以北的伟大战略部署，基本上解放了长江以北的中原、华东地区，使国民党反动政府的首都南京处于解放军的直接威胁之下。这一决战的胜利，连同东北、华北、西北人民解放军的胜利，奠定了人民解放战争在全国胜利的基础。

1949 年 2 月，中野四纵十旅二十八团改编为第二野战军四兵团十三军三十七师一〇九团，准备渡江。

（作者时任中原野战军第四纵队十旅二十八团团长）

"钢铁营"在淮海战役中诞生

马泽民

血战小张庄、死守小张庄，是中原野战军第四纵队十三旅在淮海战役围歼黄维兵团战斗中创造的一个攻坚、防御的成功战例，它充分展示了英勇顽强、不怕牺牲、敢于战胜强敌的英雄气概，是铸就淮海战役精神的一束耀眼的火花。

1948 年 11 月 30 日 9 时，十三旅三十七团二营与国民党军第十八师五十三团浴血奋战，拿下了小张庄，遂转入阵地防御，但国民党军又一度攻占该庄的一部分。2 日，在团长郭志伟指挥下，又夺回了小张庄全部阵地，二营伤亡只剩下四五十人，国民党军也付出了惨重的代价。

黄维得知小张庄被解放军夺去，大怒，下道死令："不惜一切代价给我夺回小张庄。"

小张庄很小，只有 30 多户人家，不到一平方公里的面积，但是，它在黄维兵团防守圈的东南方，是黄维选定的突围口。人民解放军占领小张庄，就如同在其圈内筑起了一个堡垒，堵住了他们的逃生之道，更为严重的是使其两个师割断了联系，张围子势必难保；使兵团部所在双堆集与杨围子的国民党军，首尾不能相顾，于是，黄维速令十八师派五十一团、五十二团夺取小张庄。

陈赓司令员得到情报后，速令陈康旅长派部队换下三十七团。据当时紧张的战场形势，陈康旅长只得将预备队三十八团一营投上去。他给营长张英才、教导员贾德发作了交代，也下了一道死守小张庄的命令。

12 月 2 日晚，三十七团二营营长钱振山领着兄弟三十八团一营营长张英才及其所属的连指挥员们巡视了整个战场，介绍了国民党军的进攻特点，以及人民解放军防守的重点地段，完完整整地移交了阵地。张英才等接受了二营的作战经验，受到一次深刻的实战教育。

贾德发教导员给全营作了临战前的政治动员。部队斗志昂扬，发誓要大显身手，在最终决定中国人民命运的"淮海决战"中立新功。

寒冬的田野，冰冷的夜晚，漆黑一团，宁静非凡。踏过纵横交错的堑壕和交通壕，一营开进小张庄阵地。

张营长率各连长在阵地上看了地形，交代了国民党军情况，根据小张庄阵地突出和三面受敌的态势，他决定把一连一排配置于小张庄的西北侧，一连二排配置于小张庄东北侧，二连和四连为营的机动部队，机炮连组成火力队，配置在一、三连阵地后侧。为加强防御的稳定性，旅和团领导以山炮4门、迫击炮10门组成炮兵群，在小张庄以东和以北地区占领发射阵地，听候一营召唤。副营长张玉林、副教导员贺兴茂分别到一、三连指挥战斗。

一营进入阵地后连夜加修工事，构筑和修复防御设施。三连进入阵地发现在阵地前面30米处有国民党军的重机枪火力点，这对该连完成任务有直接威胁。不时，国民党军的冷枪冷炮声打破了夜间的沉寂。张英才明白：这是暂时的态势，它意味着恶战即将来临。他自问：我们能顶住国民党军的凶猛进攻，能守住兄弟部队交给的阵地吗？如何去完成这一艰巨的阵地防御任务呢？

张营长又到三连阵地上去勘察地形和细察国民党军情况。连长赵三成急匆匆地说："营长，下命令吧！前面这个火力点对我们威胁太大了！"班长裴景云也气愤地说："这个火力点动不动就向我发射一梭子。"战斗小组长侯永福搬来一筐"带把的罐头"和"军用水壶"（自制手炮）说："营长，让我去干掉它吧！"三连指战员们的呼声激励了他，也启发了他。张营长认为，时机对我有利，应该实施积极的防御，主动地打到国民党军的阵地上去！这不仅可以消灭国民党军对我威胁大的火力点，又可以抢占国民党军前沿阵地而迫使他们陷于不利态势，推迟他们的进攻计划，从而增强人民解放军的防御稳定性。张营长遂给三连下令出击。

以攻为守　主动出击

根据当面国民党军已构筑的"鱼鳞式"工事的情况，三连赵连长组织了7个突击组、1个突击队、1个火力队，利用夜暗实施连续偷袭。开始，三连使用两个小组3次偷袭，虽然没有成功，但摸清了国民党军的交通壕和火力点的具体位置，并将当面国民党军麻痹了。张英才了解情况后，将全营的火力组织起来，一声令下，所有的突击组和突击队，各按预定目标一齐冲击。守备的国民党军未料到解放军这一斧头，顿时惊慌失措，沿着交通壕乱窜。副班长余化金率领的突击组，迅速敏捷地从侧面接近到国民党军重机枪阵地，趁国民党军尚未转过神来，便将一排手榴弹砸了过去。随着连珠炮似的手榴弹爆炸声，刚才还在吐着一串串火舌的国民党军那挺重机枪已成了哑巴！此时，余化金副班长的鲜血却洒在了"鱼鳞式"的地堡上，英勇地牺牲了！各突击组乘胜出击，用手榴弹开路，沿着交通壕向国民党军猛冲！战斗小组长侯永福带着黄诚和另一个战士，提着两筐手榴弹边打边冲，越打越勇！惊慌的国民党军，乱作一团，成堆成窝拥挤到一起。解放军各突击组乘胜追击，连续将手榴弹投进拥挤在一块的敌群中，炸得他们鬼哭狼嚎；未炸着的纷纷跳出交通壕企图向回逃跑。可是，他们哪里能跑掉呢！我们布置在两侧的轻重机枪像瓢泼大雨般的拦头扫射，使挤在壕内的国民党军无处可钻，跳到壕外的也一个个、一批批地在解放军勇士们的枪弹声和喊杀声中丧了命。国民党军七十五师一个营，几乎全部倒在了一里多长的壕沟里。由于人压枪弹、枪弹压人，一层压着一层又燃着了火，引发弹药也在不断地爆炸着，直到天亮时，这一里多长的交通壕内外，还烟火四起、爆炸声不绝，火龙般地在燃烧着。

智勇抗击　孤胆歼敌

夜间勇士们出击的胜利，激励着全营指战员，营的防御阵地又向前伸出了几百米，从而改变了双方态势。我营这把锋利的匕首重重地插在了国民党军的心脏上，但他们死不甘休定会重新进攻，因此各连都迅速加修工事，准备迎击国民党军大规模的进攻。此刻，团首长通报，双堆集方向有国民党军正在向解放军阵地前运动，要我们做好一切战斗准备，抗击他们的来犯。果然不出所料，10时许，"轰隆隆、轰隆隆"一排排的炮弹铺天盖地地朝着小张庄倾泻而来，随之3架国民党军飞机也发出了轰鸣声并进行俯冲，一串串炸弹和机关炮弹落在了小张庄的阵地上。顿时，阵地上泥土翻滚、弹片横飞，硝烟冲天，灰尘蒙蒙，连营部的电话机都被打塌的"盖沟"给埋了。片刻之后，国民党军第十八师五十二和五十三团在坦克的引导下，向解放军阵地发起疯狂的进攻。前沿一、三连智勇结合，顽强抵抗，他们冷静沉着地隐蔽于纵横交错的交通壕内，先将国民党军美式重型坦克放了过去，而后从避弹洞内飞跃而出，把手榴弹和手雷一排排投入国民党军，同时以侧射火力阻击国民党军步兵前进。此刻，工兵用抛射筒抛出10公斤重的炸药包炸国民党军坦克，步兵则点燃事先布置下的杂草、木材构成一垛垛火墙、火球，或用木杠塞入坦克履带，阻击横冲直闯的国民党军坦克。

战斗得最为激烈的是阵地前沿担任警戒的三连十一班侯永福战斗小组。他们与猛烈冲击的国民党军进行了殊死的搏斗，最后只剩下侯永福和黄诚两位战友。他们还未来得及后撤，就被国民党军截断了退路。

侯永福是在豫东战役小庄战斗中解放入伍的，四川南部县人，被国民党抓走后在旧军队里吃尽了苦头。解放入伍后，经诉苦教育提高了阶级觉悟，使他懂得了人民军队是为人民而战。黄诚是在李家庄战斗中解放入伍的，侯永福的现身说法，和他亲眼看到并受到人民子弟兵英勇拼杀精神的鼓舞，都激励了他，所以解放不久的黄诚，就能在情况危急之中创造出奇迹。

侯永福和黄诚守在三连前沿突出部而被国民党军阻隔。虽然和营、连失去了联系，但经过人民军队教育出来的战士们临危不惧、坚强不屈！面对着暂时占优势的国民党军的乱吼乱叫，不仅毫不动摇，而且更坚定了人民战士的胜利信心。他们也向国民党军大声怒吼道："你们这些'狗养'的，都来吧，老子和你们拼了！"两位勇士一阵猛打，终于将国民党军压了下去。在这关键时刻，侯永福忽然发现自己手中的冲锋枪被打坏了，弹药也快用尽了，身上只剩下了3枚手雷。这可该怎么办呢？在这千钧一发之际，黄诚灵机一动，对侯永福说："组长，你看，前面的敌人不是已给我们准备好了武器吗？"说后便爬过去从国民党军尸体堆里拣回一挺机枪、一支冲锋枪、一支步枪和子弹。正好，十多个国民党军张牙舞爪地又冲上来了。他们隐蔽在炸弹坑后面，待敌人接近后，侯永福一梭子弹打过去，前面的几个应声而倒，其余的抱头鼠窜，有两个来不及跑掉的也当了他们的俘虏。

侯永福利用战斗间隙，向两名俘虏进行了人民军队本质教育，并用他和黄诚两人的亲身经历说明了他们也是解放战士，以及自己如何成长为战斗小组长的事实，感动了两个俘虏，从而使其转变了立场，并且要求与他们一起共同参加战斗。

他们四人很快就结成一个战斗集体。侯永福和黄诚对国民党军射击，两个"俘虏"压子弹。侯永福指挥着战斗小组，巧妙地利用阵地英勇抵抗，孤胆歼敌，连续击退了国民党军一次又一次的进攻。

一营官兵上下一致，群策群力，万众一心，智勇抗敌，在战斗中顽强坚守着！进攻的国民党军虽然以波浪式的群蜂攻势反复冲击，但每次冲击都在未接近到解放军主阵地之前就被击溃了。

将计就计　适时出击

经受了前几次失败的教训，国民党军新的进攻不仅加强了炮兵火力，集中压制人民解放军前沿阵地，而且重新组织地、空协同，数架国民党军飞机连续轮番俯冲轰炸解放军主阵地。瞬间，阵地上空笼罩上一片黑烟乌云，大地上泥土翻滚，有的工事被炸坏了，有的战友牺牲、负伤了。国民党军坦克便乘势向我一、三连阵地发起了新的攻势。

飞机为什么炸得这么准呢？张英才正在观察和考虑时，机炮连指导员周德纯跑来报告："营长，你看！"此时才发现国民党军的炮兵在打烟幕弹为飞机指引目标。于是他们也将计就计，命令炮兵向国民党军冲击的步兵和坦克处施放烟幕弹。在双方犬牙交错之中，飞机也就敌我不分了，便对其冲击的步兵和坦克俯冲扫射，对其密密麻麻的国民党军轰炸。顿时，向我冲击的国民党军步兵就死伤遍地，惨叫声、大骂怒吼声不绝，有的还举枪对空射击。此刻，解放军炮兵群稳稳当当地对国民党军实施集中射击，使他们的战斗队形混乱、支援火力中断。解放军实施反冲击的时机成熟，张营长便向身边的号手赵续泰命令："吹冲锋号！"号音落，雄兵起，一、三两连的勇士们像猛虎般地跃出工事，杀声四起，向国民党军扑过去。此刻，国民党军已毫无招架之力，忙丢下死伤者抱头鼠窜。

在反冲击中，连长赵三成身先士卒，奋勇当先，他右胸不幸中弹倒在血泊之中，仍手按伤口继续指挥战斗。瞬间，鲜血浸透了军服，染红了阵地，通信员迅速将他扶起送去包扎。当张英才看到他时，他还关心地问："反冲击是否将敌人打下去了？"张营长告诉他："三连这群'小老虎'一出去就将敌人吃掉了！"他安心地笑了！卫生员给他包扎后便将他送往后方医院治疗。万万没有想到，这位智勇双全的青年连长自分手后却与一营的战友们永别了！

赵三成负伤后，指导员吴志玉接替指挥。在全连与国民党军短兵相接的战斗中，指战员们真如"小老虎"一般不怕牺牲，勇往直前，端上刺刀与国民党军白刃格斗，使顽固的国民党军士兵一个个在刺刀下丧命。

解放军后勤人员战勤保障工作做得快速得当，他们冒着枪林弹雨给阵地上的部队送来了烙饼和热汤以及弹药。吴志玉同志很机智，当同志们吃饱喝足后，还指示最前沿的战士们将烙饼插在刺刀上举得高高的，对着国民党军喊话："蒋军弟兄们，我们优待俘虏，请过来吃烙饼、喝热汤吧！"这一招果然很有效，不断有国民党军三三两两地乘机携枪投诚。

坚定沉着　依水击敌

中午天空乌云压顶，地面黄尘滚滚。国民党军突围的野心不死，仍想在小张庄打开一个缺口，使之成为黄维兵团突围逃生之门。于是国民党军在一、三连防御之地，连续强攻，失败后突然改变了方向，利用小张庄南端的小杨庄阵地，向解放军二连阵地发起了集团冲击。

二连阵地是个半凹形，中间是个圆形约 200 米的大水塘，水塘前边有一处高土堆，左邻为兄弟第三营，右接三连。

二连占领高土堆，可居高临下进行抗击。攻击的国民党军见高土堆是前进的障碍，便先以坦克为先导，对土堆进行抵近射击，企图在摧毁人民解放军守军后，再以步兵实施冲击。

在国民党军坦克和十几倍优势于自己的国民党军攻击下，坚守高土堆的二连二班班长郑虎毫无惧色、坚定沉着，指挥全班灵活地与进攻的国民党军依水作战。二班在战斗中边打边学，巧施战术。机智的郑虎见国民党军坦克抵近射击，他便率全班迅速从高土堆上撤下来，隐蔽在水塘边，待国民党军射击一停，他又立即带领全班爬上高土堆抗击国民党军的进攻。就这样撤下来，爬上去，再撤下来，再爬上去，一次又一次地击退了敌人实施的 4 次步、坦协同下的冲击。国民党军步兵第一次冲击时摸不清解放军的实情，在坦克射击停止后，即冲击土堆，突遭郑虎班一排子手榴弹的反击而连滚带爬地惨败了下去。第二次国民党军坦克射击后，土堆几乎削去了一尺多！国民党军也被我打得缩头缩脚地一边投弹，一边前进。而郑虎班则在国民党军手榴弹爆炸后就向他们迅速地进行短距离反突击。我如此反复地击退了国民党军的多次冲击，迫其无可奈何地退了回去。郑虎班长和他的战友们就像钢钉一样，牢牢地坚守着高土堆阵地。

下午 4 时许，国民党军最后一次攻击，他们真是孤注一掷了。攻击一开始他们就用了上百门大小炮集中向小张庄猛轰。泥土、硝烟，遮天盖日，坦克像野牛似地横冲直闯，步兵多路以密集战斗队形轮番冲击。

面对国民党军的垂死挣扎，一营的指战员已摸透了他们的"脾气"。营党委号召全营的所有同志要具有与阵地共存亡的决心来坚守阵地，同时又要看到国民党军虚弱的一面，做到既要勇敢，又要讲战略战术，还要注意保存自己，以便最后消灭国民党军。当国民党军炮火急袭时，一营的官兵除观察员外，大多数人员都进入避弹洞隐蔽；待他们的炮火延伸后，各班、排迅速跃出，占领阵地。先用急促火力猛烈打击国民党军，将其战斗队形打乱，再实施短距离出击，以隐蔽、猛打、短突击三手并用，使国民党军既打不着我，又攻不动阵地，而我们则可以积极灵活地消灭他们。国民党军为有效地对付人民解放军的战术，也采取了步兵伴退，用炮兵轰击我反冲击分队的战术，但由于解放军是实施阵地前短距离出击，速进速退而不恋战，国民党军火力则变换慢，不是打不着解放军，就是自己打自己。

经过多次的激烈战斗，双方在犬牙交错的态势下对峙起来。张英才总结出蒋军对我有三怕：一怕人民解放军突然接敌，分割包围；二怕人民解放军炮火、炸药杀伤震慑的威力；三怕人民解放军全面地轮番突击使其防不胜防。真可谓撼山易，撼解放军难啊！

全营指战员和国民党军鏖战到天黑，使他们一筹莫展，其突围计划终于破产。一营的勇士们仍巍然屹立在意志和智慧铸成的钢铁阵地上，坚守着小张庄。

张英才率一营在小张庄与国民党军激战一昼夜，全面粉碎国民党军以炮、空、步、坦协同下的多次进攻，歼国民党军1000余人，俘获200余人，旅党委授予一营"智能结合，寸土不让"的锦旗一面，四纵队授予张英才"特等英雄"称号，还为坚守小张庄的指战员们每人各记大功一次。淮海战役总前委根据张英才营参加淮海战场上15次对国民党军作战，战果突出，特别是首战小李庄火车站，斩断津浦铁路；死守小张庄，堵死了黄维的突围口；猛攻杨围子，夺取国民党军炮兵阵地，占领国民党军第十四军指挥所；奉命攻进双堆集，强夺"汽车城"（国民党军用百台汽车装上土围成的一座城作为防御工事）等英雄事迹，特授予该营为"钢铁营"的光荣称号。纵队陈赓司令员听到这个消息，高兴地说："'钢铁营'在淮海战役中诞生，可喜、可贺啊！"

（作者时任中原野战军第四纵队十三旅宣传干事）

在淮海大决战中

王 争

一

淮海战役，是解放战争时期，战略决战阶段三大战役中最大的一次战役。战况变化多端，是解放战争中最复杂、最激烈、最困难、最艰苦的大会战。我参加了这场气势宏伟、惊天动地的大决战，亲身感受到党中央、毛主席、总前委，以及刘伯承、陈毅、邓小平等首长在指挥这次战役中对战争形势的科学分析，适时定下战略决战的英明决策；深谋远虑、精细周密的战役准备；在困难、复杂、多变的情况下，惊人的胆略及高超的指挥艺术。全军将士气壮山河、前赴后继、勇往直前、视死如归，人民群众全力支援，创造了世界战争史上罕见的奇迹，谱写了人民解放军划时代的光辉篇章。这是改变中国人民命运的大战，给后人留下了宝贵的财富。

1948年8月豫东作战结束，部队到豫西襄城地区休整。这是个很富庶的地方，农业作物以小麦为主，还有棉花、芝麻，烟叶更是出名。当时烟苗已长得一人多高，正是采摘烤烟季节，战士们帮助老乡收烟，老百姓拿一些碎烟叶送给战士，吸烟的人笑得合不拢嘴，高兴地说："这地方烟真好，可以过烟瘾了。"我召集各连司务长开会研究如何改善部队生活，使战士尽快恢复体力。连续进行了4次战役，几乎没有一天休息，人的精力、体力消耗实在是太大了。我一到宿营地睡倒就不想起来，真想饱饱睡上三天三夜。可是责任在身，我得把全营工作安排好。为了让战士们得到充分休息，延长睡眠时间，我决定减少操课，还把旅的"娃娃剧团"请来唱了3天戏。到驻地不到一个礼拜，兵团通知到襄城县城学习。从内心讲，实在是不想去，而想安安静静休息一段时间，但没敢提意见，还是去了。

这次学习是进行"整党整军"。住在一个学校内，房舍很宽敞，生活安排得很好，每天每人发一两白糖、一个鸡蛋，还供给香烟，这是大家从来没有过的享受。大家开玩笑地说："陈司令员上次在石佛寺开会，想优待优待我们，没有实现，这次要补过来啦。"参加学习的是全兵团营以上干部，时间安排得也不太紧，大家可以三五成群游览城市风光，晚上看戏，部队工作暂都不管了。无官一身轻，实在是一种很好的休息。

首先学习毛泽东主席关于形势的分析和夺取全国胜利的方针政策，当前的任务是学习"军队向前进，生产长一寸，加强纪律性，革命无不胜"等有关指示。经过学文件、讨论，大家明确认识到：两年作战，国民党军队被歼灭了200多万，内部分崩离析，反动统治覆灭已为期不远。克服部队中存在的无政府、无组织、无纪律倾向，保证中央的路线、方针、政策的坚决贯彻执行，是夺取革命胜利的中心环节。在提高了认识的基础上，开展民主，用上级、同级、下级"三层亮"的方法进行批评，领导干部存在骄傲自满、无组织、无纪律、经验主义、官僚主义等不良倾向，指名道姓，一针见血。各级领导虚心听取大家意见，严格检查自己缺点，深挖根源。我们旅长、政委都是检查了三次，大家满意，纵队同意才算通过。我们原任旅长李成芳已调九纵队当了政委，听到发扬民主中对他有些意见，主动回到旅里听意见，作检查。对我思想触动很大，自己也经过反复思考，觉得有骄傲自满、自以为是、组织观念不强的错误，主动作了检查。领导和同级都认为符合我的实际，自己觉得全身轻松。"整党整军"学习，运用群众路线的方法，充分发挥民主，实事求是地批评与自我批评，解决了干部中存在的各种不良倾向，进一步提高了阶级觉悟、政策水平，加强了组织性、纪律性，为争取更大胜利奠定了思想基础。

休整期间，在军事训练上按"打更大歼灭战"、"大兵团打正规战、攻坚战"为中心的指示，以中原国民党军坚固设防的郑州、南阳、信阳为对象，着重训练攻城、阵地防御、土工作业、打坦克。部队在"为打大歼灭战多作贡献"的口号鼓舞下，士气高昂，积极苦练杀敌本领，形成热火朝天的练兵热潮。白天练，夜间练，驻军练，行军中也练。工夫不负苦心人，在新郑县进行攻城演习，全营7分钟就架云梯爬上城墙。土工作业课目，因过去打运动战，很少训练，是个薄弱环节。经过苦练，战士能在一小时内，完成单人射掩体一公尺的堑壕。打坦克是个崭新的问题。我们没有打过坦克，也不懂得坦克的性能。我给全营讲打坦克，是从刘伯承司令员校译的《合同战术原则》的插图上，依样画了个坦克样子，给

▲ 解放军某部在开谈心会

大家讲课。又借老乡的太平车（4个车轮的大车）代替坦克，由战士推着跑练习打坦克动作。各连都编了反坦克小组，研究了用集束手榴弹、炸药包、酒瓶装汽油、绝壁、柴草布置火障等办法。在指挥方面，学习攻坚战的战术，旅、团集中干部进行了专题研究，对阵地上做饭送饭、伤兵的包扎抢救都进行了细致研究、反复演练。

我们提出"在秋季攻势立功"的口号，全营指战员迸发出极大的热情。大家心往一处想，劲往一处使，在两个月的休整中做好了迎接大战的充分准备，大家跃跃欲试，要在大战中大显身手。

二

淮海战役开始的计划是"进行三个作战"，"歼敌十九个旅"，由华东野战军在以徐州为中心的豫皖苏战场上歼灭国民党军。中原野战军在津浦路以西的中原战场牵制西线国民党军，保障华野作战。刘、邓首长根据中央指示精神决定发起郑州战役。上级给我们交代的任务是担任登城。能担任登城任务，我们感到莫大光荣，战士们高兴得直跳。10月22日，部队向郑州开进，先头部队接近城郊，国民党军畏惧被歼，弃城逃跑，途中被我九纵全部歼灭，郑州解放。

部队沿陇海路向徐州开进。在豫东平原上，到处是国民党军队的逃兵、伤员、病员、眷属在流浪，村庄被抢劫一空，老乡含着眼泪向战士们控诉国民党部队的残暴罪行。我们走到砀山县邵庄，看到老两口在地里哭得很伤心，我过去问："你们哭什么？"原来是新五军在这里见东西就抢，老两口准备给儿子结婚喂的一头猪，用麦秆埋在地里藏着，没想到挖出来却已经死了。战士们看到被洗劫后的农村，更加激发起对国民党军的仇恨。和部队并肩行进的还有一支由地方干部带领的支前大军，成千上万男男女女，马车、牛车、手推车，车载马驮、人背肩挑着支前物资，浩浩荡荡，不停息地向前滚动。中原大地人民支援战争的动人场面，使人心情激荡，热血沸腾，我们打不好仗，对不起人民啊！

11月4日部队到安徽亳州后，上级正式传达进行"淮海战役"的命令。部队欣喜若狂，急于求战。战役开始后，粟裕指挥华野部队以排山倒海之势，将黄百韬兵团合围在徐州以东碾庄地区，开始围歼作战。我部向东急进。刘伯承司令员以战略家的眼光，向中央建议截断津浦路，立即得到毛主席的同意。随即率部向津浦路急速前进。15日攻占了国民党军重要补给基地宿县，控制了徐州、蚌埠之间的广大地区，斩断了徐州国民党军重兵集团与南京大本营的联系，对徐州国民党军重兵集团构成战略包围。这样，便造成了大决战的有利态势。毛主席审时度势，果断决策：由刘伯承、陈毅、邓小平、粟裕、谭震林组成总前委，统筹淮海前线作战事宜和地方支前工作。电报中说：隔断徐蚌联系，使徐敌处于孤立地位，这是一个伟大胜利。在战役发起前，我们已估计第一阶段可能消灭敌人18个师，但对隔断徐蚌，使徐敌完全孤立这一点，那时我们尚不敢作这种估计。

截断津浦路这一着，对淮海战役取得那样大的胜利，起着关键性的作用。这一行动使国民党大本营震惊，蒋介石匆忙调兵遣将，增援徐州，责令总长顾祝同亲临战场督战，送他的战将杜聿明到徐州指挥，企图挽回败局，救出徐州被围部队。

我营在战役发动第二天，向津浦路开进的途中，夜间与第五军工兵营遭遇，部队迅猛发起进攻。该营是担任掩护的部队，利用夜暗拼命逃命，仅被解放军俘虏30余人。淮海战役中，我们营第一仗没打好，心中好不懊悔。第二仗是打津浦路上的符离集车站，这是执行刘司令员截断津浦铁路命令的行动。任务是打下车站，占领阵地，担任阻击。任务是完成了，战果却不大。打下符离集，营部通信班从车站扛了两袋"洋面"，营部的人改善了一次生活，团政治处批评我们"违反战场纪律"，我心里不高兴，但还是作了检查。淮海大战，已经打了一周，我们营走路不少，没打上像样的战斗，使人焦急，心里火烧火燎的。我脑子里想，一个500人的营，在大决战中无所作为，没有像样的战果，实在是脸上无光，对不起全营，没法向人民交代，心里烦躁不安，总觉得站也不是，坐也不是，躺下也睡不着，举止失态，动不动就发脾气。经常跟在我身边的通信兵也莫名其妙，悄悄地说："营长最近是怎么啦？"一个指挥员在一次大的战役中轮不上打几个好仗，由此产生的那种羞愧、负疚的心情，是局外人难以理解的。

三

我们旅打下符离集，担任打援任务，兄弟部队攻克了重要军事补给基地宿县，截断了津浦路。徐州地区的国民党军重兵集团被包围，蒋介石命令李延年、刘汝明兵团沿津浦路北援，令在平汉路上的黄维兵团火速驰援。华野与被包围在碾庄地区的黄百韬兵团正在激战之中。杜聿明指挥徐州邱、李、孙3个兵团倾其全力拼死增援，双方打得难解难分，淮海战场形势万分险恶，战役面临最困难、艰苦、复杂的情况。刘、邓、陈首长，以宏才伟略精心筹划了在涡河、浍河之间地区歼灭黄维兵团的方案，命令中野各部，日夜兼程，布成"口袋"。陈赓司令员奉命到南坪集地区阻击敌人。我团担任了国民党军主攻方向南坪集的防御任务。

南坪集战斗是淮海战役中第二阶段围歼黄维兵团的关键，对淮海大决战的胜利有重大作用。毛主席十分关注，问守南坪的是哪个部队，总参谋长周恩来同志告诉主席："是陈赓部歼灭'天下第一旅'的十一旅。"

南坪集有约百余户人家，在浍河南岸，有永久性公路桥，是黄维增援徐州必经之地。部队11月21日晚到该地，旅长刘丰、副旅长徐其孝立即带领干部勘察地形，提出背水设防和河北岸防御两个方案。团长梁中玉和我们3个营长都同意背水作战方案，在南坪集村外构筑防御阵地，旅长当即表态"旅的指挥所也设在河的南岸"。考虑到是平原防御，国民党军兵力、火力的优势，阵地可能被他们割裂，决定以排为单位构成支撑点式的集团阵地，以增强独立作战的耐力。部队放下背包，马上投入紧张的抢修工事。接受了重要的战斗任务，大家一片欢腾，指挥员、战士、机关勤杂人员全部投入了劳动，汗流浃背，热火朝天，不停息地干了一天一夜，射击掩体、交通壕、各种火器发射阵地、指挥所便全部完成，大家满怀信心准备迎接国民党军的大举进攻。国民党军已经到了解放军阵地前十几公里，我命令部队休息，恢复体力，准备大战。我又一次检查了各连阵地，回到营指挥所想还有哪些问题。大战前，指挥员总会觉着准备工作还有不周到之处，生怕造成难以想象的后果，影响任务完成。在掩蔽部刚坐下来，眼皮老打架，教导员庞汉良看我实在是太疲劳了，说："营长，你睡一会吧！明天不会轻松，我去再检查一下阵地。"

23日拂晓，国民党军飞机吼叫、炮弹轰鸣，熟睡的战士被惊醒，麻利地进入阵地。国民党"五大主力"之一的十八军，在飞机、大炮的支援下，用坦克和步兵一个团的兵力，向营阵地开始进攻，炸弹、炮弹、机枪火力像瓢泼大雨般向阵地倾泻。看样子，国民党军要在这里实施主攻，防御战斗中他们的主攻方向是战斗的焦点，是考验部队过得硬的好机会。我心里一阵高兴，命令全营"沉着应战，等敌人步兵接近到阵地前再打"。国民党军坦克带头冲锋，一连反坦克小组，用汽油瓶、集束手榴弹向坦克投去，没有击毁。坦克横冲直闯，越过我堑壕，步兵成密集队形向解放军阵地冲来。我命令各种火器一齐开火，以猛烈的火力，给他们以重大杀伤，进攻被击退了。冲入阵地的坦克也退了出去。它欺负解放军没有打坦克的武器，在解放军阵地前数百公尺处近距离内逐个摧毁我阵地上的机枪发射工事，一线阵地火力点都被摧毁了。国民党军又发动了进攻，部队利用预备发射阵地，抗击他们进攻，并用小组阵前出击，又一次打退了国民党军进攻。他们改变了战术，集中了全部火炮轰击，飞机轮番轰炸扫射，坦克成密集队形，步兵紧跟，向南坪集全面进攻。主攻方向是二营和左右两侧的一连和八连。整个南坪集一片火海，大地颤抖摇晃。部队伏在战壕内，沉着应战，打退国民党军一次又一次进攻。打到下午，坚守杨庄的六连大都伤亡，国民党军突破了阵地，坦克冲到了团指挥所，步兵从突破口蜂拥而来，形势十分危险。团长梁中玉在电话里讲："要你们二连跑步到团指挥所来！"我们营的正面上国民党军也在猛烈进攻，二连是我手中唯一的预备队了。听到团长电话，我立即命令二连跑步出动。团长拿着手榴弹，高喊"二连跟我来！"不顾国民党军密集的火力封锁，跑步向突入解放军阵地的国民党军反击。二连一班首当其冲，班长高风山，才从营部到二连当班长不久，他端着冲锋枪带领全班，面对疯狂吼叫、成集团队形冲入我阵地的国民党军，大义凛然、毫无惧色，迎着国民党军各种自动火器和火焰喷射器的炽热火焰冲了上去。惊天动地的英雄行动，吓得国民党军目瞪口呆、心惊肉跳。曹国华排、郝仲英排，踏着高风山的血迹冲了上去和国民党军展开搏杀。二营阵地上仍然活着的战士也投入了反击，突入阵地的国民党军被消灭了，阵地又恢复了。

陈赓司令员非常关注南坪集战斗，及时询问战斗情况。听到国民党军突破阵地，立即命令兄弟部队增援。增援部队赶到，我们已恢复了阵地，他在电话上给我们传令嘉奖。

全团在南坪集浴血奋战一整天，给黄维兵团重大杀伤，迟滞了他们的行动，为中原野战军各纵队截断国民党军退路争取了时间，把黄维兵团装进了刘、邓首长精心安排的"口袋"中。这是淮海大决战第二阶段作战的关键一战。

11月27日早晨，天气很冷。东南方炮声隆隆，浍河南岸不时传来枪声，国民党军飞机在上空盘旋。我们营指挥所设在大朱家老百姓的草房内。我们在烘火，副教导员郭广益同志来了，各连的连长也都来了，大家围着火研究夜间村落攻击的战术问题。从南坪集战后休整补充完了，准备投入围歼被包围在双堆集地区黄维兵团的战斗。电话铃响了，电话员喊："叫营长讲话。"团长在电话里对我说："一一〇师战场起义，黄维要突围，集中六个师向六纵阵地猛攻，你营为前卫立即出发，向双堆集东北方向出击！"我还没传达完团长的命令，大家一阵欢呼叫好，便就都不见了。我给副教导员交代了几句，背着望远镜走出指挥所门外，各连队伍已经集合起来，我带着全营不顾国民党军飞机扫射，向枪声方向前进。

副旅长徐其孝站在浍河边一个土台上，看见我们过来高声地喊叫："你们一营抓不够500名俘虏不算完成任务！"

南坪集阻击战之后，我们的位置摆在后边，如不快速度地运动，就要落到友邻之后。10多架飞机在上空轮番扫射，出击部队分成数十路向前奔去，在这狭窄地区拥挤着。我们一口气跑了15里，直到筋疲力尽。我从望远镜看到东南方向撤退的国民党军步兵、炮兵拥挤在一起，人马不分，混乱地向南收缩，"追上去，消灭敌人！"我对一连下了命令，一连在开阔的原野上向国民党军勇猛冲上去，攻占了杨庄，消灭了他们。后来才知道是国民党军第十四军军部。

我停下来集合部队，一连已经继续向前追击国民党军，失去了掌握，其他连队还没赶上来。国民党军继续后退，友邻部队继续向前追击。我心中十分着急，只好忍耐着在村边小沟里等部队。一会儿三连、十连赶到了，可是到处是解放军出击部队，简直无隙可乘。我来回观察想瞅准一个空子插进去，给国民党军狠狠一击，这是多么难得的战机啊！我终于看到国民党军正从东北方向向双堆集收缩，密集的队伍在开阔地西进，于是命令："三连正面出击！"连长张长安带着队伍跑步运动，我后面的十连也前进了。左边是张围子，右边是杨围子，国民党军依托村庄顽抗。三连猛插入其间，将东西运动的敌人拦腰打断，地面双方胶着在一起，国民党军空中优势无法发挥使用，4 辆坦克从右面出来，将三连队伍插乱了。战士们不得不停下来与坦克搏斗。我看见战士们向坦克投手榴弹、炸药包，有的还爬上坦克，想撬开入口却被打了下来。梁有才又爬上去，却英勇牺牲了。三连与坦克搏斗了一个半小时，大部分阵亡了，左右两翼的友邻部队后撤了。我们营指挥所，处在国民党军袋形火网中，那是一片开阔地，地上一棵小树都没有。营部和十连牺牲、受伤的人越来越多，只剩下不到 30 个人了。国民党军依托村庄，在密集火力掩护下，两个连的兵力冲过来，占了右前方 30 来公尺处的一个小坟包，显然是想把我们吃掉，情况十分危急。我从通信员手中拿过一颗手榴弹喊了一声："冲出去！"刚一抬手，右臂被打伤，紧接着左臂也被炸伤，两臂都抬不起来了。十连指导员唐庆光同志叫了一声："十连跟我出击！"甩出手榴弹，十连战士一排手榴弹投出去，乘着爆炸烟雾，打退了国民党军，夺回了那个小坟包。上去 12 人倒下 7 人，唐庆光、排长崔忠厚都牺牲了，留下 5 个负伤的战士坚守着阵地。

国民党军进攻被打下去了，紧接而来的是火力袭击，轻重机枪、迫击炮暴风雨般打来。只有通信班长赵忠厚负了轻伤，在我身边，他解下裹腿，包扎了我的伤口。周围负伤的同志手能动的仍在继续战斗，不能动的同志不时把视线移到我身上。我清醒地知道，我们必须坚持下去，不能后撤。我鼓励那些还能战斗的伤员："我们绝不后退一步！"机警伶俐的赵忠厚把手榴弹堆在身边："营长，你放心，咱们不能丢人，敌人过来就跟他拼！"

险恶的处境、激烈的战斗，我忘了伤痛、寒冷和饥饿。太阳西沉，战斗松下来时，我感到两臂麻木，西北风刺骨的寒冷，冻得浑身发抖，缩成一团。一天没吃一口东西，没喝一口水，负伤也 10 个钟头了，鲜血还在流着。副营长上来接替我的指挥，与我同生死挽救危局的赵忠厚与我一同来到绷带所。

肩上卸下重担，松了一口气，筋疲力尽，在一个茅草房内，燃着一堆火照明。医生为我处理伤口，沾满鲜血、被冻硬了的军装慢慢地化开了。他们烧了一大堆火，我盖着被子、大衣，仍是冷得发抖，后来就昏迷过去，什么也记不得了……

到了百善集医院，伤员太多，工作人员太少，我的伤口需动手术，没人做，又继续向后转。在丹城集、书案店、马庄医院也只是换换绷带。沿途吃着老乡做的汤面条、蒸馍，来到柘城中原野战四院三所，刘医生给做了检查，割去了一些烂肉，换了伤口中的棉花，用石膏固定，说："伤口处理太迟，左臂难以复原了。"这倒不要紧，只要右臂能好，还可以继续战斗。接到副教导员郭广益同志托人带来的一封信：11月27日出击，全营伤亡156人，指导员王德元、唐庆光、卫首尊等43人牺牲，教导员庞汉良同志也负了伤。我的眼泪不禁夺眶而出，这都怪自己指挥得不好。我躺在医院的病床上，脑子很烦乱，不断责备自己，医院安静舒适的生活对于我却像坐牢一样难受，一心盼着早日回到部队。

躺在床上，各种心思涌上心头，翻来覆去睡不着。11月27日出击，我们营的动作是快的，不顾一切向前跑，碰上国民党军迅速勇猛地展开攻击，攻下杨庄，捣毁了国民党军十四军军部，抓住了军长熊绶春（当时没有查出跑掉了）。又继续前进，在友邻后撤的情况下，我们被国民党军三面火力压在杨围子、张围子中间的开阔地上，部队打得英勇顽强，十连指导员唐庆光同志身先士卒带领战士向国民党军反击，起到了转危为安的作用，三连战士梁有才等英勇地同坦克搏斗，显示了革命战士大无畏的英雄气概，我们在十分危急的情况下没后退一步。国民党军调整了部署，稳住了阵脚，集中火力对付我们时，我们也坚持下来了。如果当时后撤，伤员、尸体是无法撤下来的，而且伤亡会更大。我们执行命令是坚决的，对全局起了一定的作用，兵团刘有光主任到我营讲话时说："你们打得很好，虽然伤亡大，但是把敌人拖住了，打断了'牛腿'，现在敌人已经被围困在双堆集，只等'宰牛'了！"

我在指挥上的问题是：打下杨庄后，混乱的国民党军在撤退，一连跟踪追击，失去掌握，后面部队还没上来，产生急躁，三连上来马上命令出击，也不能说是错的，但对国民党军很快调整部署，稳住阵脚，转为防御，没有想到。三连动作很快，出击距离过远，以致陷在国民党军的袋形火网之中。当指挥员既要掌握战机，迅速果断地定下决心，又要全面分析判断情况，想到可能出现的各种情况，预想到处理方案，不能只有匹夫之勇。我老想着多捉俘虏，使部队陷入不利境地，遭受过大的伤亡。

我以沉痛的心情给全营干部写了一封信，检讨我在指挥上的问题，希望大家接受教训继续努力，在围歼黄维兵团的战斗中打好仗，为牺牲烈士报仇，为全营争光。一连的战友罗煜来看伤员，告诉我，我营经过补充，在打杨文学战斗中，一连担任突击队，首先突破，受到陈司令员的嘉奖，连长卢水生获得"战斗英雄"的荣誉。

战后上级决定我参加兵团英模大会。我感到自己没有指挥好，对党对人民无所贡献，给予我英雄称号，太惭愧了。我给团党委写信请求取消这个决定，团政委戈力同志狠狠批评了我，说这是组织决定，个人要服从，强调这不是个人问题，是对全营指战员的正确评价问题。为服从组织决定，我和团长梁中玉、二营长祁大海、卫生队张庆余、一连长卢水生等30余人到漯河市参加了纵队的英模大会，我把它当做一次学习。

（作者时任中原野战军第四纵队十一旅三十一团一营营长）

多彩政工之花　结出胜利之果

——十三旅战地政治工作一瞥

田　有

淮海战役第二阶段人民解放军实行近迫作业壕沟战术和蚕食办法，把国民党军地盘挤得越来越小，终于使黄维十几万人马，不得不猬集在寒风冷霜、无遮无盖的弹丸之地，饥寒交迫，弹尽粮绝，悲惨至极。而人民解放军阵地则日益扩大，供应充足，生活改善。但长久战斗在战壕里，生活单调。这时，人民解放军战壕里的政治工作异常活跃，它对鼓舞士气，战胜国民党军，发挥了重要作用。

小报传单　催人奋进

十三旅的旅、团政治工作机关都在战壕里建立了前线政工指挥所，适时地召开党的会议、小型骨干会、出征动员会、评功会等。政工指挥所还及时编印报纸和传单，传播胜利消息，表彰英雄模范，交流作战经验。十三旅的《战旗报》和各团的油印小报，随时发往连队。战壕里不时传来读报声。传单从这个士兵传到那个士兵手中，不识字的，要别人念给他听。当领导机关听说刘伯承司令员讲到"敌人现已成死猪一条，要稳扎稳打，慢慢收拾他"，反映这一指导精神的传单立即在战壕中传播。传单是以士兵喜闻乐见的快板编成的。传单写道：

> 黄维兵团，死猪一条，
>
> 团团包围，四处难逃；
>
> 中原首长，发出号召，
>
> 好好准备，慢慢来搞；
>
> 不要轻敌，不要骄傲，
>
> 组织火力，定要做到；

> 做好工事，不怕疲劳，
>
> 稳扎稳打，不要急躁；
>
> 先吃四蹄，再吃肋腰，
>
> 留下猪头，最后吃掉。
>
> 活捉黄维，立大功劳。

这份传单对于刚把黄维包围住，想速战速决、急躁自满情绪的克服，起到了重要的指导作用。

报纸和传单，不仅经常刊登上级的指导精神和战术思想，有时还交流战术技术经验。比如有一首快板传单，介绍了如何对付国民党军的坦克：

> 战防炮，迫击炮，
>
> 火箭筒子准备好。
>
> 坦克来到阵地前，
>
> 沉着射击最重要。
>
> 射击时，看机会，
>
> 等它站住打最好。
>
> 战防炮，不方便，
>
> 准备柴禾用火烧。
>
> 坦克要是碰到火，
>
> 管保叫它跑不掉。

至于打坦克，火烧是否是最佳方法，且不去理论。但这是其中一个简单易行的方法，则没问题。

战场鼓动 激励斗志

十三旅的战场宣传鼓动工作因地制宜，丰富多彩。就拿所属三十七团一营来说，他们就成立了十几个宣传鼓动组，利用一切战斗间隙，收集优秀战士事迹，或到处宣扬，或写成表扬稿，或写成小稿投寄旅团报社，一经刊用，宣传组又反转来用作宣传鼓动的活教材。战地不时有国民党军飞机为被围蒋军投下食物和武器弹药，离我阵地近的，宣传组就利用夜色作掩护冒着危险抢回来。其降落伞则被做成一面面小旗，上面写上"英雄"、"硬骨头"、"铁腿"、"纪律模范"等，奖给这方面突出的战士，使之增添了无上光荣和自豪感。各连的宣传鼓动员作战时是冲锋陷阵的战斗员，不打仗就成了政治工作的宣传员。一营张崇武同志1947年参军后屡立战功，被评为战斗英雄，他同时又是宣传员，在宣传鼓动上有很多创新。他曾8次抢救伤员、抬担架。战后出席了纵队召开的英模大会，被评为"模范工作者"。

立功入党　争创先进

在围歼黄维兵团的日日夜夜里，战场立功、火线入党运动开展得有声有色。许多同志都在战前就递交了杀敌决心书和火线入党申请书，表示要在决定中国命运的淮海大战中，自觉接受苦与乐、生与死的严峻考验，以求战场上立功入党。七连一机班班长王明珍同志就是这方面的先进典型。在坚守小张庄的激战中，他的"加拿大"机枪大显神威，多次打退国民党军的轮番冲锋。一次他边啃冷馒头，边瞄准射击，还边骂："狗日的，来吧，上的多，死得多。"一次国民党军接近我阵地，他又把一颗颗手榴弹投入国民党军阵地，国民党军倒下一大片，侥幸活着的扭头就跑，他又用机枪跟踪扫射，边打边开心地笑："这样打真痛快。"过后，他又向指导员要求参加突击班。指导员说："你还是打机枪吧。"在一次随突击班冲锋时，王明珍不幸负伤，他强忍剧痛，坚持战斗。当人们发现他负重伤，要抬他下阵地时，他哭了，说："我不该挂花太早，我还没完成我的杀敌计划哩！"根据他的表现，党小组当即开会，通过他火线入党的要求，战后他被评为"战斗英雄"。三连的李全富、李学正、田根云都像他一样是火线入的党，预备期只有一个月。十三旅各团、各连都有这么一批同志火线入党，战后评上各种战功，并在郓城休整时的贺功大会上戴上了光荣花。这对鼓舞士气、激励斗志有相当大的作用。

随俘随补　兵员充足

淮海战役之惨烈，是人民解放军战争史上少有的。每仗下来，一个连队战斗减员往往总有几十至上百人。张围子一战，有的连队里生还的只有6人。有的连队，当炊事员挑上饭菜上阵地送饭时，竟找不到几个人了，只好擦着眼泪又把饭挑回后方。即使如此，只要战后稍加整顿，俘虏兵一补入，又可投入新的战斗。由于采取"即俘即补"办法，不少俘虏兵补入连队还穿着国民党士兵军服，头戴国民党军军帽。三营七连在攻下杨文学准备撤出战斗时，连长看他们连的伤员已被全部抬走，正要离开时，一个穿着国民党衣服的伤兵说："连长还有我哩。我也是刚补入咱们连队的兵。"经询问，果然是刚刚补入连队、还叫不上名字的解放战士。有一个俘虏兵，刚补入连队，临到打仗时，他说："看我这身打扮，弄不好会发生误会。"连领导就给他臂上缠了条白毛巾，以便识别。他冲到国民党军面前，令其缴枪时，国民党军士兵说："什么时候了，你还开玩笑。"他拍拍缠在臂上的白毛巾，大声说："我现在是人民解放军，赶快缴枪不杀！"对方才明白过来，向他缴了枪。不久，这个俘虏兵也补入连队，打仗时也缠一条白毛巾。因此，俘虏兵一到连队，都以缠一条白毛巾为荣。可是即俘即补的多了，战场上一时找不到那么多白毛巾，就叫俘虏兵反穿国民党军衣。而军帽，或把帽徽摘掉，或把帽檐折入帽内。有个俘虏兵在战场上刚刚补入到二营机炮连，临到上前线，他要求换装，班长李富盛一时解决不了，就和他换戴帽子，并肩投入战斗，他表现得也非常好。全国著名的战斗英雄侯永福也是淮海战役前才补入三十八团的解放战士，他在小张庄坚守战中，俘虏了两个国民党军士兵，而那两个俘虏兵衣服也来不及换，就帮他打机枪压子弹，打退了国民党军多次进攻。即俘即补的解放战士一补入解放军，连队对他进行简短的形势教育，启发他忆苦诉苦，揭露国民党军长官对士兵的压迫打骂，他很快就能融入解放军这个大家庭。有不少人在前一天的国民党军一边作战中是怕死鬼，第二天补入解放军队伍后就成了英雄。十三旅在开赴淮海战役前线时，实力是一万多人，战后经过河南鄄城休整，仍有一万多人。其中除补入老解放区新兵外，相当多的士兵是随俘随补的俘虏兵。这时对他们的称呼是：解放战士。

▲ 解放军某部召开忆苦大会控诉阶级敌人的罪行

敌前喊话　瓦解国民党军

瓦解敌军是人民解放军政治工作的三大基本原则之一。黄维兵团在陷入弹尽粮绝，靠挖老鼠、杀军马和剥树皮维持生命的绝境时，解放军向国民党军战场喊话，对瓦解国民党军战斗意志起了相当大的作用。解放军前沿战壕同国民党军战壕往往仅距几十乃至十几公尺，喊话不需借助喇叭筒也可把话传到对方。宣传内容大多是讲述当前形势，宣传人民解放军宽待俘虏的政策。当国民党军少吃没喝饥肠辘辘时，解放军战士就把肉包子、香油饼挑在刺刀上挑出战壕，喊话道："蒋军弟兄们，想吃包子的就过来，我们保证不杀不辱，吃了还送你们回去。"这对饿得半死不活的国民党军极有诱惑力。有的爬过来狼吞虎咽地吃一顿，又放他回去，就成了解放军的义务宣传员。有时今天吃了，明天他又带人过来吃，再放回去，我们就又多了一批义务宣传员。有的餐后让他带传单和劝降信回去，在国民党军中秘密传递。有时解放军以国民党军家属写给亲人动情的劝降信念给他们听，他们听得声泪俱下，心中荡起无限波澜。特别是宣读了中野和华野首长发出的《促黄维立即投降书》，不啻在国民党军营中投下一颗重磅炸弹，引起他们更加恐慌不安。有天黑夜，三连连长卫有富蹲在战壕里，突然听到一声枪响，接着一个国民党军士兵向解放军阵地跑来。国民党军开枪显然是对着逃兵的。那人过来，我们问："你们战壕还有多少人？""18个。"我即向对方喊话："让你们排长过来，我们谈判。"答："排长、排副都阵亡了。我是上士班长，负责指挥。"我说："你们过来吧，我们欢迎。"对方沉默了很久，最终没有过来。营长判断国民党军中有死硬分子阻挠，士兵不敢动，就派一个排越过战壕，收拾了这一股国民党军士兵。

我们的阵地前喊话，使国民党军方寸大乱，思想防线崩溃，难以控制。这正像被俘后的黄维兵团副司令吴绍周说的："最使指挥部头痛的，是解放军陆续放回俘虏，纷纷宣传解放军的宽大政策，

▲ 人民解放军对包围圈内的国民党军喊话，开展政治攻势

更进一步瓦解了官兵的战斗意志。"正由于此，国民党军起义的、投诚的、悄悄跑向我阵地的，屡见不鲜。处于"四面楚歌"和解放军战场喊话重重压迫下，国民党军军官不用心，战士也不用命，斗志涣散，不彻底完蛋还会有其他出路吗？

（作者时任中原野战军第四纵队十三旅宣传队分队长）

堑壕凯歌

张世藩

中原野战军四纵队二十二旅六十五团，在围歼敌黄维兵团作战中，奉命在严寒冰冻的前沿阵地上挖掘堑壕。经过十余天的艰苦奋战，挖掘交通壕12264米、单人掩体2500多个、机枪掩体350多个，形成了纵横交错的蛇腹形交通网，大家都叫它"地下长城"。对围困和攻坚歼灭国民党军，发挥了重要作用。

当时，我在旅政治部当誊写员，参加旅政治部《反攻》报社战地快报组，在六十五团开展宣传鼓动工作。

一

在人民解放军各部队的猛烈打击下，1948年11月24日解放军将黄维兵团包围在以双堆集为中心的横宽不足20华里的狭小地区内。但该部系蒋军主力，很快调整部署，强化防御设施，构筑了大量工事，形成了比较坚固的防御体系，准备固守待援，给人民解放军歼灭该兵团造成很大困难。

是年12月2日，二十二旅六十六团为主攻团，会同兄弟部队，第二次攻打国民党军占据的沈庄。4个突击连同时发起冲击，当跃出战壕约30米前后，遭到国民党军各种火器的猛烈射击。虽然干部战士发扬了英勇顽强、不怕牺牲的革命英雄主义精神，勇猛冲击，顽强拼杀，前赴后继，但是伤亡很大，没能打进去。二梯队继续攻击，也未能成功，造成失利。在总结经验教训时，认为主要原因是由于在开阔地冲击地段过长，人员和精力损耗过多，达不到突然性。

血的教训是沉痛的。

接受任务后，团长王振邦在营连干部会议上着重强调说，在开阔地带挖掘通向国民党军阵地的堑壕，是兵团陈赓司令员总结攻击失利的经验教训后得出的结论。在上党战役中，解放军五十七团久攻长治县城不克，后就实施了将战壕挖到城门下进行爆破的方法，最终取得了胜利。我们也要在此战役中以此为经验，坚决、快捷地完成任务。

二

挖掘战在国民党军占据点的沈庄北侧前沿 200 米左右东西线地区展开。在距国民党军阵地前沿 50—100 米纵深内，并且是在国民党军的鼻子底下作业，只能在夜间。首先向距国民党军阵地 30 米左右的地点，派出警戒以掩

▲ 在双堆集战场，中野六纵战士在紧张地挖战壕

护后边作业。各连队齐头并进，排成长蛇队形，隐蔽地向国民党军阵地前方运动，趴在地上，头脚相抵。突击挖成卧姿坑、跪姿坑，又挖成立姿坑，再挖连接成交通壕。白天在隐蔽条件下拓宽、加深、加固、加盖，盖上堆土，形成掩体与防空洞。

在严寒、冰冻的土地上，凭借最简单的工具，即小十字镐和小圆铲挖掘，土工作业量极大，难度可想而知。广大干部战士怀着火一样的战斗激情，充满胜利的信心，坚毅、顽强，昼夜不息。干部、党员带头，在天气寒冷的情况下脱去棉衣，仍挥汗如雨。团长王振邦一直在最靠前的战壕内组织指挥，并及时总结推广三连的经验，以加快进度。

国民党军显然发现了人民解放军的意图，疯狂地进行阻挠和破坏。晚上打照明弹，经常用迫击炮、机关枪等火力射击，有时派小股兵力出来骚扰，甚至施放毒气，造成我团一些伤亡。四连政治指导员刘秀深（山西省临汾市浮山县人）就是被迫击炮弹击中头部牺牲的。一天上午，国民党军一辆坦克突然冲入一营作业区，战士们趴在散兵坑里，坦克从头上压过，身上只是覆盖一层土，没有损失，并专注射杀其跟随的步兵，在我后方火箭炮的打击下，他们只有退回去。

在人民解放军的广阔阵地上，我团和其他兄弟部队挖的堑壕，前后方相连，左右纵横相接，四通八达，形成既能隐蔽，又能运动大部队的网状交通沟。最前边的距国民党军阵地前沿 30—50 米，有的甚至挖到国民党军鹿砦内。我曾用《战地快报》形式，刻印传单，大力宣扬挖掘战中的好人、好事、好经验。现在还记得印发过一个顺口溜，内容是：堑壕，堑壕，在冰天雪地里，你挖，我铲，争取立功当模范；堑壕，堑壕，像伏地的巨龙，一镐，一铲，战士的血汗铸成；堑壕，堑壕，像离弦的长箭，锋利，呼叫，射向黄维的心窝。

三

广大指战员艰苦奋战，挖掘成的网状堑壕，是人民解放军平原攻坚作战中的重大创举，对保存自己、消灭国民党军，发挥了重要的作用。

（一）最坚固最可靠的前进阵地

部队发起攻击时，随着冲锋号声，跃出堑壕，几秒钟就可冲到国民党军面前与其交战，精力充沛，又缩短冲锋前进的时间，减少了伤亡。12 月 8 日，六十六团会同兄弟部队第三次攻打沈庄，就是从我团突击挖掘的堑壕内发起进攻的。其突击队四连迅速冲到敌铁丝网前，爆破组长薛文才实施爆破。突击班长严胜家冲上国民党军正面大地堡，配合另两个班，击毙国民党军士兵数十名，占领了第一道战壕，打开了缺口。全团快速展开，猛冲猛打，直到最后胜利。战后，旅党委授予该连"勇猛顽强，以少胜多"锦旗一面。

（二）便利人民解放军隐蔽活动和机动打击国民党军

解放军各级指挥员到前沿观察了解情况，支前人员前送物资、后运伤员，特别是炊事人员每天两次送饭等，都可以自由进出，避免暴露目标，造成伤亡。同时，国民党军的枪炮很不容易打着我们，而便利解放军随时、主动、神出鬼没地打击他们。也便利战士们选择有利时机和地点，出其不意，杀伤敌人。旅工兵连酒照和、高文魁（后被授予全军工兵英雄称号）用制作的炸药发射筒，利用堑壕抵近发射炸药包，炸得国民党军地堡翻天、血肉横飞，为突击部队清除了前进障碍，开辟了通道，国民党军叫它"没良心炮"。

（三）开展政治攻势，收到良好效果

旅政治部敌工科长王玮带领旅宣传队员，多次组织，沿途用硬纸筒对敌喊话，宣传人民解放军优待俘虏的政策，使国民党军成班成排地爬出来投诚。

宣传队员姜振岗迫近国民党军阵地喊话，右肩棉衣被子弹打开花，但他不惧危险，继续坚持。一天凌晨 5 点左右，国民党军阵地上出现用枪挑着的一件衣服来回摆动，他认定国民党军有投诚意向，立即跳出掩体奔跑过去，大喊："欢迎投诚，保证不杀，携枪有奖，快过来吧！"接着对方堑壕里跳出十几个人，向解放军阵地跑来，跳进堑壕，受到六十五团五连政治指导员许文章和战士们的热情接待。据查，投诚者系国民党军前哨警戒加强班，班长叫李德保，共 18 人，携美式重机枪 1 挺、火焰喷射器两具、冲锋枪 4 支、步枪 10 支、电话机 1 部。他们过来时正遇我炊事班送来热腾腾的大白馒头和白菜肉片豆腐汤，他们狼吞虎咽地大吃了一顿，吃完抹抹嘴说："解放军真好，感谢解放军宽大、优待，我们十多天没有吃过一顿饱饭了。"旅党委当即给姜振岗记特等功一次，并通报他的事迹。

工兵使用炸药发射筒，向国民党军阵地上打传单。把刘伯承、陈毅写的《促黄维立即投降书》和其他传单，用布包紧，发射到国民党军阵地上空，自动爆炸后散落。并就地取材，利用门板、汽油桶，用油墨刷写大标语，趁夜幕，竖立到离国民党军阵地最近的地方，宣传人民解放军优待俘虏的政策。

（四）活跃战地生活

广大指战员日日夜夜蹲在堑壕里，战斗频繁，生活相当艰苦。大家充分运用各式各样的掩体，建设"战地之家"。在墙壁上刻写战斗口号，张贴我们印发的战地快报、传单，召开各种会议，开展火线评功、火线入党活动和进行各项备战工作。旅宣传队队长王清池、分队长张洪发带着战地小乐队到各处演出，边演奏边唱或同战士合唱。在激烈的枪炮声中，在严寒的工事里，传出阵阵琴声、歌声，呈现出欢乐气氛。队员张大明等背上乐器到最前沿慰问前哨战士，鼓舞和激发革命热情。

（五）掌握战场主动权

网状交通壕把国民党军包围在孤立的村庄，解放军完全控制双方之间的空间。国民党军想打我们打不着，解放军可以想打他什么地方，就打什么地方，想什么时候打，就什么时候打。国民党军几次实施反击和骚扰，均被解放军利用堑壕将其击退或消灭。国民党军飞机空投下来的弹药和食品，落在靠国民党军阵地一边的，因国民党军饥饿难忍，出来抢夺，又为我造成杀敌的有利时机。落在我方一边的，战士们兴高采烈地搬到掩体里。弹药正好补充解放军的消耗，用来消灭国民党军。同志们围坐在一起，吃着还冒着热气的馒头、烙饼，品尝着南方各色水果，笑谈运输大队长蒋介石送来的"慰问品"。

全团胜利完成土工作业任务，为最后消灭黄维兵团作出了贡献，受到纵队的记功嘉奖。旅党委授予三连"首战陇海，再战津浦，土工作业，屡建奇功"锦旗一面；八连获"坚韧顽强，筑城模范连"锦旗一面。

（作者时任中原野战军第四纵队二十二旅政治部誊写员）

党和生命

——追忆淮海战役对我的锤炼

段文慧

光阴荏苒，时序更迭，转眼间，淮海战役胜利已经 60 年了。60 年来，每忆及此战役，我就热血沸腾，心潮澎湃，这场战役对我一生来说，实在是太重要了。在这次战役中，我负过伤，流过血，经受了生与死的战争考验，不但立了大功，还实现了我火线入党的夙愿。我的党龄从 1949 年元月 1 日算起，这是我政治生命的起点。还是让我从头说起吧。

为入党而参军

我原本是太岳中学的一名学生，太岳中学是薄一波同志于 1940 年 8 月创办的一所培养初级干部的学校，我于 1945 年 3 月考入这所学校。在学校，我学习好，劳动好，团结同学好，是三好学生。1946 年 8 月，曾以三好学生的身份，出席了学校在山西省赵城县广胜寺召开的学校成立六周年的纪念大会，在大会上介绍了我的模范事迹。那时，我自以为自己是党员了。因此，1947 年 3 月，国民党进攻延安，学校号召党员带头参军、保卫延安时，我便第一个举手，带头参军。第二天，《大岳日报》刊登消息，称共产党员李文俊带头参军，我认为内容不实，拿着报纸找到学校教导主任张树民。他说："是你第一个举手，但你不是党员呀。"我说怎么不是，他问我："谁介绍你入党的？"这时，我才知道，入党要履行手续，我当即要求他做我的入党介绍人，发展我入党。他说："事情没有那么容易，你先去参战吧，等参战回来，再讨论你的入党问题。"于是，1947 年 3 月，我和 10 多位同学，跟随陈赓司令员的太岳四纵队，参加了晋南战役，历时 3 个多月，带领民工运送武器弹药，抢救转运伤员，胜利完成支前任务，8 月返回学校。待学校正要准备发展我入党时，突然接到上级通知，土地改革时期，暂不发展党员。这样一来，就把我的入党之事搁置了下来。直到 1948 年元月，我将毕业，眼看在学校入党无望，听说到部队可以入党，这时，正好太岳四纵队十一旅来沁源招兵，我便毅然从军，决心到部队中加入中国共产党。

经受战火考验 火线光荣入党

入伍前，因为我曾读过三年太岳中学，所以一到部队，领导便视我为小知识分子，分配工作时，将我分配到了旅政治部宣传队，主要任务就是搞通讯报道工作，也就是当记者。

当时旅政治部办了一张名叫《人民战士》的油印小报。我们采写的稿件，主要供这张小报刊用，特别好的稿件，才可以投纵队办的《野战军》报。

当时我一门心思想尽快入党，那时候，我把入党看得比什么都重要，认为党员是我的政治生命，如果能被组织吸收入党，即便是牺牲了也很光荣。

9 月份，我们部队奉命攻打郑州，待我们行进到郑州以南的新郑县时，郑州已被九纵解放，于是我们驻军新郑进行休整，学习毛主席、中央军委关于淮海战役的作战命令。通过学习，大家从思想上明确了战役的重大意义，情绪空前高涨，人人写决心书、挑战书，要求党组织把最重要的任务交给自己。我们几个要求入党的同志还咬破手指头在入党申请书上按了血印，让党在战场上考验自己，争取火线入党。我还把几元中州币提前交给了党支部书记，并说："如果我牺牲了，就算是我交的党费，请党组织承认我是共产党员。"

在向淮海战场进军途中，我下到了三十一团（即现在的一一八团）一营，时任营长的王争（建国后曾任十一军军长）、教导员庞汉良（建国后曾任二炮政治部主任）、副教导员郭广益（建国后曾任十一军副政委）都是我们沁源老乡，对我的到来都很欢迎，庞汉良对我说："一营有 5 个连，4 个步兵连，1 个机炮连，我已经给各连打了招呼，你到哪个连都会欢迎。"我选中了二连，二连是一个特别能打硬仗的主力连队，连里有两个排长是著名的战斗英雄，一个叫曹国华，一个叫王占福。我想跟着二连一定能抓到好新闻。

11 月 21 日下午，一营领到南坪集阻击任务。当我正准备跟二连出发的时候，突然接到团里的通知，要我回团另有任务。我赶到团部见到了旅政治部宣传科的王仁恭科长，他要我在他身边待命。实际上是组织上怕我在前边太危险，想把我留在后边指挥所保护起来。对首长们的这种关心爱护，我从内心十分感激，但对这种安排却实在难以接受，我想争取火线入党，我要党组织在战场上考验自己，怎么能接受这种特殊的照顾呢？想来想去，我横下一条心，宁肯犯一次无组织、无纪律的错误也要回到连队去。于时，我趁天黑瞒着科长偷偷溜回二连。在我随二连向阵地开进的时候，我遇到了在二营蹲点的宣传队支部书记黎明同志，把偷跑的事情向他作了汇报，他没有批评我，只向我交代了参战时要注意的事项。曹国华排长见我回来特别高兴，他要我待在他们排里，还特地让战士们给我构筑了单人掩体。见他临战仍然镇定自若，我的恐惧心理也小多了。

第二天，营长王争来二连检查阵地，发现我还蹲在二连，又敦促我回团指挥所去，我硬是赖着不走。曹国华跟我开玩笑说，我这张狗皮膏药贴在他身上剥不下来了。

23日晨，国民党军以3个团的兵力，在飞机大炮掩护下，以坦克为先导，多路向解放军南坪集阵地展开进攻，10多辆坦克驶进解放军阵地前，抵近射击，工事大部被摧毁，战士们在战壕内沉着应战，放过坦克打步兵，有的战士还爬到坦克顶上用刺刀撬盖子。阵地上硝烟弥漫，战斗十分激烈。经过一个多小时的激战，国民党军的第一次全面进攻被我们击退了。

这时，指战员们利用短暂时间，加修工事，准备迎接国民党军的再次进攻。

到了中午，果然国民党军又来了。这一次他们接受了教训，没有搞全面进攻，而是集中火力，向我二营和三营的胡庄、杨庄两个主要阵地猛烈攻击，我六连的阵地一度被突破，在营长祁大海的带领下，向国民党军进行反冲锋，很快又夺回了阵地。

阵地上的壮烈场面，纵队陈赓司令员从望远镜里看得一清二楚。他在电话里对旅政委胡荣贵说："你们打得好，纵队党委通令嘉奖你们，希望继续发扬顽强拼搏精神，坚守阵地。"司令员的及时勉励，极大地鼓舞了指战员们誓与阵地共存亡的决心。

下午3点多，国民党军第三次攻击又开始了。重点仍然是二营固守的杨庄阵地，战士们的衣服被火焰喷射器烧着了，仍在与国民党军拼杀。因敌众我寡，伤亡太大，六连阵地一时被国民党军突破，二营营长祁大海立即组织反击，局面未能改变。眼看国民党军离团指挥所只有二三百米了，这时团长梁中玉命令二连向国民党军实施反击。接到命令，二连的同志分两路，在排长曹国华和王占福的带领下，向国民党军扑去。这时我也跟着上去了，把我带的两颗手榴弹也投向了国民党军。我跟随的是曹国华的一排，战士们非常勇敢，共产党员、一班班长高凤山端着枪一面向国民党军射击，一面喊着："同志们，这是实现我们决心计划的时候了。"一班刚冲到杨庄村边，高凤山倒下了，副班长孙永平高呼："同志们冲呀！为班长报仇！"在战士们的刺刀面前，国民党军乱了。有一个拿着喷火器的国民党军士兵，正要向我反击分队射击，被曹国华排长看见了，一个箭步上去，一只手夺火焰喷射器，一只手用手榴弹砸其脑袋。旁边的一个敌人端着刺刀向曹国华刺来，孙永平赶上前，一刀就把他戮翻了。余下的国民党军吓呆了，个个举枪投降。国民党军被消灭了，阵地又回到了我们的手里。这一次战斗我是跟着战士们冲上去的，也分享了战斗胜利的喜悦。在南坪集阻击战结束后，我回到了团指挥所见到了我们王科长。他没有批评我，而是让我给他汇报了当时的战斗情况。我将我目睹的战斗经过，写成了《战斗英雄曹国华火线入党》的稿件，这篇稿子，不但在旅里的小报《人民战士》刊登了，连地方上的《雪枫报》也刊登了。这是我入伍后写的第一篇较有影响的稿件。

▲ 中野四纵十一旅战斗英雄曹国华

经过南坪集阻击这一仗，我好像长大了，胆子也大了，战士们再也没有人说我是卖狗皮膏药的了，而是说我还可以。"可以"是群众对我的鉴定。我心里蛮高兴的。我今后可以和他们一块儿战斗了，领导也可以不必再为我担心了。

南坪集阻击战一结束，黄维发觉他的部队已被中原野战军包围了，为了逃脱被歼的命运，决定向南突围。为了防止国民党军逃跑，陈赓命令我们四纵、九纵向浍河南出击。这次，我仍跟随三十一团一营执行采访任务，在这次出击中，一营伤亡过半，我若不是利用身上背包作掩护，也可能丧命。一营营长王争在他写的《浍河出击》回忆文章中曾提及我，他写道："在追击敌人时，部队把背包甩了。只有旅里来的记者段文慧背着个背包，这会儿他把背包推在前面，倒成了阵地上唯一的一个卧姿掩体……"战斗下来，我打开背包时，竟发现里面有两粒子弹头，真有点后怕。

浍河出击，一营营长教导员重伤，副营长、副教导员轻伤，全营伤亡过半，尽管如此，部队战斗情绪仍然很高，他们提出了"铁要炼成钢，越打越顽强"的口号。我把这种大无畏的拼搏精神写成稿件，旅里的《人民战士》报很快又刊登出来了。

部队转入围歼黄维兵团的战斗后，我又跟随一营参加了对李围子的攻坚，在这场战斗中，我腿部受伤。旅里知道以后，将我调回政治部，协助宋振刚同志办《人民战士》报，编审稿件，直至黄维兵团被全歼。

经过上述几次战斗的考验，旅宣传队党支部，认为我已具备一个共产党员的条件，火线吸收我加入共产党，我成为一名正式党员。

在淮海战役中，我如愿以偿，获得了政治生命。唯一使我感到遗憾的是自己的文字水平太差，许多英雄事迹在我这

▲ 中野四纵攻击李围子，炮兵待命轰击

里变成了"茶壶里的饺子"，有东西，就是倒不出来。从此以后，我抓紧一切机会努力学习，不断提高自己的文字表达能力，经过一段时间的努力，我终于成为新华社的一名军事记者。

我离休之后，为了把淮海战役中的一些英雄事迹留给后人，先后参与组织编撰了《在震撼世界的决战中》和《鏖战中原》两本专辑，并正式出版发行，多少了结了我的一份心愿。

（作者时任中原野战军第四纵队十一旅新闻记者）

必胜的基础

翟鸣武

伟大战略决战的淮海战役胜利已 60 年了，当年政治思想工作的群众性活动，仍历历在目。

党的领导，坚定正确的政治方向，全心全意为人民服务，是我们这个部队力量的源泉。战争的正义性决定了我们必然取得最后胜利。这就是我们部队政治思想工作的根基。

为了把蒋介石的最大战略集团——徐州"剿总"刘峙集团消灭在淮海地区，党中央、毛主席的指示，总前委、刘伯承司令员、陈毅司令员、邓小平政委对我们部队的部署、命令，是我们做好政治思想工作、树立必胜信心的柱石。

中野四纵队十一旅三十二团参加了淮海战役的第一、二两个阶段的作战，经历了攻坚、阻击、出击、攻坚的战斗过程。第一仗是攻克符离集火车站，斩断了国民党军南北运输的交通大动脉——津浦铁路。然后是南坪集阻击战。这是总前委和陈赓司令员部署歼灭黄维兵团的一招妙棋，既堵死了国民党军北援徐州的通道，又布下了一个袋形阵势，让国民党军自己走进来。我团一营配属三十一团指挥，设防南坪集以东的浍河南岸，背水抵抗。三营设防浍河北岸，血战三官庙，3 个连抵御了国民党军一个师的进攻。二营六连在紧急关头火速增援三十一团，都打得英勇顽强，完成了各自的阻击任务。而后又奉命撤离，引诱国民党军入围，一堵一诱，使北援的国民党军十二兵团落入了人民解放军布下的大口袋。紧接着是大出击战，紧缩对黄维兵团的包围圈，大包围圈内套小包围圈，形成了分割歼灭国民党军的态势。随后就是攻坚歼灭国民党军，我们团参加了歼灭李围子、杨围子、杨文学三处国民党军的战斗，直至全歼黄维十二兵团。从 1948 年的 11 月 6 日到 12 月 15 日，40 个日日夜夜的持续行军作战，我们团的干部战士包括立俘立补的解放战士，始终斗志昂扬。这和战前集中进行的决战形势教育、革命英雄主义教育，以及战役进行中的群众性政治思想工作有着密切的联系。

战役之初，我们团党委讨论战役进行中的政治工作时，一致认为要教育全团干部战士，认清形势，明确任务，树立打大仗、硬仗、恶仗的思想；树立敢"啃骨头"，与兄弟部队互相支援的全局思想；树立不怕疲劳、不怕牺牲、连续战斗的思想；树立新区作战不怕困难多，严格执行政策纪律的思想。保证战役的全过程斗志旺盛。我当时是团政治处主任，负责政治思想工作的具体实施。我们团政治处的同志们共同讨论了实施计划。根据以往各个战役战斗的经验，部队集中教育的时间是很少的，还是要发扬人民解放军三大民主的光荣传统，充分发扬政治民主，开展群众性的政治思想工作。提倡形式多样、随时随地、人人开口、官兵互教、共同勉励的活动，及时提出一些针对性强的鼓动口号。例如，在阻击战中提出了"人在阵地在"、"与阵地共存亡"、"不让敌人越过我们划的这条线"等；在出击战中连队干部就自动地向大家提出"快追猛打"、"抓住敌人就是胜利"等；在近迫作业时提出了"多挖深一寸就多一分安全"、"多挖宽一寸就多一分方便"，甚至传递口令的语言都有很大的鼓动性。我们一个连队的交通沟和国民党军阵地挖通了，前面的干部便命令向后传"交通沟和敌阵地挖通了，部队依次后退 15 米继续作业"。天亮后看得清清楚楚，一条约一尺深、两尺宽的交通沟直通到国民党军阵地上。干部战士都说，冲锋出发的道路都准备好了。

组织做好通讯报道工作，也是做好政治思想工作的一个重要方面。团党委为了提倡搞好通讯报道工作，曾决定每个党委委员每月写两篇稿子。我们政治处的副主任原增禄同志百分之百地带头做到了。团里办的英雄小报，大量的篇幅是表扬好人好事。团宣传股的马夫可同志一个人既当战地记者又当编辑，有时还当邮递员，白天深入连队采访收集稿件，晚上写稿编报。团里的油印员张跃龙同志一个人夜间在掩蔽部里昏暗的烛光下刻蜡版印报。大量的真人真事，团里给干部战士记功的、火线入党的同志都登在小报上。今天的事，明天早晨就可以在战壕里从小报上看到，鼓动性很强，学有榜样，赶有先进（这里要顺便说一句，这份小报在编写团史时，提供了很多难得的原始资料）。团政治处的工作方法是"一竿子插到底"，政治处的人员大部分经常蹲在连队里帮助工作，有事便召回来汇报连队情况、传达上级指示、布置具体任务，又立即下连队传达落实。南坪集阻击战中，纵队陈赓司令员、刘有光主任、王启明参谋长，曾先后到我们十一旅来视察情况，作具体指示。我们把这些都及时传达到连队。纵队首长亲临阵前，对部队鼓舞极大。纵队给南坪集阻击战中的三十一团、三十二团、山炮营、工兵连等单位记为徐州大会战记功令第一号，以及兄弟部队的战斗胜利和一一〇师起义的消息，也都及时传达给部队。所有这些都在部队中引起了很大的反响，人人心里都是热乎乎的。

战斗进行到围歼黄维兵团阶段，每次发起总攻之前都有一个以战壕对战壕的斗争过程。这时的双方态势是国民党军在村庄里，有依托，而且在村边挖了外壕，构筑了集团工事；人民解放军在开阔的田野之上，要接近国民党军，减少伤亡，只有向地下发展。这就需要在较短时间内完成大量的土工作业。这时的政治思想工作，要解决的问题是让大家明确消灭国民党军与保存自己的关系。构筑工事要不怕苦不怕累，争分夺秒地干。构筑好工事，既能保存自己，更能消灭敌人。做工事多流汗，打起来就可以少流血。攻坚战前构筑工事和打阻击战构筑工事有着很大的不同。阻击战可以在国民党军来之前就设防，攻坚战是要在他们的鼻子底下、枪口下构筑工事，难度更大。在和国民党军对阵的前沿土工作业，时刻要防着国民党军的火力射击，要采取卧姿，尽量不要有响声。当时我们有条原则，只要国民党军不出来，我们就不还击。他打他的枪，我挖我的土，反正是夜间，国民党军是看不清我们的。一夜之间，在国民党军阵地前，一条弯弯曲曲的、数十米的长龙出现了。一条交通壕连接着我们的集团工事、单人掩体、轻重机枪和六〇炮射击阵地。前后交通运输的通道里又连接着一个个总攻击部队的掩蔽部，各个连队和指挥机关都生活在这个四通八达的"地下长城"里。彻夜作业，累、饿和初冬的寒冷一起袭来，但部队的情绪依然很高。后方送来了热腾腾的馒头、包子、花卷、水饺、油条、油茶、稀饭、开水，各个连队吃的花样不同，战士们风趣地说："我们天天过年，敌人顿顿饿饭。"这时送饭的炊事员讲话了："咱们团的原副主任给我们后方的同志们作了动员，说部队在新解放区作战，地方政府是新成立的，群众还没有充分发动起来，部队的筹粮工作队和政府也有很多困难，给我们供应这样多的米和面粉、肉、菜，是很不容易的了。我们不但要爱护每一粒粮食，而且咱们后方的同志要自愿吃粗粮，细粮全部供应前方的部队和伤员。原副主任带头和我们大家一起吃高粱糊糊。"炊事员一席话使得正在吃饭的干部战士们一股股暖流通过全身，暖烘烘的，寒气和疲劳都无踪无影了。饭后，担任主攻的连队在掩蔽部里休息睡觉，前沿阵地上留着少数监视哨观察着国民党军的动静，还有一部分部队修整深挖工事。这时前沿阵地上，最活跃的是开展对国民党军的政治攻势。

团长胡尚礼、政委张克和我们几个团的领导同志一起商量要开展对国民党军的政治攻势，由我和团政工指挥所的几个同志共同研究如何开展。首先分析国民党军情况，现在国民党军处在被分割歼灭的过程中，饥寒交迫，援兵无望，军心动摇，垂死挣扎，这时开展政治攻势是适时的。要让我们前沿一线的几个连队都明确敌人的这种处境，开展喊话战，瓦解国民党军。各个连队都组织 1 至 3 个喊话组，3 至 5 人组成，要有老战士、解放战士参加，由一名干部负责指挥。多选择几个喊话位置，防止国民党军射击。对杨围子、杨文学两地国民党军发起总攻前，我们的一连、四

▲ 中野四纵十一旅三十二团团长胡尚礼

连、六连、七连的前沿喊话都做得很好。12 月 10 日 17 时，我团突击队四连攻占了杨围子外围阵地后，迅速改造旧工事，构筑新的工事。我便派敌工干事带两个侦察员到四连阵地上，由四连派一个小组掩护，让他们把"解放军优待俘虏，放下武器就是朋友"之类的大标语贴在门板上，趁夜暗竖到了国民党军阵地前沿。醒目的大标语正对着国民党军，它默默无言却震撼着他们的心。在一连的阵地上，连长李蝉孝亲自向国民党军阵地试着投馒头。馒头比手榴弹轻，反而不容易投得远。他找了五六个投得远的战士，分成两个组，用传单包着馒头向国民党军阵地投去，结果，多数都落到国民党军战壕里。他们一口气便投了四五十个。后来据俘虏讲，他们开始不知道是什么，不敢接，后来知道是馒头，便都去抢。吃了馒头，传单偷偷装在口袋里。政治部侯良辅主任还让旅工兵连派了几位同志带着"飞雷炮"（就是抛射炸药包的土炮，威力很大）和改制的用来发射传单的炸药包，协助我们开展攻势。"飞雷炮"发射出去的炸药包在空中爆炸，红红绿绿的传单在天空飞舞，飘落在国民党军阵地上。六连的阵地距他们最近，我让敌工干事去六连组织喊话。指导员李恩和与敌工干事一起，选了几名口齿伶俐、嗓门又大的战士（其中还有解放战士）组成了两个喊话组，分四个位置轮换喊话，每个喊话位置上还有一个战士专门观察对方的动静。喊话组不停地发出了刺向国民党军士兵心扉的话语："我是'天下第一旅'（这是不久前被我歼灭的一支国民党军，因其善战而有此称）解放过来的。你们也过来吧，当解放军才有前途！""我是符离集车站才

解放过来的，老战士们待我和亲兄弟一样。""蒋军弟兄们，你们是被迫抓去当兵的，快快弃暗投明吧。""咱们都是穷苦人家的子弟，不要再为反动派卖命了。"……起初喊话总是引来一阵火力射击，坚持喊下去，枪声没有了，这是一个很大变化。再喊下去，忽然出现了一顶白帽子在摆动（这是一顶将里子翻过来的军帽）。怎么办？立即向团首长报告，请示可否派人到国民党军阵地那边去劝降。

团政委张克同志听到这个情况后，立即带着作战参谋去了六连。在连指挥所里，敌工干事宋威武、指导员李恩和、副连长刘成武向他汇报了详细情况。这时离我们部队对杨围子的总攻还有一个多小时，政委果断决定派一个小组去国民党军阵地劝降。同时，全连组织好火力掩护，随时准备集中火力对付杨围子围墙上的国民党军。然后，由十班班长李根马率两名战士，都带冲锋枪和足够的子弹、手榴弹，顺着通向国民党军阵地的浅交通沟进去劝降。劝降成功了，但却被围墙上的国民党军军官发现了，他向解放军开火，解放军立即还击。李根马同志沉着应战，让一名战士带着投降的40余名国民党军士兵向我阵地跑过来，自己却留下来把国民党军的重机枪扭转方向，扫射围墙上的火力点。此时，另一名战士又牺牲了，他只身一人坚持在集团工事内。他一面注视着通向国民党军围墙上的通道，防止他们反扑过来，一面向围墙上的人影射击。在此千钧一发之际，张政委决定让六连派一个排进到这个集团工事之内。这个排进去后，立即改造工事，巩固阵地，为突击部队守住了这个后来发挥了重大作用的通道。总攻开始后，我们团一连就是从这个通道突入国民党军阵地的。

杨文学战斗中，七连对国民党军阵地前一个突出部开展了喊话战，一下子把那个工事里的一个加强排20余人全部争取过来了。

我们团经过符离集攻坚战、南坪集阻击战、浍河大出击战，伤亡重大。但我们团党委还是积极向旅首长请战，要求打主攻。陈赓司令员说，十一旅是一支英雄的部队，应该让他们打主攻。旅首长也批准我们打主攻。我们二营参加了李围子攻坚战后，紧接着又攻取了杨围子的外围据点。一营担任了杨围子攻坚战的一路主攻任务，三营担任了杨文学攻坚战的一路主攻任务，都打得很出色。整个战役中，我团有306位同志为了全局的胜利献出了自己宝贵的生命。我在这儿要郑重说的是，立俘立补的解放战士中也有人光荣牺牲了。前面说过的那位跟随李根马班长勇闯国民党军阵地劝降时牺牲的一名战士，就是浍河大出击战前刚刚解放过来的。我至今也无法知道他的名字，但他的形象，永远铭记在我们心间。

　　惨烈的战斗使部队不断地减员，组织的调整，干部、骨干、兵员的补充，是必须及时进行的工作，否则无法适应连续作战的要求。革命战争多年的经验，使我们深深感到，把一支部队建设成"钢筋铁骨"的"硬骨头"，攻可克、守可固的战斗集体，必须有良好素质的干部、骨干做支柱。古语说，"强将手下无弱兵"，这个道理是深刻的。我们团党委在这次战役前，和以往一样按旅政治部的要求，在团教导队保存了一批干部。南坪集阻击战、浍河大出击战后，及时调整了组织，配备了干部，把连队充实起来，使紧接着的三次连续攻坚战能够完全取胜。

　　兵员的来源之一就是立俘立补。昨天的国民党军士兵，今天就要变成我们的战士，这能行吗？是什么力量使这个奇迹出现呢？这就是战壕里的忆苦教育。在掩蔽部里，在战壕一侧，最多一个排在一起，或一个班在一起，或三五人在一起，倾诉着地主老财欺压穷人的罪恶。不少人的家庭，包括解放战士的家庭，就是被这些地主老财逼得家破人亡、流离失所的。通过这些活生生的事实，战士们弄清了两点简明的大道理：富人是靠穷人的劳动收获养活了他们；少数富人所以敢欺负穷人就因为他们有国民党反动派的政权和军队撑腰，刀把子在他们手里。穷人要翻身求解放，必须在共产党领导下闹革命。人民解放军就是共产党领导的人民子弟兵。这些立俘立补的解放战士就是在战壕里倒了苦水，擦干眼泪，带着满腔仇恨上战场的。在整个战役过程中我们团共补充解放战士821名。他们中的绝大多数表现很好，有的还立功受奖，很快成了人民解放军的骨干。

　　战役从始至终，我们部队情绪饱满，斗志昂扬。能够如此，重要的原因之一就是发扬了人民解放军的优良传统。在各项工作和战斗中各级干部都是层层表率，身体力行，危难时刻，更是身先士卒。这是最有力的政治思想工作，是政治工作的精华。行动本身就是感人至深的政治教育。从团首长直到营、连、排指挥员，还有后勤干部、医务干部，都能以身作则，起模范带头作用。打起仗来各级指挥员都是跟随突击部队指挥。浍河大出击战，国民党军处于优势，飞机狂轰滥炸，坦克横冲直闯，步兵靠着飞机、坦克壮胆抖威风。11月27日拂晓，我团作为旅的右翼，二营为团的一梯队，营长吴文生、教导员姜英率队冲在前面，一直将国民党军追至沈庄、张围子、杨围子地区。六连一排在杨庄俘获国民党军58名。吴文生同志就是在这次战斗中负伤的。卫生队副指导员朱从喜同志在这次战斗中带领卫生员、担架员跟随突击队抢救伤员时光荣牺牲。攻打杨庄时，团长发现沈庄侧后方人叫马嘶，一片混乱，即令三营出击。营长侯补祥、教导员檀继隆令九连向沈庄和张围子间出击。十、十一、十二连绕至杨围子东侧向张围子猛攻。侯补祥同志在这一战斗中献出了生命。战斗中，国民党军凭借其有利地形，在6辆坦克配合下，以三面密集火力向解放军射击，坦克开路，步兵跟随向我团指挥所迂回过来。在这紧急关头，指挥所的同志们都为团长的安危担心，把他向后推。但胡尚礼同志不肯后退，他说，指挥员是部队的主心骨，哪有后退的道理？他随即命令作战参谋赵瑞来带人把早已堆放在阵地前的高粱秆、棉花秆、芝麻秆、红薯藤等点着了火，一时间烟雾弥漫烈火冲天，北风带着火势向坦克扑去，坦克戛然停止，调头跑回去了。一营营长原金锁同志带着团预备队乘机出击，将国民党军打退。从此，在我们团里，人们常常津津乐道："诸葛亮借东风火烧战船，胡尚礼借北风火烧坦克。"

浍河大出击的胜利，是在付出巨大代价后获得的，我部伤亡之多，前所未有。不过，正是这一仗，迫使黄维放弃突围的信心，改为固守待援。结果，人民解放军把它压缩在以双堆集为中心、纵横5公里的狭小地区内以致最后全军覆没。纵队首长表扬我们团说："浍河出击，路程最远，冲在最前，顶得最死，撤在最后。胡尚礼在危急情况下，沉着冷静，坚定机智，表现突出。"纵队首长对我们的鼓励，使我们部队更加振奋。在最后全歼黄维十二兵团的三次攻坚战斗中，也都圆满完

▲ 1949年2月7日，中野四纵十一旅第三届追悼大会

成了任务。

在这次震撼世界的大决战中，我们团的各级干部都表现出了革命英雄主义的精神！营长侯补祥，副营长祁保禄，连长李国成、吴法银、赵洪俊、张心田、王鸿玉、牛尚成、李荣富、王兆林，政治指导员史直琦、吴文庆、李维政等 59 名干部，用他们的生命为这支英雄的部队、为人民解放事业谱写了光辉的一页。他们的英名与日月同辉！我们永志不忘。

（作者时任中原野战军第四纵队十一旅三十二团政治处主任）

智胜——"飞雷传奇"

武建生

如今，当我们每每回忆起在那战火纷飞的年代朝夕相处、为革命事业英勇献身的战友们时，心情便久久不能平静，那如火如荼的战争场景仍历历在目。

我在中野四纵队十一旅工兵连度过了那段战斗岁月，提起"飞雷炮"，一种自豪感便在心中油然而生。凡是参加过淮海战役的人，没有不知道的，它在当时，简直是一种"尖端武器"。

飞雷炮是我们工兵连的骄傲和自豪，它是老连长聂佩彰和他的战友集体智慧和经验的结晶，是一种威力无比的"土特产"，在淮海战场上大显神通。蒋军为之胆战心惊，称其"没良心炮"。淮海战役结束后，刘伯承、陈毅两位司令员接见了聂佩彰同志，并握着他的手说："祝贺你在淮海战场上作出了突出的贡献，感谢你！"同时在生活上给他特别的关照，在连级干部中破例配给他一匹乘马，在伙食上每天加两个鸡蛋、一壶酒。同志们更是敬佩和尊重他，称他"老连长"。

淮海战役进入第二阶段，在担任进攻的部队中，十一旅属于东集团，攻击的目标是李围子、杨围子、杨文学等核心阵地。步兵发起进攻之前总要进行炮火准备，摧毁国民党军前沿阵地的防御工事、火力点。当时我们部队的炮少，口径也小，十一旅最阔气的不过是数门山炮，但是我们却有一种令国民党军丧胆的土武器"飞雷"。它是用铁筒制成的炮管，抛射 8 至 10 公斤炸药包。能打出去 100 至 200 米远。在它的落点 15 米内，碉堡、鹿砦、火力点、人马全部会炸飞。

在淮海战役过程中，聂佩彰连长接受上级指示，带领张兴旺、白孝基、任根友、刘克贵等技术班继续制作飞雷炮，除提供战斗急需外还要不断进行改进，提高其威力。

1948 年 12 月 6 日，攻坚战开始，工兵连一、二排的同志们各以三门飞雷炮参加了摧毁国民党军前沿阵地工事的战斗。飞雷炮与其他火炮不同的是，它是直接瞄准目标，射程短，其发射阵地离国民党军前沿阵地只有几十米。做飞雷炮的工事大多在夜间，战士们都是趴着掘土，随时都有牺牲的危险。

排长景银山同志在战斗前就向党支部表决心说："我们坚决完成任务！就是阵地的掩体打坏了，我们抱着炮弹冲上去，也要把目标消灭。"

解放军炮火准备开始了。炮弹与飞雷齐飞，纷纷落在国民党军阵地前沿和纵深地带，摧毁了障碍物与火力点。

景银山以他熟练的射击技术和准确的距离测量，指挥着班长郑同仁和战士们发射着飞雷。

在硝烟和火光中，巨大的声响犹如晴天霹雳。国民党军的鹿砦、工事变成碎片直飞高空，他们被打得哭爹喊娘，晕头转向。我方阵地，许多战士也抑制不住，在交通壕里观看，欢呼"打得好"。我们的指挥员通过观察孔看到这令人振奋的场景，连声高叫"打得好！打得好！继续开炮！"

工兵们情绪高涨，士气倍增，继续装填飞雷炮弹。

为了抓紧时机，战士李杰在装填第二发飞雷时，没有来得及彻底消除前炮残余就填上了飞雷弹。只见火光一闪，掩盖炸飞了，工事炸塌了，李杰和副班长畅玉虎光荣牺牲了。

当时，离飞雷炮阵地10多米远的景银山被巨大的气浪掀出去好远。正当卫生员救护他下火线时，他醒了过来，死活不肯下火线。他像头被激怒的狮子，瞪大双眼，一字一顿地说："不要管我！为死难烈士报仇！"他霍地冲出掩体，冒着弹雨高喊："向敌人开炮！"

班长周乐伦和战士们被感动了，迅速地瞄准了各自的目标，连着轰、轰、轰三声巨响，三发飞雷又在国民党军阵地上开了花。只见空中飞起了国民党军士兵的断肢、枪支、门板、木料和无数的泥块……

冲锋的道路打开了，部队发起了冲锋，一阵激烈的战斗，国民党军二十九团和三十团全部被消灭。

战后，发现飞雷炸点附近，国民党军的断臂、残肢比比皆是。离炸点较远的士兵，也被震死。可见飞雷的威力是巨大无比的。

解放过来的蒋军官兵心有余悸地说："你们的'没良心炮'（指飞雷）太可怕了，炸不死，也震得七窍流血！见了它真是三魂少了二魂！""是不是原子弹？"

而我们的战士们可欢迎飞雷炮了。特别是前沿冲锋的步兵战友更是交口称赞。工兵一到，阵地上的步兵都主动让路，高兴地喊："嗨！咱们的宝贝儿来了！"

▲ 解放军制造飞雷

▲ 在木盘上钻孔安装导火线

在淮海战役中，工兵连的飞雷炮以其强大的威力，摧毁敌人的坚固火力工事，以其显赫的战绩为工兵连获得了"飞雷立功"的光荣旗帜。连长聂佩彰荣获纵队"战斗英雄"称号，还受到陈赓司令员的亲切接见。排长景银山，班长周乐伦、王怀君等也荣获纵队"工兵英雄"称号。英勇、顽强、无坚不摧的工兵连在部队中赢得了很高的声誉。

毛泽东同志对淮海战场上的工兵与飞雷也很重视，在《敦促杜聿明等投降书》中说："我们的飞机坦克比你们多，那就是大炮和炸药（按：这里所指的炸药主要是指飞雷），人们把这叫做土飞机、土坦克，难道不比你们的洋飞机、洋坦克要厉害十倍吗？"这是对飞雷和其他爆破技术的高度评价。如今，飞雷炮展示在中国人民革命军事博物馆的展厅内，其解说词是这样的："炸药发射筒：这是解放战争时期人民解放军太岳兵团四纵队十一旅工兵连长聂佩彰等同志创制的炸药发射筒，又叫'飞雷筒'，它构造简单，威力较大，每次可发射10公斤炸药，杀伤半径为15米，代替了人工送炸药。"

飞雷不是凭空想出来的，它的产生和发展是和山西太岳根据地军民对敌斗争的历史分不开的，它是四纵队十一旅工兵发展的必然结果。连长聂佩彰，对"飞雷"的诞生和发展有其特殊的贡献。

吕梁、汾孝、晋南战役中，蒋军新建的与日军遗留下的碉堡林立，当时我军只有少量山炮、迫击炮，而且炮弹要取之于对方。工兵连为了适应这一形势，改用炸药包对付国民党军碉堡和集团工事。这样，步兵的损失减少了，工兵的伤亡大增。

1947年春，部队经过吕梁、汾孝战役之后，胜利地回到太岳根据地，在沁源县古寨地区休整待命。根据地军民踩高跷，扭秧歌，开贺功会，补过春节。在这喜庆的日子里，聂连长却闷闷不乐，他虽然记了大功，却不去出席旅贺功会。他向老乡借来一张方桌，摆上酒菜，把历次战斗牺牲的烈士名字端端正正地写在牌位上，给每个烈士献上一朵白花。全连聚餐前，他举起酒杯，流着眼泪，向大家讲："同志们！我们在欢庆胜利的时刻，不能忘记和我们在一起战斗而牺牲的战友。"说完毕恭毕敬地把酒洒在地上。

在频繁的战斗里，工兵是在对方的鼻子底下完成爆破任务的，每战必有伤亡，而且伤亡的都是技术骨干。作为工兵连长的聂佩彰，像割他的心头肉一样地疼。他清楚，打仗的日子还长，这样下去不知有多少同志还要献出宝贵的生命！有什么办法能代替人把炸药送到对方的碉堡、城门、铁丝网上去呢？他思考着。

在一次干部会议上，他讲了自己的想法，要大家动动脑筋。

有人说："连长，能不能像迫击炮那样，把炸药送出去呢？"是呀，在围困沁源时不就用"掷石坑"的办法抛射石头打过日伪军吗。聂连长开窍了。

晋南反击战结束后，全纵队工兵连集中在翼城北良璧村集训，由聂佩彰兼任大队长。在集训队工兵连长会议上，他讲了进行飞送炸药试验的设想，立刻得到负责政治工作的成壁同志（纵队宣传部教育科长）和大家的支持。

会后，聂连长立刻抽调了人员着手研究。

第一次试验，炸药包尚未飞出便在土筒内爆炸了。聂连长立即召集技术组研究失败原因，修正试验方案。

在赤日炎炎的夏天，连长带领技术组和八班的同志上山坡，下河滩，累得满头大汗。经过反复试验，掌握了催药的分量和导火索的尺寸。最后一次试抛，炸药包飞出 300 米落地爆炸了。大家情不自禁地鼓掌欢呼，聂连长并不满足。他想：炸药包虽然飞送成功了，但两个小时才挖一个土筒，只能抛送一次，这不符合实战要求。他要搞一个代替土筒的"洋抛送筒"。

一天，连长领着技术组向老百姓买了一个汽油桶和一块枣木板，叮叮当当地敲打起来。两天后，一个口径 30 厘米、长 90 厘米的"抛射筒"制造出来了。集训结束时，向首长和参加集训的同志们作了一个抛送表演，受到一致好评。

因为抛射炸药包由抛送地雷引申而来，故称"飞雷"；它又是运用迫击炮原理制作成的抛射筒，便正式命名"飞雷炮"。

从此，"飞雷炮"便编入工兵连的装备序列。

7 月下旬，工兵连归建，向旅首长、机关、部队作了汇报表演。旅长李成芳、政委胡荣贵等旅领导接见了聂佩彰及工兵连，对这一发明给予高度评价。

8 月，部队南渡黄河时，工兵连已有四门飞雷炮，在陇海铁路上的陕州、铁门战斗，以及后来的淮海大战中发挥了其强大的威力。"飞雷"的功绩将永垂青史！

飞雷炮之歌

话说英雄聂佩彰，工兵连长美名扬。

发明创造飞雷炮，竭虑殚精昼夜忙。

炸药包装初实验，战场杀伤敌恐慌。

飞雷土炮自家造，司令陈赓喜若狂。

射程三百目标毁，半径周围十八米。

威震敌营敌胆寒，不知是何神兵器。

飞雷药量九公斤，一炮能轰百敌死。

构造简单造价低，命名飞雷载军史。

强渡黄河楔豫西，牵制顽敌援陕北。

越攀王屋踏泥泞，征途不怕倾盆雨。

淮海战场显神威，飞雷上阵击黄维。

晴天霹雳雷声响，震慑敌兵魂不归。

断臂残肢堆满地，暗堡鹿砦旋空飞。

刘陈首长亲褒奖，赫赫战功青史垂。

（作者时任中原野战军第四纵队十一旅工兵连副指导员）

回忆淮海　谈与时俱进

张秀明

淮海战役过去整整 60 年了！

淮海战役是抹不去的记忆，在这 60 年的漫长岁月中，我会时常想起它。然而岁月是无情的，许许多多的往事毕竟已经被冲淡了。不过，正是随着岁月的流逝、经验的积累、知识的增加，对那些隐藏在往事背后的道理的认识却又渐渐获得深化。如今再来看淮海战役，有了一种新感觉，就是当年一些影响战局发展的道理，现在才明明白白地呈现在我的眼前。由此，我又想起毛泽东同志在《实践论》里面说过的那句话："感觉到了的东西，我们不能立刻理解它，只有理解了的东西才更深刻地感觉它。"

在前无古人的改革开放事业经过一段实践之后，党中央适时地提出了与时俱进的方针，提出了创新的要求。而当年淮海战役的伟大胜利，正是人民解放军在作战指导思想上能够与时俱进，所采取的作战手段能够不断创新的结果。现在，我就此问题来谈谈我的认识。

一、迎面而来的新情况、新问题

淮海战役时，我已经入伍 10 年了，又一直身在作战第一线，经历的战事可谓不少。但是它和以前参加过的大大小小的战役相比，却有许多不同之处，给了我许多新感觉：一是战区地域特别大且地势特别平坦，尽是些一马平川的低洼地。一看就使人想到，在这里打仗，国民党军的机械化可是大有用武之地。二是双方投入的部队特别多。国民党军是越打越多，最多时投入了 80 万；人民解放军，最多时也投入了 60 万。双方加在一起达到了 140 万之众，真是史无前例。三是双方都舍得下本钱，舍得投入武器装备。蒋介石动用了他的老本，他的部队阔气到后来居然用汽车装上泥土作工事用。我军由于连年战争胜利的缴获，家当也是空前的多。所以在淮海这种战略决战的时候，我们也有本钱在一定区域里和国民党军拼一拼火力。四是战役时间长，前前后后打了66天之久。毛泽东同志曾经把淮海战役比作一顿夹生饭，我们上靠中央的英明指挥，下靠广大指战员的奋力拼杀，还有数百万翻身农民的大支援，硬是把这顿夹生饭吃下去了。

二、在付一些代价之后，我们与时俱进地创造了新的作战方法

淮海战役时，中原野战军第四纵队的主要任务，是在战役第二阶段参加围歼黄维兵团即十二兵团的战斗。此前，即在战役第一阶段为保障华野部队全歼黄百韬兵团，曾小试锋芒，吸打邱清泉兵团下属之第五军，在徐山村打了一天。第五军是国民党军的五大主力之一，黄维兵团下属的十八军也是五大主力之一，和这样的对手交锋，对我们部队来说，考验当然是严峻的，不过也是一种特殊的荣耀。我们一到淮海战场就发现，对面的国民党军与过去相比确实有所不同。他们装备好，火力猛，进攻的时候常用坦克打头阵，还有飞机配合轰炸、扫射；防御的时候，做起工事来又好又快。足以令我们自豪的是，我们终于还是打败了他们。

我们的对手是一支装备精良的机械化部队，淮海平原恰恰又给了它用武之地。这种仗怎么打？要靠我们自己开动脑筋，创造新办法来打！

先说说挖工事。平心而论，国民党军真够得上"训练有素"这个标准。他们装备好火力强，却不以此自恃而放松挖工事。淮海战役中，他们受限于地域，往往拥挤不堪。一个二三十户人家的小村庄，居然进驻两个团以上的兵力。即使如此，他们依然很重视修工事，总是以村庄为中心，很快地构筑好野战工事。面对此种情况，我们要克敌制胜，光靠急袭是不行了，非比对方技高一等不可。

但是，战役初期我们却忽略了这一点。射击、投弹、刺杀、爆破和挖工事这五种技能，按说都是战士的基本技能，人人都应熟练掌握。然而，不同的战斗生活，却会使人养成不同的战斗习惯。淮海战役之前，我们连年打的基本上是运动战，人人口头上虽有"五大技术"这样的语言，但在心里生了根的却只是前四项，对挖工事并不大重视。有人在训练时把挖工事戏称作"挖泥巴"，有人甚至不愿意认真训练，而说什么"要挖泥巴还不如回家，回家挖泥巴还可以多打粮食"。进到淮海地区，上级预见到修筑工事的重要，给部队打过招呼，还补充了一批工具。但是，习惯势力是个强大的力量，大家还是喜欢猛打猛冲。结果面对国民党军密

集的火力，人民解放军付出了血的代价。对国民党军的李圩子、沈庄等几处阵地，都是一打再打未能奏效，直到三打才将其攻克。这正如俗话所说："人教人，教不会。事教人，教得会。"在严酷的事实面前，我们的思想弯子很快转过来了。而正确的思想一旦产生，很快便转化为巨大的物质力量，克敌制胜的办法马上便产生了。

挖工事这一战斗手段，淮海战役的中、后期，我方不仅运用自如，驾轻就熟，还使之得到长足的发展。挖工事不仅用于防守，更可以用于进攻。人民解放军以散兵坑、地堡、交通壕构筑成一道道纵横交织的罗网，拧成了对国民党军的绞索，从四面八方将他们围困得寸步难移。绝望的国民党军，最后虽作困兽之斗，取突围逃命之举，结果在运动途中

▲ 为确保歼灭黄维兵团的胜利，华野一部赶赴双堆集战场，某纵司政机关全体人员在"后方多流汗，前方少流血"的口号下，投入构筑工事热潮

遭人民解放军阻击而溃不成军，被全歼。

事后，有国民党军军官说："我们有强大的火力和工事依托，原以为贵军无法接近，可是真没想到，贵军居然用挖壕沟的办法把我们围困得死死的。""我们眼睁睁地看着壕沟里的泥巴一铲一铲往外飞，你们一步一步逼到我们阵地跟前，可就是无计可施。"

再说说打坦克。坦克这东西，在徐山村吸打新五军的战斗以前，多数同志只是听说过，有的同志在远距离见过，但从来没有和它交过手。这次要打它，开始时心中真没底。坦克喷着火舌，轰隆隆地冲过来，样子有点吓人。不过你只要不被它气势汹汹的样子所吓倒，通过仔细观察，办法也就想出来了。在徐山村，我们利用村外水塘遍布、沟渠纵横，坦克活动受限的地形，采取放过坦克再集中火力打步兵的方法来对付步兵；同时，又用炸药包、集束手榴弹来打那些没有步兵跟随的坦克。结果，把他们打得狼狈逃窜。国民党军坦克一次出动30辆，被击毁4辆。其中两辆被炸，两辆被人民解放军用改平射的迫击炮所击毁。下午他们又出动30

辆坦克和 4 个团的兵力，向徐山村发起总攻。这次，其指挥人员不知何故昏了头，竟把自己人误作人民解放军，下令开火。解放军藏在工事里，受损失极小；国民党军步兵正向我冲来，背后突然遭到自己坦克上 60 挺机枪的猛烈射击，被打得死伤累累。人民解放军乘势出击，将国民党军 4 个团击溃。

有了徐山村打坦克的初步经验，到后来打黄维兵团时，我们就总结了一套对付坦克的两步战术，第一步叫做"放过坦克打步兵"，第二步叫做"消灭了步兵再炸坦克"。在这里，当然也离不开挖工事这一步。坦克冲过来，我们匍匐在战壕里，等它从头上开过去而步兵还没有跟上的一瞬间，猛然站起来，以密集的火力与手榴弹消灭步兵。没有步兵跟上的坦克，只有两条路可走，要么赶快逃回去，要么挨我们的炸药包和集束手榴弹。而对人民解放军来说爆破是一项早就普及了的技能。坦克其实就是座会动的碉堡，只是炸它的难度大一些而已。

当然，打坦克首先要的是人的勇敢精神，在此基础上再有恰当的方法，它就被降伏了。就淮海战场而言，"人的勇敢精神"是人民解放军的传统，恰当的方法是当时的一种创新，二者的紧密结合使我们夺取了胜利。

第三来说说火炮。从历史上看，就武器的种类而言，真正给人民解放军造成伤亡的武器不是飞机，不是坦克，而是火炮。反过来说，这三样东西对解放军而言，在克敌制胜上起过大作用的，也是火炮。我们从想火炮到缴获火炮再到学会用火炮，经历了一段不短的过程。淮海战役之前的很长一段日子里，我们要么没有火炮，要么虽有少量火炮却弹药很少，并且常常发生打仗的时候忘记了用火炮，打完了仗才又想起它的尴尬事。

淮海战役时，国民党军的火炮很多，工事构筑得又密集又巧妙。而这时，我们经过连续的胜仗，缴获的火炮也有相当数量。此时此刻，我们有本钱和国民党军拼一拼火炮了。"集中绝对优势兵力，消灭敌人有生力量"这句话，从解放战争一开始，就成为我们上上下下的口头禅。淮海战役时，在火炮的使用上，也用上了这一指导思想。我们部队在打杨围子的时候，就是这样做的。

杨围子距黄维兵团指挥所小马庄约 5 华里，是国民党军第十四军军部所在地。这个只有 30 户人家的小村子，国民党军挤下了 3000 多人。该村为防水患，在四周修筑了一道一人多高的堤坝。据守该村的国民党军部署与工事构筑情况大致是：军指挥所位于村西北掩蔽部内，十师之二十八团担任围子正北到正东的防御，八十五师之二五五团担任围子西北至正南的防御。两个团均以民房、堤坝为依托，构筑了长约 150 米、宽约 100 米的核心阵地。在堤坝之外的 50 米范围内又构筑了由绵亘不断的三角形、梅花形地堡组成且各堡之间有交通壕相连接的主阵地。为增强其防御纵深，还在村子的西北、正北、东北和东南方向 100 米至 200 米的距离上，构筑了 4 个野战壁垒阵地。每个壁垒阵地驻一个连的兵力，周围设有铁丝网和地雷，形成了能独立防守的支撑点。各壁垒之间火力可相互交叉，与主阵地也能相互呼应。因为村子小，当地树木又极少，国民党军构筑阵地时难以找到掩盖物，多数只能是露天工事。

黄维兵团下辖 4 个军，加上特种兵部队，有 12 万人之众。这么多人，就挤在东西长 7.5 公里、南北宽 5 公里的狭小范围里。为了等待援兵，他们不断地完善工事，有些地段竟用大卡车装上泥巴作为工事的构件。为了全歼它，我方调集了中野 7 个纵队、华野 5 个纵队的兵力，分为东、西、南 3 个集团将它紧紧围住。东集团由四纵、九纵、十一纵和豫皖苏独立旅组成，陈赓任总指挥。陈司令员决定，以十旅旅长周希汉为主，陈康（十三旅旅长）、廖冠贤（十旅政委）参加，组成四纵前指，实施战斗。

为了破坏黄维的环形防御体系，我方决定先攻占杨围子。为此，我东集团从 4 个旅中抽调了 6 个团的兵力，集中了 82 毫米口径以上的各种火炮 200 门来参战。我当时任十旅二十八团侦察参谋兼作战参谋，非常荣幸地被周旅长选中，抽调到前指来参与火炮的组织工作。

集中如此数量的火炮来攻坚，对我们来说是史无前例的。领导重视，参与者也很兴奋。经过认真计算，上上下下反复商量讨论，炮火准备计划才终于定下来。

前指把这些炮兵按建制、方向、火炮性能编成 5 个炮兵群。以 6 门榴炮（华野来支援攻坚的）、4 门野炮组成中央炮群，负责全面的火力支援；以十旅的 9 门山炮、4 门步兵炮、54 门迫击炮组成北炮群（该群又下设二十八团、三十团两个炮兵分群）；以十三旅的 4 门山炮和 24 门迫击炮组成西炮群；以十一旅的山炮大队和各团炮兵组成东北炮群；二十七旅也按需要组成了东炮群。前指规定，各炮群只以部分火力支援攻占外围阵地，而要确保以绝大部分火力集中对杨围子进行炮火准备。解放军弹药充足，每门迫击炮专用于炮火准备的炮弹有 60 发之多。据计算，仅迫击炮一项，平均 3 平方米即有一发；国民党军主阵地之突破地段的落弹密度，平均每平方米可达一发。

人民解放军火力除前述 200 门炮之外，还有一种叫"飞雷"的武器。这是一种土造的用火药来抛射炸药的装置，它可以将 10 公斤炸药抛射到敌人阵地之上，有的落地爆炸，有的在低空爆炸，有的落地后还不炸而滚到更低洼的地方才炸。它威力可观，半径 15 米之内一切皆可摧毁。事后我们发现，有的国民党军士兵是活活被震死的，身上没有半点伤痕而七窍流血不止。此种武器有两百余具，它不是炮兵的武器，而由工兵就地制造就地投入战斗。

攻击方案制订之后，用了 3 天时间来准备。通过摆沙盘，发扬军事民主，组织步炮协同，并进行推演，最后定下的攻击方案是：炮火准备 35 分钟，随即向前延伸 100 米，与此同时步兵发起冲击。此法好处有二：一是火力不间断，二是冲击很突然，不给国民党军以喘息之机。

▲ 解放军发扬民主，进行沙盘作战，研究战术

按计划，在战役第二阶段扫清外围的战斗于 12 月 10 日 17 时打响。各部队在炮火掩护之下对国民党军发起攻击，到 18 时攻占了指定目标。随后，展开近迫作业，条条壕沟，直逼国民党军阵地，部队运动到达理想的冲击出发地。

次日白天，国民党军有几次反扑，遭解放军顽强阻击后缩回。

11 日 16 时 25 分总攻开始，人民解放军火炮与"飞雷"齐鸣。霎时间，上万发炮弹加上飞雷从天而降，国民党军阵地一片火海。炮火延伸时，步兵发起猛烈冲击，各部按目标直插敌人阵地纵深。至 18 时全歼该部，击毙十四军中将军长熊绶春以下千余人，俘虏 1800 余人（内有 3 名少将）。

战斗胜利结束，同志们喜笑颜开，议论之中，多了一个喜说炮兵的话题。大家都说，多少年来我们吃够了国民党军炮兵的苦，这回却叫他们尝了尝我们炮兵的厉害。

淮海战役创新的项目中，有一项是世界级的，这就是"立俘立补"，以此保证人民解放军兵源充足。战役结束至今这 60 年，我在军校的时间很长，有机会接触到不少国外军事书籍，还向研究外军战史的同志了解过"立俘立补"这种事，得出的结论是，古今中外唯独我们中国共产党人做到过。对俘虏进行教育后补充入自己的军队之中，这种事情中国共产党在土地革命时期就做到了，不过规模还小。解放战争时期，这一工作做得有声有色，为壮大人民解放军力量起了重要作用。到淮海战役时，它又发展成"立俘立补"，达到登峰造极的地步。

通过短暂的政治工作，被俘的国民党军人员便转化为人民解放军战士，这是在特定历史条件之下才有可能出现的社会现象。旧中国把农民逼上了绝路，蒋介石用抓壮丁的办法来扩充军队打内战，这更是在他的士兵心中埋下了仇恨的种子。中国共产党实行耕者有其田的政策，使农家孩子出身的蒋军士兵，成了人民解放军潜在的人力资源。解放战争一开始，人民解放军即在解放区实行土地改革，使得压在社会最底层几千年的贫苦农民得以翻身。因此，被俘的国民党军士兵，经过短暂的诉苦教育后，便可为解放军所用，成为人民解放军兵员的重要来源。"解放战士"这一称谓，即由此产生。

淮海战役时，这种转化工作更是做到了出神入化的境地。当时战争惨烈，参战人员伤亡率很高。以我所在的十旅二十八团（红军团）为例，据统计全团直接参战人员中，仅有不足五分之一的同志全身完好无损。我本人右手虎口被一弹片击中，当即用左手将弹片拔出扔掉，压住伤口片刻，血止住后便再次投入战斗。

人民解放军面对如此惨烈的战斗，若不及时补充兵员，则难以为继。在此种紧急情况下，"立俘立补"应运而生。对俘虏过来的蒋军士兵，按传统做法是，先对其进行一段专门教育与审查，再挑选合格者补充到部队中来。淮海战役中此法有些远水解不了近渴的感觉，便改为每有被俘人员，当即指派得力的老战士，就在工事里和他拉拉家常聊聊天，对之进行两种社会、两种军队的对比教育。由于双方家庭出身和个人经历相同或相近，按当时的语言叫做"彼此都是同一条苦藤上的两个苦瓜"，共同语言很多，短短时间对方便会豁然开朗，决心"为保卫胜利果实"或是"为家乡早日解放"而战。后来事实证明，解放军此项工作取得极大成功，这些解放战士大多数表现不错，不少人为革命流血牺牲，有的还成为战斗英雄。其中的佼佼者，还被培养成了人民解放军干部，甚至高级干部。

三、要实事求是，必须与时俱进，不断创新

中国革命事业曾经走过几次大弯路，究其根本原因，乃是没有做到指导方针

上的实事求是。而要做到实事求是，首先要把握住"实事"的基本状况。时光在流逝，社会在进化，"实事"处在不断变化的状态中。人们的认识如果不能与时俱进，"求是"便无从谈起。求不到"是"，却要去"创新"，便只能是违反事物发展的客观规律的胡作乱为。其结果，只能是自己碰壁，人民遭殃。回顾历史，这一教训实在是太深刻了，太沉痛了！

时光飞驰，我这名小八路已经老矣！我是幸运的，无论是硝烟弥漫的日子，还是曲折跌宕的岁月，最终还是安然度过来了。我更庆幸的是，我能亲眼目睹中国革命事业终于走上了以实事求是、与时俱进、不断创新为指导方针的康庄大道。

作为一名年过八旬的革命军人，回忆历史，回顾人生，别有一番滋味。自豪之感、幸福之感、沧桑之感……油然而生。感谢征稿单位，又给我一次这种机会。

（作者时任中原野战军第四纵队十旅二十八团侦察参谋）

忆迎接刘、陈、邓首长到蔡洼

袁仲仁

1948 年 12 月 16 日晚，我奉粟裕首长的指令，去濉溪口迎接刘（伯承）、陈（毅）、邓（小平）首长到华野指挥部驻地蔡洼。半个世纪前的这段往事，还历历在目，很是感人。根据我的日记和记忆，现将当时的情景和我的感受，记述如下。

那年 12 月 16 日傍晚，我在华野指挥部作战室值班。由于黄维兵团被歼灭，杜聿明集团的突围企图即将彻底破灭，人民解放军关门打狗再无后顾之忧了，作战室的同志洋溢着胜利的喜悦。这时，参谋处长王德从粟裕首长那里匆匆赶来，带回了一个喜讯：刘、陈、邓首长今晚到这里，准备开总前委会议。大家为之振奋不已。王德转过头对我说："袁参谋，首长要你去途中迎接。"他指着墙上五万分之一军用地图上的濉溪公路中一个交叉口处说："你就在这里迎接，带一名通信员，一路上小心谨慎，安全接回。"我兴奋地回答了一声"是"，并向前跨了一步，在图上仔细地看了看路线、方位，记下沿途几个大的地名。接着向房东老乡询问了这段道路的状况，立即准备出发。

出了大门，粟裕首长那辆美式吉普已停在门口。我和通信员上了车，告诉司机去接陈老总。他是首长的司机，驾车熟练，但不善言谈，只说了一句："我已知道在哪儿迎接。"我心里更踏实了，也深感粟裕首长工作的精细。粟裕首长不仅对重大问题善于深谋远虑，缜密部署，而且对相关的许多具体细节，也总是仔细思考，精心安排。这就是粟老总的作风。

小车出了蔡洼，向西南方向行驶。不平坦的乡间小道，时有一些坑坑洼洼，司机很谨慎，不开快车，看得出他在尽心地熟记这段乡间小道的路况。夜幕悄悄地降临了，汽车也上了一条往南去的土公路。车速加快了，我的思绪也随之翻腾了起来：去年夏天，刘邓大军强渡黄河天险，接着千里跃进大别山、调动国民党军 33 个旅的壮举，令人敬服。而这支大军的统帅——刘、邓首长，我即将见到了。陈老总也有半年未见面了。今年初，我曾随他千里迢迢到达陕北杨家沟，这次毛主席为改变中原战局，约陈毅面商一奇着，即拟令粟裕率 3 个纵队、渡长江，出湖南，横扫闽浙赣，在蒋管区的深远后方实施战略机动。今年 4 月，我又随陈、粟首长去西柏坡（后陈、粟直去阜平陈南庄），这次毛主席、中央军委直接听取并采纳了粟裕关于在中原集中兵力，打几个大歼灭战，然后再南下的建议。接着陈老总去了中原军区，粟裕率主力南渡黄河，进行了沙土集战役、豫东战役、济南战役，现在两大野战军联合举行的淮海战役第一、第二阶段作战已胜利结束，第三阶段围歼杜、邱、李集团也指日可待。这样长江以北的蒋军主力和精锐师团几乎丧失殆尽，我大军即将饮马长江了。形势的发展可谓一日千里，我的心情也像旋转的汽车轱辘一样欢快。

小车越过店子，很快到了濉溪口，并绕村一周，未发现首长的汽车，随即在一个交叉口边停下。正巧，迎面来了一辆吉普车，原来是华野参谋长陈士榘从前方回来。他是上周率三纵、苏北兵团十一纵、鲁中南纵队及一部炮兵，南下参加最后围歼黄维兵团的。他告诉我："陈老总在后面不远，你就在这儿等候，我先走了。"我立即和通信员在岔路口附近高处观察瞭望。这时一架国民党军飞机临空，就在岔路口上方投了数枚照明弹，悬在空中飘移，时明时暗。大地静得出奇，村里无一人一车走动。我们在寒风中隐蔽了很久，直至照明弹全部熄灭后，才听到了公路远处有汽车声。我立即驱车前往，远远看到首长的车队，紧靠在公路旁老乡家的房墙边隐蔽着。这个车队有两辆吉普车（刘、陈首长各一辆），两辆十轮大卡车，由中野指挥部崔仁德参谋率警卫连的一个排护送。想不到邓政委是坐在第一辆十轮卡车的驾驶室内。

我的车停稳后，车内灯一亮，陈老总就看到了我，一个洪亮而熟悉的声音响了起来："哈，袁参谋，是你来接我们啦！"我跑步上前，在星光下、小车旁，见到了久别的陈老总，也辨认出高个儿戴眼镜的刘司令员。我忙敬了个礼："首长们好，我是来接首长的。"陈老总握着我的手说："袁参谋，邓政委坐你的车，我们在后面跟着，这里不要停留。马上就走。""是！"我的车调好头，只见邓政委从卡车处快步来到跟前，敏捷地坐上小车的后座，我在他的右侧靠边（前面右座是身材魁梧的警卫员）。在车内灯的照明下，我才看清这位野战军的统帅：他风尘仆仆，目光炯炯，和蔼可亲，像一位很健谈的普通中年军人。

途中，邓政委详细询问了前面的道路状况和国民党军飞机活动情况，他对飞机的活动尤为关注，所以我也回答得多些：上周国民党军企图突围时，其轰炸机、战斗机的活动十分猖獗。这几天主要是运输机的空降活动，几乎昼夜不停，但相当一部分投到了我军阵地，投到对方阵地的又往往发生争抢，互相残杀，混乱不堪。有趣的是还发现国民党军运输机向我阵地投掷迫击炮弹，起了一点骚扰作用。看来国民党军轰炸机主要用在双堆集方向了。我这么一说，引起邓政委哈哈大笑。

这时，后面陈老总的车开灯行驶，被邓政委发现，"停车！"他立即要警卫员下车，告诉后面车辆"都不允许开灯"。这样，车队开始减速慢行，实行无灯光的夜行军。

当我们的车下公路时，司机闪了一下大灯，称是给后面车辆一个信号，邓政委反应很快，忙说："不要开灯。"汽车走上乡间小道后，遇到一个较大的坑洼，司机快速地又闪了一下大灯，只听得邓政委提高了嗓门："不要开灯嘛！""没有事，灯光是向下打的，敌机不会发现。"我做了一点解释。不一会，又有一个坑洼，司机改用小灯闪射，这时邓政委有些生气了，"怎么老开灯呀？"我立即告诉司机："看不清时，可以慢慢开吧！"从此，司机再也没开过灯，安全地到达驻地。

▲ 淮海战役华野指挥部驻地，亦是总前委五人合影处——萧县蔡洼杨家台子

在夜深人静的蔡洼村口，粟裕、陈士榘、张震及王德和参谋们，热烈地迎接刘陈邓首长的到来，并直接引到作战室。首长们还未坐定，邓政委站着看了看悬挂在中间的那盏雪亮的汽油灯和拉得严严实实的黑色窗帘和门帘，不无感慨地说："天上有敌机，你们的汽车老闪灯，那个小参谋还说没有事，不负责任！"接着问："这里离前沿有多远？""大约40华里。"王德处长回了一句。"噢！40华里，作为野战军指挥所，靠前了，这样下面纵队、师、团的指挥所势必靠得更前了。"说到这里，他似乎有些激动："若有人问我怕不怕死，我就说怕死，这不是我个人的问题，而是要对党负责。"首长们听了，不住地点着头。

这时，陈老总对墙上几幅作战地图扫了一眼问："前线情况如何？"粟裕要王德简要地汇报了当前的双方态势。刘司令立即换了一副眼镜，凑近地图，看了又看。这位身经百战的一代名将看到杜邱李集团（1个总部、2个兵团、8个军）近20万人被围困在陈官庄、青龙集狭长地带内，会心地笑了："我华野十个纵队，加上冀鲁豫军区两个独立旅，密集部署在敌人的周围，真是水泄不通、瓮中捉鳖哪！"

夜已很深了，然而首长们似乎忘掉了一天的劳累。粟裕随即邀请刘、陈、邓首长到他的住处早点休息，因为明天总前委会议还要研究诸多重大问题。

我挨了批评，也引起了深刻的反思。在寒冬旷野之上，除了四乡疏散而昏暗的农家小油灯外，几乎没有亮点。我们的车队即使闪了几下灯光，也是非常醒目的。若这时空中有国民党军飞机活动，在一定的方位和视角之内，很容易被他们发现，然后再投上几颗照明弹，目标不就暴露了吗？想到这里，真不胜惶恐与惭愧。

刘、陈、邓首长安全到达蔡洼的第二天，在邓小平书记的主持下，召开了首次总前委全体会议。根据中央军委的电示，会议着重讨论了淮海战役胜利结束后的部队整编和渡江作战计划，为党中央、中央军委决策渡江作战和进军江南，提供了重要依据。这是一次具有历史意义的重要会议。迎接首长开会，是会务工作中的一个环节，细微工作连着大局，使我受到一次深刻的教育。

（作者时任华东野战军司令部作战参谋）

首战窑湾

曾如清

一

▲ 华野某部集结待发，向淮海战场前进

1948 年 10 月 23 日，我们华东野战军第一纵队，在鲁中济宁地区接受了投入淮海战役的任务，立即和全华野十多个纵队一道，分成数路大军，浩浩荡荡地奔向陇海铁路。

部队不停歇地前进，行列里不断传来愉快、洪亮的歌声。我骑在马上，前后望望，真是铁流千里，无边无际，在夕阳的照耀下，步兵、炮兵、辎重、民工，急速地向南行进。我脑子里不禁翻腾开了：我们一师这支部队，在党的坚强领导和教育下，经历了多少艰难和胜利啊！当去年敌人重点进攻山东的时候，我们越过了重重高山，涉过了条条大河，和兄弟部队一起肃清了山东境内的敌人；今天我们向淮海地区进军了；我们将彻底摧毁蒋介石的反动统治，迎来新中国的诞生。

这时，骑马走在我前面的师长廖政国同志回过头来笑着说："老曾，真是胜利进军的气派呀！"

"这是多少年来斗争的结果！"我说。

行列里，战士们的歌声、竹板声和哄笑声向田野里传开去。站在村头和路边的人们，望着行进的部队，有的挥手，有的鼓掌，战士们前进的脚步愈加轻快了。

二

11月7日黄昏，行列的前面响起了激烈的枪炮声，鲁中南纵队攻击郯城守敌——山东保安第一旅王洪九部的战斗开始了。我们部队在兄弟部队歼敌的枪炮声的振奋下，跑步往前赶。谁都懂得，这次战役敌我双方都集中了数十万兵力，只要我们能够坚决、彻底、干净、全部地消灭敌人，取得这次战役的胜利，我们就能在不久之后向江南进军。

今晚我们要和兄弟部队在瓦窑一带围攻敌六十三军，将它歼灭后，再直捣黄百韬兵团司令部。因此，部队的行动要十分迅速，和兄弟部队要密切协同。否则，将会影响整个战役的发展。

忽然，廖师长喊道："老曾，我们两人往前去一下。"他立刻拉起马缰绳，脚跟踢着马肚，离开行列飞也似地向前奔去了。我们已经是多年在一起的老战友了，我了解他的习惯，每次战斗，他总是尽量想法从多方面了解敌情变化。

这时，前卫部队正在郯城西郊通过一座大桥。火光笼罩着城垣，炮弹的爆炸声，震得我两耳嗡嗡直响。廖师长过桥了，我站在桥前让几个脚板磨破的战士把背包放在我的马背上，正要跨上桥，一个黑影在桥头一闪，走近一看，是二团前卫二连的战士周海江，他蹲在桥边脱光了鞋袜，拨弄着脚底板。

"是不是你的脚不听指挥啦？"我问。

"是呀，我来整一整它。"说着，用早已准备好的针在脚底下刺了几下，一滴滴的血水直淌。我帮他解开急救包，又把他的背包放到我的马上。他裹好脚站起来，抬头向城里瞭了瞭，说："我把脚底下的五门'大炮'拖上去，准能轰开一个缺口……"他见我还要取下他身上的干粮袋和米袋，就一扭身，跛着脚，向前奔去了，到了桥中心，他回过头来说："政委，你放心，我一定赶上部队。"

过桥后，我与二团负

▲ 宣传鼓动员在部队行军的路旁广播胜利消息，鼓舞士气

责同志一起走着，郯城城里的枪炮声渐渐远去。已经走了很多路了，警卫员、通讯员还掉在后面，我从马上跨下来，方铭团长已经先下了马，我把一个背包搬到他那匹马上，第二个背包正要放上马背时，廖师长飞马过来，对我说："纵队刘飞司令员来了指示，说瓦窑和新安镇的敌人正沿陇海路向徐州收缩，要各部队加速追击。我纵队任务是追歼敌六十三军。"他谈了另一些消息后，立即命令方团长迅速带前卫三营猛追。我看过指示信后，立即要骑兵通讯员把这些消息送往政治部印成快报，分发到部队。

追击的命令在部队一传开，行列里响彻了"跑步、快追"的声音。阵阵寒风扑打着我的脸。我凝视着前方，思想集中在敌人收缩兵力的这一变化上。在我华东野战军攻下济南后，徐州敌"剿总"总司令刘峙在蒋介石的授意下，集中了 6 个兵团、25 个军、60 个师，共计约 70 万人马，布防在徐州东西南北，这是我军分割围歼的有利条件。现在，黄百韬兵团 10 多万人马要收缩了，我们一定要立刻追上！

部队踏上陇海路，在晨曦朦胧中，瓦窑车站一带的男女居民，迎着我们的队伍奔来，围住了我们的战士，滔滔不绝地控诉着敌人的罪行，指点着敌六十三军逃跑的方向。公路上，敌人抛弃的弹药、粮食和衣服，狼藉满地，公文随风飞散，但谁也没有理睬这些。战士们只有一个信念：敌人跑到哪里，我们就追到哪里！追到了，就把他们消灭干净！

部队继续前进着，前进着……

直追到太阳西斜的时候，前面才传来炮弹爆炸的巨响，战士们兴奋地跳起来。我们的前卫部队，终于追上了敌六十三军，在运河东岸窑湾一带，把敌人包围了。

三

窑湾，位于运河和沂河合流处的南面。全镇 3000 余户居民，运河环抱着它的南、西、北三面，东面是一条两三米高的围堤。从抗日战争时起，这里常有敌军驻扎，有着历次构筑的防御工事。外围村庄稀少，一片平地。现在，敌人渡运河西逃不成，只好进占窑湾及其外围村庄，固守待援。

在浓密的枪炮声中，各级指挥员观察了地形。按着上级的作战命令，我们一师从东面张庄、姚场、大小刘庄一线压向窑湾镇。三师和二师分别从南北合击。

10 日，整天进行着激烈的外围战。傍晚，投入外围战斗的部队都完成了自己的任务，撤到后方休息待命。只有二团三营在攻击敌人外围的最后一个庄子——小上窑。

我随师指挥所前进到离窑湾镇不远的一个小庄子上。敌人射来的炮火燃烧着庄内的房屋和草堆，成群的俘虏穿过浓烟滚滚的村庄押向后方。在庄前一所独立家屋的断墙边，我接到二团方铭团长的报告，得悉敌人进行了四次反扑，三营伤亡很大，现在敌人正以两个营的兵力向我们反击。我观察了一下三营阵地，并给纵队山炮团团长摇了个电话。不久，一批批炮弹从上空掠过，带着啸声飞向敌人阵地。顿时地面一阵震动，泥土飞上半天，残余敌人狼狈逃入窑湾。

这时，窑北乡游击队牛队长，急速地跑来，连声对我说："打得好，打得准！"说话时，三架敌机没精打采地乱扫了一阵机枪后，从我们头顶上空向西飞走了。三营阵地上稠密的枪炮声，也渐渐地稀疏了下来。

我看着三营战士们已占领了敌人的最后一个外围村庄，才放下心来，走进屋内。牛队长和参谋、警卫员等也跟了进来。牛队长兴奋地说着游击队完成任务的情况。

……

牛队长有 20 多岁，红红的脸，两只滚圆的眼睛炯炯有神，是一个很能干的小伙子。还是在我们刚和敌人接触的时候，他就带了一支 50 多人的游击队，来到我们的驻地，坚决要求一同投入战斗。还主动介绍了他们在发现敌人开进窑湾后，如何掩护群众疏散，如何把运河里的渡船全部分散隐蔽，又如何在县独立团徐团长的领导下，不仅消灭了许多土顽，而且也成百地歼灭过洋顽。总之一句话，无论如何要求我们答应他们参加战斗。当时因我们部队长途追击，急需粮食和担架，我就请他们先分散到各个部队去协助工作。

牛队长一再对我说："请给我们任务吧！我们这里的群众为了迎接大军南下，各种准备工作都作了一些，磨粮队、担架队、慰劳队……都是现成的，只要把人找来就行……"我笑着说："你们不要急，任务多得很，你就跟着我们师指挥所，其他队员分到各个连队作向导，一同攻击窑湾，歼灭敌人。"

窑湾镇上的敌人，仍然朝我们打枪打炮，不时有子弹和炮弹从低空划过。这时，廖师长从前面回来了，我们一起研究了总攻击的部署。

四

11日下午5时，我军阵地上升起了数十发信号弹。总攻击开始了。数十门野炮、山炮、重迫击炮齐向敌人的第一道防线轰击，掩护二团一营在小东门突破。我站在师指挥所的庄前头，从望远镜里看去，敌人阵地上升起了许多黑色烟柱，敌人的碉堡群被浓烟罩住。地堡着火了，鹿砦燃烧了，炮楼旁边粗大的树根，被炮弹炸得连根拔起，飞往一边。炮楼外面，大土圩子上的敌人，也被炮弹的爆炸吞没了。我们的突击队一拥而入……

兄弟师也在激烈地开展攻击。我和廖师长交换了一些意见后，就带两个参谋和通讯班赶到二团指挥所。团指挥所设在突破口北面100多米的一个地堡内。团的负责干部都到前面去了，只有一些报务员在忙碌着。政治处的保卫干事正在审问一个刚被抓来的敌人副团长。问他一句，他哆哆嗦嗦地半天也答不上。保卫干事有些火了，提高了声音问："还有没有？"这个作了俘虏的副团长颤抖着说："我只知道打好这次仗，各级军官连升三级，薪饷增加十倍。"我走过去插问一句："你知不知道，你们完全被包围了？"这个俘虏把埋着的头抬起来，苦笑着说："知道。但是军长告诉我们，再坚持两天，黄维兵团就来接应我们，我们六十三军就可以回广东了。"我平静地对他说："黄维兵团要来接应你们？那好吧，过些日子，你就和接应你们的兵团司令黄维在我们的俘管处见面吧！"他吃了一惊，然后苦笑了一下。我吩咐保卫干事把这个俘虏送到俘管处去。

圩子里面的枪声愈加猛烈起来。这时月光皎洁，我走出二团指挥所地堡，恰好遇到一团政委朱启祥同志和政治处主任李树人同志，我叮嘱道："敌人聚集一起，反冲击很凶，你们要有足够的准备！并注意和二团、和我们的联系。"说罢，又回到地堡。此时，方铭团长、姚念政委、夏启发主任都已回来，正在研究部署。夏主任见我蹲在地堡门口，就伸手拉我进去。我刚一挪步，一颗迫击炮弹在离我五六米处爆炸了。夏启发同志用手掩着眼睛。我急切地问："夏启发同志，你带花了！"他用手掩在眼睛上，微微笑了笑说："没有什么，只擦破点皮。"

当时，团里的负责干部们虽然谈笑自若，实际上战况是很紧张的。方铭团长告诉我：当前敌人集中了力量，拼命想夺回我一营突击队占领的阵地——耶稣堂。二营、三营全部冲进去了。敌人占领着一片坚固的瓦房，从屋顶、墙腰到地面筑成了几道火力网，封锁了我们部队的攻击道路。耶稣堂里的三连在团参谋长黄朝高同志的率领下，已和敌人进行了四次争夺战……

我在电话里把二团的情况告诉了廖师长。接着又摇电话询问一团的攻击情况。一团团长栗亚同志说："我团一营已越过突破口向纵深发展，在离耶稣堂南面100多米的医院附近，被敌人两个营的兵力顶住了；现在，三营两个连正在对敌展开攻击；三营在副团长蓝阿嫩同志率领下，沿医院向南伸展去接应三师……我们坚决向里伸展。"

这时，二团已向前发展，完全恢复了原来占领的阵地。我和方铭团长研究后决定：在耶稣堂附近留下一个营，防止敌人反扑；其余部队空出正面向北靠，避实击虚，形成一个钳形，狠狠地把敌人卡住。

外面激烈的枪声又响起来了，炮弹、枪榴弹在我们地堡的四周连续爆炸着。敌人向我一、二团阵地的反冲击还在继续。

我把情况告诉廖师长。他说："空出正面是有危险的，不过还不要紧，只要我们的部队能够迅速地攻进街道，河东的敌人想反击也无济于事了。"于是我提了个建议："我想向纵队建议，让二师派一个团从我师二团突破口进去，一方面直捣敌人的中心工事，一方面可以接应四团进来。"

廖师长表示同意，并要我把情况详尽地向纵队首长汇报清楚。

纵队刘飞司令员同意我们的建议，并且告诉我："向西逃窜的黄百韬兵团的二十五军、一百军、四十四军等，已被我中路南下大军包围在碾庄圩和曹八集一线。"纵队政委陈时夫同志也在电话里指示："窑湾敌人兵力集中，反复冲击是不可避免的；由于敌人孤立无援，士气是不能持久的。我军的战术手段必须是集中兵力，选其弱点，大胆攻击，争取拂晓前解决战斗……"旁边的夏启发同志听到纵队首长的指示，立即赶到前沿向部队传达去了。

10时左右，敌人占领的一座瓦房淹没在我们的炮火里。支援我们的二师六团来到了，戴克林团长对我说："我们六团战斗情绪很高，可以担负艰巨任务。"我高兴地笑着说："老战友，你们是我们的生力军，我们合起来重重地打敌人一锤！"

三团、六团插进去约一小时，敌人的枪声稀少了。二团用炸药轰开了前进道路，向前发展了。一团消灭了盘踞在医院里的敌军，全部打过河西去了。三师七团、八团也由南面全部插进来了。支援我们的六团打得又猛又狠。突入纵深的所有部队，把敌人分割成四小块。经过两小时的激烈战斗，3时10分，二团参谋长黄朝高同志向我报告：他带的二营已占领了敌军部的房子。3时20分，一团、二团报告：

二师四团和其他部队也攻进了各个中心工事……

当东方泛出鱼肚白的时候，我们全纵队经一夜激战之后，胜利地结束了窑湾战斗，全歼敌人一个军。随后，我们又迅速渡过运河，向徐州方向前进了。

（作者时任华东野战军第一纵队第一师政委。本文原载《决战淮海》，江苏人民出版社 1979 年版）

淮海战役中的华野一纵

唐　炎

一

在整个淮海战役中我都在华野一纵司令部作战科工作。华野一纵是华东野战军的主力纵队之一，在整个解放战争期间，参加了华东战场上所有重大战役，并出色地完成了任务。

这个纵队有 3 个步兵师。纵队直属有侦察营、工兵营、通信营（电台）及炮兵团，加上后勤、野战医院等。

1948 年 9 月，纵队完成豫东战役任务后，即东返参加济南战役，在南线担任阻击邱清泉兵团增援。任务完成后，10 月底转移到临沂以南地区集结待命。

11 月 6 日起，华野司令部根据中央军委的指示，发起了闻名中外的淮海战役。自此，华野一纵也随之投入战斗，直至战役结束，前后共 66 天，经历了大小战斗30 余次，伤亡 7740 余人，俘获国民党军 38800 余人，缴获大量军用物资、弹药，胜利完成各次任务。整个过程不可能详细介绍，只介绍开头的窑湾战斗和最后接受蒋王牌军第五军四十五师缴械投降两件事。

二

淮海战役第一阶段，人民解放军以歼灭国民党军黄百韬兵团为中心任务。为此，10 月 14 日华野代司令粟裕在曲阜会议上即下达作战预案，明确了各纵队的任务。这一预案的特点是对国民党军形成宽正面合围徐州之势，迷惑他们，使其不能发觉解放军首歼黄百韬兵团之意图。在这一预案中，华野一纵位于中央突破军的左翼。在战役发起前夕，纵队奉命监视瓦窑、新安镇地区当面国民党军。

当时黄百韬兵团，正按一百军、六十四军、兵团部、二十五军和四十四军的顺序，沿陇海路东渡运河，向徐州地区集结，另以六十三军担任左翼掩护，以执行蒋介石制定的收缩兵力，确保徐蚌，阻我南下，确保长江以南绝对安全的战略决策。

11月8日，西撤的黄百韬兵团4个军拥挤在运河铁路桥头，一时难以通过，拥挤不堪，极度混乱。人民解放军以雷霆万钧之势从北向南压来，前锋已接近黄兵团，炮弹已在运河上横飞，他们只得慌忙组织抵抗，掩护大军仓促过河，最后被迫占领以碾庄、曹八集为中心的狭小地区，而被我主力部队完全包围。

11月8日下午，我们侦悉到国民党军担任左侧掩护的六十三军将于14时从新安镇向西南之窑湾开进，企图占窑湾后渡运河西逃。当野司得知这一信息后，立即下令一纵越过陇海路南下跟踪追击，歼灭该军。纵队奉命后立即行动，主要采取以下措施：

（一）迅速明确各师的追击路线，并且提前明确各师对窑湾镇的攻击任务，从而减免了攻击窑湾发起前调整部署的步骤，并提出"务求于12日前全歼该敌"的要求；

（二）立即把纵队炮兵配属给担任主攻的一师，随该师共同行动；

（三）立即命令侦察营提前渡过运河，占领西岸并控制所有渡河船只与器材，不让窑湾国民党军西渡一人；

（四）把华野前委发布的《关于全歼黄百韬兵团的政治动员令》印发并广泛宣传，号召全体参战人员发扬"不怕疲劳，不怕饥寒，不怕伤亡，不怕打乱建制，不为小敌迷惑，不为河流所阻，敌人跑到哪里，坚决追到哪里，敌人不投降就坚决消灭它"的英勇拼杀精神，贯彻战斗始终。

根据以上部署，全纵队于9日中午前后全部追过陇海路。当时新安镇和瓦窑车站附近的男女老少纷纷迎上前来，围着我们诉说国民党军的暴行，我们只得边走边听边安慰。公路上，国民党军抛弃的物资、衣服满地都是，公文纸张随风飞扬，我们也无心理睬，一心加速向南追击。

窑湾镇，在邳县城南约40公里，西临运河，北靠沂河，位于两河结合处。全镇有3000余户居民，周围有4米高的土围墙，并且筑有防御工事。国民党军第六十三军9日上午占领该镇，并控制了周围约3公里的大小村庄，加紧修建了防御工事与障碍。六十三军是时任国民党陆军总司令余汉谋的起家部队，广东老兵很多，装备虽不及蒋嫡系，但强于一般的杂牌军，在粤军中有"劲旅"之称。其在窑湾的防御部署是：以一八六师主力防守北门和小东门，以一五二师防守大东门和南门，军指挥所及直属队位于天主堂地区，并控制一个加强团作预备队，中将军长陈章亲临指挥。战前他对部属说："徐州会战非同小可，打好这一仗，各级军官连升三级，薪饷增加十倍。"因此，部队有一定的战斗力。

我们马不停蹄地一口气猛追 40 余公里，9 日傍晚（国民党军刚占窑湾不到 6 小时）就形成对国民党军的包围，并且迅速肃清外围，各师 10 日午夜完全逼近了土圩子。纵队下令于 11 日 16 时发起总攻。

担任主攻的第一师，以第二团为主攻团，该团又以一营二连为尖刀连。在纵队和师几十门榴弹炮和山炮抵近射击下，小东门的城墙顷刻被炸塌，二连组织的三次爆破也接连成功，国民党军的工事、障碍被炸毁，土圩子也炸开一个大洞，部队快速登上土圩子，占领了突破口。此时国民党军却组织了一次又一次的疯狂反扑。先是一个排的反扑，被打下去以后，紧接着是一个连的反扑。经过激烈的战斗，国民党军丢下一片尸体之后被打下去了，二连乘机全部进入突破口。国民党军又组织了一个营的兵力进行第三次的反扑，力图把我逐出土圩子。战斗极其激烈，经过反复争夺，甚至肉搏，拼了刺刀，国民党军终于全线垮了下去。二连突破小东门，打垮了国民党军的 3 次集团反冲击，前后长达两个小时。这是决定窑湾战斗胜利关键的两个小时。国民党军 3 次反扑被打下去以后，士气已低落，我二团的主力也全部进入土圩子加入战斗，而且师的第二梯队也很快进入战斗，向纵深发起进攻。因此二连成功突破的这两个小时，成为窑湾战斗胜利的关键，战后，二连被纵队评为"窑湾战斗第一大功连"。

就在二连发起突破时，向窑湾北门进攻的二师四团，却因地形不利，没有足够火炮的掩护，在开阔地上受阻。此时纵队首长即刻下令四团改从小东门突破口进去，从镇里向北门打，终于很快占领北门，把二师主力迎进土圩子，与一师共同围歼了国民党军第一八六师。他们的六团五连，经过逐屋争夺打巷战后，到了镇中心偏北一座学校的铁栅栏外面，抓住几个俘虏，一问得知学校里面有一八六师的一个营。他们立即组织战场喊话，国民党军很快表示愿意缴械投降。连指导员只带通信员大胆上去谈判，对方一个副团长递上两根金条和一只手表，说是感谢"不杀之恩"。指导员立即叫他把东西拿回去，说："解放军纪律严明，不搜俘虏的腰包，保证大家放下武器后的生命安全，并且一定做到愿者留，要回家的到后面去领遣散费。"指导员叫那个副团长吹哨子把全营人集合起来，副团长说吹哨子听不见，改叫号兵吹集合号。号一吹，学校操场上一下集合 400 多人，其中营以上军官 5 名。他们全部放下武器后，指导员又对他们进行了俘虏政策的宣传，而后排成三路纵队，派一个班押送离开镇中心。其他部队继续巷战歼灭国民党军。

位于镇中心的天主堂，是国民党军部指挥中心，由主攻的一师负责攻占。其二团五连向指挥部攻击时，只剩下 20 余名战士，连长、指导员及时调整，组织编成 3 个班，由他俩带领冲进指挥所，俘获国民党军 200 余人，并发现其军长陈章已阵亡。战后纵队授予五连"窑湾战斗第二大功连"的称号。

与此同时，三师八、九团打进大东门和南门，按计划歼灭了国民党军第一五二师全部。

12 日拂晓，窑湾战斗胜利结束，共计歼灭国民党军第六十三军两个师 5 个团共 13700 余人，砍掉了黄百韬兵团的左臂，使它丧失了五分之一的兵力。这是淮海战役首场胜利，并且开创了解放军以一个纵队歼灭国民党军一个军的光荣战史，得到了华野首长的通令嘉奖。

南京蒋介石得知六十三军被歼、军长陈章战死的消息后，追赠陈为上将并举行了隆重的公祭典礼，亲自到场主持祭奠，心情极为悲伤，竟掩面痛哭，泣不成声。一周后，黄百韬也战死了，南京虽也追赠其为上将并开了追悼会，但蒋介石却没有到场，只派了参谋次长林蔚代祭了事。

三

窑湾战斗一结束，纵队就奉命西渡运河，到房村地区集结，并立即向狼山、鼓山的国民党军（邱兵团之七十军）攻击，协同兄弟部队正面阻击黄百韬兵团，阻其东援。国民党军炮火极为猛烈，又得到空军支援，阵地得而复失，反复多次争夺，终于确保阵地的安全，保证兄弟部队于 11 月 22 日全歼了黄百韬兵团。

接着，纵队奉命在水口、宝光寺、褚兰地区组织防御，与兄弟部队在徐州以南津浦路两侧 50 公里宽大正面上，阻击国民党军南援，保障中原野战军在双堆集地区歼灭黄维兵团。战斗自 23 日开始，直至月底，使当面之国民党军（仍是邱兵团七十军）未能越雷池一步。

11 月 30 日，整个徐州的国民党军奉命弃城向西南撤退，情况发生根本变化，华野各纵奉命发起全线追击。我一纵原处在全线最东头，现在奉命要向西从国民党军右翼北侧超越他们，追到国民党军西北及北面的前头，以阻断其退路。12月1日下午，我纵前卫团即攻占三堡车站，随后各师都快速越过津浦路勇猛西追，不受小股国民党军牵制，穷追猛打，4日我先头部队三师已追到国民党军右侧前头，攻占芒砀山，与左翼迂回来的六纵会合。5日我纵即与各兄弟部队共同将国民党军包围于永城东北李石林、青龙集、陈官庄等地区。纵队处在整个包围圈的北面，左右邻为四纵、十二纵及九纵，以后几天向南攻击，占领了李石林等数十个村庄。此时正值中野和华野一部全歼了黄维兵团，取得淮海战役第二阶段的胜利。而杜集团则被人民解放军压缩在陈官庄周围东西10公里、南北5公里的狭小地区内。

为了配合平津战役，华野奉命暂缓攻击，进行20天的战场休整，同时展开强大的政治攻势。此时正值隆冬，大雪纷飞，天寒地冻，被困蒋军饥寒交迫，绝大多数挤在帐篷和战壕中，没柴烧没吃的，靠有限的空投根本无济于事，饿殍遍野，很多士兵纷纷向我方投降乞食，20天内单向我纵投降的就达2500余人。

1949年1月6日，经过战场休整的人民解放军，兵强马壮，士气高涨，奉命向国民党军发起总攻。

我纵进攻的正面，是蒋王牌军之一的第五军防守的主阵地。他们占有罗河（老百姓叫沱河）堤的有利地形。堤高2—3公尺，宽约2公尺，上面筑有无数的地堡与战壕。罗河堤是由西北向东南延伸的。堤外的东北面还有夏寨、夏庄、朱小庄3个村庄，由国民党军七十军一三九师防守，师部在丁枣园。

战斗发起后，我一、二师克服国民党军强大火力包括火焰喷射器的猛烈射击，经几小时战斗，夺取了堤外3个村庄，并从夏寨西南攻占罗河堤一段。三师攻占朱小庄后，当晚也攻占了罗河堤，从而对丁枣园国民党军第四十五师形成三面包围之势。这时我三师七团正抓紧准备向丁枣园的进攻，同时组织战场喊话，由新解放的战士用自己的感受现身说法。24时30分左右，丁枣园村内向我方走出一个人，并高声喊："不要开枪，我是奉师长命令来谈判的。"我们让他到团指挥所后，他自称是新闻室主任，奉师长命令过来，要求我方派一个代表去当面谈判。经请示，团一面加强警戒，一面派宣教股长金乃坚随他去谈判。

金股长在包围圈走了十来分钟，到了国民党军第四十五师一三三团指挥所。这是一个较大的掩蔽部，里面挤着团、营指挥官十多人，烛光像鬼火似的摇晃，气氛十分沉闷，国民党军团长姜铁志忙站起来敬个礼，并说："劳驾你走一趟了。"

▲ 解放军军官教导团何队长在讲解俘虏政策

金股长见师长不在，就叫那个新闻室主任直接去找师长，然后拿出抽剩的飞马牌香烟，一人发了一支，自己也抽起来，一时气氛就轻松了许多。一个副官主任迟来一步，把金股长抽的半截烟也讨了过去，引起大家一阵苦笑。趁此时，股长就对他们大声宣讲人民解放军优俘政策。那个团长却讨价还价，要求给起义的待遇。副团长则发牢骚说："我们这个部队是能打的，就是上级战役指挥的错误，把我们摆到这个鬼地方……"金股长明确说："现在你们只有放下武器，向人民解放军投降，这是唯一正确的出路。""向人民投诚，我们欢迎，既往不咎，并且可以享受优俘待遇。"那个团长还要要拖延的战术，说："等师长的命令，天亮再决定吧。"这时，我们的炮火已开始向国民党军纵深射击，敌团指挥所向上联络的电路也中断了，金股长觉得不能再等待了，马上命令："你们必须立即投降，天亮以前随我过罗河，否则，解放军拂晓就要发起总攻，那时你们要脱离战场也困难了。"说完站起身来。此时，那个姜团长也只得站了起来，说声"好吧"，把一支崭新的勃朗宁手枪交给金股长，并宣布一切听金代表指挥。金股长就命令全团放下武器后，由他和姜团长率领，按两路纵队，向罗河北岸开进，于 1 月 10 日凌晨，通过我前沿阵地，到纵队后方俘管处集合。最后清点人数，竟有 7000 余人，看来整个四十五师都过来了，连师长崔贤文、新闻室主任也跟在后面报到投降了。蒋介石赫赫有名的"王牌"第五军第四十五师，就这样结束了它的历史。

也正是这一天（1949 年 1 月 10 日），具有历史意义的淮海战役以完全胜利而告结束。

（作者时任华东野战军第一纵队作战科长）

化仇恨为战斗力

——纪念淮海战役胜利六十周年

章洪珊

淮海战役是摧毁蒋家王朝一次决定性的战役。人民解放军 60 万，打败蒋军 80 万，歼敌 55.5 万余人，创造了中国革命战争史上的奇迹。这是以邓小平同志为首的总前委坚决执行党中央和毛主席战略决策的结果。陈毅同志有一句名言："淮海战役的胜利，是解放区人民用小车推出来的。"深刻地揭示了毛主席人民战争思想的伟大胜利。

淮海战役胜利，还有一个不可忽视的因素，就是贯彻了"即俘、即补、即打"的方针，使部队兵员得到不断的充实和扩大，对保持和提高部队连续作战的能力，起着重要的保证作用。落实这一方针的关键是对解放战士进行深入的阶级教育。蒋军士兵绝大多数是穷苦出身，被迫当兵，并深受欺压。通过诉苦教育，激发阶级仇恨，提高觉悟，转变立场，使他们懂得为谁当兵，为谁打仗。这样，就可在较短的时间内把国民党军的士兵变为人民解放军的战斗力。我所在的华野一纵二师七团把贯彻这一方针作为战役政治思想工作的中心环节，利用战斗间隙，采取多种形式，广泛开展"诉苦挖根"教育，并以此促进团结互助和立功运动，使部队越打越大，越打越强。战役前全团仅 1700 余人，战役一、二阶段伤亡 1300 余人，到第二阶段结束却扩充到 2700 余人。许多连队战前都只有七八十人，后来扩充到 120 多人，有的连队除了正副班长，其余都是解放战士。第二阶段后，部队经过 20 天敌前休整，雪地练兵，士气高涨，斗志昂扬。第三阶段总攻开始，七团在兄弟部队配合下，向蒋军王牌第五军防守的主阵地罗河堤发起猛烈的连续进攻，迫使第五军四十五师 7000 余人投诚。

无数事实证明，阶级教育在当时历史条件下，是提高部队战斗力的强大思想武器。七团在教育实践与战斗过程中也出现了许多动人的事例，有些至今仍深深地留在我们的记忆里。

给我一顶帽子

在一个连队的忆苦会上，一个姓刘的湖南籍解放战士倾诉了他的苦难家史：姐姐被地主逼去抵债，遭奸污，父亲去评理反遭毒打致死，母亲含恨上吊自尽。他只有16岁就被国民党抓去当兵……小刘边诉边哭，泣不成声。会后，我找他谈心，并进一步作了启发教育，他决意要参加人民解放军，为亲人报仇。我把他带回团部，补入警卫班。班长小张有点顾虑，因为解放战士编入警卫班，还没有先例。我说："小刘苦大仇深，思想单纯，没有问题。"班长找管理员领来一顶军帽，因当时解放战士多，棉衣供应不上，只能发一顶帽子给小刘戴上，并宣布："从现在起你就是我们警卫班的战士了。"小刘非常高兴！

当时正好送来几十个俘虏，班长想考验一下小刘，叫他上岗值勤。小刘开始胆怯，但看到班长这么信任自己，就鼓起勇气去了。他一上岗，一些俘虏兵都以惊奇的目光看着他，交头接耳，叽叽咕咕，甚至有的冷嘲热讽："他不也是个俘虏吗？怎么来看管我们啦！"

小刘装作没听见，未予理睬。俘虏中一个十五六岁的调皮鬼，坐立不定，一会儿要喝水，一会儿要小便。小刘见他有意刁难，便板起面孔说："你要老实一点，不要捣蛋！"

他不服："你不也是个俘虏兵嘛？神气什么！"

▲ 淮海战役新解放战士赵庆功向指导员请求任务

小刘火了，大声宣告："我是解放军战士，不能管你吗？"于是，两人争吵起来。

班长教育了他们一顿，然后向我报告。我去时，小刘有点委屈地说："他们不听我的话。"

我问："你们为什么不听他的话？"没人回答，过了好一会儿，还是小调皮开口了："长官，他同我们差不多，不过早来几天，就这么厉害，太不讲情面了。"

我说："你们同他不是差不多，而是根本不一样，他已经是解放军战士了，你们是吗？你们看，他头上戴的是解放军的帽子，手里拿的是缴获来的美国卡宾枪，你们有吗？"

这时他们都愣了，转眼凝视小刘头上的那顶崭新的解放军帽子，好像刚发现似的。

小调皮笑着说："长官，也给我一顶帽子吧，我也要当解放军。"其他几个俘虏兵也跟着嚷道：那就给我们发帽子吧！

我说："你们要当解放军当然欢迎，但要具备一个条件。"

"什么条件？"

我说："要当解放军必须懂得一个道理，要弄清楚为谁当兵，为谁打仗？我们解放军是穷人的队伍，你们大都是贫苦出身，只要经过诉苦教育就会明白这个道理，那时再给你们发帽子。"

小调皮又抢先说："我是个要饭的穷小子，够条件吧？"

几天后，他在一次忆苦会上，痛哭流涕地倾诉了自己在乞讨生活中受尽的种种磨难，并坚决要求参加解放军。

诉苦会后，发给他一顶新军帽，他高兴得跳了起来。

一根藤上　两个苦瓜

一个前沿连队，抓来几个俘虏，因当晚还要执行任务，就没有往后送，党支部决定分到班里开小型忆苦会，进行"就地溶化"。一个山东籍小赵分在一班，一班长小陈是山东解放区翻身农民，家中也有一本血泪账，是连里的诉苦典型，他想以苦引苦来启发小赵的阶级觉悟。他们3个人（还有一个参军战士）就在战壕掩体内开起忆苦会。班长先介绍了自己的参军情况，接着诉起了家庭的苦难史，说到伤心处，潸然泪下，引起小赵的共鸣，没等班长说完，他就迫不及待地倾吐了自己的苦水。他家4口人，没有地，父亲在地主家扛活，养活不了全家，后来他也到地主家放牛，母亲和妹妹仍吃不饱。有一次他把粮食偷拿回家，被地主发现，把他父子捆在树上，打得死去活来，地主儿子还放狗咬他。说到这里就呜咽起来。班长看到他腿上被狗咬的伤痕，悲愤交加，两人抱头痛哭。指导员闻声来

▲ 解放军在进行阶级教育中，某部召开诉苦大会

到掩体前坐下，问明了情况后，沉痛地说："你们是一根藤上的两个苦瓜，天下穷人是一家，解放军是为穷人打天下的……"又说："吐了苦水，还要挖苦根，地主的后台是国民党反动政府，只有打倒蒋介石才能彻底翻身。"

小赵听了指导员一席话，豁然开朗，他牙一咬，狠狠地说："我要参加解放军，打倒蒋介石。"还说："班长，今晚一定跟你去打仗，我地形熟，给你带路，再去解放那些穷兄弟。"

晚饭后，进行战斗准备，班长对小赵虽比较放心，但未经战斗考验，总有些顾虑，他对小赵说："战斗发起后，你要紧跟我，不要掉队。"并在他左臂上扎上白毛巾。

战斗开始，小赵还紧跟班长，但到冲击时，他一下子冲到班长前面去了，并最先抓到几个俘虏。因天黑，班长没有看见他，冲上去用枪对准他，喊："缴枪不杀！"

"班长，我是小赵。"

班长靠近一看，果然是他，还抓了几个俘虏，嘴里仍在嘟囔："只抓到3个，其余给跑了。"

第二天班长给小赵报了功，受到连里表扬，他情绪振奋，欣喜若狂，感到从来未有过的高兴，说："我真的回家了。"

不再为蒋介石卖命了

一天上午，某连炊事班长送来刚从包围圈跑出来的20多个蒋军士兵，我看他们情绪雀跃，便问炊事班长："连里是否做了什么工作？"

他笑着说："给他们吃了一顿饱饭，还开了一个控诉会。"

我问："什么控诉会？"

他滔滔不绝地说开了："昨天，我们连又开展了政治攻势，国民党兵跑过来不少。今早晨我和小王（解放战士）去前沿送饭，连长交代让他们吃顿饱饭。我把他们带回伙房，一面叫人做饭，一面对他们进行教育。我说：'你们弃暗投明，是死里逃生，包围圈还能维持多久，靠飞机投的粮食你争我夺，甚至互相残杀。当官的层层克扣军饷，当兵的一天喝不上一顿稀粥，看你们一个个面黄肌瘦，皮包骨头，再下去不是饿死就是冻死，白白为蒋介石卖命。我们解放军是人民的子弟兵，官兵平等……'我说到这里，在旁的小王忍不住插上了嘴：'我也是刚解放过来的，班长待我像亲兄弟，可是国民党部队当官的不把我们当人看，我在那里受尽了压迫，吃尽了苦头。我家里穷，种了一亩地交了租就不够吃，母亲有病不能劳动，妹妹还小，保长硬把我拉来当兵，我日夜想念母亲和妹妹，几次逃跑都被抓回来，打得皮开肉绽，最后一次被打得昏死过去，扔在野外，幸亏被几个老乡救回来。'说到这里，小王失声痛哭。他的控诉，激怒了大家，很多人表示道：'我们绝不再为蒋介石卖命了！'"

听完炊事班长的汇报，我连声称赞："这个控诉会时间虽短，但效果很好。你以包围圈的现实和小王的控诉揭露了国民党反动派的罪行，激发了对蒋介石的仇恨。你们见缝插针进行诉苦教育，应当受到表扬！"

他憨厚地笑了。

淮海战役结束时，一些被俘的蒋军军官看到我们部队中有许多穿灰色服装的士兵（解放战士仍穿着蒋军的灰色棉衣，只换了一顶帽子），十分惊奇：这不都是我们国民党的士兵吗？怎么都变成了解放军呢？真是不可思议……他们怎么能理解呢？只有在中国共产党领导下的人民军队，才能创造这样的奇迹。

（作者时任华东野战军第一纵队二师七团保卫股副股长）

决战淮海纪事

孙希诰

淮海战役中，华东野战军一纵队（今二十军），在城镇攻坚、正面阻击、追击合围狂逃的国民党军、野战村落攻击等战斗和迫使一个师的国民党军阵前投降的诸多任务中，都出色地完成了任务。

我作为战斗在第一线的一名老战士，对淮海战役的参战经历追忆如下。

急袭窑湾

中国人民解放军华东野战军与中原野战军，于 1948 年 11 月 6 日晚，向盘踞在徐州地区的刘峙集团发起进攻，揭开了淮海战役的序幕。

11 月 9 日 8 时，华野一纵刘飞副司令员让我三师跑步包围企图南逃的国民党军第六十三军，务于 12 日前全歼窑湾的国民党军。经过整整一天近百里的追击，终于当日傍晚将敌六十三军紧紧地包围于窑湾地区。

当时，我在一纵三师九团二营任卫生员，负责战地救护，背着 30 多斤重的药品和急救包，夜以继日地穿梭于各连阵地。

10 日拂晓，我团按师部命令，向窑湾外围攻击，仅仅经过一天激战，窑湾外围大部为解放军控制。

11 日下午 4 时 30 分，随着纵队副司令员刘飞一声令下，我一纵的大炮发言了：成百上千发炮弹向国民党军主阵地和军指挥所猛烈轰击。顿时，整个窑湾镇内硝烟弥漫，火光熊熊，国民党军构筑的临时工事连同原有的工事一起被摧毁，工事里的国民党军一个个被送上了西天。但是，也别小看了六十三军，这些"老广"军龄长，虽与我军交手不多，但在军阀混战中积累的作战经验丰富，加上凡是被人民解放军俘虏一律被处决的反动宣传，使他们不了解解放军的俘虏政策，所以他们仍然负隅顽抗，妄图固守待援。

　　我所在的九团前身是山东胶东军区西海军分区昌潍支队，1948年4月打完潍县战役后编到一纵三师，作战经验不足，但战斗精神无比高涨，指战员的胜利信念也无比强烈。我九团打进窑湾大东门和南大门后，积极向西南攻击被分割的国民党军第一五二师残部。人民解放军伤亡也较大，我随身携带的急救包全部用完，又将自己的被面撕成绷带，继续抢救伤员。

　　四连投入战斗后，在巷战中是逐屋争夺的。国民党军凭借着每一幢房屋顽强抵抗，战士们爬上屋顶，撬开房顶向下扔手榴弹，或上刺刀搜索前进。搜索到镇中心一座石桥时，听到桥下水中有响声，二营副营长张宝坤命令通讯员向桥下打几枪，不见动静，我持电筒向河中一照，见有几个国民党军在水中冻得发抖，让他们爬上岸来，经盘问桥下还有三四条木船，载着一五二师残部的50多名准备逃窜的国民党军。我们对着桥下喊话："你们跑不了啦，赶快放下武器，解放军宽待俘虏……"

　　片刻肃静后，一个颤抖的声音从桥下传来："我们愿意缴械投降，请不要开枪。"50多名国民党军上岸举手投降，在刺骨的寒夜里个个浑身发抖。一人从河里泅渡上岸，被冻得牙齿咯咯响，一句话也说不出来，眼看有冻死的可能。经请示在现场的指挥员允

▲ 华野某部战士把鞋子送给解放战士穿

许，我和一名卫生战士，将这名俘虏带到农舍里帮他用高粱秆点火烘干衣服，体现了人民解放军宽待俘虏的光荣传统。当这名俘虏兵穿上烤干的棉衣时，热泪盈眶，跪在我们面前久久不肯起来。

　　11月12日拂晓，在灿烂的霞光沐浴下，我一纵胜利结束窑湾战斗，歼灭了国民党军第六十三军两个师5个团共13700余人，其军长陈章被击毙。这次战斗，创造了解放战争以来，人民解放军应用急袭的战法以一个纵队歼灭国民党军一个军的战例，受到了华东野战军首长的通令嘉奖。

奇袭阎庄

淮海战役后期，人民解放军对杜聿明残部的包围圈越来越小。

阎庄是国民党军最后防御体系的一个重要支撑点。国民党军凭借密布的地堡群，垂死抵抗。1948 年 12 月 26 日，淮海大地风雪交加，天寒地冻，包围圈内粮弹两缺的蒋军，完全陷入饥寒交迫、朝不保夕的境地。这期间，《敦促杜聿明等投降书》对国民党军不停地广播，各种喊话劝降活动非常活跃，但阎庄国民党军很少投诚。

华野一纵九团二营奉命进攻阎庄。考虑到国民党军从前沿到纵深，构筑了堑壕和支撑点相结合的绵密工事，为了减少伤亡，我营在进攻前夜命四连以一路队形，静悄悄地插入国民党军阵地前沿，进行土工作业。战士们先挖卧式散兵坑，后挖立式散兵坑，而后相互连接，一夜间堑壕工事已修到国民党军阵地前沿。他们龟缩在地堡里未发现，天亮后，见到人民解放军阵地与其前沿如此相近，慌忙调整重机枪 9 挺封锁我突击口，并且不断地向我阵地放冷枪。

当夜幕降临，我四连同志们紧密协同，以小组迂回突然接近国民党军阵地，战士们像猛虎下山一样，以迅雷不及掩耳之势，以手榴弹、小包炸药突袭国民党军地堡和重机枪阵地，迅速打开缺口。

五连边打边组织，连续攻下阎庄正西的 4 个碉堡群。六连也同时由西北角突入庄内。四连从正东和东北方向直插国民党军的指挥中心。经过不到两个小时的战斗，终于全部攻占了国民党军防御体系的重要支撑点阎庄，歼敌一个连，缴获了大批武器弹药。

势如破竹 风扫残云

1949 年新年过后，中央军委命令淮海前线人民解放军，于 1 月 6 日下午 4 时，向杜聿明集团发起总攻。

罗河堤是杜聿明集团第五师和第七十师防御阵地的天然屏障，堤高 3 米，堤上堤下碉堡成林，战壕纵横。丁枣园和朱小庄位于罗河堤的南北两侧。华东野战军第一纵队三师七团、八团于 1 月 9 日下午 3 时，对朱小庄实施强攻，遭到国民党军反击，国民党军使用了新式武器——火焰喷射器，人民解放军伤亡较大。二师六团经过 3 个小时的激烈战斗，终于全部攻占了国民党军在罗河堤北的重要支撑点朱小庄。

午夜时分，我所在的九团，经过反复争夺，终于占了长约 200 米的堤坝，楔入了国民党军的主要防御阵地。我在沿着阵地战壕抢救伤员时，屁股上挨了一枪。一摸，没有出血，原来是我背着一床新缴获的美式军毯被子弹穿了一个洞，没有穿透我的棉裤，避免了皮肉之苦。这期间，我协助营部指导员陈力胜到国民党军阵地前广播《敦促杜聿明等投降书》。其后，夜间携枪来降的蒋军络绎不绝。

为了将敌人全歼，我三师一面施以军事压力，歼其一部；一面展开政治攻势，瓦解其军心。

9 日整整一夜，人民解放军阵地上喊话不断，喇叭筒里传出一声声呼喊：

"蒋军官兵弟兄们，你们已被彻底包围了，顽抗到底只有死路一条！"

"赶快投降吧！你们的妻子老小在家受苦受冻，你们却为富人打仗，值得吗？"

"蒋介石已经不管你们了，你们不被打死，也得饿死！"

……

一声声呼唤，慑人心魂。国民党军动摇了，不时有零星士兵偷偷跑到我方阵地上来，诉说几天没有吃东西了，将皮带、皮鞋煮着吃，老百姓种的麦苗也被吃光了。因此，国民党军投降的第一句话，就是要东西吃。

10 日凌晨，我三师七团宣教股长金乃坚遵照上级指示，去国民党军第五军四十五师一三三团劝降。这个所谓精锐师的残部包括四十五师师长崔贤文在内的 7000 余人，被迫向人民解放军投降。崔贤文顾不得面子，投降后的第一件事，就是伸手向人民解放军讨要馒头吃。

蒋介石的最后一支"王牌军"第五军，就这样狼狈不堪地全军覆没了。

兵败如山倒，杜聿明集团全线崩溃。我一纵刘飞副司令员、陈时夫副政委即命令各师："奋勇出击，大胆穿插，消灭残敌。"

于是，全纵各部队立即开展了大抓俘虏的竞赛。我九团号召所有的人员都要到战场上抓俘虏。

我手握手榴弹，孤胆冲入国民党军一个汽车阵地，俘虏 20 多名司机和官太太，还缴获一只微型相机和部分药品机械。我二营四连炊事班长姚进功到前沿阵地送早饭，未见到本连战士，却见到敌人到处窜，他灵机一动，舞着挑饭的扁担，大声吆喝：

▲ 1949 年 1 月 10 日，淮海战役结束。此为胜利后的陈官庄战场一角

"蒋军兄弟们，我这里有热馒头供应，跟我来吃吧！"国民党军一听有饭吃都跑到他这里来了，他一个人就抓了 100 多名俘虏。

震撼中外的淮海战役，从 1948 年 11 月 6 日发起至 1949 年 1 月 10 日结束，历时 66 天，这是难忘的 66 天！

文化教员王玉锦写的"血战罗河堤"一诗，是当时的写照：

罗河堤畔烽烟急，敌血溅满我战衣。

残敌垂死多挣扎，困兽犹斗不足奇。

激战一夜破敌阵，扫清残敌如卷席。

中原逐鹿终有果，淮海战场遍红旗。

（作者时任华东野战军第一纵队三师九团二营卫生员）

邱清泉的尸体是怎样找到的

陆 茨

1949年1月10日，淮海战役胜利结束。国民党军前线总指挥杜聿明很快被活捉，但其第二兵团中将司令官邱清泉却不见下落，生死不明，成了一大悬疑。

当时我在华东野战军第一纵队俘管处任副大队长，分管审俘工作。

审俘的主要任务是查明俘虏的身份，如职务、军衔等，特别查明其中的国民党军高级将领。

为此，我们从战役一开始，便收集国民党军师长以上将领的身世，如姓名、绰号、年龄、籍贯、

▲ 第二兵团司令官邱清泉

面貌特征、生活习惯、健康情况、家庭成员、作战特点、爱好和嗜好以及照片等。有的还写成简介或小传，以备在战场辨认、审查战俘时参考。

1949年1月6日总攻开始。9日下午3时，我纵三师七、八团和第二师，突破国民党军最后防线——罗河堤。杜聿明、邱清泉从陈官庄仓皇逃窜到第五军驻地陈庄。很快，一纵从北面，四纵从东北，像两把利刃直插陈庄，当晚消灭了国民党军第五军军部等。后杜聿明被四纵十一师卫生队俘虏，但邱清泉却不知去向。

从10日开始，一批又一批俘虏被押送到我们俘管处。我们组织认识邱清泉的国民党军战俘站在道口两侧，逐个审视，令其辨认出谁是邱清泉。我们又组织人员到各俘虏集中点反复巡视，还利用早操、体检等审查方式寻找，但还是找不到邱清泉。

早在淮海战役开始前，华东野战军敌工部门就下发了通报，指出邱清泉的形体特征是方脸，凹眼，塌鼻，上唇因汽车撞伤有寸许长疤一条（正中），人称"邱歪嘴"。又据国民党军第七十军军长邓军林、第五军四十五师师长崔贤文等称，9

日邱清泉仍在陈官庄第二兵团司令部。因此，我们断定邱不大可能遁出战场，非死必俘。再从邱的年龄看，即使混入士兵，被俘后也不会立即补充到连队。按处理俘虏规定，凡是蒋军军官应一律送交纵队俘管处，可是找了几天仍未见踪影，邱清泉究竟到哪里去了？

经研究，我们改为先查找跟随邱清泉直到最后时刻的侍从人员，以查明邱的去向。未几，从二师已补充到连队的俘虏中，找到了邱清泉的贴身卫士。他和邱的上校副官处长李某，同时在陈庄被我纵第二师俘虏。二师遂派保卫干事来到纵队俘管处查找李某。我很快从13000多战俘名单中找到了李某（名字已忘）。据李称：9日，人民解放军突入陈官庄时，邱清泉和他们逃到第五军驻地陈庄，惊魂未定，夜幕降临，陈庄又遭人民解放军猛攻，邱知道大势已去，非俘即死，但仍企图侥幸逃脱。黄昏过后，邱清泉命李某取来士兵军装，脱下将军服，换上灰布士兵服，对李某和卫士说："现在你们可到共军那里去了。"

卫士说："不是要活剥皮、抽人筋、挖眼睛吗？"

"那是过去骗你的！"

说罢，邱清泉挎上手榴弹，手提冲锋抢，快步出门，李与卫士紧随其后，来到陈庄北面村口。这时解放军密集火力封住去路，邱等立即卧倒。当时弹雨密集，枪炮轰鸣，邱紧张地扫视战场，观察双方火力，想寻找解放军接合部位，以便从中穿插溜走。很快，他说了声"我们走"，便向西北方向匍匐摸进，瞬息间消失在夜幕中。当时解放军炮火非常猛烈，李某和卫士不敢冒死跟进，从此遂与邱清泉分手。

李某所述，与卫士供述相符。

这时，我纵随军记者徐光听到消息，遂"请命"采访（他在孟良崮战役中，曾拍摄了张灵甫毙命的照片）。徐光来到了二师师部驻地单庄，由保卫科长包可悦安排保卫干事及几名战士，带着邱清泉的上校副官李某和卫士，一并骑

▲ 被击毙的国民党军第二兵团司令官邱清泉，华野一纵予以收殓。立墓于安徽省萧县王汉集乡单庄北三座楼东 300 米处

马到陈庄。在邱与李某、卫士分手处，沿着邱匍匐的西北方向搜索。当时战役结束已几天，战场已经打扫完毕，全部国民党军士兵尸体已掩埋，徐光等只好请群众帮助，逐个挖出国民党军士兵尸体检验。终于在萧县大屯区单庄西北约三里处的张庙堂附近，挖到了邱清泉的尸体。解开军服，邱的胸腹部连中七弹。徐光当即拍下了邱清泉毙命的照片。

邱清泉的尸体由民工抬至二师。经国民党军第二兵团军长、师长等分别辨认，确是邱清泉无误，包可悦请示二师政委张文碧后，给邱换上将军服，殓棺埋葬。这一消息连同邱清泉毙命的照片，在山东《大众日报》上公布，并通知邱的家属前来领尸。后来邱的遗骸被运回乐清安葬。

（作者时任华东野战军第一纵队俘管处副大队长）

淮海战役中我与死神擦肩而过

张　斌

徐州地处中原，古称彭城，是我国历史文化名城，是五省通衢的军事重镇、历代兵家必争之地。在 4000 余年的历史长河中，发生在徐州的战事，较大规模的就有 400 余起。

1948 年 11 月 6 日至 1949 年 1 月 10 日，解放军在以徐州为中心，东起海州，西至商丘，北自临城，南达淮河的广大地区，进行了伟大的淮海战略决战。我当时在华东野战军第二纵队七十四师五十八团任营教导员。

那是 1948 年 10 月下旬，华东野战军第二纵队奉命渡过不老河，开赴徐州东，部署在大许家、小许家、大王庄、小王庄、叶海子、曹八集等地负责阻击增援被围在碾庄的黄百韬兵团的邱清泉兵团、李弥兵团。国民党军在飞机、坦克和重炮的掩护、配合下连续猛攻人民解放军十个昼夜，战斗打得异常激烈。村庄被打成残墙断壁，烧成一片火海，村里人员无法立足。经反复争夺，解放军仍然固守阵地。国民党部队派系很多，作战都是齐头并进，谁也不愿意前出。解放军顽强扼守，英勇战斗，将国民党军阻击在距碾庄 50 里外的大许家一带。其先头部队距碾庄只有 40 余里，却不能前进一步，眼看着黄百韬兵团被歼灭。

淮海战役第二阶段是歼灭黄维兵团，我师是担负歼灭被包围在双堆集的黄维兵团的主攻师，我所在的营是师里第一突击团的第一突击营。国民党军做防御工事挖

▲ 华野二纵某部突击队在攻击陈官庄南部关王庙时冲锋之情形

战壕，我们也挖战壕，搞对壕作业。战壕一直挖到距离国民党军战壕对面很近的地方，以达到进攻的突然性。一天晚上摸到国民党军战壕跟前抵近侦察，国民党军就乱打枪，子弹打进我的棉衣口袋里，我也不知道。回来一摸兜，我说这口袋里怎么还有弹头呢？对壕作业之后，就准备发起总攻了。

突击营的任务就是要第一个冲上去，把国民党军的防御突破、撕开。这个时候也是国民党军火力最猛烈、抵抗最顽强也是最危险的时候。总攻前，组织了爆破组、突击组、支援组。爆破组是干什么呢？国民党军阵地前的壕沟很宽、很深，人过不去，爆破组一人一包炸药，先上第一包，然后趁着烟雾再上第二包，一直把壕沟炸得较为平坦，才能为部队的通过做好充足的准备。爆破组之后，是突击组，就是沿着爆破出来的道路冲上去。支援组就是掩护爆破组和突击组，有机关枪和大炮等火力。这3个组，编成1个战斗队，这叫三组一队。当时我们依照这个办法编成了多个战斗队，在进攻时把国民党军的地堡和工事摧毁，把壕沟炸塌。

突击一开始，我带领七连和八连为第一梯队。在我身边牺牲的有3个人，第一个是八连连长，他就在我身边，战壕里国民党军的火焰喷射器一下子喷到他身上，全身都是火，无法扑灭，最后牺牲了。后面的救护队将他抬了下去。第二个是我的通讯班长叫王玉田，在进攻中他拿着枪掩护我观察地形，就在我的右边，被国民党军发现了，他们没打到我，却一枪打中他头部。第三个是机枪手邢献良，是个大个子，子弹打没了，就抓起一把铁锹连劈死两个国民党军士兵，也不幸中弹牺牲。他们没留下一句话就牺牲了，太年轻了，还没来得及报答父母的养育之恩就走了。特别怀念这些同生死共患难的战友！当时没办法，我要继续指挥部队战斗，只能化悲痛为力量。

我带着突击队，将国民党军的防御阵地突破，撕开了口子，国民党军支持不住了，就撤退。这个时候，我们就紧紧跟着国民党军，使其炮火无法支援，如果他们要支援的话，就有可能打到他们自己的部队。当我们咬住国民党军跟进村庄之后，再经反复争夺才把村庄里面的国民党军消灭。而我的好战友、七连的指导员也在进村时被手榴弹击中牺牲。战后才知，在村内被歼灭的竟是黄维兵团里边的"英雄团"。在缴获的该团团长的日记中看到："英雄打老虎，老虎没打倒，反被老虎咬。"他把我们比做老虎。这个英雄团是徒有虚名啊！

在这次战斗中我也双腿负重伤，子弹从左腿左边打进去，右腿穿出来，膑骨被打碎，神经也断了一半。左侧太阳穴也被弹片击中，昏迷后，被救护队抬了下去。因为那时候伤员很多，是华野和中野并肩作战，华野部队的医院收不下了，将我送进了中野的医院，中野又将我转到河南商丘。华野登记的同志以为我牺牲了，就将我列入阵亡名单。但在商丘经过抢救和治疗，我又逐渐恢复神志。当时医疗条件差，而且骨头受伤不容易好，并且触及到了神经，右腿的半月板也被打碎，后来做了摘除手术。当时真的是疼痛难忍，伤口像火烧的一样，有好几个月都不能碰，一碰就钻心地疼，后来就想办法用铁丝做了一个罩子罩住这条腿。我现在属二等甲级残废军人。

有个副连长姓王，我们是生死之交。在国民党军的一次炮火准备中，听到呼啸而至的炮弹，判断落点会很近，他不顾一切地将我压在身下，炮弹爆炸掀起的碎石和黄土将我们一起埋在下面，双耳被震得嗡嗡直响，侥幸没有负伤。我非常怀念王连长危险的时候一跃而起、挺身而出，将生死置之度外的革命精神和深厚的战友情谊。新中国成立后一直在寻找他，但没办法找到。因为那时战斗频繁，干部调整快，随时面临牺牲的危险。

2005 年，在驻徐州部队第十二集团军副军长付饴等同志的热情接待下，我来到了古城徐州，参观了于 1965 年建设在徐州的淮海战役纪念馆。

在淮海战役烈士纪念塔回廊的墙壁上，我看到了在战役中牺牲的 3 万余名烈士的名字。抚摸着烈士纪念碑，仿佛又看到了当年冲天的火光，闻到了弥漫的硝烟，听到了震耳欲聋的爆炸声，想到了共同浴血奋战的战友，我们披肝沥胆，戎马一生，无怨无悔。许多战友，牺牲的牺牲，负伤的负伤，后来很多都失去了联系，我一直很想念他们，更怀念他们。没有过去那么多的战友在一块并肩作战、共同奋斗，哪能打赢战争啊。这种生命的无私奉献，奠定了中国革命胜利的坚实基础。

在徐州还找到了当年负伤时住过的医院，现在是解放军第九十七医院。

回望硝烟，感慨万千；怀念战友，思绪万千；烈士英灵，铸就忠魂；壮丽山河，鲜血浇灌；祖国明天，日新月异；依法治国，地久天长；人民生活，幸福安康。

（作者时任华东野战军第二纵队七十四师五十八团三营教导员）

光辉的郭楼守备战

胡奇坤

1948 年 11 月 30 日，杜聿明率前进指挥部和邱清泉、李弥、孙元良兵团放弃徐州向永城方向撤逃，华东野战军以 11 个纵队及冀鲁豫军区部队，分别采取平行追击、迂回追击和尾追的战法，经过 4 昼夜勇猛神速的追击，于 12 月 4 日，终于把杜聿明集团堵截住，把几十万国民党军统统包围在永城北青龙集、陈官庄的狭小地域内。杜聿明被围困后，千方百计企图突围逃跑。12 月 6 日突围失败，孙元良兵团被歼灭后，杜聿明集团又集中坦克、火炮和优势兵力，在飞机掩护下发起多次猛烈攻击，妄图打开一个缺口，死里逃生。针对人民解放军"三面突击、一面阻击"的战法，杜聿明集团采取了"三面（东、西、北）掩护，一面（南面）攻击"的战法，始终把攻击矛头指向南面和西面。负责指挥南线几个纵队作战的苏北兵团司令员韦国清同志在淮海战役回忆文章中写道：当时华东野战军首长在电话里指示说："要顶住敌人的攻势，一定要守住南线，尤其是二纵这个方位，是敌人突击的重点，一定要加强，不管敌人来多少，一定要阻住，这对全歼杜聿明集团和黄维兵团，都极为重要。"

第二纵队为了坚决阻击国民党军南窜，采取了两线配置，六师的第一线阵地就是郭楼，坚守郭楼的就是李光军所指挥的第六师十七团。郭楼距离杜聿明总部陈官庄仅 4 华里，是阻击其南逃的要冲，也是国民党军进攻的主要目标。华东野战军首长粟裕代司令员直接打电话给六师师长吴华夺，命令守备部队说："你们的阵地一定要寸土必争，不准后退一步。"一天晚上，六师首长下达命令，十七团接替十八团守备郭楼，同时也传达了华东野战军首长对这次守备战的要求。师首长还命令，十六团在郭楼左后方圩上和郭楼到杨庄的交通壕内建立侧防阵地，十八团在郭楼到孙庄的交通壕里，随时准备支援十七团的战斗。

李光军接受任务之后，一方面对上级把这一个重大任务交给十七团感到光荣，同时也感到身上肩负担子的艰巨，他坚决地表示：一定要完成这个光荣任务。随即与政委章震、副团长吴大奎、政治处主任肖潮、副参谋长马友里仔细认真地研究了双方情势，当即确定从政治上对部队进行深入的战前动员，在此基础上，定下了防御决心：全团组成两个梯队，以第二营配属团警卫连为第一梯队坚守郭楼阵地；以一、三营为团的预备队，配置在村南附近的交通壕内，坚决阻击国民党军向南突围。

自从杜聿明集团被人民解放军包围以来，人民解放军边打仗边抢修工事，这时，我已筑成支撑点与纵横交错的堑壕、交通壕相连接的坚固的环形阵地了。郭楼的阵地更加完整，在主要方向上设置了三道鹿砦，还构筑了防坦克壕。守备的第一梯队二营进入阵地时，团长李光军、二营营长孙玉水等团、营首长，带领各连连长现场区分任务，将阵地编成一至七号。以团警卫连防守一、二号阵地；五连配属重机枪一个排防守三、四号阵地；四连配属重机枪一个排防守五至七号阵地，六连位于村中为营预备队。在火力上，除了苏北兵团、纵队集中了几十门榴弹炮、火炮、轻重迫击炮，组成了两个大的火力群支援外，守备部队以现有火器组成三道火网：六〇迫击炮配置在村内，打击冲击出发阵地和运动中的国民党军；轻重机关枪在前沿组成交叉火网，消灭冲击的国民党军；防守前沿的分队以步枪、冲锋枪、手榴弹、小包炸药消灭冲到解放军阵地前沿的国民党军。各反坦克小组配备充足的燃烧手榴弹、小包炸药等反坦克火器，打击敌人的坦克。

13日上午，国民党军在猛攻右邻阵地李楼的同时，邱清泉兵团七十军九十六师二八八团利用夜暗推进到解放军前沿约200米处，构筑冲击出发阵地。下午2时，国民党军先以飞机10余架次，后集中炮火向郭楼阵地轰炸急袭约20分钟。我守备分队除留观察员外，人员、武器全部进入掩蔽部，待国民党军火力转移时，又全部占领阵地。此时，国民党军的坦克把我三、四、五号阵地前沿的鹿砦轧开了几道很宽的通路，接着约两个营的步兵分头发起冲击。人民解放军各种火器同时开火，给国民党军以重大杀伤，二营指挥员判明敌人主要攻击方向是我三至五号阵地，企图从中央突破，分割我整个防御阵地，随即命令六连向前靠拢准备反击。经过激烈的战斗，将其压制在前沿前不能前进。国民党军二八八团冲击失败后，重新组织进攻，以坦克为前导，步兵跟在后面，向我三、四号阵地冲击。坦克进到我三、四号阵地，将三号阵地的堑壕大部压毁，步兵也跟进到我前沿10余米处，我五连随即以燃烧弹打他们的坦克，以手榴弹、小包炸药大量杀伤其步兵，敌人死伤累累。由于国民党军在坦克掩护下一批又一批地连续冲击，我坚守三、四号阵地的五连二排也伤亡较大，五连指挥员命令二排四班长李长源统一指挥，他及时调整组织，将步兵班和机枪班合编，明确分配每个人的具体任务，阵地上部署得井井有条，终于打退敌人多次连续进攻，守住了阵地。

下午 5 时，国民党军第二八七团由李门庄出发，向我军阵地发起第二次进攻，主要攻击方向指向五号阵地四连一排。敌军首先进行了 10 分钟的炮火袭击，在炮火急袭中，敌军官强迫士兵向我五号阵地一个地堡上放置了炸药包，在炮火转移时引爆了炸药包，坦克引导步兵乘势冲上来。迫近时，敌人又投掷了一排燃烧弹，引爆了阵地内的一包炸药，使五号阵地上遍地起火，我军守备战士身上大部分着火，国民党军 30 余人突入阵地。正在这紧张的时刻，二营营长孙玉水来到四连指挥反击。四连连长张芳林下令八班以火力掩护，亲自率领二班冲击过去，一举将国民党军击退，恢复了阵地。二营指战员以英勇顽强的精神打退了国民党军的实际行动，响应了上级首长提出的"寸土必争"、"不后退一步"的号召。

国民党军败逃回冲击出发阵地后，我守备各分队抓紧时间调整组织、加修工事。下午时，敌军又突然进行猛烈的炮火袭击，其步兵已经趁机偷摸到阵地前面。坚守七号阵地的五连四班发现他们时，他们已突入阵地 30 多人，第四班顽强抗击。五连指挥员命令五班进行阵前出击。五班进到敌人侧后突然开火，将其大部分打死打伤，少数溃逃。四号阵地也受到敌人炮火猛烈袭击，人员伤亡较大，仅余下战士童得云。他在友邻火力支援下，孤身奋战，左打右击，两面开弓，将国民党军打退。钢铁团队就有这样的钢铁战士，在众多的国民党军蜂拥而来时，他一个人毫不畏惧，不后退一步，勇于和敌人死打硬拼，打得敌人死的死，伤的伤，逃的逃，国民党军第三次、第四次进攻又失败了，而我们的英雄仍屹立在阵地上。

十七团二营一天中打退国民党军 4 次进攻，自己也有很大伤亡，李光军团长考虑到双方的情况，为粉碎对方更疯狂的进攻，决定立即调整部署，命令三营进入一线阵地，加强守备力量。14 日，国民党军向郭楼发动了更大规模的进攻，我军二营在左，三营在右，互相配合，互相支援，连续打退了其 4 次疯狂进攻，打得敌人遗尸弃械，狼狈逃窜，郭楼在我十七团健儿顽强守备下岿然不动。

纵队司令员滕海清曾在淮海战役回忆文章中称赞道：守备郭楼的部队打得英勇顽强。十七团四连在连续打退敌人 3 次猛攻后，有 20 多人带伤坚持战斗。十七团七连，协同友邻在炮火支持下，连续打垮国民党军 4 次坦克引导步兵的冲击，坚守阵地六个半小时，解放军伤亡 25 人，歼灭国民党军 500 余人。七连一排在连续打退敌军多次冲锋后，伤亡很大，排长、副排长也都身负重伤。张自立奉命代理排长，继续指挥战斗。这时，他的头部已被弹片击中，鲜血直流，但他仍坚强地高喊："同志们，坦克车不可怕，它不敢来捉人，瞄准好打后面的步兵。"同志们在他的英勇顽强的战斗作风带领下，打退了敌人的第二次进攻。国民党军第三次冲锋开始后，张自立的腿又被弹片击中站不起来，他就躺在交通沟里用双手爬去指挥战斗。连长看他伤势严重坚决叫他下去，而他却说："连长请放心，我还有手和敌人拼，有嘴可以指挥。"一直坚持到战斗胜利。战后，他被纵队首长批准为"郭楼守备战中的特等功臣"，获得了"华东二级人民英雄"的光荣称号。

战地出版的华野二纵的报纸《拂晓新闻》上连续报道了郭楼守备的胜利消息，第一篇报道说："12 月 13 日下午 2 时，陷入重围的邱清泉兵团第七十军主力九十六师二八八团等部，在坦克掩护下，从西北、正北、东北三面向解放军李（光军）、章（震）团郭楼阵地猛犯，我守备部队发扬以往历次守备战的顽强精神，在重炮、山炮及各友邻部队的火力支援下，沉着应战，击退敌人 4 次集团冲锋，给予国民党军重大杀伤，始终坚守阵地，该敌溃退时，遗尸三四百具。敌人 4 次攻击中，有一次国民党军坦克已冲入人民解放军阵地前鹿砦内，但在解放军各种炮

▲ 华野二纵开进之情形

火猛轰的时候，坦克仓皇回窜，轧死他们自己很多步兵。"

12月16日，《拂晓新闻》还出版了专刊，报道了14日我再次打退国民党军进攻的胜利消息。大字标题是："顽强守住阵地，不让一个敌人逃脱，向坚守郭楼阵地的十七团、十二团学习，向勇猛出击的十八团学习！"报道说："十七团继13日击退敌人主力九十六师二八八团向郭楼阵地猛攻之后，又于14日上午11时，在我十二团的积极有力的配合下，再次粉碎敌人向郭楼的疯狂进攻，使敌人在7辆坦克掩护下的4次进攻，均被我击退，敌人溃逃时遗尸累累。"

在邱清泉兵团中号称"战将"的七十军军长邓军林曾乘坦克进到郭楼阵地的鹿砦内，强令部下连续冲击，但一次一次被解放军打得遗尸遍野，枪丢满地，人民解放军的战士仍屹立在郭楼阵地上。邓军林当了俘虏后说："郭楼惨败，我完全丧失了打出包围圈的信心。"杜聿明想通过"滚筒"战术和黄维兵团会师，碰上了铁桩，再也滚不动了。

这一期《拂晓新闻》上还刊登了华野第二纵队司令员滕海清、政治委员康志强、副司令员朱绍清、政治部主任邓逸凡联名致十七团团长李光军、政治委员章震等的嘉勉信。全文如下：

"李团长、章政委、吴副团长、肖主任、马副参谋长：你们坚守郭楼阵地，连续粉碎了敌人数次妄想突围的企图，给予敌人主力七十军九十六师极大杀伤，表现了英勇顽强的战斗精神，使敌人士气更加低落，造成了全歼敌人更有利的条件。你们继李村守备战之后，再次创造了英勇顽强的守备范例，殊堪嘉勉，除令《拂晓报》表扬外，特函致慰，并望继续努力，克服一切困难，忍受一切疲劳，坚

▲ 华野二纵将国民党军俘虏押往后方

决完成堵敌任务，为全歼邱（清泉）李（弥）兵团而奋斗！"

在震惊中外的伟大的淮海战役中，二纵六师十七团在二纵各师部队的坚强支援及其他兄弟部队的配合下，以坚守郭楼的光辉胜利，为全歼杜聿明集团、取得战役全胜作出了应有的贡献。

淮海战役的胜利，为人民解放军胜利渡江，解放南京、上海铺平了道路，敲响了蒋家王朝反动统治的丧钟。

（作者时任华东野战军第二纵队六师十六团宣传干事兼团报主编）

南追北堵　千里奔波

——回忆参加淮海战役的战斗历程

江修惠

济南战役之后，华东野战军第二纵队转移到鲁南蛟龙湾地区，准备参加即将发起的淮海战役。首先，在部队干部中传达了华野党委在曲阜召开的师以上干部会议的精神。其次，学习毛主席最近发出的指示："军队向前进，生产长一寸，加强纪律性，革命无不胜！"让全体指战员明白，以后战争规模会越来越大，大兵团作战加强纪律、统一步调的重要性。

我当时在纵队政工大队工作。战前，纵队政治部领导决定，从政工大队中选择一些年轻的干部，到基层、到作战第一线去工作，我被分配到四师十一团，先在团政治处，协助编了几期《铁锤子》报（团报），后在战役发起前10天左右，被任命为五连副指导员。

到了连队，指导员李成新同志热情地接待了我，向我详细介绍了连队各方面的情况。全连的同志都在紧张地进行临战训练和战前的各项准备工作。根据指导员的意见，我马上要做的是协助做好战前思想动员，并对战时的宣传鼓动作些具体准备。我先找几个党小组长了解党员和骨干的思想情况，同几个入伍不久、不愿意远离家乡去打仗的新战士，逐个谈心，让他们解除顾虑，认清当前的大好形势，鼓起"打倒蒋介石，解放全中国"的胜利信心，并根据这几个人的具体情况，指定几个党员同他们结成思想、体力互助的对子。选择连队几个活跃分子，组成宣传鼓动小组，在行军和作战中，采取各种形式随时开展宣传、鼓动。根据以往的经验，还研究在各种时机开展活动的内容和形式，编了一些快板、口号，还自己动手做了几件宣传鼓动中需要使用的工具。

一

1948年11月6日，淮海大决战打响了！

　　战役的第一阶段任务是歼灭黄百韬兵团。黄兵团当时驻扎在陇海路东段地区，战役发起后，很快就被华东野战军分割包围在碾庄、曹八集地区。蒋介石即令驻在徐州的邱清泉、李弥兵团东进援救。上级命令华野第二纵队向徐州东南侧击前进，以阻止邱兵团从南面迂回增援。我们四师十一团，在急行军中，同国民党军第四十七军的一个先头连遭遇，经过十几分钟的战斗，就吃掉了这个连。后来四师又奉命向邱清泉兵团侧后展开进攻。我们十一团在攻击魏家河作战中，歼灭国民党军 500 余人。我们五连也抓了几十名俘虏。在准备继续向前攻击前进时，情况发生了变化，当面的国民党军好像换了部队，大炮、飞机向人民解放军阵地狂轰滥炸，坦克也上来了，步兵跟在后面。这是我第一次面对国民党军的坦克，这家伙冲着我们直闯过来，车上的炮和机枪一齐开火，一时还真有点紧张。战前虽然进行过打坦克训练，实战中用起来并不得手，投了几次集束手榴弹，都无效，只好把坦克放过去，打后面的步兵。步兵被打退了，坦克又调过头往回开，看来，坦克虽然厉害，但它不能独立作战。夜间，我们又转移阵地。第二天，向另一股国民党军进攻，消灭他们几百人。连续几天战斗，我们连也伤亡了七八名战士，而最大的损失是我们的指导员李成新同志牺牲了！当时是在一个战斗间隙，我安排两名伤员向后方转移后，回到前沿，正在同一排长说话的李指导员看见我后便向我走来，就在离我三四米的地方，突然从对面打来两发冷枪，指导员身子一歪倒在堑壕里。我知道他中弹了，赶快跑过去，同时大声呼唤卫生员。卫生员过来撕开指导员的棉衣，发现子弹打中胸部。我催卫生员赶快包扎，卫生员一手攥着指导员的手腕，一手按在指导员的胸部，过了一会，摇摇头说："打中要害了，心脏已停止跳动！"我让一排长去报告在阵地那头的连长。连长跑过来，蹲下身子，查看一下伤口，在指导员的脸上抚摸了一下，深深地叹了一口气，站起来对我说："把老李的衣服穿好，叫担架来抬下去，我向营里报告。"我随担架送了指导员一段，随即意识到李指导员牺牲了，连队就剩我一个政治干部了，身上的担子更重了……又转身返回阵地。

　　李指导员牺牲了！我的心里空荡荡的。我和李成新同志结识虽然只有半个多月，但是血与火的战争生活，能使人与人之间很快地亲近起来。他是抗日战争时期入伍的老同志，有丰富的带兵作战和连队政治工作经验。他真诚待人，我下连队的这些日子，他一直在生活上关心我、照顾我，工作上指点我、帮助我。所以，尽管相处时间很短，在心里他已经成为我的老师和依靠。同他在一起战斗、工作总感到踏实。而在战役刚开始，他却突然地离去了，我的心里除了有丧失战友的悲痛之外，还对以后如何做好连队的政治工作心里没底，盼望上级再派一位有经验的指导员来。可是在这次战斗之后，营教导员石悟同志到我们连，把我和连长叫到一起，说上级还不能马上派指导员来，连队的政治工作就由我负责，李成新同志原来是党支部书记，现在由我来接替，连长集中精力组织指挥连队作战。

由于我们有效地阻挡住邱清泉的东援，黄百韬兵团被华东野战军全部歼灭，战役的第一阶段任务胜利完成。

二

战役第二阶段的任务是歼灭黄维兵团，这个任务主要由中原野战军担任（华野有部分步兵和炮兵参加）。

在黄百韬兵团被人民解放军包围的时候，蒋介石命令黄维兵团北上策应，后又命令李延年、刘汝明兵团从蚌埠地区北进，配合黄维向北进攻。此时，上级命令华野二纵队迅速南下，协同兄弟部队，切断李、刘两兵团与黄维的联系，并部分歼灭李、刘兵团的兵力。于是，我们从徐州东南地区，每天以百里的速度急行军往南，跑了两三天，在同刘汝明部队交火时，国民党军就迅速后撤，我们师占领了津浦路上的固镇，并渡过浍河继续追击。在到达漴河北岸时，逃跑的国民党军过河之后，就把他们架设的船桥放火烧了。师命令我们十一团涉水过河。漴河大约有200米宽，水深及腰。因为过河后还要继续追击，为便于跑路，我和连长商量决定，每个人都把棉裤脱下搭在肩上，过河后再穿上。全连人员按要求下水过河。那时已是11月底，河水冰冷彻骨。水深处到腰部以上，小个子棉衣都湿了一截子。过了河，大家赶紧把棉裤套上，只听人群里都叫唤："真暖和！真暖和！"大家整理好装备又迅速追击前进！

天亮了，国民党军的飞机就来空袭，在我们头上投弹、扫射，以迟滞我们的行动，掩护其部队南逃。固镇以南一马平川，地面无遮无挡，空袭对我们构成很大的威胁。为了抓住逃跑的国民党军，上级命令我们不惜一切代价，把其拦截在淮河以北。由于我们紧追不舍，国民党军又在不断加强空中的力量。后来，在我们头上还出现了几架"五个头"（实际上是四引擎）的重型轰炸机，投下了重磅炸弹。有一次，一颗大炸弹就落在我的近处，我赶紧趴下，炸飞起的土块纷纷落在我的身上，身下地面好像也在起伏，我的胸部感到一阵挤压的疼痛。国民党军飞机飞走后，文书和通讯员赶快跑过来，扒掉我身上的泥土，把我拉起来，一边问我负伤了没有，一边在我身上查看了一遍。我说没事，就是胸部震得有点疼，咱们快点赶队伍去吧。

国民党军逃得很快，除一小部分被我们歼灭在淮河以北，大部队迅速撤到淮河以南，并随即炸断了淮河铁桥。

就在我们阻击刘、李兵团的时候，黄维兵团已在双堆集地区被中原野战军围住。我们把刘汝明、李延年兵团赶过了淮河，使黄维兵团处于孤立无援的境地，最后全部被歼灭，兵团司令黄维被活捉，淮海战役第二阶段任务胜利完成。

三

我们在把国民党军赶过淮河之后，本想休息一下，可是歇了不到两天，又来了命令，要我们迅速北上，说徐州的国民党军在向南逃跑，要我们去堵住不让他们跑掉。于是，我们又昼夜兼程往北赶。现在往北比前些天往南要求得还急，说慢了杜聿明集团就跑掉了。急行军途中，只有吃饭那一会能歇歇脚，有的人嘴里含着饭就打盹了。战争生活中，有时困乏比饥饿更难熬！有的人走着路就迷糊了，前面走，后面跟，两条腿本能地倒换着往前迈，有时，前面遇到障碍，队伍突然停下，后面那些边走边打瞌睡的人，就一个接一个地撞到前面人的背包上。就这么不要命地急赶了三四天，还真是把国民党军堵住了。我们团在一处叫魏小窑的地方，同南逃的国民党军接上火。打了一夜，虽然伤亡较大（我们连队就伤亡了八九名战士），还是把国民党军打回去了。据后来通报知道，我们兄弟部队六师十七团在郭楼与国民党军进行了激烈的战斗。郭楼是国民党军南逃的一个重要通道，所以，他们集中重兵，反复突击，最终还是在我军的顽强阻击下，没能打开逃跑的通道。华野二纵完成了堵住杜聿明集团南逃的任务。随后，华野各部从四面八方涌上来，把杜集团的30多万人马团团包围在河南永城的陈官庄地区。

按照当时的形势，只要毛主席一声令下，吃掉已成瓮中之鳖的这部分国民党军，是不成问题的。没想到此时军委却来了命令，让部队就地休整，暂不攻击。这出人意料的命令，我们在不太理解的同时，又感到很高兴。因为战役发起一个多月以来，每天都在行军打仗，没睡过一个囫囵觉。现在这战役目标中最后一部分国民党军，已被人民解放军重重围住，暂时不用东奔西跑了。在解放区人民的大力支援下，生活也有了改善。每个人还把掩蔽的掩体拓展了一下，铺上点麦草，夜间可以舒服地睡一觉。

根据上级指示，在发起对国民党军总攻之前，要大力开展宣传攻势，瓦解他们士气。我们调整加强了瓦解小组，并把堑壕向前开掘到离国民党军阵地 100 多米的地方。开始主要是喊话和投送传单。除团里《铁锤子》报社编印的传单发给连队之外，我还同文书一起又编写了一些宣传材料，内容大体是揭露国民党、蒋介石发动的反革命内战，遭到全国人民的反对，已

▲ 解放军战士们在战壕里以草御寒

面临彻底失败的命运。向他们说明：淮海战役发起以来，黄百韬、黄维两个兵团已经被解放军彻底消灭了，杜聿明带着你们这二十几万人，已在解放军的重重包围之中，外面又没人来救你们，你们除缴械投降别无出路；你们那么多人只靠飞机空投粮食，连当官的都不够吃的，你们当兵的吃什么？好好想想吧，替国民党蒋介石卖命值得吗……周围安静的时候，就以这些内容用话筒对着国民党军阵地喊话，或者把这些内容写成小传单，用自制的弓箭、弹弓把传单发射到国民党军的阵地前，并告诉国民党军士兵，让他们乘军官不在时，拣回去看看，那上面的话给他们指出了光明大道。开头两天没动静，几天后的一个晚上，有一名国民党军士兵跑了过来。据他说，是因为说话冒犯了连长，被打了一顿。他想，同连长结了怨，不会有好下场，投到解放军这里就不用担心他报复了。这个投诚的士兵，经过我们教育，他愿意向对面阵地上原来连队的人喊话，把他到解放军这里受到优待的情况讲给他们听。他的话还真见效，第二天晚上又有一个同他沾点亲戚的老乡也跑了过来。我们的做法，还受到营里的表扬。

杜聿明集团被人民解放军四面包围，与外界断绝了一切地面联系，而且包围圈越缩越小，30 多万人马，就靠飞机空投一点粮食，远远不够吃，到后来不少士兵一天只能吃一顿饭，还不管饱。开始时空投都用降落伞，有时因风大，空投的

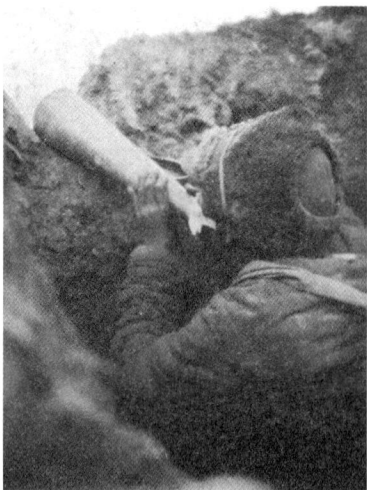

▲ 解放军战士向国民党军开展政治
攻势：喊话

物资便会落到人民解放军的阵地上。而不用降落伞投粮食，麻袋摔破后，粮食便撒在空投场的地上。有些饿急了的士兵就把裤子脱下来，把撒在地上的粮食往裤管里装，靠近的单位甚至有组织地派人来抢粮，国民党军指挥机关派兵来维护秩序，最后竟然开枪镇压。吃饭问题成了被围困国民党军的大问题。

根据这样的形势，我们瓦解国民党军就围绕吃饭来做文章。因为此时，一个馒头对于饥饿的士兵，往往比一篇喊话更有感召力和吸引力。于是，我们就在晚上摆上一筐馒头在阵地前，"瓦敌小组"几个人一起大声吆喝："这里有馒头，肚子饿的人可以过来拿，我们保证不开枪！"到夜深时，真有人摸到我们阵地前来拿馒头，有的人拿上几个馒头就往回跑，有的人抓到馒头还坐在筐子边上吃。我们问他："拿到馒头为什么还不跑回去？"他说："腿都饿软了。吃两个垫垫，才有劲跑。"说了这话以后，他犹豫一下又问："我不回去了，投降解放军行不行？"我们说："好呀！欢迎你弃暗投明，参加解放军！"就这样，几个馒头换来一个人！

战地休整，除时时作好进攻准备，并运用各种办法瓦解国民党军之外，还在阵地上迎来了辉煌的1949年！在战地过的这个欢乐的新年，令人终生难忘。后来我把过新年的情景，写成一篇散文，题为《大决战中过新年》，先后被多家报刊发表，并被收入《新中国军事文艺大系·散文卷》。

1949年1月6日晚，我们终于接到了对杜聿明集团发起总攻击的命令。我们连队随全团大约七八点钟投入战斗，大家经过20多天休整，憋足了劲，一出动如猛虎下山，直扑国民党军。先后在李明庄、李康楼、刘集等地同国民党军战斗，没费多大劲就把他们打垮了。10日上午，各路部队从四面八方都向着杜聿明总部所在地陈官庄进攻，将近中午，杜聿明集团被人民解放军全部歼灭。

淮海战役历时66天，人民解放军共歼灭国民党军55.5万余人，创造了战争史上奇迹的淮海大决战胜利结束！

（作者时任华东野战军第二纵队四师十一团五连副指导员）

淮海大战胜利歌

李　朴

在淮海战役胜利 60 周年来临之际，我又激动地回忆起半个世纪前的淮海战场。

1948 年 10 月，我们在驻地听取和学习了纵队政治部主任韩念龙同志传达的曲阜会议精神，遵照中央政治局提出的"军队向前进，生产长一寸，加强纪律性，革命无不胜"的号召确立了以新的姿态迎接更大战斗的思想准备。不久我们四纵南下至陇海路的邳县一线，投入淮海战役第一阶段——攻打黄百韬兵团。当时我们驻扎在碾庄东侧、运河大桥附近，紧张地赶排大型歌剧《赤叶河》，为配合部队进行忆苦教育做准备。在那些日子里，国民党军飞机常来大桥附近轰炸、扫射，排练受到很大的干扰。飞机俯冲下来时，一串串炸弹落下，爆炸后的硝烟弥散出来，远远看去，河水像一根根大柱子冲天而起。后来我们找到一片小树林，白天就在树林里排练，以减小飞机目标。晚上为了不使灯光暴露，把油灯放在木箱里，一有情况，就用一块旧铁皮盖上，挡住灯光。有时国民党军不断地扔照明弹，我们就利用他们照明弹的亮光进行排练，大家还嬉笑说："蒋光头这个运输大队长，不光送枪支弹药，还给我们送来了电灯呢！"

11 月 22 日，首战告捷，我华野及中原野战军合力，全歼了第七兵团的 17 万人，其中将司令黄百韬被击毙。之后，我们又去追赶放弃徐州、妄图西逃的杜聿明集团 3 个兵团 30 万国民党军，终于在河南永城东北的陈官庄、青龙集一带将他们紧紧包围，一场更大规模的紧张激烈的战斗开始了。我们文工团也召开了紧急动员会，根据纵队政治部指示，停止节目的排练，接受新任务。一部分同志赶赴各师开展连队宣传鼓动工作，一部分配合卫生队救护伤员，余下的 10 多人大多是年纪较小的姑娘们，还有几位体质较弱的男团员组成几个俘虏接管队。我被分配到其中的一个队担任队长。12 月中旬，黄维的第十二兵团 10 万人被歼，中将司令黄维及副司令吴绍周均被人民解放军俘虏。这时，杜聿明集团更加孤立，士气低落，虽有几次突围，但均未如愿。与此同时，华北战场的平津战役也已打响。为配合平津战役，中央指示对杜聿明集团只作防御，暂不攻击。在这围而不打的形势下，国民党军又无援兵，前线显得有些平静，只是国民党军的飞机常来挑衅，此时他们更多的是忙于空投弹药和食品。但要解决这二三十万人的吃饭问题又谈何容易。有时，食品一投下，国民党军士兵就一拥而上，相互争夺，甚至互相残杀。我们从缴获的降落伞上看到，有的已是弹痕累累、血迹斑斑。后来，他们把马也杀了，草根也挖了。在这些日子里，我们下连队的文艺战士，有的到前沿阵地采访英雄人物、先进事迹进行报道，搜集素材编成快板、活报剧，制作幻灯片，在阵地和战壕演出；有的与战士一起创作"枪杆诗"，还协助连队开展创模运动及火线入党等工作。在演出时，还要防止国民党军的冷枪，有一次编导尤明同志被冷枪打伤了颈部，幸好是擦伤，未及要害。为瓦解国民党军，我们还编写了对国民党军宣传的材料，开展阵前喊话。在我强大的政治攻势下，一批批下级军官和士兵，挥着小白布偷逃过来，我们给他们煮山芋、馍馍吃。许多文工团员就这样在战壕中和连队战士们一起度过了 1949 年的元旦。这一阶段，接收俘虏的任务比较轻松。

12 月下旬，淮北平原下了一场罕见的大雪，纷纷扬扬长达七八天，田野、村庄全部笼罩在白茫茫的雪海之中，极目远眺，天地融成了一片，一望无际。虽然给在包围圈内外的国共双方，都增加了不少困难，但杜聿明集团粮弹断绝，冻饿交加，士气低落。人民解放军指战员得知东北、华北战场的胜利消息后，士气高涨，个个摩拳擦掌，好个大雪，真是天助我也，这将加速被围国民党军的覆灭。

约在 1 月 4、5 日的一天，文工团团长石林同志突然通知我，要我跟他一起去指挥部参加一个紧急会议（那时我是文工团党支部副书记）。他说，时间来不及了，骑马去吧！他牵来自己的那匹马，又找来了一匹小白马让我骑。这时，我不由得犹豫起来，自调到新四军一师，除了 1947 年在沂蒙山区因"打摆子"（疟疾病）发高烧照顾我骑了两次骡子外，我还从来没有骑过马，能驾驭住它吗？团长说："没事，这马矮小，我在前边领路，你跟着就行。"到了指挥部才知道总攻将要开始了，俘虏将要大批下来，让我们做好接管战俘工作，特别要加强对国民党军军官的审查甄别工作。领受了任务后，我们迅速往回赶，快到驻地时，团长的马突然飞跑起来，我这小白马驹也紧紧追上，我用尽全身的力气紧抓缰绳、双腿夹紧，然而毕竟没经验，女同志的腿又短些，马又欺生，最后还是从马背上滑了下来，被狠狠地摔在地上。我只觉得胸口一阵发闷，喘不上气，好久才爬起来，等团长发觉，回来帮我把马牵走时，我方感到胸口发痛，喉咙发痒，咳出一口鲜血来，接着又吐了一口，两口鲜血好像两朵浓艳的红梅，开在了洁白的雪地上。回到驻地，不由分说，我被命令卧床休息。第二天早上，尽管胸口仍隐隐作痛，但已不再吐血，我又和大家一起投入到紧张的工作中去了。

1月6日，前委向各路大军下达了对杜聿明集团发起总攻击的命令。静寂了半个月的战场，又响起了隆隆的炮声，战斗也激烈了起来。我们四纵在东线，听说仅半天时间，就歼灭国民党军一万余人，他们真是兵败如山倒。那些日子，每天押下来的俘虏，经我们文工团几个俘管队接收的都在千人以上。对这些饿狼一样的战俘，首先要解决的是他们的吃饭问题，我们就派人搜集大铁锅，筹集粮食，在村头用砖石垒起临时土灶，熬上一锅又一锅的热粥。

每天，我们总是从早到晚站在村口等待着，凝望着前方。村里村外，白雪闪着光芒，刺得眼睛都睁不开，北风劲吹，寒气透骨。忽而，远处出现了一个黑点，很快就变成一条黑线，再后变成了一条长蛇，在浩瀚的雪原中蠕动着向我们走来，这又是一群俘虏被押了下来。他们都耷拉着脑袋，垂头丧气，头上的帽檐像两只猪耳朵，在风中拍打着他们的脸，那一双双恐惧的眼睛，不时还东张西望；有的披着棉被、破大衣，拖着一双破烂不堪的鞋子，艰难地走着。在行进中，有些人随手抓起一把白雪塞进嘴里，大口大口吞下，大概是太渴太饿了吧！看着这副狼狈相，真叫人又好气又好笑。可能他们做梦也没想到，一到接管营，我们的警卫战士就把他们领到大锅边，按列队次序，给他们每人碗里盛上一大勺热乎乎的粥，实行中国共产党的俘虏政策和革命的人道主义。

这一辈子，我不知见过多少雪景，有的美丽动人，有的气象万千，然而唯有淮海战场上的这弥天大雪，在这茫茫雪原中接管战俘的壮观场面，给我留下了终生难忘的印象。

热粥进肚后，第二件事就是向他们宣传形势和我军的

▲ 人民解放军慰问团的秧歌

俘虏政策。一般士兵愿留的可参加人民解放军，不愿留的可领些生活费回家。我是队长，训话、交代政策的任务自然落在我头上。想到这是战俘们第一次听解放军"长官"训话，我一定要把形势、政策讲清楚，争取他们走光明大道。我壮起了胆，挺起了胸，虽然是一个女兵，也要显出军人的威武，讲得干脆利落和明白。第三件事，也是难度最大的，审查甄别混在士兵中的文武官员。凡是国民党军队、政府的官员，一律登记备案，单独看管并押往后方继续审查。在我们宣讲政策时，其他同志就在四周目测，穿军官服的当然是一目了然了，但对有些经过伪装改头换面的，则需要仔细认真地辨认，同时还要交代政策，启发士兵背靠背地揭发。经过认真细致的盘查，我们几个队都查出了一批军官、文职官员，唐永玲队的简朴同志还审查出了一名冒充普通官员的国民党徐州市市长。

在我们的工作将要结束时，传来了第二兵团中将司令邱清泉（敌原新五军军长）被击毙、徐州"剿总"中将副司令兼前进指挥部主任杜聿明被俘的特大喜讯。据说杜在穷途末路时，化了装带着几个卫士逃窜出来，到了我纵队第十一师驻地，被我火眼金睛的战士发现并俘获。至此，历时66天的伟大的淮海战役终于告一段落。这次战役，我们四纵共俘获国民党军5万余人，其中一万多人是经我们文工团几个接管队审查的。整个淮海战役人民解放军歼灭了国民党军5个兵团和1个绥靖区部队，计22个军56个师，共55.5万余人，其中华东野战军歼灭国民党军达44万，而我们四纵就歼敌7万余人，战绩最为突出！

战后，我们学练了沈亚威同志谱写的《淮海战役组歌》："捷报、捷报，歼灭了黄百韬……""这一仗打得实在好，实在好，同志们的功劳真不小呀，真不小……""三个兵团挤一团，妄想逃过长江南，有个老二叫李弥，那个老大就叫邱清泉，孙元良数老三，他们慌慌张张把路赶，那个哎嗨咿呀嘿，他们慌慌张张把路赶……小兵腊子打头阵，大官小官随后跟……"排练后，第一场就在军部演出，许多军、师、团首长听了兴高采烈，使劲鼓掌，一致叫好。我们的歌声唱出了人民解放军军威，唱出了指战员的功勋，怎不叫人欢欣鼓舞！这种心情，没有经历过这场战斗的人是体会不到的。

淮海战役是人民解放军军史中光辉的一页，它的胜利使国民党反动统治中心南京、上海等长江中下游城市处于解放军直接威慑之下，为渡江战役和全国解放、蒋家王朝的覆灭奠定了基础。我们这些文艺战士为能有幸参加这场伟大战役而感到自豪！

淮海战役胜利结束后，《赤叶河》一剧排练也告一段落。为庆祝淮海大捷，为配合部队特别是对新获解放入伍的战士进行阶级教育，我们奔赴各师、团驻地又奉献了载入文工团史册的第三台大戏——《赤叶河》。

（作者时任华东野战军第四纵队文工团党支部副书记）

淮海决战

秦 镜

淮海战役是解放战争时期三大战役中唯一以少胜多的一次大战役。斯大林获悉淮海战役情况后赞扬："奇迹！真是奇迹！"在这场震惊中外的大决战中，根据当时发给我的一张一米多长的国民党兵力序列表上看，国民党共有 80 余万人。

人民解放军参加这次战役的有华东野战军 16 个纵队，中原野战军 7 个纵队及华东、中原军区和华北军区所属冀鲁豫军区的地方武装，共 60 余万人。另外还动员了山东、江苏、安徽、河北、河南等一些省份的民工支援共 500 多万人，前线第一线的是 60 多万人。

战役自 1948 年 11 月 6 日开始至 1949 年 1 月 10 日结束，历时 66 天，共 3 个阶段。全部歼灭了国民党精锐部队 22 个军、56 个师（其中有四个半师起义投诚），共 55.5 万人，基本上解放了长江以北的华东、中原地区。淮海战役之后，南京国民党反动政府就处在只有一江之隔的解放军的直接威胁下了。

在淮海战役之前，国民党第七兵团布防在新安镇以东地区。蒋介石把他放在这里，在战略上企图阻止人民解放军在苏北与鲁南的军事协同，以巩固徐州东面的外围。当得悉华东野战军和中原野战军正在大量集结，便警觉起来，判断解放军会先向他的第七兵团开刀，估计自己孤军难以对付，急急忙忙向国民党徐州"剿总"总司令刘峙建议：集结各兵团于徐州周围，然后掌握战机，趁陈粟、刘邓两大野战军尚未会合之前，各个击破。

1948 年 11 月 4 日刘峙召集军长以上将领开会，将领们再次向刘峙建议：七兵团撤到徐州，以徐州为中心，集结各兵团对东、南、西、北四个方向备战，实行深沟高垒，各兵团互相衔接的战术。刘峙被说动，即向蒋介石请示，到深夜获准。但 11 月 5 日，蒋介石变卦，令兵团掩护李延年部西撤之后再向徐州集结，这样就迟延了三天。

这三天对黄百韬来说是致命的三天，因为华野当时还来不及那么快对其形成合围和切断他西撤之路。

对于这种胡乱指挥，刘峙既气愤又悲观。11 月 6 日，他对国民党战地观察官李以劻说："陈毅的部署是想先打第七兵团，现在黄百韬兵团战略位置非常不利，在新安镇打则孤军无援，如侧敌西进，到不了徐州就会遇敌。且徐州第二兵团迄今未来架设运河桥梁，国防部作战计划一再变更，处处被动，正是将帅无才，累死三军。这次会战如垮，什么都输光了，将来怎么办？"

11 月 7 日，黄百韬兵团开始撤离新安镇。这时华野已完成了对国民党军的包围，发起攻击。慌乱的黄兵团过运河成了大问题，运河上只有一座铁桥，黄兵团除了六十三军，兵团部、四个军和大批地方官员都需从这座铁桥上通过，结果吵骂、拥挤、打斗，有的部队甚至用机枪开路，很多人被踩死或掉进河里淹死。

11 月 8 日，中共地下党员、国民党军第三绥靖区副司令何基沣、张克侠率领所属五十九军全部和第七十七军一个半师约 2.3 万余人，在贾汪、台儿庄地区起义，及时让开了国民党军徐州东北的运河防线。人民解放军乘机越过该部防区，进抵大许家以西地区，切断了黄兵团向徐州靠拢的退路。

此时，华野前委发布《关于全歼黄百韬兵团的政治动员令》，号召全体指战员，不怕疲劳，不怕困难，不怕饥寒，不怕伤亡，不怕打乱建制，不为小敌迷惑，不为河流所阻，敌人跑到哪里，坚决追到哪里，全歼黄兵团，活捉黄百韬。

我们三十四团在华野四纵队十二师的编制内，首先抢渡运河。在围歼黄百韬兵团战役的 12 个日日夜夜中，我团攻运河车站，打秦家楼，战小牙庄及攻碾庄圩附近的尤家湖，日夜不停，连续鏖战。

尤家湖战斗中，我团首次得到了特纵前来支援的四辆坦克配合作战。在友邻部队第十、十一师的协同下，下午 4 时半攻击开始，炮兵以 30 分钟破坏性轰击，将国民党军工事大部摧毁。坦克突然在国民党军地堡前面展开，以准确的直接瞄准射击摧毁前沿工事，掩护送炸药的爆破手，我团九连连长陶如生带领突击排一举攻占国民党军集团堡群。八连迅速歼灭了村南国民党军一个多营，俘虏 600 余人。各部当即发起总攻，经过 3 个小时的激战，全歼守备在此的国民党军 4000 余人。

22 日敌黄兵团残部妄图经我们纵队阵地向西突围，我纵队协同友邻全线出击，击溃了黄百韬兵团。至此，黄百韬兵团全部覆灭，取得了淮海战役第一阶段歼灭国民党军 18 个师（旅）的全部胜利。

这第一阶段最紧张的 12 个日日夜夜，那是白天必打，夜晚必攻，战斗进行得特别紧张、激烈，伤亡也特别大。我们这个团没有百人以上或几百人伤亡的代价是过不了一夜的。空前的伤亡，是历次战役战斗中少有的。

打完下来，我在全团干部、战士庆功大会上讲话时，看见我们团每个班，除最前头第一名的班长，仍是穿着我们战前的军衣军帽的老兵，后面的副班长只有一少部分还是我们的老战士，其他战士已都是新补充进来的解放战士。这些新战士，有的只穿着解放军的上衣，有的只发了一顶军帽，有的干脆还是穿着拿掉帽徽的国民党军服。抓来的俘虏集训两三天或稍多一点时间，进行一下阶级教育、诉苦教育，看一场文工团表演的《白毛女》，在解放战争的大好形势下，以及在长期的解放军俘虏政策的影响下，他们马上就会掉转枪口打国民党。这种做法那时叫做"即俘即补"。蒋介石除平时当运输大队长给我们补充不少的枪炮等军事装备外，这时还当了解放军兵源的供给部长，而且还帮我们免去训练新兵的时间，成了更全面更优秀的运输大队长了。这些原被迫给国民党抓走的壮丁，一旦回到人民的怀抱，一下子就会觉悟过来，在整个淮海战役中，打仗还是不错的，没有出什么纰漏，有的还立了功。

11 月 22 日全歼第七兵团之后，至 11 月 30 日，徐州杜聿明率 3 个兵团及徐州地区之行政机关、后方人员，并裹胁大批徐州青年男女学生，共约 30 余万人马，沿徐州、萧县至永城公路蜂拥而下，集团滚进。

总前委及华野首长及时查明国民党军行动后，当即以 11 个纵队向西穷追猛打，我们三十四团不顾国民党军飞机袭扰，不顾饥渴疲劳，克服种种困难，追上他们就是胜利。经过四昼夜的奋勇追击，于 12 月 4 日拂晓同各友邻部队一起，将杜聿明集团全部包围在萧县、永城之间的以陈官庄为中心的地区。

四纵队各团逼近西逃的国民党军，都是穷追猛打，不给他们以喘息之机，并发挥了解放军机动灵活的战略战术，寻机歼灭国民党军。四纵队三十团老大哥攻歼在郝汉楼守备的国民党军时，该团三营副营长黄浩（后任二十三集团军军长，现离休在南京）带领 4 个连，乘国民党军仓促转入防御，惊魂未定，工事不坚，建制混乱之际，一面向上请示，调预备队前来，一面以现有 4 个连坚决组织攻击，密切协同，激战至 4 日晨。此战，黄浩同志率 4 个连全歼国民党军一个师指挥所及 3 个步兵营、1 个炮兵营，俘获副师长以下 1800 余人，缴获了山、野炮 11 门，创造了以少胜多的典型范例。

被围的国民党军在解放军各路大军连续攻击下，其外围部队虽不断被歼灭，但其主力都争取了时间，转入了野战防御。

从 12 月 6 日起，四纵在陶司令、郭化若政委指挥下，集中了兵力、兵器向国民党军展开不断进攻，十二师攻占崔阁、陶庄、吴庄、杨李庄，俘获国民党军近千人。

至 12 月 10 日晨，华野大军已攻克国民党军所占村庄 50 余处，共歼灭 1 个兵团部、两个军部、5 个师部及 27 个团，约 8 万余人。

杜聿明集团只剩两个兵团、8 个军的部队约 20 万人。他们为了做垂死挣扎，一面以机关及裹胁之学生充实作战部队，一面依靠空投接济，并在空军、坦克、炮兵火力支援下，多次施放毒气，疯狂向东南方向突围，均被解放军击退。

12 月 15 日夜，中野主力及华野一部于双堆集地区全歼黄维兵团，活捉兵团司令黄维、副司令吴绍周，淮海战役第二阶段结束，共歼灭国民党军 11 万余人。

黄维兵团被歼后，杜聿明集团被解放军紧紧围困在东西约 12 公里，南北约 9 公里的狭小地区内，覆灭已成定局。那时正值平津战役发起，中央军委为了全歼平津地区的国民党军，不使蒋介石决策南逃，并能使淮海战役前线部队进行整顿，进一步削弱杜聿明集团的战斗力，决定对该集团暂时实行围而不打的方针，进行战场休整，加强对国民党军围困，展开政治攻势。

为了给被围的国民党军一条生路，毛主席亲自写了《敦促杜聿明等投降书》的广播稿，责令杜集团放下武器，停止抵抗。自 12 月 16 日起至 1949 年 1 月 6 日，除加强对国民党军围困封锁外，并做好下列各项战备工作：

第一，团以上单位各级干部召开了党委会，着重结合战役一、二阶段检查了政策纪律、请示报告制度的执行情况，总结作战经验，找出问题，制定措施。

第二，加强工事的构筑和对壕作业。当时冰天雪地，吃住都在阵地内。具体做法是晚上以连为单位偷摸到距国民党军30米至50米处，后方阵地进行炮火轰击，迷惑国民党军，压制国民党军，使他们听不到我们构筑工事的声音。然后一个战士接着一个战士卧倒在冰雪之上，先用极小的炸药包把地面炸开，接着再用铁锹、十字镐挖战壕，先卧姿，再跪姿，每人挖一人长的交通壕，各战士连接起来。这样交通壕在天明前就早已完成了，然后再挖掩体，内壕再挖一个卧室，铺上稻草，这样上面可射击，内壕可休息、睡觉，还有个小台子可放手榴弹等弹药。然后再挖通后面的基本阵地，迫击炮、重机枪阵地。连队厨房一般在后方的老百姓村庄内，饭好了就经交通壕送来。

1949年的新年，我们三十四团全团人员就是在战壕里过的。有的连队在阵地后部交通壕内还有小小俱乐部，可以唱歌、吹口琴、听广播、扭秧歌等，进行文艺活动，新年过得还是挺有意思的。这也是我一生中唯一的一次有特殊意义、以特殊方式过的一个新年——战地新年。

第三，恢复整顿组织。在连续几十天的战斗中，每个连队都在战斗中经过好多次的调整，班合并，排合并，待补充解放的战士一到，再恢复原建制。因此，一直能坚持连续作战，完成任务，并使自己愈战愈强。休整，这是多么难得的机会，就抓紧时间，加强教育，特别着重做好改造新战士工作，争取一批战斗中表现好的新战士入党，加强了作战攻击力量，为战役最后总攻从组织上得到了保证。

第四，对国民党军展开强大的群众性的政治攻势。我们各营连以毛主席写的《敦促杜聿明等投降书》为重点，日夜不停地广播、喊话、阵前上课、发射宣传品，并遣返俘虏、写信、送食品，以及吃饭时敲敲饭碗打招呼等。开头有个别顽固分子还开枪还击，以后没有了，再后来一到开饭时就有人爬过来吃饭。在20天的壕内休整中，据纵队统计，国民党军从个别投诚到一小群整建制携械来降者全纵队共收万余人！

在这段围攻、休整期间，国民党杜聿明集团"包围圈"中出现了各种各样的奇景。在这东西宽10多公里，南北长不足10公里的地方，战时我从望远镜中看到的和从俘虏口中了解的，以及战役一结束我又骑着马走了一天所看到的奇景是：

当时是冰雪封地，在包围圈内开头还听得到有鸡叫狗叫的声音，以后没有了，再后来把所有的骡马杀光，到最后只有啃树皮，挖雪里的草根、麦苗吃。

只要天气好，飞机会来空投一点粮食等东西，我就叫炮兵向飞机和临时停降的小机场打炮。而这时国民党军就互相不要命地抢粮食。我在望远镜里常看到一种镜头：常有第一个国民党兵抢着一袋粮食扛着就跑，后面上来一个国民党兵一枪把前面的兵打死之后他又扛着米袋向回跑，再来一个又如前一个一样……这样打了之后，很快地，马上出来一个班、一个排，对方也出来了部队。一次我见到双方都出动了连到营以上的部队，用枪打，机枪扫，这样经"战斗"之后，伤亡一大堆，就是为了抢几包粮食。空投之后，白雪皑皑的机场就躺下了不少死尸。一些俘虏过来之后还讲，当官的叫他们抢到粮食还要他们高价卖出给他赚钱。死到临头，还如此腐败。

说到买卖，要算在机场东北侧的一个很大的黑市最热闹。这个黑市是在一条干沟内形成的，南北长约有 500 米以上。白天可从望远镜里看到到处人头攒动，热闹非常，问俘虏后得知：凡从老百姓处抢来的，那儿多数都有得卖。在那里有买卖大头（银元）的，买卖大米、粮食、大饼的，买卖各种小东西的，买卖各种衣服的，还有不少赌钱的、抽大烟的、流氓、小偷、抢劫犯等，总之一切乱七八糟的事应有尽有。在这条不窄的干沟里是国民党长期腐败和末日来临的最后写照，典型的一个黑暗社会的缩影。我们打枪他们顾不上理睬，打炮也还照常进行，真是死到临头，不见棺材不落泪。这种战场上的奇景，在古今中外闻所未闻，真是只有蒋介石独家所有。

在包围圈内，当时一些裹胁来的女学生可遭了殃，遭到了不少的屈辱和强暴，境况凄惨。而且在那冰天雪地里无衣无食，还有 10 多岁的小女孩是最可怜的，她们哪里受过这等罪。但也有的勇敢地想办法逃到我们这边来，得到了部队的关心与爱护。

胜利之后，我骑马到包围圈内看了一天。那里没有一间完整的房子，全是断垣残壁，死尸遍野，血流满地。我骑的原国民党骑兵旅训练有素的战马，看着成片的尸体，连战马也不敢大胆迈步走，躲躲闪闪，转转绕绕小心翼翼地往前走。战马很通人性，一般不踩尸体。不知从哪里来了许多野狗在吃死尸，而且都是从肚子上扒开来先吃内脏，再吃其他部位，尤其每逢水沟尽头处，死尸特别多，水沟大都被死尸填平了。

老百姓多是将死尸用绳子套在脚上，然后拖进大炸弹坑中，填满以后，上面覆盖一层土就算完事。当时我想，这些死尸中恐怕还有解放军战士，因新入伍的战士只有帽子是我们的，万一被打死牺牲时帽子掉了，而衣服还是国民党的，这是为人民解放而死的，还是为国民党反动派而死的不就搞不清楚了吗？不过在当时这样的大战中，也没有办法辨认了。胜利来之不易，和平来之不易，要珍惜我们得到的和平，让一切战争都见鬼去吧！

我们经过 20 天的阵地休整，士气旺盛，粮弹充足，充分做好了总攻准备。而杜聿明在完全绝望的情况下，仍然拒绝投降，企图在获得大量空投物资后，施放毒气掩护突围。为求战役的彻底胜利，总前委在平津战役取得胜利后，于 1949 年 1 月 6 日命令所有部队对拒降的国民党军发起总攻。

淮海战役最后决战时刻到来了。万炮齐鸣，天空仿佛被撕裂了，大地在震动，火光闪闪，硝烟滚滚，炮弹似暴雨般的飞向国民党军，无数烟柱冲天而起，国民党军阵地上顿时变成了一片烟云火海。

我们三十四团在连克国民党军外围十多个阵地后，已逼近他们的心脏、杜聿明的指挥巢穴——陈官庄。在陈官庄四周，国民党军构筑了坚固的工事，其中陈官庄东北一个土圩子据点内外到处都是子母堡群，堡与堡之间交通壕相通，火力互相交叉，再外面是一道屋式鹿砦，国民党军凭借它作最后垂死挣扎。

特务连同二营王叶青连长指挥的四连从陈官庄的东北角像两把钢刀直插杜聿明的心脏。

特务连连长彭长礼把一排副陈新、三排副刘建明叫去，命令他俩各带一个爆破突击组，坚决炸毁鹿砦和地堡，为攻击土圩子扫清障碍！陈新、刘建明把身上的华中币交给彭长礼说："连长，如果我们牺牲了，请代我们向党交最后一次党费！"

每次战斗之前，差不多很多的共产党员都是这样做。没待炮火停息，突击组像离弦的箭，跃到鹿砦边，在轻重机枪、六〇炮的掩护下，"轰""轰"几声巨响，将鹿砦炸开几个缺口，一鼓作气攻下四座地堡。当陈新去炸另一地堡时，身负重伤。然而，他还紧紧地抱住炸药包，艰难地向前爬动着。彭连长立即命令卫生员、通讯员把他救下来。此时，只见他猛地纵身而起，抱住炸药包直扑地堡，轰隆一声巨响，地堡炸毁，党的好儿子——陈新与敌同归于尽。与此同时，右侧四连在王连长指挥下，攻击奏效，完成了预定任务。

下午 2 时许，特务连与四连的数个爆破突击组同时向土圩子发起了猛烈攻击。守备的国民党军使用的全是轻重机枪、冲锋枪、喷火器。由于掩护部队未能将他们的火力点压住，特务连伤亡加大，进攻受挫，准备撤下来。我和副团长王守志看出苗头，立即冒着国民党军的弹雨来到特务连阵地，把四连王连长、团部机炮连陈应洪连长一起叫了来，专门开了个研究配合特务连做好最后一次强攻的紧急会议，结果一举攻破和歼灭了土圩子内的国民党军。

9 日中午时，我团正忙于晚上总攻陈官庄的准备工作，突然三营阵地上来人报告说，崔庄的国民党军第四十二师有人拿着白旗出来与我们联系，愿向我们投降，要我们派代表去谈判。我们几个团首长商量了一下，决定要三营七连政治指导员魏国祥跟来人去四十二师表明态度，说我们同意接受他们投降，并要他们立即来负责人同我们具体谈判，同时将情况报告了师部。

不久敌四十二师派了参谋长沈钟太少将来团部谈判。我们规定了他们是无条件投降，不得向我们提出任何要求。但我们会以人道主义精神给予他们伤病员以治疗，并保证所有官兵生命及财产的安全。所有枪支弹药就地集中，我们派人接收。这些条件谈妥后，敌参谋长回去。大概在下午 3 时许，该师在师长吴梓敬少将、政工组组长刘志晴少将和参谋长等率领下，官兵 2000 余人向我团投降。

师长吴梓敬的一支六寸德国造手枪交给了我，我一直使用、保存到 20 世纪 70 年代才上缴。该师一投降，阵地上开了一个大口子，左翼三十五团乘机出击，直接向陈官庄攻击前进。我们三十四团也和三十五团齐头并进，当夜一下子进抵到陈官庄东侧大河堤。此时，副师长余光茂令我团暂留一部分抢筑工事，以防反击。那时四面八方各路队伍已像潮水般猛攻陈官庄，国民党军已完全无力顽抗，成了瓮中之鳖。

10 日拂晓，我团及三十五团并协同各友邻部队占领了国民党军徐州"剿总"指挥部，其副司令杜聿明化装潜逃，后被四纵十一师后方医院樊正国、崔喜云两同志生俘。

这时部队已到处在抓俘虏，有趣的是在押解俘虏的路上，俘虏不管是哪个部队，跟着跑就是。所以常有我这个团的几个人带着一长串俘虏正走着，旁边来了别的团的人喊一声，叫俘虏跟他走，也就被带走了。所以一时你带走了我的，我也有带走了你的，大家都一样，只要把那么多俘虏带光就行了。这也是淮海大战中又一新鲜事。

至此，伟大的淮海战役胜利结束，战役过程中我团政委陈绍海负伤，二营营长陈孔牺牲，很多同志都在这一战役中献出了年轻的生命，他们是永远值得我们怀念的。

（作者时任华东野战军第四纵队十二师三十四团团长）

淮海战役纪事

韩　风

　　淮海战役是震惊中外的伟大决战，战役规模之巨大，双方投入兵力数量之多，中国人民解放军之华东野战军、中原野战军以陈毅、粟裕、刘伯承、邓小平为代表的战役指挥员指挥艺术之高超，战果之巨大辉煌，均为史所罕有。我有幸亲身参加了这一伟大战役，备感骄傲和自豪。由于当时自己是团政治处一般的工作人员，对战役的全局，即使是团所执行的战斗任务的全局也是知之甚少，因而我在这里所记述的只是自己所经历的战斗过程中的片断记忆。通过这些记述，或许可以对读者了解淮海战役增添一点细微的材料。

进击

　　淮海战役发起前，华野第四纵队集结在郯城以西地区。部队进行战前动员，要打淮海战役，首先打黄百韬兵团，大家情绪很高涨。1948 年 11 月 6 日晚，部队乘着月色一路向南疾进，我们连续渡涉两条四五十米宽的河，河水不深，没及大腿。我们到达河边时，前边已有人在渡涉了。当时天气已冷，河水冰凉，虽然直打哆嗦，但战士们还是迅速脱下鞋袜，脱下棉裤，整理行装，一个接一个下水了。到了对岸，岸边是平坦的沙砾地，大家用毛巾擦了擦腿脚，穿上棉裤鞋袜，此时，脚已冻得发僵，直到继续行军一段路后才重新有了热气。过第二道河时有了经验和体会，也不哆嗦了。我们纵队和八纵并肩向南突击，迅速歼灭了邳县、官湖、运河车站和炮车的国民党军，尾随黄百韬兵团抢过了运河。

　　记得我们团本部是于 8 日夜赶到运河东岸的，国民党军的后尾是 8 日黄昏慌乱地过了运河，来不及破坏铁桥，人民解放军就占领了桥头阵地，控制了铁桥，保证了先头部队迅速通过铁桥，追击国民党军。我们团部随着人流、驮马拥上铁桥，虽然是有秩序的，但两个纵队的部队几乎要同时通过铁桥，军情紧迫，难免拥挤，争先恐后。当时我们队伍中不知怎么搞的插进来一匹驮马，驮马有驮架，占了相当宽的位置，我也是急急地往前赶，生怕掉队，硬是从驮马的右边侧着身子挤了过去，险些被挤下了河。9日，人民解放军终于截住了国民党军。我们纵队在北面，我们团进入位置后即迅速构筑对南的阵地，待命攻击。

秦家楼之战

攻击秦家楼是我团围歼黄百韬兵团的第一个战斗，二营担任主攻。10日的晚饭开得比较早，团部炊事班为鼓励大家打好仗，做了红烧猪肉。我接受的任务是和团部的另一位同志（记不清是谁了）去二营指挥所协助做战勤工作，主要是护送伤员。傍晚，我们即赶到二营营部。攻击还未正式开始，二营营长陈孔就在团属炮兵阵地上牺牲了。炮兵阵地在秦家楼北坡500米左右的开阔地上。

陈营长是一员猛将，但他有一个十分不雅的绰号"土匪"。他是个工农干部，性子急，作战勇猛，有时好骂人。打起仗来，拎起轻机枪和战士一样冲锋陷阵。为何有这个绰号不得而知，也没跟人打听过。是不是有点"山大王"侠义的样子？听团部有的人传言，说是上级曾准备提升他当团的副参谋长，他表示拒绝："宁为鸡头，不为牛尾！"他就是这么个脾气！

主攻秦家楼的是二营四连。战斗开始后，我们即猫着腰向营的前沿指挥所快步前进。营和连的指挥所都设在秦家楼北面50多米的一条干沟里，沟底到地面一人来深。我到营指挥所时第一波攻击已经失利，战场上一片沉寂。我依着河岸悄悄地把头伸出地面，对面的秦家楼黑黝黝的，在国民党军的防御工事鹿砦外面五六米左右的开阔地上，有十几个黑黑的身子躺在那里，这是四连牺牲的战士。此时，营里正在调整部署，伤员已经抬走了。我们暂时也没有任务，营里领导也说这里不能留多人，太危险，让我们到后边去。我们就到了后面营部驻地。而后听说在调整部署后，改由东北边、东边发起攻击，终于突击成功，攻占了秦家楼，但我团二营也付出了好几十人伤亡的代价。

掩埋烈士遗体

攻占秦家楼的第二天（或者是第三天）晚上，三营主攻小牙庄。营的指挥所在贺台子（这个小村子是右邻部队攻占的），营的包扎所也设在这儿，在小村子西部的一所民房里，屋里点了一支蜡烛，营的卫生所长和几个卫生员正在忙碌着，几副担架在屋外。战场上近处、远处都响着枪炮声，曳光弹在村子上空划过，不免有些紧张。这一次总算没有白来，我带着几副担架，抬着三营的伤员，送到团包扎所。等我们再回到三营包扎所，战斗已经结束，伤员也已转运完了。

攻占小牙庄以后的第二天晚上，我们团政治处机关全部向南移动。途经小牙庄，交通沟上松软的土层下面，填埋的是国民党军士兵的尸体。白白的月光照在地上，不时见有尸体横卧，不免有点毛骨悚然。到了大牙庄南边的村子暂住，我和另一个同志接受了掩埋牺牲同志遗体的任务。傍晚，我们带着几副担架，先来到大牙庄，先寻找牺牲的人民解放军指战员的遗体。天上有月光，也能辨别清楚，自己的同志都戴有人民解放军的胸章。把遗体抬到庄子东北面已经挖好的大坑，坑为约 3 米长、2 米宽的长方形，2 米来深。我们和担架队员一起，把烈士的遗体一个个轻轻地放在坑里，然后再去寻找牺牲同志的遗体，这样抬了三四回，再也找不着了，我们就把土坑用泥土掩埋。然后，我们把国民党军的尸体也找着抬来，埋在另一个挖好了的大坑。我们本着人道主义精神，即使是国民党军，也不要让他暴尸野外。担架队员开始不愿意抬，经过耐心解释，同意抬了，但他们把国民党军士兵的尸体抬到坑边，就随便朝坑里一抛，横七竖八也不管。这样也抬了好几趟，最后也用土掩埋了。任务完成后，我们也来不及为烈士集体墓葬处树立标志，只是关照担架队的领导（民工的领导人）设法立个牌子。不知道这些无名烈士的遗骨，在建国后是否已移至烈士陵园？他们的英灵当为后人永远纪念。

追击

战至 11 月 20 日，我们团已逼近黄百韬指挥部碾庄圩。21 日下午，我团三营攻击尤家湖，它在碾庄圩北六七里路。当时，我们团部正落脚在其西南 6 里路左右的一个小村子。听说特纵的坦克车参战，我们很高兴，站在村东头"听战"，只听见隆隆的声音和枪炮的轰鸣。傍晚，战斗结束，打得很顺利，全歼守备的国民党军 4000 余人。据后来被俘的国民党军官兵说，当解放军的坦克隆隆地驶向尤家湖时，他们还以为援军到了，是自己的快速纵队，还翘首以待，哪知，坦克炮一阵轰击，才如梦初醒。

战斗刚结束，部队即匆匆吃了晚饭，立即出发，赶赴徐州以南，参加阻击由徐州南进的国民党军，最后围歼碾庄圩的残余国民党军由兄弟纵队去完成了。我们越过陇海路向西南疾进，昼夜急行军，于24日抵达萧县以南，协同兄弟部队实施阻击战。虽然黄百韬兵团已被消灭，但阻击战的形势还是很严峻的。华野当时用兵比较分散，碾庄圩还在最后的攻击中。在南线，为保障围歼黄维兵团需要，华野有两个纵队阻击由蚌埠北援的刘汝明兵团，还有两个纵队参加中原野战军围歼黄维兵团，如徐州的国民党军沿津浦铁路倾力南下，人民解放军将处于腹背受敌之险境，将是一场生死大战。黄百韬兵团消灭后，徐州的国民党军虽有3个兵团，兵力不谓不雄厚，却已成为惊弓之鸟，向南攻击的第十六兵团攻击精神不强。不几日，蒋介石下令放弃徐州，国民党军就更加乱了套了。

国民党军第十六兵团于11月30日夜开始经萧县附近西撤，徐州的杜聿明集团其他两个兵团也于12月1日向永城方向撤退。华野8个纵队立即转入追击。四纵于12月3日夜追上逃跑的国民党军。十师三十团三营副营长黄浩带领4个连，乘他们仓促转入防御，惊魂未定，工事不坚，建制混乱之际，迅速组织攻击，激战至4日晨，歼灭其1个师部及3个步兵营，1个炮兵营，俘获副师长以下1800余人，缴获山、野炮11门，创造了以少胜多的典型范例。杜聿明集团的3个兵团终于在12月4日被人民解放军包围于永城东北的陈官庄地区。四纵处在包围圈的东北部，记得我团的阵地南面十几里是国民党军盘踞的一个大集镇青龙集，西南面是国民党军占领的大村子李石林。当时天气晴朗，虽然与这两个大村庄距离相当远，但在一马平川的大平原上，还是可以看得见一片灰蒙蒙的树林和村庄的轮廓。国共双方将要在这片平坦的原野上，展开一场大规模的厮杀。

雪地长龙

终于把杜聿明集团围住了，从上到下，从干部到战士，大家心中都好似一块石头落了地。我们宣教股团报社的工作也随之紧张而有序地展开，采写最新战况，报道消灭黄百韬兵团的战斗经过和英模事迹等，刻蜡纸，印刷，发行，环环紧扣。《战斗报》及其《号外》，成为全团战士人人喜爱的，也可以说是唯一的读物，大家从中得到新的消息和受到鼓舞。

某日晚，团特务连奉命攻击洪河堤及其附近村庄的国民党军阵地。这是被围国民党军的前哨阵地，战斗进展比较顺利，攻占了他们守备的一段堤岸和堤西的村落，使我团的阵地向南推进了 5 里路。第二天上午我们几个人来到昨晚的战场洪河堤外。所谓堤，不过是一道不足两米高的土坝，也不见洪河有什么水。堤东一片开阔的麦田就是战场，已经被踩得光秃秃的了。

在堤东不远处，有两具被烧焦了的尸体，听说是特务连战士冲锋时，被燃烧弹打着烧死的。尸体蜷曲着，已无面目可辨。可见战斗的惨烈和国民党军的疯狂，心中真不是滋味。不一会儿，碰到特务连的副指导员胡苏，他是我们宣教股下去的。他一只手的大拇指挂了花，被白纱布裹着。他说不碍事，擦了点皮。事后才知道是把肌腱打坏了，还领了残废金呢。

天气严寒，我们部队转入稳扎稳打、进行近迫作业的阶段。各部利用夜晚，组织好火力掩护，战士们有计划地前后排开，先挖个人散兵坑，然后再把散兵坑连接起来，挖成交通沟。交通沟一直挖到离国民党军据点外围鹿砦 20 多米远的地方，然后再面对国民党军据点挖成横向的交通沟和单兵、机关枪的射击掩体，有的重要支点处还构筑了较为坚固的地障。在初步完成工事的战斗系统后，再行加强提高，如前线通往后面预备阵地交通壕，宽度可以并行两副担架。前沿各连队在交通壕内的壕壁上加挖小型休息室，里面铺上麦秸可以睡觉。还在稍远的地方挖上厕所。在近迫作业全部完成后，天降大雪，原野上的交通壕犹如条条长龙，蜿蜒曲折。这是一大奇观，是我们战士的伟大创造。

鲁老家前线

为策应平津战役，不使平津国民党军决策南下，根据中央军委命令，淮海前线部队暂不对杜集团实施最后攻击。大约于 1948 年 12 月 18 日开始，前线沉寂，我们不打炮，国民党军也不往我阵地打枪，表面上看各自相安无事。

在围而不攻的约 20 天时间里，天空常飘飘扬扬下起大雪，有时还下起雨。只要天一放晴，国民党军的运输机就接二连三地每日好几批次向包围圈内的国民党军空投食品和弹药。有时还有大麻袋里装满的大米或者大饼落到人民解放军的阵地内。我见过，这种大饼又硬又厚，味道并不好，但还能吃。我团的二线连队并不闲着，他们除进行政治形势教育外，还研究战法，研究爆破战术动作。团的八二迫击炮连还学习研究迫击炮送炸药，就是在一根木杆的上部周围捆上炸药，装上导火索、雷管后，木杆即插入去掉引信的迫击炮弹上。然后把炮弹打出去，同时拉动击发雷管，使带着炸药包的炮弹飞到国民党军阵地，炸药包爆炸（炮弹也爆炸）力相当大，打国民党军的地堡和其他目标很有效。我看过试验，有时炸药捆扎得不好，炸药包打出去，木杆来回翻滚，不仅距离打不远，目标也打不准。

前沿各连队加强了对国民党军的政治攻势，如喊口号（用铁皮卷成的话筒）、宣读《敦促杜聿明等投降书》、打宣传弹等。

一营的前沿阵地对面就是国民党军占领的村庄鲁老家，村子不大，我在战壕里向西望去，他们的防御工事鹿砦、地堡、交通沟看得清清楚楚，因为连队前沿战壕、工事离国民党军的防御工事鹿砦只有 30 米左右。我常去鲁老家前线，一是去了解连队战士的思想情况，他们对当前战争有什么认识、看法，有些什么好的、正确的思想和不足；二是去组织战士通讯小组为《战斗报》投稿。那时虽然天寒地冻，但战壕里热气腾腾，战士们有说有笑，伙食每顿都是从后边烧好，由炊事班挑着送来，饭热菜香，有时我就在阵地上吃中饭。这个前沿连队究竟是哪一个连，连长、指导员、文化教员是谁，一个也记不起来了。

有一天去鲁老家前线，在由团部驻地向西南进发，将要到达通往前沿的交通壕时，忽见离交通壕不远处有一个男子，穿着一件黑布棉袄，腰间束了一根布带子，右手挽着一个柳条篮子，向我走来。开始我怀疑：炮火连天，还敢到双方交火的前沿来，够大胆的，是不是特务？但后来一想，这里方圆几十里都有人民解放军驻扎，国民党军即将全部被歼，而且这里前后方人员来往不绝，国民党军的特务活动可能性很小。再仔细一交谈、一观察，凭直觉他是一个老实巴交的农民、小商贩，篮子里放着十几包"大都会"牌香烟。他向我兜售，问我要不要。我说你跑到这里来卖香烟，不害怕吗？他笑嘻嘻地说这里都是解放军，怕什么！真是人心所向啊！

▲ 淮海战役战地买卖

1949 年 1 月 6 日，对杜

聿明集团的总攻击全线开始。我当时就在鲁老家前线。这次攻击不是在夜间进行，而是在下午4时左右。人民解放军的远程火炮打国民党军的纵深，压制国民党军的炮兵火力，前沿则由我们团属炮兵（迫击炮）负责。我们的炮兵又打炮，又送炸药。我站在交通壕里，看着一个又一个炸药包在鲁老家国民党军阵地上开花，火光迸裂，震耳欲聋。一阵轰鸣过后，机关枪开始吼叫，战士们跃出战壕，不费力地越过障碍，迎着手榴弹爆炸的烟雾，突破前沿，一直冲进村子里去了，似乎没有遭到顽强的抵抗。冰天雪地，忍饥挨饿，国民党军确实没有像开始刚被围时那样顽强了。天渐渐暗下来，后续部队都从突破口进去，战斗向纵深发展，战壕已没有多少人了。团部机关的人也在暮色苍茫中跟着部队向前推进。

经过几天战斗，国民党军的防御体系已被打破，李弥的第十三兵团放弃青龙集向南逃窜，向邱清泉的第二兵团靠拢。我团在向南攻击中，国民党军第四十二师2000余官兵向解放军投降。

1949年1月9日夜，国民党军向西向南分散突围，以求侥幸漏网，但均被解放军预设的部队歼灭，连最高司令长官杜聿明也被四纵后方医院同志活捉。10日凌晨，残余的国民党军纷纷投降，伟大的淮海战役胜利结束。我们团从包围圈的最北端一直打到最南端国民党军的指挥中心陈官庄。这时，我们机关已接到通知，马上撤离战场……我们多么希望再朝西南走一段路，到陈官庄、飞机场去看个新鲜，但不能随便行动啊。战场就在我们脚下，向西南望去，一片光秃秃的平地上，看不到有像样的房子，一根麦苗也没有，只有几根被剥光了树皮的树桩子，还有就是在雪地里随处可见的用降落伞布覆盖着的地窝子、壕沟什么的。不远处是许多大卡车、大炮，有几门大炮还整整齐齐地昂着炮管排列在那儿。长长的俘虏兵队伍排成四五路纵队缓缓地向东北方向走去，望不见尾。想不到胜利来得这么快。见过"兵败如山倒"吗？面前摆着的就是活标本！曾几何时，曾经耀武扬威、骄横不可一世的国民党军五大主力——东北战场的新一军、新六军，华东和中原战场的新五军、整编七十四师、整编十一师，已先后被人民的铁拳击得粉碎，现如今连半点影子也没有了。我们兴奋、激动！看来，国民党、蒋介石的末日也不会远了！

（作者时任华东野战军第四纵队十二师三十四团政治处宣传干事）

忆淮海战役中我在华野四纵十一师的战斗片段

王敬群

1949 年 1 月 6 日，总前委发出了对已被人民解放军包围在陈官庄的国民党杜聿明集团开始总攻的作战命令。当时，经过 20 天的战场休整，人民解放军士气旺盛，粮弹充足，充分做好了总攻前的准备工作。国民党军在完全绝望的情况下仍拒绝投降，企图在接获大量空投物资后施放毒气掩护突围。开头的几天还有敌机空投物资食品，有的则落在了解放军手中。后来，连空投也没有了，国民党军日益困窘，因缺燃料而将树木砍剩为树桩，因缺水有的两个月不洗脸，有些人衣不蔽体而披着破军毯，许多国民党军士兵早就不想再打了。

我那时在中国人民解放军华东野战军四纵十一师任政委，四纵司令员是陶勇，政委是郭化若，参谋长是梅嘉生。当战斗命令层层传达到我师后，我和谭知耕师长立即召集各团首长，传达上级的作战命令。在会上，我强调了打好淮海最后一仗的重大意义，告诉同志们，我们再完成第三阶段的作战任务，长江以北就彻底胜利了。我们要坚决执行上级命令，不怕流血牺牲，包括我们自己也要做好战斗牺牲的准备，胜利完成任务。在战斗中，我们要一边英勇作战，一边发挥人民解放军的政治优势，做好争取和瓦解国民党军的工作。

总攻发起后，四纵由东向西突击，我师即歼灭朱楼国民党军一部。7 日，我师三十一团攻克陈阁，歼灭国民党军第八军四十二师一部，9 日攻击胡庄一〇七师五〇八、五〇九两团残部。国民党军逃离朱楼，人民解放军进而再攻击，他们又逃。10 日晨，人民解放军自朱楼向陈官庄攻击前进，我师四连一班班长因故落在连队后面，突然侧面来了一支队伍，接近后才发现是国民党军，他临危不惧，急中生智，佯作指挥部队，高喊口令："一排向左，二排向右，三排卧倒！"并向敌喊话："你们被包围了，缴枪不杀！"原来，那是国民党军一个团的残部，走在前面的那人回答："别开枪，我们投降。"那个人是国民党军一个副团长，当发现我方原只是一个人，便不肯投降，正准备顽抗，恰巧我五连赶到，将他们 600 多人生俘。

当日，我师二营追击国民党军，来到陈官庄机场。在解放军强大政治攻势下，又有600多人缴械投降。我师三十一团和三十二团合围国民党军于王庄以东，歼灭其大部。我师在陈官庄以西，攻击国民党军第五军、七十四军，歼其一部。我师三十二团四连下午俘虏500人。四连三排长顾金坤是在分界战斗中解放过来的，对使用六〇炮、掷弹筒很有经验，是神炮手，屡立战功，还光荣地加入了中国共产党。他在战斗中现身说法地进行政治攻势，使百余国民党军士兵放下武器。后来，他还出席了全国英模大会，报纸还刊登了他的照片和英模事迹。

1月10日拂晓，四纵全线出击，向西猛攻，最后歼灭国民党军第五军残部，击毙邱清泉，当日上午即已全歼了杜聿明集团。在当时的战场上，空中一架架飞机在盘旋，地上解放军押着俘虏，带着战利品，从战场四面八方开向战后驻地。可能国民党军飞机误认为是他们的部队突围，分不清敌我，没有投弹和扫射。在战役全过程中，四纵共歼灭国民党军72867人，其中俘虏58018人。其中，我师歼灭国民党军25000人，其中生俘18000人。人民解放军也付出了伤亡代价，三十一团副团长朱涛、三十二团政治部主任赖峰、三十三团副参谋长贺新奎等同志在战斗中光荣牺牲。当日清晨，太阳还未露出地平线，有20多个国民党军在离我师三十二团四连二三十米处向东逃跑，当时四连为了歼灭国民党军，未追赶他们。10日上午8时，杜聿明等十余人被在我师卫生处随军养伤的连队通信员樊正国、崔喜云同志所俘，出乎意料的是，杜聿明等正是几小时前三十三团四连所见到但未追的那伙人。战后，樊正国荣获一等功，崔喜云荣获二等功，并得到了师部的通报表扬。

战斗基本结束以后，我和谭知耕师长等率领警卫排视察战地，高兴地自己驾驶着缴获的美式吉普车，绕道越过战壕，天暗以后才出战场。刚进

▲ 淮海战役被俘的徐州"剿总"副司令官、前进指挥部主任杜聿明被押解到华野四纵司令部。右一持枪者是作战科长卫东菲，右二是樊正国，左一是崔喜云

师部驻地，师直属队政治处主任肖皋同志在村边等着，并告知我师卫生处活捉了杜聿明。我怀疑地说："吹牛皮吧？"他回答："是真的。"我又问："杜聿明现在哪里？"他回答："在师卫生处。"我即叫肖主任上车一同去看个真实。我一进门，就看见杜聿明头包纱布正躺在伤兵床上，就问他："你是杜聿明吗？"我连问两声，他也不答话。我说："我是师政治委员。"他才点头承认。我说："你自残是没有用的，也不要胡思乱想，好好养伤，然后去见我们的总司令。"我问他："我军以广播劝你，为什么不投降？"又问他："邱、李二人呢？"他反问："你不知道呀？"我说："战斗刚结束，还未及清点。你都来了，他们也跑不了！"当面证实了杜聿明被活捉，国民党军自杜聿明以下 55 万人全军覆没的胜利后，我非常高兴。次日，我打电话报告四纵的陶勇司令员："我师活捉了杜聿明！"陶司令员起初不大相信地说："老王吹牛皮吧？"我答："是真的。"随即，陶司令叫我除了解除他武器外，不要拿他的东西。我答："除武器已解除外，他身上还有一只高级金表、一支派克金笔。"陶司令说："这两样东西不准动。"后来，杜聿明被上送四纵司令部，后又转送到华野司令部第四科，接收人还打了一张"收到战犯杜聿明一名"的收条。

1949 年 1 月 11 日，中央军委决定统一全军组织和部队番号，我所在部队被改编为中国人民解放军第三野战军第二十八军第八十四师，我就调任为八十四师政委。部队完成整编后，就启程南下，拉开伟大的渡江战役序幕。

（作者时任华东野战军第四纵队十一师政委）

忆世界战争史上的奇迹——淮海战役

苏　荣

在新中国 60 华诞之际，我又回想起波澜壮阔的淮海战役。在淮海战役胜利后仅 8 个多月，毛泽东主席就宣布了中华人民共和国的成立，可见伟大的淮海战役对缩短解放战争的进程、加快人民解放事业的最后胜利，有着决定性意义。

对 60 年前的这场大决战，我有着极其深刻、不可磨灭的印象。当时我是华东野战军第四纵队的机要参谋亦称机要秘书，负责绝密电报的处理。由于我是从作战科调来的参谋，所以首长们要我参与作战指挥方面的上报、下达电报的起草工作等。我在首长身边，对上级的作战方针、作战意图和整个战役情况都比较了解。因此，我是淮海战役的参与者和见证者。淮海战役取得以少胜多、圆满而伟大的胜利，是世界战争史上的奇迹。现根据我的亲身经历谈三个方面的体会。

淮海大决战的特点及其重要意义

粟裕同志对我说过："淮海战役演变为南线战略决战，并取得了伟大的胜利，对缩短解放战争的进程、夺取全国政权有着决定性意义。"

在辽沈、平津和淮海三大战役中，淮海战役是最大的一个战役。淮海战役与上述两个战役有不同的特点，更具有特殊意义。

（1）以少胜多。辽沈战役人民解放军为 70 万人对国民党军 55 万人；平津战役人民解放军 100 万人对国民党军 60 万人，都是以多胜少。唯独淮海战役人民解放军以 60 万人对国民党军 80 万人，是以少胜多的世界战争史上的光辉典范。所以当斯大林得知淮海战役胜利的消息后说："淮海战役打得很好，是中国革命战争史上的奇迹，也是世界战争史上的奇迹。值得我们学习研究，也值得世界各国人民学习研究。"并亲笔写了"60 万战胜 80 万，奇迹！真是奇迹！"（曹剑浪编著：《淮海战役纪事》，江苏人民出版社 1993 年版）

（2）歼敌数量最多。辽沈战役歼灭国民党军约 47.2 万人；平津战役歼灭国民党军约 52.1 万人（包括傅作义接受整编的部队在内）；而淮海战役歼灭国民党军约 55.5 万人。这个歼敌数量超过第二次世界大战中莫斯科会战和库尔斯克会战。

（3）淮海战役是人民解放军与国民党军的最大的一次战略大决战。通过南线战略决战，人民解放军基本上歼灭了长江以北的国民党军的精锐主力，为解放全中国奠定了基础。

淮海战役是一次规模空前的大歼灭战。国民党军投入的兵力有徐州"剿总"等 7 个兵团、两个绥靖区、34 个军约 80 万人。人民解放军中原和华东两个野战军，投入的兵力为 23 个纵队（同军）和一个军共 60 万人。战役从 1948 年 11 月 6 日开始至 1949 年 1 月 10 日胜利结束，历时 66 天，分三个阶段进行。

战役第一阶段，歼灭黄百韬兵团。华东野战军在粟裕的指挥下，于 11 月 6 日对黄百韬兵团发起攻击。经 17 天的激战，至 11 月 22 日结束，全歼兵团部及第六十三军、一百军、四十四军、二十五军、六十四军等 5 个军；第三绥靖区五十九军、七十七军起义；"剿总"直属一〇七军投诚。毛泽东为中央军委起草的电报中说："这是一个伟大的胜利。"在华东野战军歼灭黄百韬兵团的同时，中原野战军于 11 月 6 日在徐州以南攻占战略枢纽宿县，切断了徐蚌段的交通线，以及李延年、刘汝明、孙元良、黄维等 4 个兵团的北进，孤立了徐州，保障了华东野战军围歼黄百韬兵团的作战。

战役的第二阶段，歼灭黄维兵团。中原野战军于 11 月 25 日，将从蒙城北进的黄维兵团下属第十军、十四军、十八军、八十五军和一个快速纵队，合围在双堆集地区。华东野战军粟裕司令为配合中原野战军歼灭黄维兵团，命令华野特种纵队等 5 个纵队，支援中野作战。12 月 14 日夜，中野和华野部队同时对黄维兵团发起总攻，仅一天时间于 12 月 15 日全歼黄维兵团 4 个军、1 个快速纵队。

战役的第三阶段，歼灭杜聿明集团。黄维兵团被歼后，李延年兵团退至淮河南岸，杜聿明集团已成孤军。杜聿明集团包括徐州"剿总"前进指挥部及其直属部队、后方人员，邱清泉第二兵团（王牌主力），下属第五军、十二军、七十军、七十二军、七十四军等 5 个军加第四十四师、骑兵第一旅；李弥第十三兵团，下属第八军、九军、一一五军 3 个军；孙元良第十六兵团，下属第四十一军、四十七军共两个军等 3 个主力兵团共 10 个军 30 万人。杜聿明于 11 月 29 日晚令邱清泉、孙元良兵团以部分兵力沿津浦路佯攻，以迷惑华东野战军；令李弥兵团一个师占领萧县、瓦子口，以掩护主力撤退。30 日杜聿明率 3 个兵团主力及地方党政机关等人员沿徐州、萧县至永城公路突围，仓皇西逃。于 1948 年 12 月 4 日，被华东野战军包围在萧县、永城之间的陈官庄、青龙集、李石林地区。在人民解放军强大的攻势合击下，包围圈越缩越小。杜聿明集团 30 万人被紧困在东西 10 公里，南北 5 公里的狭小区域，覆没已成定局。

此时平津战役已经打响，中央军委为了全歼平津地区的国民党军，不让蒋介石决策平津的国民党军海运南下，同时进一步削弱杜聿明集团战斗力，使淮海战役人民解放军前线部队能进行充分的休整，养精蓄锐，决定对杜聿明集团暂取"围而不打"的方针，令淮海前线全军进行战场休整，加强对国民党军围困，展开政治攻势。华东野战军在粟裕司令统一指挥下，遵照中央军委和总前委指示，以 8 个纵队围困杜集团，加强纵深配置，就地进行战场休整，并坚决打退与消灭可能突围的国民党军。以 7 个纵队配置在外围，进行战备休整。如国民党军突围，则配合包围部队坚决消灭之。期间孙元良兵团擅自突围被人民解放军歼灭。毛主席还亲自为中原、华东人民解放军司令部写了《敦促杜聿明等投降书》的广播稿，责令杜聿明集团放下武器，停止抵抗。但杜聿明等不听劝降，继续顽抗。而后一段时期天降大雪，被围困的国民党军饥寒交迫，士气极其低落。人民解放军仍坚持"围而不打"的方针，发扬人道主义精神，给他们吃饭。后来只要解放军阵地有敲碗声，国民党军阵地上的官兵即成群结队、争先恐后地过来吃饭。他们吃饱后，我们仍令他们回去，这种情形我前沿阵地无一例外。人民解放军这一行动可为世界战争史上所罕见，这使得杜聿明集团的士兵真是感激不尽，有的士兵是流着泪往回走，极大地动摇了他们的军心。天晴时敌机空降食品，开始时落到杜聿明集团阵地的还多一些，后来由于人民解放军不断地紧缩包围圈，大部分都落到解放军阵地。所以他们部队之间为争抢食品大打出手，有的竟将对方全部枪杀。对于空降到解放军阵地前沿的食品，如国民党军不用武力来抢，解放军仍以人道主义相待，让他们取走。

华东野战军在战场休整 20 天后，于 1949 年 1 月 6 日，对拒降的杜聿明集团发起了总攻。经 4 昼夜激战，1949 年 1 月 10 日，华东野战军全歼国民党徐州"剿总"前进指挥部和邱清泉、李弥两兵团以及孙元良兵团残部，生俘徐州"剿总"副总司令兼前进指挥部主任杜聿明。至此淮海战役胜利结束。人民解放军歼灭国民党军 5 个兵团部，22 个军（计 56 个师，其中有 4 个半师起义），计 55.5 万余人；击退了从蚌埠向西北增援的李延年、刘汝明兵团 6 个军以及后来的第二十军、二十八军等共 8 个军的进攻，解放了长江以北的广大地区，为人民解放军渡江南下进一步夺取全国胜利奠定了基础。淮海战役取得圆满而伟大的胜利。

粟裕在淮海战役战略决战中"立了第一功"

20 世纪 70 年代中后期，我在军委海军司令部工作。由于我在战争年代就认识了粟老总，所以只要知道他住三〇一医院，我基本上都要去看望。粟裕同志特别喜欢与我谈战争年代的往事。我对粟裕同志说："淮海战役打得特别成功，是国内外战争史上的一个奇迹。我参加了这个战役。"粟裕说："淮海战役的确是非常成功的，是一次伟大的胜利。这个战役是在中央军委和毛主席的直接领导、关心下进行的。连中央军委下达的作战命令、指示和电复，都是毛主席亲笔起草的。可见毛主席为淮海战役操心的程度。"他还说："中央军委和毛主席在整个战役过程中，始终坚持与战役指挥员沟通，进行民主决策。这是战役取胜的基本保证。"

粟裕同志很谦虚，从不谈自己在战役上的贡献。纵队首长，特别是陶勇同志后来曾对我说："粟司令对淮海战役的贡献是很大的。"

第一，首先提出打淮海战役。陶勇同志说："打淮海战役是粟裕提出来的。"粟裕在济南战役快结束时，他根据攻打济南用了 7 个纵队，打援用了 9 个纵队，但徐州国民党军没有敢增援，人民解放军 9 个纵队没有用上的实际情况，于 1948 年 9 月 24 日晨济南战役仍在巷战时，向中央军委并华东局、中原局发电：建议即进行淮海战役……9 月 25 日毛主席为中央军委起草的复电说："我们认为举行淮海战役甚为必要……"提出"三个作战"，并认为这三个作战可能是一次大战役。其中"你们淮海战役第一个作战，最主要是牵制邱清泉、李弥两兵团，歼灭黄百韬兵团"。所以这个战役是粟裕同志首先提出的，中央军委和毛主席采纳了粟裕同志的建议，并进一步明确了淮海战役的作战方针和首歼的作战对象。

第二，战役规模大，建议陈、邓统一指挥。中野和华野过去是战略配合，而这次是两个野战军一起打一个战役，是战役配合，因此必须统一指挥。粟裕于 1948 年 10 月 31 日给中央军委并陈毅、邓小平、华东局、中原局的电报建议："这次战役规模很大，请陈军长、邓政委统一指挥。"毛泽东为中央军委起草复电同意了粟裕的建议："整个战役统一受陈、邓指挥。"11 月 16 日毛泽东为中央军委起草的电报进一步明确："由刘伯承、陈毅、邓小平、粟裕、谭震林等五同志组成总前委，由刘伯承、陈毅、邓小平为常委，临机处理一切情况，以邓小平为总前委书记。"顺利地解决了淮海战役中60万部队、两个野战军的统一指挥问题。这个问题极为重要，因为有了统一的指挥机构，才能统筹一切，这是粟裕同志的又一重要贡献。

第三，为战略全局，歼敌精锐主力于长江以北。陶勇说："粟裕深谋远虑，从战略全局出发。他在战役发起的第二天，就开始思考将敌精锐主力歼灭在长江以北的问题。"粟裕认为，辽沈战役已经胜利结束，辽沈战役后人民解放军与国民党军力量发生了根本的变化，解放战争进入了一个新的转折点，战略决战条件已经成熟。

在围歼黄百韬兵团作战正激烈进行时，粟裕、张震于1948年11月8日向中央军委发电建议："在此次战役于歼灭黄兵团之后，不必以主力向两淮进攻，而以主力转向徐固线进击，抑留敌人于徐州及其周围，尔后分别削弱与逐渐歼灭之……"毛泽东为中央军委起草复电："齐辰电悉，应极力争取在徐州附近歼灭敌人主力，勿使南窜。华东、华北、中原三方面，应用全力保证我军的供应。"粟裕说："这份电报虽短，但字字千钧。"至此淮海战役由原来的"小淮海"，转为南线战略决战的"大淮海"。粟裕等的这一建议，为中央军委和毛主席进行战略决策，即将淮海战役发展成南线战略决战，提供了重要依据，对加快中国革命的进程、缩短解放战争时间起到决定性作用。

第四，为战略全局利益，粟裕指挥的华野在三个战场作战中作出了重要贡献。战役第二阶段情况十分复杂，随着三个战场情况发展变化，粟裕于1948年12月初，根据中央军委决策先打黄维的指示，他认为先打黄维是完全正确的，但必须速歼，否则将对战局不利。

当时淮海战场国共双方态势发生新的变化：李延年、刘汝明两兵团被华野5个纵队阻于蚌埠以南。从徐州突围的杜聿明集团，被华野的十一个纵队围困在陈官庄地区。黄维兵团被中野合围，处于孤立无援的境地。此时杜聿明为摆脱被歼的命运，向蒋介石建议从其他战场抽调几个军，空运到淮海前线。这时又传来宋希濂兵团从武汉开到浦口，准备配合蚌埠的国民党军向北进犯。蒋介石已令蒋纬国率装甲部队到达蚌埠。粟裕分析了战场态势认为，人民解放军在三个战场作战，尤其南线阻击兵力不足，如果国民党军援军到来，即使宋希濂一个兵团，南线战场也必然吃紧。万一出了乱子，势必影响全歼黄维兵团。

因此粟裕考虑，根据中央军委对杜集团暂取"围而不打"的指示，估计北线对杜集团作战还有10天到半个月的时间。华野可抽出部分力量到南线歼黄战场，先集中兵力解决黄维，然后再集中兵力解决杜聿明。于是12月10日粟裕、陈士榘、张震将上述分析和意见报告给刘伯承、陈毅、邓小平和中央军委、华东局。刘、陈、邓和中央军委同意后，华野决定即由陈士榘参谋长率第三、七、十三纵队，鲁中南纵队和特种兵纵队共5个纵队，加上豫皖苏军区独立旅和陕南军区第十二旅两个旅，支援中野歼灭黄维兵团。这样歼黄兵力有中野7个纵队、华野5个纵队，共12个纵队又两个旅，于12月14日同时对黄维兵团发起总攻，12月15日全歼黄维兵团12万余人，取得了淮海战役第二阶段的伟大胜利。

第五，粟裕同志在淮海战役中勇于挑重担。陶勇同志说："粟司令思虑缜密，他有着很强的战略全局观念和责任心，所以他始终将三个战场作为一盘棋来考虑，主动挑重担。他紧随着战场的不断变化，迅速作出分析判断和建议并及时上报，为中央军委和总前委的正确决策作出了贡献。"

在淮海战役中，粟裕负责指挥华东野战军的16个纵队又1个军和3个军区的部队共计42万人，占淮海战役人民解放军参战兵力总数的70%；歼灭国民党军44.3万人，占淮海战役歼灭国民党军总数的80%。由此可见粟裕同志在战役中勇挑重担贡献之大。而且华东野战军在战前为36.9万人，战役结束时增长到55.7万人，这也是一个奇迹。

淮海战役取得了伟大的胜利后，1949年1月中旬，斯大林同志对此作了高度评价后，还当面交代苏联哲学家尤金说："你到中国为我办一件事，就是收集、研究淮海战役胜利的原因。"尤金到北京后向毛主席说了斯大林的要求，毛主席说："这个战役是粟裕同志在济南战役快结束时提出来的，中央军委确定了方针、原则和战役的兵力部署。战役的具体指挥是总前委的刘伯承、陈毅、邓小平、粟裕、谭震林五位同志……"毛主席让尤金到南京找其中的二位，即军事学院的刘伯承院长和华东军区陈毅司令了解。1951年2月11日下午，刘伯承、陈毅来到会议室，向尤金作介绍。刘伯承院长看了淮海战役经过图后感叹地说："嗨！这个战役主要还是靠华东野战军打的呢。"毛泽东主席1949年在一次谈话中讲到淮海战役时说："淮海战役粟裕同志立了第一功。"毛主席1961年在武汉会见英国名将蒙哥马利元帅时说："我的这些战友中，属这个粟裕最会打仗。"毛主席不仅赞赏粟裕同志在淮海战役中的战功，而且对他在整个人民解放事业中的功绩作了高度的评价。

淮海战役中杜聿明被俘后，我成功地做通了他的思想工作

淮海战役第一阶段全歼黄百韬兵团和第二阶段全歼黄维兵团后，人民解放军在围困杜聿明集团期间，削弱了杜集团10万人，包括歼灭孙元良兵团大部。1949年1月6日，解放军对拒降的杜聿明集团发起总攻，至1月10日全歼杜聿明集团剩余的20万人，生俘徐州"剿总"副司令兼前进指挥部主任杜聿明。在解放军进攻杜聿明集团的最后时刻，华东野战军第四纵队一部，于10日拂晓突入陈官庄，与友邻部队占领敌徐州"剿总"指挥部。杜聿明化装潜逃，但当日上午就被华东野战军第四纵队第十一师后方医院包扎所活捉，后杜聿明又自杀未遂。我接到该师部的报告后，立即向纵队司令陶勇和纵队政委郭化若作了汇报，而后我又向该师进一步了解生俘杜聿明的详细经过。

杜聿明潜逃时，只带了其副官和卫士等10人，连他共11人。杜聿明逃跑时仓促地将胡须剃掉，换上士兵服装，每人一支加拿大手枪，以冒充我军押送俘虏，企图乘乱混过去。当走到华野四纵队十一师后方医院包扎所住的村庄附近时，碰到一位村民。杜的副官向村民打听："这庄上有解放军吗？"村民一看，他们肯定是国民党的逃兵，就回答说："这周围几十里路范围内的每个庄上都有解放军。"这个副官一听就紧张起来，他随即拿出一枚金戒指，央求这位村民："你不要告诉别人，不要报告解放军。"我们的人民群众觉悟很高，这位村民拿着金戒指就到包扎所找解放军。正好碰到包扎所的一名小战士，村民开口就说："村外有11个国民党兵，你们赶快去抓。他们害怕解放军，叫我不要说，还送我一个金戒指，我现交公。"小战士立即向包扎所所长报告。所长正忙着包扎伤员很紧张，随口就说了一句："你负责去抓就是了。"小战士说："我一个人怎么能抓十几个国民党兵呢，而且他们都有枪。"所长说："你们两个小鬼一人拿一支卡宾枪去完成任务。"这两名是刚从黄百韬兵团解放过来的才十几岁的小战士，他们商量后，决定埋伏在国民党军前进的路边可隐蔽的地方，两人成梯形一前一后。当国民党军走近障碍物附近时，前面的小战士突然冲出来，喝令"站住"，并一个箭步上去，用枪对准那个当官的（即副官）胸膛，命令所有人放下武器向后退，后面的小战士紧接着跳出来在后面作掩护。这11人一面将枪扔在地上，一面向后退。两名小战士立即将国

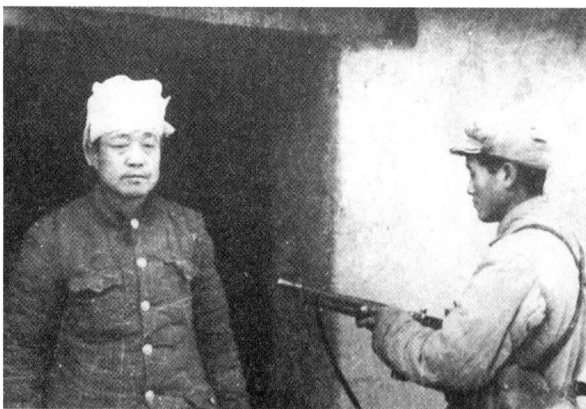

▲ 看押在华野四纵司令部驻地磨房里的杜聿明

民党军扔下的枪支用脚拨成一堆，同时故意大声喊道："通讯班都过来！"（实际上没有通讯班）而那位村民当时一直在旁边隐蔽观察，听小战士一喊，他立即叫来了所长等医护人员、轻伤员和村民，将11名俘虏抓了起来，并报告了师部。在这里我要说明的是，对抓获杜聿明功不可没的那位村民，我后来去了解了，但没有打听到他的姓名。

师部随即派人将俘虏押走。当时杜聿明的身份并没有暴露，但他却非常紧张，被俘后感到没有希望了，于是在地上找了一块石头，将头砸破了，企图一死了之。当时血流满面。他的副官见状在惊慌之余大叫："不好了，杜长官的头破了！"看管俘虏的战士听到"杜长官"，一想全军都在抓捕杜聿明，而且发了照片，马上问："你说他是谁？"副官说："杜长官。""叫杜什么？""杜聿明。"于是看守战士立即向上级报告。我十一师领导很重视，立即将杜聿明又送回包扎所包扎止血。在十一师师长谭知耕亲自向第四纵队陶勇司令作了报告后，陶司令立即令谭师长让医护人员给杜聿明作认真检查和治疗，保证他的安全，要派专人负责将杜聿明押送到纵队司令部来。并特别强调："送到纵队司令部的必须是活的杜聿明。"谭师长说："请放心，保证将一个活的杜聿明送到纵队司令部。"陶勇司令、郭化若政委立即将我叫去，陶司令说："十一师已将杜聿明押来正在途中，到达纵队后我和郭政委一起见他，搞六菜一汤款待他。然后就交给你负责看管，你直接对我和郭政委负责，其他任何人不得插手。你安排好地方，要绝对保证他的安全。粟司令已给我下了死命令，杜聿明送到华野前指时，必须是活着的杜聿明。因此，你要用脑袋担保杜聿明活着押送到华野前指。"郭政委补充说："淮海大决战的空前胜利，活捉了杜聿明就更圆满了，是完全的胜利。所以你的责任重大，必须高度负责。"我说："保证完成任务！"

纵队首长将看管杜聿明当成一件大事来抓，所以陶勇司令、郭化若政委非常重视，二位领导一起向我交代任务，这是不多见的。陶司令说："粟裕司令已给我下了死命令，送到华野前指必须是活的杜聿明。因此我和政委商定，把杜聿明交给你看管，这是因为看管杜聿明，你至少有三个有利条件。首先，你工作作风严谨、细致，考虑问题周到；第二，熟悉敌我双方高层和战役情况；第三，你是参谋出身，熟悉军事作战，懂战略战术。这三条对于看管

▲ 被看押的杜聿明

杜聿明都很重要，尤其后两条更重要。"这时我已理解纵队首长将这个重要任务交给我，不是简单的看管杜聿明，而是要做好杜聿明的思想感化工作。打消他要自杀的错误念头，让他好好活下去，这是战役取得圆满而伟大胜利的一个重要环节。

我接受任务后，作了认真的思考。主要是必须做好杜聿明的思想感化工作，使他不再想自杀。但我估计，这对于至少到目前为止仍十分顽固的杜聿明来说，要在几个小时之内是很难奏效的。但不管怎样，我一定要努力争取最好的结果，要让他看到希望。为此我做好了充分的准备。先找到了一间独立约 12 平方米左右的民房，清除室内一切可能致伤的物品。在门外设岗，又设了暗哨，以保证杜聿明的绝对安全。

杜聿明被送到房间时，我亲自将他扶上床，并让指定的医生为他的头部伤作检查后重新包扎，然后扶他平躺下盖上被。杜聿明终于开口说了第一句话："谢谢！"因为在他押来，陶司令、郭政委同他谈话时，他一直不敢答话，非常紧张，搞不清我们会对他怎样。现在他感受到我对他的一系列细致的具体动作时，紧张的情绪有所缓解。为了进一步让他放松，我开始与他聊天。因为刚才我扶他躺下时发现他的胡须剃得很乱，越向上越长。估计是他化装逃跑时太紧张，所以只仓促地剃了下半部。于是我就坐在他的床边问道："你的胡须什么时候剃的？"没想到他突然从床上猛坐起来，差一点就碰到我的头，还好我让得快。他好奇地问："你怎么知道我有胡须？"我骗他说："我原来是徐州四十二军参谋长的勤务兵，我认识你。"因为四十二军参谋长被我纵俘虏后，我参与了审问。他一听松了一口气，然后又躺了下去，但像是在想什么，似乎对此不太相信。接着我根据刚才司令、

政委与他谈话时他没有答话的情况，向他介绍了陶司令和郭政委。我说："陶勇司令机智、勇敢，是有名的战将。"他插了一句话："陶勇这个名字我听说过，具体还不是很清楚。"在我说到郭政委是黄埔四期是他的校友时，他说："黄埔毕业的我多少了解一点。他晚我几期，我是一期的。"我趁机问他："那么刚才郭政委和你说话，你为什么不吭声呢？郭政委当时已经说了他是黄埔四期，并说他很了解你。"杜聿明说："当时我脑子有些乱，他们谈话时我在想别的。"接着为了进一步缓和气氛，我继续与杜聿明聊。我说："你认识陈赓吗？"他说："何止认识，我们是黄埔一期的同学。这个人很聪明、很活跃，也很顽皮，很会打仗，我们很谈得来。他现在怎么样？"我说："陈赓司令现在很好。他是我军一个野战军的司令，他打仗很有战略眼光，是一位文武双全的军事家。"他不断地点头赞成。而后他很感叹地说了一句："陈赓如不离开老蒋就好了。"我说："我看跟着老蒋好不了。"杜聿明沉默了一会说："你说得对，要是真跟了老蒋，他也会是我这个下场。"这时杜聿明的情绪有些低沉，接着他向我提出："我的脚指甲长了，请向老百姓借把剪刀。"我告诉他："老百姓的剪刀不快。我们是优待俘虏的，你现在受伤了，我们不会让你走路的。"我知道他又想要自杀了，彻底打消他自杀的念头，已经是刻不容缓了。我考虑必须让他暴露思想深处的东西，才能有针对性地做工作来感化教育他。我问："你真的脚指甲长了要剪吗？"他不吭声。我又说："如果真要剪，待医生来了找一只指甲钳。"他说："那种东西剪不动。"正说着医生果然来了，因为事先我已向医生交代过，这里一切行动都要通过我，医生应该不会擅自为杜办什么事。但没想到的是，杜聿明又让医生帮他向老百姓借剪刀，而这位不动脑筋的医生居然答应去借。我立即令医生回去拿自己的剪刀，出去后我严肃批评了医生，重申这里任何事情都要通过我，你不动脑子差一点出大乱子。这件事引起了我高度警惕，说明杜聿明到目前为止自杀念头还很强烈，必须要有强有力的"药方"才能有针对性地为其治病。于是我就发问："你的头是怎么伤的？"他不正面回答，说："军人就是这样。"而且反复三四次这样说。我认为这个问题击中了他的要害，我说："难道用石头砸自己的头，就是'军人'的标志吗？这算什么'军人'？"经过我责问后，杜聿明才说："因为彻底失败了又被生俘，是军人的耻辱，所以这样说。"我觉得杜聿明的话基本上是内心话，道出了他为什么想自尽的一个重要原因，但还要进一步弄清其深层次的原因。因此我也开始转话题了。我说："从你的实际情况出发，有这种想法也是很自然的。因为你认为这次惨败，是你这个所谓'剿总'副总司令兼前进指挥部主任的责任。你错了！据我所知，刘峙是总司令，你是副总司令，而整个'徐蚌会战'，我们称'淮海战役'，主要是老蒋直接指挥的，甚至亲临徐州上空督战。'会战'的作战方针、部署，包括兵力调遣都是由老蒋直接指挥。开始我军打时，老蒋命令你们坚守徐州，让南线蚌埠3个兵团增援徐州，向徐州靠拢。粟裕司令已看出你们的意图，决定提前两天发起对黄百韬兵团的进攻。这时又拖了两天，等四十四军到新安镇再撤。加上何基沣、张克侠起义，黄兵团成了瓮中之鳖。蒋介石不顾一切地要救黄百韬兵团，但因我军阻援兵力强大，蒋军增援徐州的3个兵团又被我中原野战军隔断。蒋不谋划全局，只是不断给你们施加压力。结果11月22日黄百韬兵团被全歼。而后老蒋命令你们放弃徐州与黄维南北对进。但你们南进的路已被我军堵死，黄维又被合围。后来你部向西南永城方向突围，是老蒋同意的，但不久老蒋中途又改变决心，突然令你部改为向濉溪口进攻，企图救黄维并与其会师。我估计你是不愿意的。明眼人一看就知道这样一折腾，将会葬送你部30万人，但你还是执行了。"这时杜聿明打断我的话说："你完全说对了，我是不愿意，但老蒋给我的死命令不执行不行。我提过多次意见，他不采纳。即便采纳了，后来又变了决心。"我说："你知道吗？正是这样，我华野才追上了你们并封闭了合围口。总之，整个战役，蒋介石没有统筹全局，只顾救黄百韬兵团这一头。而黄百韬兵团被全歼后，又只顾救黄维，而不顾徐州的3个兵团，甚至不惜牺牲你们30万人去救黄维，结果你们全军覆灭。因此这次惨败，都是老蒋的错，葬送了你们将近60万人。"

见我说了那么多，杜聿明有所感悟地说："你的苦口婆心，我确实受到了启发，你这种精神使我感动。我是傻了一点。"我说："何止傻一点，是太傻了，太不值，你要好好活下去，将来和家人在一起，与你们那些被俘的高级将领，把你们经历过的事写出来。你要相信共产党的政策，相信人民解放军的俘虏政策。我们的政策是一贯的不会变的，不像蒋介石玩政治，根据政治需要，说话从来不算数，包括对你们也是朝令夕改的。"到这时杜才说："我不是不相信你们，我与其他人不同，是被你们宣布为'战犯'了。"至此他终于道出了他要自尽的深层次原因。我说："这个你放心，我们的政策是重在表现，不管过去是干什么的，只要今后不与人民为敌，接受思想改造，同样会受到我们共产党和解放军的优待。你应该知道，今天陶勇司令和郭化若政委并没有按'战犯'待遇对待你，你是'六菜一汤'，别的不是'战犯'的高级将领只是款待'四菜一汤'，你懂我的意思了吧！"他说：

"你说到这个份儿上，我就放心了，你也放心，我不会再犯傻了。"至此，杜聿明想自尽的问题基本解决了，但我想仍然要保持高度警惕，丝毫不能松懈，要继续做工作。

下一步继续发挥我比较熟悉战役情况的优势，帮助他总结一些带有根本性的经验教训。在谈到人民解放军围而不打又逢天降大雪，被困的国民党军队冻伤饿死者不少，空降食品时，部队哄抢又打死很多人时，杜聿明突然提出两个问题，一是，"你们当时为什么不趁机打呢？"二是，"有时食品降到贵军阵地前沿，我们士兵去取时，你们开枪了，真残忍"。我当时听后非常气愤。但我意识到，转变他根深蒂固的反动思想，比打消他的自尽念头要困难百倍，还是要摆事实讲道理。于是我说："你们的士兵饥寒交迫，都东倒西歪的，你说，我军怎么可能打你们？你们是把下属官兵的生命当儿戏，我们多次劝降都被你拒绝了。我们是本着人道主义原则珍惜他们的生命。再说，看到你们的士兵在工事里快要饿死了，我们做饭做菜叫他们过来吃，吃饱了让他们再回去，我们做到了仁至义尽。你见过世界战争史上有此先例吗？至于空降食品，凡掉在我方阵地前沿的，如他们徒手来拿，我们都让其安全地取走。但如一面向我方武装攻击，一面来抢者，其性质就两样了。我们的俘虏政策很明确，对放下武器停止抵抗者，一律优待。对持枪向我们进攻或顽抗者，我们只能予以歼灭。这是常识性问题，你却说'残忍'，这只能说明你与人民为敌的思想根深蒂固。就拿你来说，你多次拒绝我方的劝降，顽抗到底，结果全军覆没，死伤那么多的官兵，你却不感到'残忍'。最后你丢下他们不管，自己化装潜逃。你是我军宣布的头号战犯，我们仍然对你十分优待。我们司令、政委每顿饭不超过二菜一汤，今天却以六菜一汤款待你。你将自己的头砸伤，把大衣弄脏了不能再穿了，我怕你受凉，把我的大衣给了你。难道这些也是'残忍'吗？！"杜聿明说："我又犯错了，可能是我思想上的毛病，请原谅！"我认为他已经认错了，就适可而止。于是我说："对你来说，这不稀奇。几十年了，思想上的毛病不可能一下子就转变过来，要有一个较长的过程认真学习，彻底改造才行。你放心，只要你好好配合我们的工作，我们不会强行让你做什么，我们会耐心等待。"这时杜聿明的情绪好多了，似乎已放下了思想包袱，人也活跃起来。他开始谈这次战役中，他们的失败和人民解放军的灵活机动的战略战术。他说："这次初战阶段，开始连蒋介石都没有预计到贵军会先吃掉黄百韬兵团。加之何基沣、张克侠两军这时起义，切断了黄兵团向徐州靠拢的退路，造成黄兵团全军覆没。粟裕将军战略战术运用灵活，依据战场实情的变化，迅速调整部署，转变战术，而我们不行。再就是，当时考虑自己兵力雄厚，外有强兵增援。你们认准要歼灭谁，那是跑不掉的，而且阻援的力量很强，所以邱清泉、李弥东援也无效。被歼后，黄维又被围，老蒋让我放弃徐州，向南与黄维会合。我向老蒋提出再调 5 个军来，否则我们撤出徐州，3 个兵团马上就送掉。老蒋实际上已无法再调部队来了。其实这时向什么方向突围，已经不是我们说了算。考虑了许多方案，但最后都无济于事，因为贵军用兵之神速，超过我们的预想。我们原先预计突围的方向，均被贵军堵死。最后老蒋同意我的意见向西南撤退，认为西南永城方向，贵军还来不及围堵。所以我们认为从那里突出去是有可能的。但万万没有想到，这是粟裕将军有意布下的一个袋口，让我们往里钻，我却没有考虑到。但后来蒋介石又变了决心，命令我们停止向永城前进，改向南攻击前进救黄维。这一决策的改变，不但送掉了黄维兵团，更送掉了我们 3 个兵团。"我说："你们就是耽误了一天的行程，才让我军封住了口袋。"杜聿明说："我们一下全进去了。蒋在被围歼时拼命救黄百韬兵团，结果黄百韬兵团覆灭。后蒋又不顾徐州 3 个兵团存亡，拼命救黄维兵团，致使全军覆灭。这完全是蒋介石一意孤行指挥的结果。我在东北就体会到他这一点。"我对他说："如从徐州突围也只能走这个方向。因为这时的主动权在我军手里，因此你方的作战行动，实际上是我方在指挥，你相信吗？"他点头表示相信。我继续说："你能反省自己，总结一些经验教训是一件好事。但你对要害问题还没有认识到。你们失败的最根本的原因是，你们打的是一场非正义战争，因此得不到人民群众的支持。同时，老蒋总是过高地估计自己，过低地估计我军，作出错误的决策，又不听下级的意见，这就必然导致最后失败。这次的惨败充分说明了这一点。而我军进行的是正义的战争，所以处处得到人民群众的拥护和支持，而且我们讲军事民主，善于总结经验教训，总是不断取得胜利和发展。"他想了一下说："这有道理，老蒋决策错误和独裁指挥是关键。人民的力量和支持，我们没有作为重要因素考虑，而强调武器装备的因素，军事民主更谈不上。"从杜聿明这些谈话可以看出，他的思想已经有点"开窍"了。我说："你也是位军事家，是抗日名将，仗怎么打才能胜，你最了解。蒋介石要消灭共产党，而最后反被共产党消灭，最根本的问题就是'正义'和'非正义'的问题。""老蒋的立场与我们完全不同，因为他是'非正义'，我们是'正义'的。"杜说："我同意。"至此杜聿明在精神上轻松了许多，并面带笑容。他一面点头，一面问："你是干什么工作的？

▲ 被俘的战犯杜聿明

能告诉我吗？"这时我想再瞒他已经没有意义了，我就说："我一开始讲我是你们四十二军的人，是为了缓和你的紧张情绪，实际上我不是。"他说："我早已经听出来，知道你不是。"我说："我是做参谋工作的。"杜说："我说呢，是高参……你很有见地。"我继续说："你们的惨败，完全是老蒋造成的。他害了你，害了几十万将士。既然你没有战死被俘了，这是你的幸运。你还要为老蒋效忠而自杀，你怎么傻到这种程度呢？！"听我讲到这里，杜聿明想想说："谢谢！我再不会犯傻了，我要好好重新做人。"看得出来，他已经是有诚意了。以上说明做杜聿明的思想转变工作确实是很不容易的，因为他是蒋介石的高级将领、爱将，思想顽固，而我当时才是 23 岁的参谋，因此做他的思想工作难度很大。最后之所以能转变他的思想，主要是靠党的政策和我熟悉高层和战役情况，并知道一点战略、战术，注意讲究策略，有针对性地用事实说服了他，用政策感化了他。

1949 年 1 月 10 日，从下午 1 时许至 6 时左右，整整 5 个多小时，我和杜聿明的谈话始终没有停止过。重点是对他进行中国共产党和人民解放军的政策宣传，感化他，使他打消了思想顾虑。最后送他走时，他握住我的手说："希望将来有机会再见面好好谈谈。"可见对杜聿明的思想感化说服工作取得了成功。后来杜聿明先生还当上了全国政协委员和常委。当时我虽也在北京工作，特别是 1979 年和 1980 年全国两会期间，我任大会秘书处总务组副组长，全国人大主席团和全国政协常委开会每次都通知我参加，但因大会的事务太忙故很少出席。一次我有空参加了全国政协常委会会议，想利用开会的机会看看时任全国政协常委的杜聿明先生，但他正好有事请假未到。以后我就始终没有机会去见他一面，真是一大遗憾！

（作者时任华东野战军第四纵队机要参谋）

决战淮海战果辉煌

黄 浩

改任军事指挥员 师山炮连连长替我"光荣"

解放全国的伟大决战开始了，1948 年 11 月初，人民解放军奔向淮海战场。身在干训队学习的我，思想上好不烦闷，人们都在执行战斗任务，而自己待在后方养着，实在不安心。天不怪、地不怪，只怪自己犯了打人的错误。前方不断传来部队作战的消息，作为一个共产党员和人民战士，向往着上战场执行作战任务，心情是多么迫切啊！

11 月 8 日，国民党军第三绥靖区副司令、中共地下党员何基沣、张克侠两将军，在人民解放军强大攻势的关键时刻，在贾汪、台儿庄地区率部起义。山东兵团乘机穿越该部防区，进抵大许家以西，切断了黄百韬兵团西窜退路。我们四纵当即抢渡运河，展开猛攻，协同友邻将黄兵团 4 个军围于碾庄圩及其周围不到 18 平方公里地区内。

11 日，我纵击溃向前楚墩反扑的国民党军两个多团后，连夜向当面的国民党军，与友邻协同展开攻击。在战斗中，三十团三营副营长负伤，我奉命连夜调出干训队，到三十团三营补副营长之缺。

参军以来，我由文教、支部书记到指导员，现在一下由政治工作改任军事工作，完全出乎我的意料。一方面我十分担心，深感会失去继续担任政工干部的资格；另一方面又十分高兴，因为我历次战斗，对军事指挥特感兴趣。虽主持政治工作，但往往对军事指挥出主意想办法，且一般都担任突击任务，也都能较好地完成任务。所以要我改行任军事指挥员，正中我意，信心十足。

我接任三营副营长之职后，协助营长胡守信同志，对部队抓紧作村落攻坚的准备。

▲ 华野四纵山炮阵地向国民党第七兵团六十四军大兴庄阵地抵近轰击

14日夜，我十师按村落攻坚战的打法，向大兴庄国民党军发起猛攻。解放军炮兵以抵近射击摧毁国民党军地堡，集中火力压制他们，我们三十团担任主攻。第一梯队二营之五连，连续爆破几道鹿砦成功，随即占领前沿交通壕，向两侧发展，巩固与扩大了突破口。我带二梯队三营之先头七连，进入突破口后，向右沿国民党军交通壕发动进攻，八、九连紧随七连之后。二十八团两个营，在战斗发起前，先把交通壕挖到鹿砦边，还横向挖了80米的交通壕，迅速投入了战斗。我三营与二十八团会合，全歼国民党军一个加强团。他们几次乘夜反扑，都被二十八团和我三营八连击退。

国民党军不甘心大兴庄的失守，15日中午，集中所有炮火向大兴庄实施火力反击，时间之长、火力之猛前所少有。当时，我要利用国民党军地堡以躲避他们的炮火，见堡内早已人满，只好坐在堡门口，头顶上还有二十来公分厚的土木掩盖，可以抵挡弹片。我刚坐下来，师部山炮连连长出于同样目的，跑过来也想挤入地堡。我指给他看，说人已坐满进不去了。他说还可挤一下，硬要挤进去。我只好将头和身子后仰，让他从我身上越过去。正当我后仰两人面对面胸靠胸时，国民党军一发迫击炮弹，正击中堡口顶盖爆炸，弹片击中并穿透了他的背部，他"嗯"了一声，一动不动地伏在我身上。这位山炮连长，就这样代替我"光荣"了。如果没有他，这发炮弹，无疑正中我头部！这是在战场上，直接代替我"光荣"的同志。这瞬间情景，我永世难忘，如果没有他，我现在在哪里呢？

国民党军炮击时，我们营长胡守信也被击伤，他下了火线。在以后的战斗中，我代理营长指挥。

缩小包围圈聚歼

11月16日，我十二师之三十五、三十六团，攻击大牙庄国民党军，激战至 18 日拂晓，全歼国民党军 3000 余人。接着三十五团附纵队警卫营，经逐屋争夺后攻占小牙庄，全歼国民党军 1800 余人。19 日晨，第三十六团及十一师一部，打垮了由碾庄圩反击我小牙庄的国民党军后，奋勇出击，俘虏 1500 余人。当晚，友邻总攻碾庄圩，我纵以一个团配合策应。20 日拂晓，

▲ 华野四纵三十五团参谋向俘虏了解小牙庄地形和守备能力

黄百韬兵团只剩下 2 个军部和 3 个师部及其残部六七个团兵力，固守大院上、小院上、尤家湖等 8 个村庄负隅顽抗。

我纵奉命攻歼尤家湖的国民党军。我十师二十九团由北向南，经两昼夜近迫作业，把交通壕、掩体挖至其外围据点附近；我三十团三营由我指挥，由大兴庄向西直逼尤家湖，将交通壕、掩体挖至国民党军防御工事鹿砦边，并以直瞄火炮和重机枪，依托掩体组成火力队，掩护部队攻击。

21 日，我纵以第十、十一师和十二师之三十四团，合力围攻尤家湖，三十四团并首次得到特纵 4 辆坦克的配合。下午 4 时半，在猛烈的炮火准备后，总攻开始。我率三营与友邻协同一致，同时突入阵地，后沿战壕向右发展，经 3 个小时激战，全歼国民党军 4000 余人。

22 日，黄兵团残部经我纵阵地前向西突围，我部与友邻协同全线出击，残余的国民党军已完全失去了战斗力，未经激战，黄兵团全军覆没，兵团司令黄百韬毙命身亡。

至此，战役第一阶段胜利结束，我纵歼灭国民党军近 2 万人，生俘国民党军中将军长以下 1.3 万余人。接着我纵南开睢宁、灵璧间之陆老家庄、渔沟地区进行增补并待命。

“小刀宰大牛”创造模范战例

战役第一阶段结束后，总前委根据中央军委的指示，决定以中野全力并以华

野一部求歼黄维兵团。华野负责阻击徐州南援国民党军，并迎歼由蚌埠、固镇北犯的国民党军，保障中野作战。四纵奉命统一指挥第一、十二和渤海纵队，组成东路阻援集团，控制徐州东南之水口、二陈集、关帝庙一带阵地，配合友邻坚决阻击徐州南援之敌，并随时准备出击。

11月25日晨，中原野战军诱敌黄维兵团渡过浍河后，将其包围在宿县西南之双堆集地区。黄维兵团被围后，中央军委及时预见到徐州之敌可能向武汉或两淮方向逃窜，即指示中野、华野预作准备。

11月30日，杜聿明率3个兵团及徐州地区之行政机关后方人员，并裹胁部分青年学生，共约30万人，沿徐州、萧县到永城公路蜂拥南下。

总前委及华野首长及时查明情况后，当即以华野11个纵队，向西展开了多路跟踪、平行和超越追击，穷追猛打。我纵队首长号召全体指战员，发扬"三猛、三得"精神，不顾饥渴疲劳，克服种种困难，马不停蹄地日夜兼程，猛追国民党军。

12月3日晚，我三营任三十团前卫，到达了张寿楼，刚歇了一下脚，侦察员就气喘吁吁地跑来向我报告："副营长，前面小庄（指郝汉楼）有敌人，天黑刚到，正在构筑工事，人数不详。"

根据作战的一般规律，我判断，这是国民党军的后卫警戒，兵力可能是一个排，最多也不会超过一个连。想到这里，我自言自语地说："好，牛尾巴到底被我们抓到了。"消息一传开，战士们个个喜上眉梢，议论纷纷：

"这下有仗打了，这几天跑得不冤枉！"

"看样子，今晚就能开开荤！"

正在这时，团长刘春山风尘仆仆地来到了我们前卫营，我们一见面，我就把上述情况和判断，作了报告，并提出由我们营吃掉这股国民党军。刘团长完全了解我的特点和脾气，爽朗地笑了笑，语气坚决地说："行！我团左翼是友邻二十九团，将向阎阁方向追击。团的二梯队将从你们右侧迂回，你们上去后，能把它吃掉就吃掉，吃不掉就把它看起来，以保障后续部队顺利通过，追歼敌人的主力。"停了一下，团长又说："你们营长负伤不在位，你和其他营干要好好研究。"说完他就忙着部署团主力的战斗行动去了。

随后，我和教导员瞿钦明同志碰了个头。瞿教导员，原是地方上的区委书记，抗战胜利后转到部队，已和我们一起战斗和生活了3年。他戴着一副近视眼镜，看上去像个文弱书生，可是论起指挥打仗却也在行。他听完汇报后认为，前面只是一个小村庄，国民党军又是溃逃中刚停下来，工事还没有构筑完，要吃掉它不必把全营兵力兵器都用上。我们两人的想法，真是不谋而合。遂决定以七、八连及营属机炮连，执行全歼该部国民党军的任务，九连和配属我们营的团警卫连，必要时再投入战斗。定下决心后，我一面派通讯员把各连连长、指导员找来，一面根据郝汉楼周围的地形和敌情，确定了具体的打法。

郝汉楼，位于萧县西南部张寿楼与张小阁子之间，居民有三十来户，都是泥墙茅草房。四周地形开阔平坦，全是旱田庄稼地。村西南角有个约100多平方米的水塘，村东侧200多米处，是树林和坟地。一条乡村大道，自张寿楼向西穿过村庄，通往张小阁子。我们估计，在我追击的正面，国民党军肯定会布置较严密的警戒，如果我们从正面一打，国民党军必然会向后退却逃跑。要歼灭它，必须把攻击的主要力量，放在国民党军的退路上。偷袭如果不成就强攻，这既容易打进去，又可以震撼国民党军，便于全歼。

几分钟之后，各连的主官都到齐了。我简要明确地给各连下达任务和打法，规定了协同动作的方法和信号。4日凌晨1时，散发着阴冷惨淡之光的残月挂在夜空，整个大地依然朦朦胧胧。月光下，两支队伍悄悄地向郝汉楼摸去。担任助攻任务的八连副连长陈玉同志，率领八连二排和机炮连，利用夜色从正面，沿大路左侧向郝汉楼隐蔽接近。他们到达预定地点后，以树林、坟地为掩护，立即做好冲击的准备。与此同时，我带领主攻分队七连和八连一排，从张寿楼出发，穿越开阔的庄稼地，向西南面国民党军的侧后迂回。在运动的途中，各连、排边走边组织，简要地向下面传达了任务，部署了兵力、火力和具体打法。夜色掩护着奋勇疾进的战士，夜色也使国民党军心惊胆战。"嗒嗒嗒嗒"、"嗒嗒嗒嗒"国民党军的壮胆机枪，断断续续地向四周盲目射击，在迂回中，我们有几个同志先后负伤，战士们默默记下这笔账，坚定地按预先的规定，利用夜色前进，他打他的，我走我的，不吭声，不还击，疾速无声地直指攻击目标！

距离国民党军越来越近了，村头隐隐约约地传来构筑工事的锹镐声和人马的嘈杂声。七连像一把锋利的钢刀，乘机直插国民党军的侧后。一排长阮平带领的尖兵班，在距对方约三四十米时，被发觉了。

"哪一个？口令！"

"自己人，不要误会！"

尖兵班一边镇静地回答，一边十分神速地向国民党军猛扑过去。阮排长及时地把两颗红色信号弹射向夜空，这是命令后续分队迅速跟进的信号，也是命令正面助攻分队立即投入战斗的信号。攻击开始了，配置在正面的6挺重机枪和3门六〇炮，各按协同规定，以猛烈的火力，射向村庄的大路北侧。顷刻间，几十颗炮弹，像冰雹似的落进了国民党军阵地，步枪、冲锋枪、轻重机枪射出的子弹，像一条条火龙喷向国民党军，密集的枪声、剧烈的爆炸声和冲杀的呐喊声响彻夜空。我们的突然袭击，把国民党军打得晕头转向，慌忙地逃进了村庄，躲进了临时挖掘的工事。七连一排，首先楔入敌人阵地，以手榴弹、冲锋枪、刺刀消灭了部分国民党军，缴获了多门马拉的火炮。后续分队七、八连相继跟进。七连连长瞿玉龙，是个战斗经验比较丰富的老同志。他看准时机，一马当先地带领后续分队猛打猛冲，积极扩张战果，很快占领了大路南侧村头的部分工事和一栋房屋的后沿。八连指导员季中元和一排的战士们，进入突破口以后，机智灵活地向右侧发展进攻，迅速夺取了水塘北侧部分工事。八连副连长陈玉同志，趁主攻方向枪声大作、国民党军慌乱的有利时机，立刻率二排利用火力的掩护，从正面突入阵地，与国民党军短兵相接。

指挥打仗最重要的是要及时掌握双方军情，做到知己知彼。为此，我除了用各种方法，了解攻击分队的进展和伤亡情况，还让通讯员押来两名俘虏进行审问。从俘虏口供中我得知，守备郝汉楼的国民党军是国民党第八军四十二师师部率直属队及一二五团和配属其指挥的七〇九团。

啊！我不由吃了一惊，打这么多国民党军，太意外了。我们总共只有一个大量减员的加强营，使用于第一梯队的兵力，只有两个连；而对方是一个师指直属队和两个步兵团，兵力对比如此悬殊！说实在的，我着实担心，怎么办？是坚决打下去，还是赶快撤出来，必须当机立断！

我冷静地作了分析：从局部看，敌众我寡，力量悬殊，要吃掉它，显然力不胜任。但从全局看，我们是乘胜追击，况且我营的后面，还有团和师的主力，我们不是孤立的。国民党军是溃逃之军，撤退心切，其兵力虽多，但如惊弓之鸟，士气低落。我兵力虽少，但夜间战斗，国民党军一时搞不清我们的情况。所以，只要充分发挥人民解放军近战、夜战的特长，坚决打下去，尽管会付出巨大的代价，但仍有胜利的希望。即使不能消灭它，也能拖住它，为团和师的主力全歼国民党军创造有利条件。因此我决心：不惜任何代价，坚决打，打到底！既然我们这把小刀意外地插进了牛肚子，岂能再把它拔出来！

拿定主意后，我急忙写了一张纸条："敌人太多，赶快使用营、团主力，从正面打上来。"交给随我行动的团通讯员余国臣和另一名战士，命令他们速向营、团报告情况。在夜幕的掩护下，他们一前一后，跑步向上级指挥所奔去。

战斗愈来愈激烈了，七连连长瞿玉龙和指导员陈伯新同志，边打边组织，接连向路北独立房屋，发起了多次突击。但由于国民党军数量太多，火力很强，攻击均未奏效。八连一排，向村庄西南侧发起的连续攻击，也被国民党军的火力所阻，指导员季中元牺牲。八连是一支经得起摔打的分队，在大兴庄战斗中，连长郭毅等同志牺牲后，全连指战员不屈不挠，继续猛烈攻击，同兄弟连队一起占领了大兴庄，并且打退了国民党军的反击。现在，两个"主官"都牺牲了，一排长叶显林，就义不容辞地担负起指挥全连的重担。正面助攻分队的战斗，进展也很艰苦，那里火力虽较强，但兵力太少，说是一个排，实际上只有两个步兵班，共20多人。他们突破国民党军的前沿阵地后，乘胜前进，冲到了村子里。在肉搏战中，副排长刘重义牺牲，五班长庄南山、六班长陈太贵都"挂花"了，但终于夺取了一个房院，有了一个立脚点，七连和八连的伤亡越来越大了，班不成班，排不成排，进展非常困难，被迫与国民党军形成了对峙局面。

我即令各连整顿组织，抢修工事，马上转攻为守，做好抗击国民党军反冲击和阻止他们突围逃窜的准备。

凌晨3点多钟，濒临绝境的国民党军，像一头受伤的野牛，开始做垂死的挣扎，企图夺路脱逃。由于我们攻击的矛头，正好指向国民党军的师指挥机关，他们在慌乱一阵之后，穷凶极恶地反扑过来。在几十米宽的地段上，国民党军以两个连，甚至整营的兵力，接连不断地向我七、八连阵地实施反冲击，一波又一波的人，朝我方涌来！阵地上你争我夺，双方混战在一起。开始是密集的枪声，接着就是排子手榴弹的猛烈爆炸声。国民党军扔过来的手榴弹，带着咝咝的响声掉在我们前后左右，炸得尘土飞扬；投进水塘里的，掀起了很高的水柱；滚进工事里还没有爆炸的，就被英勇的战士们拣起来又回敬了过去。战斗达到了白热化程度，指战员们利用房屋和国民党军挖的工事，以压倒一切敌人而决不被对方屈服的英雄气概，有我无敌，顽强抗击。投出去的手榴弹一枚接着一枚，在对方阵地里开花；射出的子弹，一串连着一串，飞向扑过来的国民党军。武器打坏了，子弹用光了，就捡起国民党军的武器、弹药还击他们。轻伤员不下火线，仍然坚持战斗，重伤员能动手的，就帮着往弹夹里压子弹或拧手榴弹盖，能动口的，就进行战场鼓动。

这是战斗最紧张、最激烈的时刻。房子和附近的柴草垛在燃烧，灼热熏烤着我们，整个村庄都被映红了。

七连是一支久经考验的队伍，是打过许多硬仗、恶仗的连队，上上下下送给它的美称叫"老虎连"。什么日本鬼子，什么国民党的王牌，如七十四师、新五军的部队，都曾被其打败和俘虏过！现在虽然已伤亡过半，但每一个人，都有一颗坚定的决心："一定要堵住，坚决消灭它！"指导员陈伯新及时鼓励大家："狠狠地打，决不放跑一个敌人！""为连队争光，为人民立功！"

一排长阮平是员虎将，只要一听说打仗，宁肯不吃饭，也要把最艰苦的任务抢到手。这会儿，他依托工事，向扑过来的国民党军连续投出十几枚手榴弹，然后又用冲锋枪猛扫。他的下肢被子弹打穿了，顾不上包扎，却敏捷地换上弹夹，又接着开了火。突然，一枚手榴弹在他身后爆炸，他臀部负了重伤。阮排长清楚地意识到，在这种茬口上，指挥绝不能中断，他继续坚持指挥战斗并积极鼓励战友们。二排长刘在生负伤以后，共产党员、班长庄锦福主动站出来，接替排长指挥。忽然，一个熟悉的身影，从我身边闪过向国民党军冲去，那是卫生员小丁！只见他端着冲锋枪，一会儿在这边，一会儿到那边向国民党军猛扫，竟忘记了利用地形地物。我急忙喊他注意利用工事。小丁很快就跳入了工事，又机警地向国民党军开火了。

国民党军以密集的人潮，多次进行反冲击，一直持续了半个多小时，才渐渐地停了下来。"牛"劲泄了，战场上出现了短暂的平静。

村庄里硝烟弥漫，浓烈的火药味直呛鼻子，使人喘不过气来。我利用沉寂的片刻，迅速检查了各连的战斗部署和伤亡情况，把所有能够发动起来的人员都组织起来，形成了一个后三角形的支撑点，七连一排卡住路口，防止国民党军突围；二排向西警戒，避免国民党军从侧后袭击；八连一排在水塘北侧堵住国民党军。大家紧张而有序地准备下一步的恶斗。

在东方刚发亮的时候，村东侧响起了冲锋号和密集的枪声。"我们的主力上来了！"一个个战士欣喜若狂，不约而同地喊起来。这信息，立刻使战士们精神振奋，斗志倍增。

话分两头，教导员瞿钦明和副教导员徐标同志，在接到我写的纸条以后，急速带领九连和团警卫连，从张寿楼展开，不顾一切向郝汉楼发起了坚决猛烈的冲击。号音催人奋起，激励着每一个战士，他们在正面一梯队的配合和火力掩护下，以风卷残云之势冲向国民党军。九连连长范铁山和警卫连连长陈长友、指导员姜克忠分别带领连队，从大路南北两侧直扑村庄。八连二排也乘机再次发起冲击。在街道、房屋、庭院中，展开了激烈的拼搏。本来已惊惶失措的国民党军，这下子完全乱了套。只是在冲击中，副教导员徐标不幸中弹牺牲。

这时团的主力，已经迂回到张寿楼西北侧，正追赶国民党军的主力。歼灭国民党军的最后时刻到了。我一边命令司号员吹冲锋号，以配合正面攻击分队，一边督促七、八连把国民党军坚决堵住。天逐渐地亮了，国民党军在我东西两面夹击下，完全失去了有组织的抵抗。只顾逃命的国民党军，像一股汹涌的人潮，朝我七、八连方向涌来，前面的国民党军士兵中弹倒下去了，后面的就踩着尸体，抱头鼠窜，只顾逃命。尽管战士们竭力猛打，仍有200多名国民党军，穿越火墙侥幸漏网，向张小阁子方向逃去。这股国民党军，正碰上我团二梯队的前卫，五连副连长茅克明和战士黄树章两人拦住去路，把他们全部抓获。

激战一直持续到早晨6点钟左右才结束。这一仗，仅我们营及团警卫连，就歼灭国民党军1个师部、2个步兵团的3个步兵营和1个师炮兵营，俘敌副师长以下1800余人，缴获三七战防炮和九二步兵炮11门及大量武器、弹药。

这头大"牛"终于让我们这把小刀砍倒了。

当我们清理完战场，撤出村庄以后，天已经大亮了，东方映衬着一片金红色的霞光。云空里响起了隆隆的轰鸣声，3架国民党军飞机飞临郝汉楼上空，这是它们"有力支援"突围的陆空配合。飞机轮番扫射了一通，又扔了几颗炸弹，往回一飞了事！

战后，陶勇司令员传来指示，要我亲自向他汇报作战的具体情况。这是我第一次面见自己的高级首长。他认真地听我说了情况，又问了我几个问题，当面表扬我说："你们打得好！大仗还在后面，希望你们继续努力，取得更大的胜利。"我迅速回到部队，利用战斗间隙，原原本本地向全营同志传达了陶司令员对我们的鼓励和要求。大家表示决不辜负首长的期望。

此战，创造了以少胜多的范例，以后成了总参谋部编印的《中国人民解放军战例选编》营、团成功战例中的一篇，成为全军和各军事院校学习的教材。为此我深感荣幸。

有关这次战斗的情况，国民党军被俘将领第八军少将参谋长袁剑飞有如下一段记述，从对方的角度反映了我们这次战斗的胜利。他说："12月3日，李兵团主力于王白楼附近地区待命。此时第二三七师师长孙进贤、第九军副军长李茮宣、兵团副司令官陈冰等人已率一部抵薛家湖，李弥令其于明日回到李石林附近。在萧县担任掩护撤退任务的第九军一部正在归建途中，其先头部队第四十二师（欠第一二四团，附第七〇九团）、第三师第九团已于 3 日晚进抵张寿楼、张小阁子附近地区。在同兵团部取得有线联络后，周开成和我曾同第四十二师通过电话。但次日拂晓，第四十二师突破解放军包围。师长石建中原拟于 4 日晚冲击，而李弥则坚令其于 4 日白昼突围……""该师突围准备工作完成及兵团部方面支援突围的兵力、火力组织就绪后，李弥令该师于下午 2 时开始突围。国民党军战车不敢冲击解放军，只是远离包围圈作火力支援。空军配合更差，投弹数枚，一飞了事。加上突围部队本身士气低落，不敢冲击，有的壕内待俘，有的各自逃命，有的未经战斗即束手就擒。因此第四十二师的突围受到了解放军歼灭性的打击。突围部队及掩护部队之一部遭到严重损失，其中第四十二师参谋长刘之正重伤，当晚在李石林死去，据说参谋主任袁子坚阵亡，副官主任杨明德受伤，该师师直及第一二五团几遭全歼。第一二五团西逃时尚有千人，此次突围出来的仅百余人。自副团长吴立家和营长刘强、吴平东以下官兵多人，均未能突出。配属该师的第二三七师第七〇九团全部被歼，团长陈载经被俘；第三师第九团全部被歼，团长刘鹤重伤，生死不明。以上两团突围出来的仅 30 余人而已。整个突围战斗，李弥兵团共损失了三个半团的兵力。"（袁剑飞《李弥兵团被歼记》，《淮海战役亲历记（原国民党将领的回忆）》，中国文史出版社 1983 年版，第 265、266 页。）

人民解放军节节胜利　战场休整大获全胜

与此同时，我师二十九团第二营攻占阎阁后，国民党军第八军一个团，在 5 辆坦克掩护下，向我疯狂反扑，全村被国民党军燃烧弹打得到处起火。该营指战员提出了"有二营就有阎阁"的口号，与国民党军拼死决战。正当情况十分危急之际，友邻两广纵队第三团第一连副连长带一个班、第五连连长带两个排，主动由阎阁以西向敌侧背主动出击，击溃了国民党军，适时有力地支援了二营作战，并乘胜攻占了刘楼。纵队首长除号召全纵向两广纵队学习外，也对二十九团二营通令嘉奖，并号召学习该营顽强战斗的好作风。

从徐州撤退的国民党军终于被华野大部队围住。被围的国民党军在我连续攻击下，其外围部队虽不断被歼，但其主力也争取了时间，转入了野战防御。

从 26 日起，我纵各师集中兵力，向国民党军轮番展开进攻，第十师攻占郭庄、前平庄后，我率三营奉命攻击大小土楼，以特纵坦克 4 辆配合战斗（这是我第一次参加和指挥步炮坦协同作战）。发起战斗的前一天下午，我与特纵坦克指挥员，进行了现地勘察和协同，在我三营正面突破口两侧，以坦克火力支援我们冲击。这时国民党军已经吓破了胆，毫无招架还手之力，在我三十团和二十八团一个营的配合下，全歼国民党军两个团；第十一师于小屯附近击溃国民党军两个团的反击，并攻歼魏家楼守备的国民党军 800 余人；第十二师攻占崔阁、陶庄、吴庄、杨李庄，俘虏国民党兵近千人。至 12 月，人民解放军已攻克国民党军占领的村庄 50 余处，共歼灭国民党军 1 个兵团部、2 个军部、5 个师部及 27 个团约 8 万余人。杜集团仅剩 2 个兵团 8 个军残部约 20 万人。为做垂死挣扎，国民党军在步炮坦空协同下，竟施放毒气掩护向东南突围。

12 月 14 日，我纵奉命南移，接替友邻十一纵梁庄、板凹、毛楼一线阵地，坚决阻击国民党军突围。12 月 15 日夜，中野主力及华野一部，于双堆集地区全歼黄维兵团，并活捉兵团司令黄维、副司令吴绍周。淮海战役第二阶段结束，共歼灭国民党军 4 个军，11 万余人。

黄维兵团被歼后，杜集团被我团团围困在东西 10 公里、南北 5 公里的狭小地区内，覆灭已成定局。为配合平津战役，中央军委决定，对杜集团采取围而不打的方针，淮海前线全军进行战场休整，加强对国民党军围困，展开政治攻势。

自 12 月 26 日起，我们在战场休整中，进行了多种活动。主要是对国民党军攻心，前线部队设了广播站，用喇叭筒对国民党军喊话，宣读了毛主席亲自起草的《敦促杜聿明等投降书》。由于国民党军饿困难捱，我们战士在刺刀上戳上大馒头，喊他们过来吃饭。此后一到天黑，所有一线正面，都有零星的、三五成群的国民党军士兵，偷偷从对面跑过来，大大瓦解了蒋军，有的竟整排、整连甚至成营地摇着白旗携械来降，前后达 8000 余人。他们一来就吃上饭，竟有人一下吃得撑死了的。

人民解放军内部恢复整顿了组织，提拔和调整了大批干部和骨干，吸收了大批阶级觉悟高、战斗中表现好的同志火线入党。我们团还用老俘虏带新俘虏的办法，充实和加强部队实力。人民解放军多年来，先后补充了大量解放战士，经过教育锻炼成为我们连、排、班的干部和骨干。他们的现身说法，最容易做好新解放战士的工作，迅速提高他们的阶级觉悟，宣扬我官兵平等，从而保证了连队人员充足，建制恢复，行政和党团组织健全，保持和增强了部队的战斗力。

人民解放军阵地普遍以近迫作业，推进到国民党军前沿鹿砦边 30 到 50 米处，为总攻做好了充分准备。

1949 年 1 月 6 日，总前委命令人民解放军发起总攻。我纵奉命由东向西攻击，第十二师迅速攻占鲁老家、臧凹，第十师攻克小阎庄、吴楼。7 日夜，李弥兵团开始动摇，我纵乘胜展开猛攻，至 8 日拂晓，连克夏凹、朱庄等据点十余处，俘虏数千人。9 日，贾庄、胡庄的国民党军西窜，人民解放军当即展开白天攻击，第十师攻占竹安楼，十一师克朱楼，歼灭其一部。崔庄的国民党军残部 2000 余人，在解放军强大攻势下，由副师长率领向十二师三十四团投降。9 日夜，我纵乘他们溃乱之际，向其"心脏"地区猛扑，连克罗庄、李庄、黄庄户，俘虏其 3000 余人；第三十五团攻占黄庄户后，以第二营协同友邻第十纵队一部，向国民党军陈官庄飞机场猛攻。

10 日拂晓，攻占国民党军总指挥部陈官庄。我们协同各部全线出击向其猛攻，连克郭庄、谢庄、花小庙等地，一直打到包围圈边缘的刘集、杨砦，与友邻纵队协同，最后歼灭了负隅顽抗的国民党军第五军残部，击毙了嚣张骄横的第二兵团司令官邱清泉。"剿总"副总司令杜聿明乘乱化装潜逃，后为我第十一师后方医院樊正国、崔喜云两同志生俘。

至此，伟大的淮海战役胜利结束。我纵共歼灭国民党军 72863 人，俘虏 58018 人。我纵共伤亡 10637 人，第二十九团政委郑克、第三十一团副团长朱涛、第二十八团参谋长马常生、第二十九团参谋长胡常胜、第三十二团政治处主任赖峰、第三十三团副参谋长贺新奎、第十师管理科长李吉等同志在战役中光荣牺牲。

（作者时任华东野战军第四纵队十师三十团三营副营长）

纵马闯关传急令 追歼逃敌奏佳捷

刘 涛

伟大的解放战争，进行到决定蒋家王朝存亡的淮海战役第一阶段（即黄百韬兵团被全歼）结束，尤其在由确山地区东援的黄维兵团，被人民解放军围困在双堆集后，蒋介石和他的统帅部慌了手脚，一面命令在蚌埠地区的李延年、刘汝明两个兵团再度沿津浦路北援；另一面命令在徐州地区的邱清泉、李弥、孙元良三个兵团南下，企图以南北夹击之势，解救被围的黄维兵团，然后共同南撤，保存主力，继续维持摇摇欲坠的蒋家王朝。

战至 1948 年 11 月 30 日，徐州的国民党军在南援无望的情况下，徐州"剿总"副司令杜聿明便率领邱、李、孙三个兵团和国民党在徐州的党政机关以及裹胁的青年学生，共 30 多万人，混乱不堪地沿着徐州、萧县、永城公路，向徐州西南逃窜。人民解放军各路大军随即奉命向其奋勇追击。当四纵十一师追至萧县西南瓦子口以北王岗头、夏洼等地时，师司令部预先区分的宿营地与国民党军的宿营地混杂在一起。但是，这些国民党军，凡有人民解放军到达之村镇，稍有接触，便似惊弓之鸟，甚至未开一枪，便落荒而逃。

12 月 4 日晨 6 时许，师长谭知耕、副政委王敬群等首长来到师司令部作战值班室，询问各团到达宿营地的情况。作战科科长周云同志向首长汇报说："除三十一团外，其他各团和师直属队都送来了宿营报告，唯有三十一团到现在尚未联络上，该团既没有向师拉设电话线（当时规定由下往上拉设电话线），又未派人送来宿营报告。其原因是师部驻地与该团驻地之间的两侧，各有一个村庄为国民党军所占据。两个村庄相距不到

▲ 华野四纵十一师师长谭知耕

1000 米，地形是一望无际的开阔地，无任何遮蔽物。两个村庄的国民党军，以轻重机枪和迫击炮的火力，严密封锁这个地段，师通信连派去联络人员几次均有伤亡，一时无法联络上。”

首长们听周科长汇报后，内心十分焦急，谭师长说：“立即派一个干部去找三十一团，要该团坚决扼守现驻地，不得让敌人从该团驻地向西南方向撤退，视情况配合三十二团、三十三团和兄弟部队歼灭两侧村庄的敌人。”稍停片刻，谭师长又说：“派谁去执行这个任务呢？”其他首长还未开口，师长接着说：“派个得力的干部去。”这么一说，倒叫其他人为难了，在场的参谋、科长好几个，叫谁去，岂不就是“得力的干部”？一时无人说话，师长问周科长说：“刘参谋到哪里去了？”周科长回答说：“他就在这个放地图的桌子下面睡觉，昨夜里他值班。”师长随即低下头用脚拨了一下我说：“快起来，去找三十一团。”其实，我并没有睡着，首长们说的话，我都听到了，只不过师长点了我的名，还是个“得力干部”，实在受宠不起，更不好意思说听到，只好装睡着了，好像什么都不知道的样子。在战场上的人，任务越是艰巨，越是危险，越会争先恐后地抢着去，师长这么一说，还有谁去争呢？

我起来后，师长问我：“你怎么去法？”我回答说：“骑马去。”师长说：“骑马去目标不是更大？”我说：“目标虽大一些，但速度快，敌人也不一定就能打着我，总之，我相信没有通不过的封锁线。首长忘记了，我不是当过几天骑兵连长吗，请首长们放心，保证完成任务，活着回来见你们！”

周科长见无人再说什么，便说：“就这样，刘参谋快去准备一下，就出发。”当师长点我的名，让我去找三十一团，我就想到骑马去。1948 年 3 月初，在黄河北濮阳县孙固地区休整时，师的各团骑兵通信兵和师通信连骑兵排集中起来，临时组成一个骑兵连，我任连长，在华野特纵骑兵团接受过两个月的马匹饲养、疾病防治、马术和战术等基本动作的训练，我本人还学会了作为一个骑兵战士必须具备的几个动作，如马身跳上跳下、马身独立、马肚藏身、马上射击和格斗等动作。同时，我曾在师司令部通信科当过几天通信参谋，对骑兵排的人员、马匹的情况了如指掌，这是我骑马执行这个任务的基本条件。

我到骑兵排二话没说，就拉出一匹中等个头、颈脖上的鬃毛长得拖地、个性暴烈的枣红马。这匹马曾在新四军四师骑兵团服过役，参加过多次战斗，越是听到激烈的枪、炮声，跑得越快，所以骑兵排的干部、战士们都称它叫“跑如飞”，可惜它岁数大了点。

当天上午 7 时 30 分，我纵马跃出我方前沿，快马加鞭跑了约 500 多米的时候，东西两侧村边的国民党军用轻重机枪向我进行疯狂的扫射，时而还有几发迫击炮弹落在我的左右前后。为了减小目标，我做了个马肚藏身的动作，一路尘土飞扬，在国民党军的猛烈火力的迎送下，用了不到 30 分钟，跑完了 12 华里的路程，人马毫发未损，顺利地到达了三十一团的驻地。

为避免误入国民党军营地，我在该团驻地村外的百米处，来回转了几圈，待弄清情况时才进村。就在这时，该团作战参谋孙志聪同志，大概是听了该团观察哨的报告，到村北头迎接我。进了团部后，我立即向该团首长们传达了师首长的命令。上午 10 点多钟，我三十二团对右侧村庄国民党军发起了攻击，三十一团以一个营兵力从该庄东南角进行侧击，该部国民党军未作大的抵抗，便很快向西南方向溃退。左侧村庄的国民党军，在我三十一团一部的配合下，被在我师左翼追击的兄弟部队歼灭。

至此，华东野战军和中原野战军尾追、拦击的 11 个纵队的部队，将杜聿明集团紧紧地包围在萧县、永城之间的陈官庄、青龙集、李石林狭窄地区。

返部后，一见到谭师长和王副政委，谭师长就高兴地说："果真活着回来啦！快去吃饭，休息一会，准备出发。"王副政委鼓励地说："去特纵骑兵团多学了一手倒派上用处啦，年轻人还是多学几手好啊！"首长们这几句话，说得我心暖如春，感动得无以言表。

（作者时任华东野战军第四纵队十一师师部作战参谋）

难忘的会见

——回忆 60 年前接受西蒙诺夫的一次访问

恽前程

应邀参加淮海战役胜利 60 周年纪念活动，刚从徐州回来，旅途劳累加上偶感风寒，回京后住院康复治疗。病房安静，起居舒适，可是心情久久无法平静——重返昔日鏖战之地的昂奋和缅怀情同手足战友的痛楚，使我彻夜辗转反侧，难以入眠。

我无数次捧读珍藏了半个多世纪的小书《战斗着的中国》。由新华书店中南总分店出版于 1950 年 10 月的此书，封面已有皱折褪色，纸张也已变脆变黄，南京军区政治部同志专为我拍的照片，更如我本人一样严重老化了！但是作者西蒙诺夫的那幅用线条勾勒的肖像，却仍使我觉得生动可亲。我抚摸着这本珍贵的赠书，仿佛书中描绘的辽沈、平津、衡宝战场的烽烟已经幽幽远逝，只有淮海大战的厮杀声和枪炮声、支前民工的歌声和他们手推小车的轱辘声，依稀在耳边回响；惊天地泣鬼神的生死搏斗，迎寒风卧冰雪的火线生涯，一幕幕在脑际浮现。

我是一个在战火中成长的军人，和日本鬼子、老蒋、老美都打过仗，战争几乎是我生活的全部内容，与凶恶的敌人对阵已习以为常，只有那次执行特殊任务与友好的使节对话，受命接待一个外国记者采访，尚属第一次，也是平生唯一的一次。因此，彼时彼地那种特殊的感受使我久久难忘！

那是 1949 年 10 月，苏联文化艺术代表团来华访问。在他们去汉口途经徐州时，副团长西蒙诺夫对人民解放军刚取得的淮海战役的胜利，投去了自己热切关注的目光，特地在此逗留一天，进行了解和采访，由驻徐州部队的中国人民解放军第二十四军负责接待。军首长十分重视，研究决定接受采访。我受命后，立即查阅有关淮海战役的电报资料和阵中日记，并随手画了两张淮海战役示意图。一张是淮海战役国共态势图，一张是战役经过图。

西蒙诺夫是赫赫有名的苏联作家，曾以《真理报》战地记者的身份参加过卫国战争，他的诗《等着我吧，我会回来》曾在战地传诵，鼓舞了千百万苏军战士。他在战后发表的长篇小说《日日夜夜》轰动了苏联文坛，并在许多国家产生了广泛的影响。我老早就看过这部小说，对苏军斯大林格勒保

▲ 1949 年 10 月西蒙诺夫（右一）访问碾庄，与陪同人员查阅资料

卫战在巷战中英勇顽强的战斗精神，感受很深。为接受这样一位经过战争洗礼的著名作家的访问，我极其认真地做了充分的准备。

第二天早饭后，我带着示意图到了徐州火车站，西蒙诺夫正在站台上车厢门外等待我的到来。军区政治部的同志为我们作了简单的介绍后，他拥抱我并紧紧地握住我的手表示欢迎。随后由他引领我到了他的车厢内详谈。车厢内还有一位女打字员，非常年轻漂亮，她也向我含笑、频频点头表示欢迎。在西蒙诺夫随行的翻译蒋元椿帮助下，我摊开淮海战役示意图，向西蒙诺夫作梗概介绍说："淮海战役，敌人投入的兵力 80 万，解放军投入的兵力 60 万，战役范围北至陇海铁路，南至淮河，东至津浦铁路，西到商丘、阜阳一线。战役分为三个阶段，是 11 月 6 日发起攻击的。第一阶段，在徐州以东 50 公里处的碾庄圩歼灭黄百韬兵团 5 个军 18 个师 17 万余人；第二阶段，在蒙城东北 30 公里的双堆集歼灭黄维兵团 4 个军 12 个师 12 万余人；第三阶段，在徐州西南 40 余公里的陈官庄，歼灭杜聿明集团的邱清泉、李弥、孙元良等 3 个兵团 11 个军 29 个师 30 余万人。"他看着图听着我的介绍并随口说了句"赫鲁少"，我不懂俄语是什么意思，蒋翻译对我说"赫鲁少"就是好的意思。我接着说，淮海战役是对中国革命历史具有决定意义的三大战役中最大的一个战役，消灭了国民党军队在长江以北的精锐主力，解放了豫皖苏广大地区，为解放军渡江南下夺取全国政权奠定了基础……

等不及翻译把我的话译完，十分兴奋的西蒙诺夫突然插话："斯大林同志得知你们以 60 万人战胜 80 万人的消息后，脱口连说了两个'奇迹'，并挥笔兴奋地在笔记本上写道：60 万战胜 80 万，奇迹！真是奇迹！请你详细讲讲这个奇迹是怎样

创造出来的？"

我接着说，这要从淮海战役之前的济南战役说起。当济南战役发起后，国民党在徐州的邱清泉、李弥、孙元良三个兵团，任凭蒋介石的一再严令督促，始终未敢北上增援。华东野战军代司令员代政委粟裕认为，一方面是国民党军惧于解放军在济宁、邹县一线筑有工事，有强大的打援部队，试图避免在不利条件下与人民解放军进行大规模较量，另一方面，也说明解放军对国民党军进行战略决战的条件已经成熟。因此，当济南城内还在进行激烈的巷战时，他即断言济南战役的胜利已无悬念，人民解放军预先部署打援的部队已无援可打，要考虑投入下一个战役。1948年9月24日，粟裕即向中央军委提出要举行淮海战役。毛泽东主席为中央军委起草的电报，很快采纳了他的建议并作了相关的战役部署。

鉴于中原野战军先后攻克郑州、开封，进到徐州附近萧县地区，粟裕从战争发展态势来看，认为华野、中野两大野战军由战略上的配合作战，发展为战役上的协同作战，有必要建立统一指挥体系，才能统一作战指导思想，协调作战行动，发挥两大野战军的整体作战威力。于是在1948年10月31日，给中央军委并给陈毅、邓小平的电报中提出建议：此次战役，规模较大，建议整个战役统一受陈、邓指挥。中央军委复电批准粟裕的建议。

淮海战役发起后，11月16日，中央军委电示由刘伯承、陈毅、邓小平、粟裕、谭震林五人组成淮海战役总前委。这样华野、中野两大野战军，在中央军委、总前委统一领导指挥下，在淮海战场上密切配合，协同作战，充分发挥两大野战军整体的威力。这样也就顺利地解决了战役的作战指挥、粮弹供应、支前工作，为最后胜利奠定了基础。

当辽沈战役顺利结束后，国共双方力量对比发生了根本性的变化。粟裕认为，在南线举行战略决战，时机已经到来，应该在广阔的淮海平原上集中兵力，打一场歼灭战。1948年11月6日发起淮海战役，他于11月8日

▲ 1949年10月西蒙诺夫在碾庄圩参观

即向中央军委发出电报，建议华野部队歼灭黄百韬兵团后，暂不进攻两淮，而以主力转向徐州及其周围地区，以打乱国民党军部署，分割包围各点上的国民党军。待时机成熟时，将国民党精锐主力全部歼灭在长江以北。中央军委十分赞赏粟裕的战略计划，毛主席在复电中说："应极力争取在徐州附近歼灭敌人主力，勿使南窜。"由此可以看出，粟裕的建议对中央作出由"小淮海"发展为"大淮海"，由战役进攻发展到战略决战的正确决策，起到了关键性的作用。战后毛主席说："淮海战役，粟裕立了第一功！"我说到此处，西蒙诺夫不胜赞叹地高呼："只有天才的军事家，才能创造出淮海战役这样的奇迹。"我说："优秀的高级指挥员在千变万化的战场上能做到知己知彼、运筹帷幄，是历史给了他一个难得的机遇，这个机遇稍纵即逝，但是被他捕捉到了，他创造了无比辉煌的业绩。"

淮海战役分为三个阶段，我边说边在打开的示意图上，讲第一阶段的作战重点是消灭徐州以东的碾庄圩黄百韬兵团。为达到这个目的，必须以华野一半以上的兵力牵制、阻击邱清泉和李弥两个兵团，不让他们东援。由中野担任阻击李延年、刘汝明、黄维、孙元良等兵团北上增援，保障华野安全攻歼黄百韬兵团。这一仗，华野5个突击纵队打了12天，歼灭了黄百韬兵团5个军、18个师，共17万多人，切断了蚌埠至徐州的铁路线，将国民党军切割成互不相连的几块，完成了对徐州的战略包围。第二阶段是中野围歼黄维兵团，华野负责牵制阻击徐州的杜聿明集团和蚌埠的李延年、刘汝明两个兵团，以保障中野顺利地歼灭黄维兵团。此时，淮海战场上的国民党军队尚有6个兵团50多万人，他们分别集中在徐州、蚌埠、蒙城等三个地区。西蒙诺夫看着那张示意图听我介绍，说："三摊敌人各不相连，利于解放军各个歼灭。"我说："是的，中央军委同意中原野战军首长的建议，打中间的黄维兵团。"中野于11月24日将从蒙城北进的黄维兵团合围在双堆集地区。中野认为经过充分的战斗准备，三天时间即可全歼黄维兵团，于12月初对黄维兵团发起总攻。黄维兵团所辖的4个军兵员充足、装备精良、战斗力强，经数日激战，中野歼其一部，未能全歼。此时，粟裕从战略全局出发，为争取战争主动权，迅速歼灭黄维兵团，主动提出派华野部分兵力去配合中野作战。他的建议得到中央军委批准和刘伯承、陈毅、邓小平的同意，华野急调三个纵队和特种兵纵队炮兵大部，归刘、陈、邓指挥。12月14日夜，中野部队和华野部队同时对黄维兵团发起攻击。总攻前，华野、中野炮兵部队对敌进行了火力急袭的炮火准备，一举摧毁了敌人前沿阵地的防御设施和阵地内的堑壕、地堡群、火力点。随后各纵队同时发起猛攻，仅用了一昼夜时间便全歼了黄维兵团，活捉了司令官黄维。这一仗可吓坏了北援的李延年和刘汝明，他们担心自己也会有黄维的下场，便带着自己的"北援兵团"连夜仓皇南逃到了蚌埠和淮河以南地区。徐州东面的黄百韬死了，中间的黄维被俘了，南面的李、刘两个兵团跑了，被围在徐州西南陈官庄的杜聿明集团已成孤军——瓮中之鳖。此时坐镇南京的蒋介石慌了手脚，是把平津战场的傅作义和淮海战场杜聿明的所属部队南撤以保江南的半壁河山呢，还是派更多的部队去救援他们，与人民解放军在徐蚌一决雌雄呢？他犹豫不决。就在这时，中央军委发出指示："为了不使蒋介石迅速决策海运平津诸敌南下，先留下杜聿明集团，在两星期内不作最后歼灭之部署。"这是毛主席在南北两个战场都给犹豫不决的蒋介石留点希望，让他不会下决心把华北傅作义的部队海运南下，去据守江防。等到解放军打下天津，攻破新保安，将平津的国民党军南逃、西窜的道路全被截断时，我们再捉淮海战场的这只瓮中之鳖。

西蒙诺夫兴趣盎然，连连点头笑着说："你们军人的语言很有趣，生动形象还带着幽默。"我也笑了："瓮中捉鳖固然唾手可得，可是下手时还要小心。中国有句俗话，'王八急了也咬人'，何况目前杜聿明还握有两个兵团20多万装备精良的部队，我们绝不能轻敌等闲视之。在此期间，粟裕代司令员代政委组织部队在战场上休整，制订了细致周全的围歼杜聿明集团的作战计划，作了充分的战斗准备并组织华野部队开展敌前练兵，配发补充各种弹药，迅速将解放战士补充到我军的各个连队。"此时，西蒙诺夫抢过话头说："让敌人的士兵来当解放军？发给他们武器吗？"我说："发的！这些俘虏兵绝大部分是穷苦人出身，是国民党抓壮丁强迫他们入伍的，一经诉苦教育，就能提高觉悟，知道为谁打仗，马上就能调转枪口去打国民党。有些解放战士连军装帽徽还没换就上了战场。这些解放战士，机智灵活，有丰富的实战经验，许多人在战斗中还立了战功，有的还成了杀敌英雄，在战场上就担任了班、排长。有的解放战士，部队还没来得及登记花名册就投入了战斗，在战斗中牺牲了，我们都无法通知地方政府及其家属。"西蒙诺夫睁大眼睛摇着头说："噢！这太新奇了，简直让我不敢想象。在我们的卫国战争中，可不敢把冲锋枪交给被俘的敌军士兵。好，请你继续讲下去。"我说："为了瓦解敌军，前线开展对敌政治攻势，战士和宣传员在阵前对敌喊话，还用高音喇叭反复广播毛主席签发的《敦促杜聿明等投降书》。"西蒙诺夫饶有兴趣地问："政治攻势有效果吗？"我说有效果，虽然这个杜聿明已经到了山穷水尽、即将被消灭的地步，却没被毛主席非常诚恳的劝降书所感动，他仍然加修工事负隅顽抗。但他们的部队，被围困在大雪纷飞的冰天雪地里，饥寒交迫，求生心切，在我们的政治攻势中，很受感动，有的在黑夜里偷偷地跑过来要饭吃，吃饱了又跑回去。这样在国民党军士兵中产生了影响，解放军不杀俘虏，优待俘虏！国民党军成班成排成连地跑过来向解放军投诚。据统计，有4万多人！这个成绩是不小的，相当于歼灭敌人一个完整的军的兵力。西蒙诺夫兴奋地说："这个成绩确实不小！"

我接着说，1949年的新年我们是在阵地上度过的，新华社为元旦献词发表了《将革命进行到底》的社论。中央军委为每个人发了慰问品，年过得欢乐而兴奋。年前，平津前线解放军已打下新保安、张家口，堵死了国民党军西窜绥远的通路，并将天津紧紧包围，使敌人不能海运南逃，平津战场正在"关门打狗"，我们淮海战场可以"瓮中捉鳖"了。经中央军委批准，1949年1月6日，粟裕代司令员代政委指挥我华野对杜聿明集团发起总攻，原拟歼灭敌人要用15到20天，但由于解放军对国民党军地形地物早已摸清楚了，加上敌军士气低落涣散，解放军各部队的作战目标和作战任务更是分工明确，各项准备久已落实到位，故仅用了四昼夜即全歼杜聿明集团。西蒙诺夫此时兴奋地站起来拍着双手说："好极了，瓮中捉鳖了！我在报上看到你们活捉了杜聿明。"我有几分自豪地说："这位被我军从一片无水的苇塘里拉出来的杜聿明，已经剃须换装，打扮成一名做饭的伙夫。然而，到了解放军团长面前，他不得不坦白自己的真实身份了。"我说到这里，西蒙诺夫伸出大拇指连声称赞说："喔钦赫鲁少！中国人民解放军太伟大了，喔钦赫鲁少！"我不知道"喔钦赫鲁少"是什么意思，徐翻译告诉我，俄语的意思就是"好极了"，我也用半中半俄的语调说："对！对！喔钦赫——鲁少！"大家都开心地笑了，他说午餐后到碾庄圩战场去看一看。

我们在火车上，午餐吃的是西餐，很丰富。苏联年轻的打字员看我切割排骨肉很费劲，她含笑地帮我切开排骨肉，我说"谢谢"，蒋翻译对她说"他说谢谢你"，她含笑地说"不用谢"。午餐后，火车开往碾庄圩，

▲ 华野六纵陪同人员向西蒙诺夫介绍围歼黄百韬的情况

走了一个多小时，到了碾庄圩车站（从徐州到碾庄圩有 50 公里）。我们和西蒙诺夫下车就看到了经激烈战斗的车站的墙上有很多大小弹坑。他说，这是解放军在这里战斗过的遗迹？我说是的，华东野战军 6 个突击纵队，完成追击、战役合围、扫清碾庄圩外围的战斗后，19 日夜，发起对碾庄圩总攻。华野九纵队就是从这里进攻碾庄圩的。我接着说，碾庄圩是个农民的集市，有百余户居民。碾庄圩周围有两条又宽又深的水沟（宽 10 米，深 1.5 米），水沟边还有用土挡水的厚厚的土围墙，土围墙有东南西北四个墙门，国民党军一些战壕、地堡、火力点等工事就在两道水沟边、土围墙上和土围墙门内外。在碾庄圩内十字路口、交叉路口都有地堡、火力点和在民房内挖的枪眼。国民党军就是用这些工事对人民解放军进行负隅顽抗的。

我们从南门进了碾庄圩，从南到北是一条较宽的石板路，路的两侧有部分小商店、小作坊和居民住的街面房。我们到了大街西侧一个大院子里，这是黄百韬兵团的指挥所，院内有两个院子，北边的院子被解放军打得倒塌，南面的院子处处裂痕，墙上有密密麻麻的子弹坑和炮弹落在房顶上的洞。西蒙诺夫看了当年激烈战斗的情景后对我说："这里经过这么激烈的战斗，黄百韬是不是在战斗中被击毙了呢？"我说："不是，他在激烈的战斗中支持不下时，率二十五军少数人员经北门跑到尤家湖村，被我华野四纵击毙的。"

我们看了碾庄圩的战斗情形后，坐车到东门外，看了八纵协同九纵攻击碾庄圩的情景，然后转到碾庄圩北面，了解华野四纵歼灭小牙庄六十四军的情况后，到了小牙庄北面尤家湖村村南芦苇荡边看到一块石碑，上写黄百韬被击毙处。石碑记载了黄百韬被击毙的情况，以及他的被击毙标志着淮海战役第一阶段胜利结束。西蒙诺夫看了石碑后说："这是顽抗的下场！"我们又转到碾庄圩西面，到了前后黄滩。我在这里介绍了六纵扫清外围的情况，15 日攻击彭庄，全歼一百军后，17 日六纵队十七师协同十三纵队攻击前后黄滩，是夜未能攻歼四十四军。纵队首长王必成、皮定均、江渭清等，根据十七师未能攻歼前黄滩的情况和上级命我接替十三纵队攻歼后黄滩守备的国民党军，研究 18 日夜晚攻歼前后黄滩的战斗部署，决定十八师攻歼后黄滩国民党军，十七师攻歼前黄滩和阎窝子国民党军，十六师一个团嵌入前后黄滩（前后黄滩相距 500 米）之间，阻断前后黄滩的战斗联系，另两个团为纵队预备队。攻击部署决定后，王必成司令命我到十七师帮助组织坦克、步兵、炮兵协同今夜作战。我受命后，天亮到十七师指挥所，见了梁师长，即到坦克大队了解战斗情况，才知道坦克只能白天作战，夜间不能作战。可是我纵当夜零时对国民党军前后黄滩发起攻击，我同坦克大队研究，有月亮的夜间发挥坦克的威力，可以协同步兵的作战……我根据夜间用山炮抵近射击的经验和十七师前沿阵地距离国民党军前沿阵地 100 米左右，明月夜能看到百米远的目标，提出用坦克开到前沿阵地，用目视，目测射击目标，进行直接瞄准抵近射击的建议。他们说可以试试，我又提出坦克如何协同步兵作战的问题：第一，坦克白天要看好进入前沿阵地的道路，在夜间利用 30 分钟炮火准备，迅速进入阵地。并参加炮火准备，坦克摧毁国民党军前沿阵地的附属防御设施地堡火力点，为步兵发起冲击扫清障碍；第二，当步兵突破前沿阵地，向纵深发展进攻时，坦克与步兵保持目视联系，坦克在步兵目视引导下，跟随步兵前进，当步兵攻击前进受阻时，坦克听团的步兵指挥员的指示，摧毁阻碍解放军步兵攻击前进的地堡火力点。他们同意我上述建议后，我回到师指挥所，向梁师长汇报了坦克配合步兵作战的建议。上午 10 时，梁师长率步兵团、坦克、炮群等指挥员到前沿阵地察看国民党军军情、地形，明确各团坦克大队、炮群今夜的战斗任务。我提出对坦克、步兵、炮兵协同作战的具体要求，梁师长同意，命各团、坦克大队、炮群按此做战斗准备，抓紧落实，做好今夜攻击准备。

下午 1 时，梁师长为了查明后黄滩纵深的地形和兵力、火力部署，他利用国民党军认为解放军白天一般不进攻的规律，乘其戒备松懈，命坦克大队派两辆坦克到国民党军阵地内进行侦察，我陪同他一前一后进了国民党军阵地侦察。西蒙诺夫问："敌人不打你们的坦克？"我笑着说：不久前从敌军那里缴获的坦克，坦克上的国民党党徽还没有去掉，我们穿着国民党的坦克兵服装，他们哪里知道是解放军的坦克。当坦克隆隆地驶进敌人的阵地时，那些困守在地堡群里望眼欲穿的国民党官兵，还以为是他们的援军来了，是蒋总统派他的二公子蒋纬国开着坦克救他们来了，急忙从地堡、战壕里爬出来跳跃欢迎。一个士兵大声地问我们是哪一部分的，我们回答是第二兵团，邱司令派我们来和你们黄司令联络的，黄司令在哪里？这个士兵用手指着东边方向，在东边的碾庄圩。我们也问，你们是哪一部分的，这个士兵刚要说，却被一个军官制止，可是那个士兵还是用手指着四十四军军部的方向。我们的坦克慢慢地向东行进，然后向南行驶，观察村内的地形、地物和他们的兵力、火力部署。当这里的一切情况都看清之后，梁师长命坦克兵对国民党军地堡打两炮，表示对他们热烈欢迎的回敬，两个地堡立刻冒出

▲ 1949 年 10 月，陪同人员向西蒙诺夫介绍张树才舍身炸地堡的事迹

了白烟。我们的坦克随即开足马力迅速驶出国民党军阵地。西蒙诺夫称赞说："师长亲自坐坦克到敌人阵地内侦察，这是少有的，这一行动堪称是一个指挥员勇敢和智慧的杰作。"

我们看了碾庄圩周围战斗情况后向火车站开去，我指着经过战斗的村庄的残碉破堡、沟壕、弹坑说："你看，这里的一切还记载着那场战争。如今，淮海大战的炮声停了，共和国已经诞生，可是大西南的云、贵、川三省仍被国民党军盘踞着。为了解放全中国，我们中国人民解放军还要去战斗，去流血牺牲，这是历史赋予我们的使命。"

在返回徐州的火车上，西蒙诺夫仍谈兴甚浓，不断地问我："人民解放军为什么能在短时间内取得淮海战役的伟大胜利？"我边思索边回答说："第一，是中央军委、毛主席英明决策和指挥，把辽沈、平津、淮海三个战役作为一盘棋来全面布局，全面规划。从一开始就明确指示，把国民党的主力军就地歼灭，不让他们逃过长江，使五年的解放战争缩短到三年。第二，是粟裕代司令员代政委从战略全局出发，高瞻远瞩，密切关注敌我双方态势，战局在胸，果断地向中央军委提出建议，获准后又机动灵活地指挥华野部队歼灭敌人。第三，是前线指挥员对敌情的正确判断和积极主动、机智灵活、果断的战斗指挥，追击攻歼当面的敌人。第四，指战员们英勇顽强，不怕流血牺牲对待战斗，和部队在战场上开展军事民主，许多基层连队的战斗方案，是经过干部和战士的民主讨论制定的，这个举措增强了他们完成任务的信心。第五，是人民群众全力支援。我们解放军的粮食、蔬菜、枪炮的子弹、大连生产的大量的炮弹都是百万支前民工用小车、用双肩运送到前线的。大战中，除了枪炮声，整个千里平原上，你能听到的就是那吱吱呀呀的小车声，和支前农民呼哧呼哧的喘气声。许多刚结婚的农村大嫂，丈夫在支前中牺牲了，自己又接过扁担继续走上前线。淮海战场留下的不仅是解放军战士的鲜血，还有支前农民留在大平原上的一个个小小的土坟。我们的陈毅司令说：

'与其说淮海战役的胜利是军队打出来的，不如说是山东农民用小车推出来的。'"西蒙诺夫连连点头，说："这是人民战争没有忘记农民在中国人民解放事业中的功劳，赫鲁少！"

我在徐州车站向西蒙诺夫告别时，他一再表示对我能带他访问淮海战场非常感谢，并希望我们能够再次见面。他放下烟斗拿出一张纸郑重地签上自己的名字，留给我作为纪念，他说今晚就要离开徐州到汉口和长沙等地访问了，随即依依不舍地热情地拥抱了我，并同我握手告别。

这次从徐州回来，我又感慨万千。淮海血战已经过去60年，当年战争留下的痕迹已荡然无存，只有那座高大的淮海战役纪念塔仍留在古城南郊的坡地上。我清楚地记得，纪念塔围廊内的大理石墙壁上，雕刻着一排排密密麻麻的烈士的姓名，他们都是团营以下的官兵，还有支前民工烈士的姓名，一个个都被记载着。我不知道这千里淮海还有多少英魂未有归宿，如今，还有几人能记得那场已成历史佳话的战争。也许只有碑旁那几排高大松柏的涛声，还在絮絮地述说那段惊心动魄的往事。

我现今是离休的军人，此时此刻我憎恨任何国家任何人以任何借口去发动任何涂炭生命的非正义战争。期望地球上的人们珍惜和平，过着没有战争的安居乐业的幸福生活！

（作者时任华东野战军第六纵队司令部作战科科长）

赶 队

戴尔济

华野七纵队政治部机关，在淮海战役第一阶段全歼黄百韬兵团胜利后的次日，即 1948 年 11 月 23 日由鲁南从八义集跨越陇海铁路进入华中地区。其第一个宿营地是邳睢县的新安镇，这个村距离我的故乡古邳只有十来华里。当时我在纵政宣教部当干事，于是便向李菊生部长请假回家看一下，当天来回。李部长说今晚不行军，可以在家住一个晚上，只要明天下午返回便好。

但出乎意料的是，次日下午当我由家返回新安后，却见不到一个穿军装的影子，老乡说解放军在昨天晚上已经开拔。我掉队了！回到房东家，却意外地发现一张部里给我留下的路线图，上面开列了七八个村庄的名字，路程在百里以上，方向西南。路线图上虽然没有文字说明，但分明是让我按路线上的地名赶队；大部队是夜间行军，而我只身在新解放地区赶队只能放在白天。这样，我与部队已相差昨今两个晚上的路程了。

当晚只好在新安住下，心中想明天一定要去追赶我七纵部队，不论遇到多大困难，都要向前！向前！

11 月 25 日：赶队第一天——沿途"乞讨"

黎明即起，只身赶路。方向西南，一口气跑了 30 华里。当肚子饿的时候，我便朝一家农户走去，请求免费供应早饭，我身上分文没有，现在只好像老和尚一样吃百家饭了。老百姓一见是解放军找上门，十分客气："请都请不到，赶快进家，请坐请坐。"吃的是地瓜稀饭、高粱煎饼，除了盐豆咸菜，还外加一个炒鸡蛋。吃完饭说声谢谢又立即上路。中午饭依然是沿途"乞讨"。到了下午 3 点，已跑完路线图中的最后一个村庄。十分幸运的是，在最后这个村的保长家中，我又拿到了第二张路线图。此时天色尚早，只好马不停蹄地再向前赶路。这里都是新解放区，民主政权尚未建立，国民党的残渣余孽尚未得到打击与清除，我边走边思考当晚何处安身。这全靠自我保护，比填饱肚皮更为棘手。直到天黑来到双沟镇。这时突然在西面与南面的天空先后升起照明弹，这显示当地社情复杂。我摸黑"潜入"一贫苦人家中。开始户主老大娘对我的突然到来吓了一跳，我先是表示歉意，并费了好多口舌

▲ 华野某部告别山东父老向淮海前线进军

才征得主人同意我在其家中的锅屋（做饭的地方，方言——编者）里歇一宿，并供给一餐晚饭。这一夜我是紧握手枪，拥坐大衣而眠，但又不时地被惊醒，根本睡不熟。浑身上下只感到两个字：疲劳、疲劳！

11 月 26 日：赶队第二天——在睡眠中行军

又是破晓而行。一上路便感到两条腿酸痛不已，不听使唤，速度比昨天明显下降。到了肚子饿了的时候，便进村"讨"吃的。

大约到下午 4 点钟，便走完第二张路线图上的最后一个村庄。找到当地的保长，却未再发现新的路线图；但在村上却发现了驻军，一问是兄弟部队十纵队的八十七团。打听七纵队消息，谁也说不清楚。他们正准备吃晚饭，饭后马上就要行军。一位团的领导听说我是七纵掉队的，并见到身穿大衣，腰挎手枪，分明是个干部模样，不仅关切地问寒问暖，还交代团教导队的张教导员照料我的一切，让我立即跟他们一起吃饭，晚间跟他们一起行军，并说："七纵以后慢慢找。"我说："你们走吧。我昨夜没睡好，今天又走了上百里路，晚上再接着走实在跑不动了！"团首长严肃地警告我："新解放区敌人的散兵游勇到处都有，你一个人留下非给敌人'送礼'不成，今晚一定要跟我们一道行军！"无奈，我只好遵命。但这一夜行军却让我出尽了洋相，也吃了老鼻子的苦头！

当夜的路程本来只有 90 华里，目的地就是战场。天未黑就出发了。前两天都是个人单枪匹马在赶队，走起路来一溜烟地小跑。今夜加入大部队行军，速度不知怎

的却慢得要死，走走停停，一直走到次日旭日东升，原来是国民党军逃跑，又追逐了几十华里。这是本人此生最疲劳最困乏的一次夜行军，真是一面走路，又一面梦见"周公"。过度的劳累使我丧失了自制力，走着走着双脚便不听大脑指挥而停下脚步，这时后面的同志便会大叫："怎么搞的，跟上队！"同时感到有人从后面推了我一把。这一推使我从梦中醒来，跑步向前冲去！脚步是移动了，但眼皮却睁不开，又一下子盲目地撞到前面同志的身上，并踩了人家的脚后跟。这时又听到前面同志大叫："怎么搞的！"此时我尴尬得恨不得一头钻到地里去。张教导员见我神不守舍的样子，困得像个泥人儿，前撞后碰，便主动地如同保姆似地守护着我。他不时地代我向前后两边的同志道歉，还好几次把我从路沟旁拉回到正道上来。每次休息一坐下来，我便要打起呼噜，又都是老张把我拉起来并推着我前进。直到天亮，部队过了固镇又走了两三个小时才驻扎下来。到了宿营地我便一头栽在稻草堆里睡去了。

11月27日：赶队第三天——不吃不喝一觉睡了24小时

所幸部队今天驻扎未动。我整天都在睡眠中度过。

开早饭了！教导队的通讯员便到稻草堆里叫我吃早饭。但我的眼皮怎么也睁不开，连回话的力气都没有，更没有一点食欲，只想睡觉，睡觉就是一切。张教导员来叫我到床上睡，但我无力答理，他对我这个大块头也无可奈何！

开中午饭了，他们又来叫我吃饭和到床上睡觉。但我还是不想吃，依然躺在草堆中不想动一动。是在无意中发现我的身上多了一条被子，这时就睡得更熟了！

开晚饭了！我又一次拒绝吃饭。既不想动弹，更不愿言语，睡得像个死猪！

在经过连续24小时的行军之后，又连续睡了24小时的觉，我没吃没喝，也没有大小便。此时最大的需要是睡眠，最大的幸福也是睡眠。张教导员怕我睡出毛病来，整天都在提心吊胆。

11月28日：赶队第四天——找到七纵后勤部

天亮后，部队起床了。张教导员怕我一个劲地睡会出毛病，硬是叫来两个同志强制性把我拉起来，然后把我由稻草堆转移到床上，先是喂稀饭，后来再帮助洗脸洗脚，慢慢地我才从如同冬眠的状态中苏醒过来。通讯员扶着我在院中走动，我两腿像铅一样重，浑身似刀割。一看双手与双脚都肿了，如同患了浮肿病似的感到沉重与麻木，乃至活动一小时之后腿脚才稍灵便起来。这时听说附近驻扎一个师部，我便告别教导队前往师部打听我们七纵队的消息。从一位师首长的口中得知，七纵现在到宿县地区参加打黄维的十二兵团去了。方向是西北，说到了有炮声的地方就能找到。归心似箭的我，立即告别了张教导员，谢谢他对我的关爱与照顾，然后沿着津浦铁路线朝西北方向走去。走不多远便遇到了穿土黄色军装的部队，一问依然是十纵部队。又走不久，碰上了穿草绿色军装的，这回是特纵部队。急急忙忙走到太阳偏西，发现一个村子上驻满了北方的民工，原来是跟随我七纵支前的山东莱阳民工团，而纵队后勤部便驻在附近的村子上。啊！这下子就找到自己的部队啦！高兴得我一跳老高。立刻找到纵队后勤部，并在后勤部找到一位许姓战友。我们俩刚在三个月前一道由临沂独立团升级到华野七纵队来的。当他得知我这段"赶队"的经历后，说你太疲劳了，硬要把我留下在他那儿过夜。吃过晚饭后，他又陪伴我住进一个后勤部的临时仓库，地上堆满了稻草，稻草上堆满了新缴获来的国民党军被服。天一黑下来，我们便各自拉上两床被子铺一床盖一床睡下。因为太累了，一倒下便打起呼噜。一夜无话，真是睡得又香又甜。

11 月 29 日：赶队第五天——胜利归队

一觉醒来天光大亮。这时突然闻到有一股浓烈的腥臭味，找来找去问题出在铺的被子上。掀开一看，大片大片的血污出现在眼前，顿时感到一阵恶心。昨夜睡得太死，竟然没有察觉。

在后勤部吃罢早饭，便踏上归程。走完七八华里，我便带着胜利的喜悦回到我的工作岗位七纵队政治部宣教部。李菊生部长和部里同志见我返部，自是十分高兴。我汇报了"赶队"的经历，李部长连声说："辛苦了，辛苦了，大家每天都在盼着你回来，但没有想到你回来得这么快。"部里的同志曾分析认为：至少要等战斗告一段落，部队休整时我才能回队。屈指数来我离队总共才一个星期，但我觉得真要比一个月的时间还要长。作为一个革命军人，在战争的环境里掉了队，是必须想方设法迅速归队的，不论遇到多么大的困难。我做到了这一点。掉队于我无疑是一个挑战，我赢得了挑战。

（作者时任华东野战军第七纵队政治部宣教部宣教干事）

淮海战役中我的战斗经历

魏守满

　　淮海战役已经过去 60 年了，现在根据我的记忆，讲一些我所经历的战斗概况。

　　淮海战役是在 1948 年 11 月 6 日开始的，当时华东野战军大部分驻在山东南部的藤县、邹县一带，于 11 月 6 日晚，号称十七路大军向南开进。队伍都是夜行昼伏，向着各自的战斗目标行进。山东兵团的七纵、十纵、十三纵的任务是快速进入徐州以东地区，切断黄百韬兵团西逃之路，阻击徐州东援的国民党军。七纵首先突破国民党军的运河防线，进至贾汪、台儿庄地区。8 日凌晨，驻防该地的国民党军第三绥靖区副司令何基沣、张克侠（中共地下党员）率部 2.3 万人宣布起义。七纵队除留十九师掩护起义部队北撤外，主力穿过起义部队防区，于 10 日晨渡过不老河，直逼陇海路两侧，进驻大许家、曹八集、单集地区。此时正遇上黄百韬兵团西逃的先头师（一百军四十四师）和李弥兵团东援的一个团（九军三师八团），立即被十三纵和七纵二十师包围，战至 11 日下午将对方全部歼灭。至此黄百韬兵团西逃之路被完全封锁。

▲ 徐东阻击战，人民解放军阻援部队的榴弹炮阵地

　　与此同时（也就是 11 月 11 日），华野 7 个纵队与兄弟部队一起将黄百韬兵团的 4 个军 8 个师近 10 万人，全部合围在以碾庄圩为中心的狭小地区。经过 11 个昼夜的苦战、血战，于 11 月 22 日将黄兵团全部歼灭，黄百韬被击毙。至此，淮海战役第一阶段

圆满结束。

当蒋介石得知黄百韬兵团被围，处境十分险恶时，一面命令黄兵团就地固守待援，一面命令杜聿明指挥邱、李两兵团，沿陇海路两侧拼死东援。他们 11 月 12 日在飞机、坦克和大炮的支援下，杀气腾腾地向人民解放军阻援部队冲来，妄图击破解放军，解黄百韬兵团之围。

华野第七纵、十纵、十一纵跨陇海路两侧占领阵地并肩作战。七纵队在大许家、单集、曹八集一带地区担负正面阻击，从 11 月 12 日夜至 22 日下午，战斗异常激烈，对每一阵地、每一村庄都与国民党军反复争夺，给国民党军大量杀伤才转移至新的阵地，白天失去的阵地，夜晚组织反击，再夺回来。直到黄百韬兵团被歼后，徐州东援的国民党军仍被阻在侯集、林佟山之线，只前进了三四十公里。19 日 21 时在反击第五军的战斗中，我连四位战士英勇牺牲。

11 月 22 日黄百韬兵团被歼后，由确山赶来增援的国民党军十二兵团即黄维兵团 11 个师 12 万余人，被中原野战军包围在宿县西南的双堆集地区。11 月 23 日华野七纵奉命去参加歼灭黄维兵团的战斗，移军双堆集以南地区，接替中原野战军二纵队、六纵队的部分攻击阵地。七纵的任务是：第一步，歼灭小周庄、小王庄、大王庄和尖谷堆的国民党军；第二步，歼灭赵庄的国民党军，会同友邻部队歼灭双堆集以北的马庄国民党军核心阵地。

12 月 3 日晚七纵各部进入攻击阵地，分头向各自的攻击目标实施近迫作业，把交通沟和射击掩体挖向国民党军的前沿阵地。天亮之后国民党军发现人民解放军的攻击阵地已挖到他们面前，非常惊慌，于是他们在坦克掩护下，多次对解放军前沿部队进行反击，均被解放军击退。

12 月 6 日 18 时，十九师五十五团、五十六团在纵队炮团的火力支援下，对小周庄的国民党军实施攻击。首先由炮兵以近距离的直接瞄准射击，对他们的防御阵地和火力点进行 20 分钟的炮击（炮火准备），尽可能地将对方的地面目标全部摧毁。小周庄顿时成了火海。三发红色信号弹升空，解放军攻击部队的勇士们跃出战壕冲向国民党军阵地，解放军炮兵延伸火力，在小周庄和小王庄之间组织一道火墙，以阻止国民党军逃向小王庄，也拦阻了小王庄出援的国民党军。激战近 1 个小时，攻占了小周庄，歼灭国民党军二十三师六十九团团部及 5 个连，俘虏副团长以下 600 余人。

小周庄的战斗尚未结束，伤员和牺牲的同志陆续运往后方。19 时许，听见一个熟悉而微弱的声音和抬担架的同志在喊我，我走上前去，原来是我的老战友五十五团突击连连长黄世荣同志，他身负重伤。黄世荣是战斗英雄、特等功荣立者，他途经我连阵地时与我告别，并说我炮连与突击部队协同很好，打得准、打得狠。晚上天气较冷，我脱下大衣盖在他身上。后来听说他因流血过多，在途中牺牲了。

大王庄战斗是华野七纵二十师打的，师长是张怀忠同志。12月9日18时30分，七纵二十师的五十八团、六十团，在解放军强大的炮火支援下，经40分钟的激战，攻占了大王庄，歼灭国民党军十一师三十三团（号称"老虎团"）团部及两个营，俘虏副团长以下700余人。20时10分，五十九团上去接替五十八团、六十团，进入大王庄守备。因为大王庄距离双堆集国民党军指挥部很近，是其要害部位，所以他们拼死要夺回大王庄阵地，以保障双堆集西南侧的安全。因此，从10日零时30分开始到10日黄昏，二十师五十九团在中原野战军四十六团的协同下，在解放军强大的炮火支援下，与号称国民党军五大主力之一的十八军4个团在大王庄血战一昼夜。国民党军开始是以整连建制攻击，后来是以整营建制攻击，大王庄几经易手，与国民党军反复的争夺，反复的拼杀，战斗异常惨烈，小小的大王庄土地都被血染红了，但大王庄始终掌握在解放军手中。此战毙伤、俘获国民党军4000余人，国民党军三十三团团长陆志家被击毙，黄维的4个主力团所剩无几，完全丧失了战斗力。

说是大王庄，实际不到20户人家，战至10日黄昏，该村早已被夷为平地，墙基、树木无存，国民党军丢下尸体2000多具。当然解放军伤亡也很大，有千余名烈士为保卫大王庄牺牲了。特别是英雄的五十九团（团长邢殿卿，政委舒少）伤亡更大，他们像钉子一样，始终坚守在大王庄，付出了很大的代价，作出了更大的贡献。

（作者时任华东野战军第七纵队炮团二连连长）

▲ 在大王庄争夺战中，被华野七纵击毁的黄维兵团的坦克

为人民打天下

——记淮海战场上的宣传攻势

张　辉

1948 年 11 月严冬，淮海战役开始了。12 月 15 日，当解放军将黄维兵团在双堆集地区全歼，取得淮海战役第二阶段胜利时，包括我纵队在内的华东野战军部队，已攻占国民党军据守的村庄 150 多座，歼其 8 万多人，把杜聿明集团压缩在仅有的 70 多个村庄里。此时，我八纵参加陈官庄地区的作战行动。

12 月 16 日，接到上级命令，前线部队转入战场休整。这时，文工团团长亓尧同志命令各队到阵地前沿开展战地宣传攻势，瓦解分化国民党军。我们组的 5 名同志是向新、郭艺文、张明、潘凤池和我。我们立即整理了行装和宣传用品，在组长向新的带领下，来到二十二师前沿阵地的一个村庄。这里有解放军一个营的兵力，我们驻地是两家相连的农户，女同志住在东边王大娘家的厢房，男同志住在李大爷家里。此时天气寒冷，北风凛冽，阴云密布，下着大雪。我们抱了一些麦草，铺在地上当床，拣了一些树枝在火盆里引火取暖。组长向新说："咱们抓紧时间制作宣传攻势的用具吧！"大家个个斗志昂扬，不用布置谁做什么，各自制作自己熟悉的宣传器材。向新和郭艺文用一块三角形的席片，卷起来再用纸糊一糊就是喊话筒。我拿出笔和纸，编写快板书的词，选编要唱的歌。张明和潘凤池主动担负写大标语的任务，他们去村口坡地里挖了红黏土，掺水搅拌后作为写大标语的颜料，用大刷子在一条条白布上

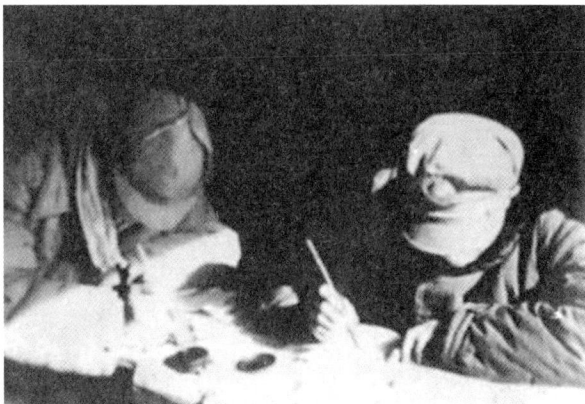

▲ 被俘的国民党军军官给包围圈内的国民党军写劝降信

写大标语："欢迎蒋军兄弟们投诚，既往不咎，缴枪不杀，立功有奖"；"优待俘虏，不打骂不杀头，管吃管喝管治病，愿留则欢迎，愿走则发放路费"；"蒋家王朝完蛋了，弟兄们，欢迎你们弃暗投明，参加人民解放军，为全国人民打天下"。

当时，天色已晚，夜风寒冷，雪花还在纷飞飘洒。同志们已入睡了，我坐在小油灯下写快板词和歌曲。为了使脑子清醒，我在门外地上抓了一把雪，双手在脸上擦洗起来，好清醒地写作。我将写好的快板词，一式三份，分别给小潘、郭艺文各一份，让他们看看。然后，我和向新、张明去前沿阵地壕沟里看形势。到了村口，我们下了交通沟，转了几个弯就到了前沿阵地，此处离国民党军阵地前沿只有30多米，喊话、标语、文艺宣传攻势，国民党军可以听得清，看得到。

小潘和张明把标语字写得有斗大，竖在前沿阵地上。我们每人拿了一个喊话筒，我首先站到壕沟前，头不露出壕沟，喊话筒上斜向国民党军方向，大声喊："蒋军弟兄们！不要再为蒋介石卖命了。现在的形势是，蒋介石在辽沈战役，被歼灭47万多人，蒋家王朝快垮台了，蒋介石正计划南逃。我军欢迎弟兄们投诚，我们已为你们准备好了热菜、热馍、热面汤。缴枪不杀，立功有奖，愿留可以留，愿回家可以发给路费。"我们把装好的馒头向国民党军壕沟用力投去。接着我们一起用话筒唱歌，由向新、郭艺文领唱，我们唱的第一支歌是《解放区的天是明朗的天》。歌声激昂嘹亮，坚强有力。第二支歌是《寒衣曲》："寒风凄凄，雪花飘飘，慈母为儿缝制寒衣。母亲心里，母亲心里，期盼娇儿没有归期。"歌声委婉动人，听到此歌声，母亲想儿，儿想慈母，催人泪下。歌声落下，张明拿起话筒就喊："蒋军弟兄们！你们家中父母妻儿都盼望你们回家，不要再为蒋介石卖命了。我们人民解放军是人民的子弟兵，很快我军就要解放你们家乡了，欢迎你们投诚过来，一起去解放你们的家乡。"

▲ 华野一纵某部架起扩音机向被围的国民党军喊话

眼看太阳落山了，炊事班的老班长挑着担子给我们送饭来了，此时我真觉得又渴又饿又累，我们忙接着老班长的担子。老班长笑着说："同志，饿了吧！赶快趁热吃吧！"打开一看，一头装的是大包子，一头装的是面疙瘩汤。真香啊！我看见小潘没带小瓷碗，就把我的小瓷碗从挎包里拿出来，盛了一碗汤给他先喝。大家吃饱喝好了，休息了一会儿，我站在壕沟里，伸头往前望一望，夜色灰暗，注目凝望，看见一个人蠕动着往解放军阵地爬，手里拿着一块白布左右摆动，表示是投诚的。临近了，我们将他拉下壕沟，他上气不接下气地说："不要杀我，我是来投诚的，我已经 3 天没吃东西了，又冻又饿实在是受不了啦！"他一边说话，一边全身发抖，又说："我们不愿为蒋介石卖命了，我是被抓丁抓来的。"他把手里的枪交给了我们，我们连忙说："欢迎投诚，缴枪不杀。"老班长赶快拿了包子，并盛了汤给他，他一连吃了 5 个大包子，喝了 3 碗汤。歇了歇才说："我叫王金宝，是二连一排三班的班长。那边弟兄们都受不了啦！听了你们的喊话都想过来，叫我先来看一看是不是缴枪不杀、能给饭吃。"这时我把政策又重申了一遍，自愿投诚的不但不杀还要优待。这样吧，那边弟兄们还等你的信，他们也饿坏了，你先把这包馒头和包子带回去给他们吃。王金宝高兴地说，我回去后一定把他们带过来，就在今夜。王金宝立即带上食物，匍匐着向那边爬去。这时，已是初更时分，因天色阴沉，望不见北斗星，我们就坐在壕沟里等消息，我让同志们打个盹，我来放哨。

等到三更时分，一群黑影直向我们这个方向爬来，有人拿着白布晃动。我兴奋地赶快叫起同志们说："可能是王金宝带人来了。"大约几分钟后，看见领头是王金宝。他带了十几名弟兄很快爬到壕沟里，他们大口喘气。我们马上向他们表示欢迎。张明领着他们通过了交通沟到了营部。向新说："张营长，政治攻势有成效了，喊来了 13 名蒋军士兵。"张营长表扬我们做得好，要为我们请功。

第二天，亓团长来看我们，他高兴地说："昨日一天一夜，各个组宣传攻势的战果我已经知道了，你们做得很好，应当受到表扬，现在就是要进一步扩大战果，我给你们带来了一些宣传品，其中有毛主席亲自写的《敦促杜聿明等投降书》。"我们接过来，每人一份认真阅读，这也是我们向国民党军喊话的主要内容。

经过五天五夜的宣传攻势，投诚的蒋军官兵，已来了 360 多人，大屋子里坐得满满的。每天每顿都让他们吃饱喝好，衣服穿得又少又破的，还发给衣服。很多人表示愿意参加解放军，一块儿打蒋介石。

淮海战役胜利结束，我们文工团在临淮关和扬州城里进行了休整，亓尧团长向全体团员布置了总结和评功授奖工作，我荣立了三等功。我自感做得很不够，心里想今后要更好地全心全意为人民服务。

（作者时任华东野战军第八纵队文工团团员）

"济南第一团"二连在碾庄战斗片断

尚秉维

人民解放军七十三团二连同其他连一样，是善攻能守的一支好部队，在抗日战争中打了许多胜仗。1947年参加保卫胶东卧牛山战斗，记集体一等功，周村战斗变佯攻为主攻，济南战役为三连攻外城扫清道路，又参加东关、内城巷战，都圆满完成任务，现在将其在淮海战役碾庄战斗前后几个片断记述如下：

开展向先进连学习和勇立战功教育

1948年9月24日，济南战役胜利结束，中央军委对在战役中有特殊贡献的华野九纵二十五师七十三团授予"济南第一团"称号。10月10日七十三团在历城召开授奖命名大会。部队在礼炮声中进入会场，会场布置得五彩缤纷，真是红旗招展，锣鼓齐鸣。走在前面的是四辆满载英雄、功臣的彩车，车上新老英雄们高举着"济南第一团"的大旗，在阳光的照耀下，焕发着绚丽夺目的光辉。彩车后面是"济南第一团"的战士们，他们在雄壮的军乐声中，高举着无数面红旗，迈着矫健的步伐，向会场走来。

这些红旗经过风吹雨打，经过战火的焦烤，已经破旧了，但它们却记载着"济南第一团"的光辉历史。那绣着"黄崖山战斗模范连"的红旗是一连；绣着"平度城第一连"、"潍县战斗模范连"的红旗是三连；四连举着"河源西沟第一连"、"灵山战斗模范连"的红旗；五连举着"胶县第一连"、"周村战斗模范连"的红旗；六连也举着"自卫战争模范连"的红旗；他们后面是七、

▲ 华野九纵司令员聂凤智指挥碾庄围歼战

八连的战士高举着"高密第一连"、"道头战斗模范连"、"常胜连"、"济南英雄连"、"钢八连"、"即墨城第一连"的旗帜和九连的"三户山战斗模范连"的旗帜……这些红旗在会场上汇成了旗的海洋。这十几面红旗中唯独没有二连的。全团指战员，都在欢欣鼓舞庆祝伟大胜利，心情十分激动，个个喜笑颜开。在一片欢呼声中，团长张慕韩宣布大会开始了。

纵队聂凤智司令员，在暴风雨般的掌声中走上主席台，宣读了中央军委的嘉奖命令：授予七十三团"济南第一团"称号；并作了重要讲话，要求大家发扬"济南第一团"敢打敢拼、英勇顽强、百折不挠的革命精神，要戒骄戒躁，继续努力争取更大光荣。广大指战员很受鼓舞，可是二连指战员心情不一样，既高兴又烦恼，对七十三团夺得"济南第一团"称号，激动万分，很受鼓舞，可全团9个步兵连队，8个连队都有锦旗，有的连队好几面锦旗，唯独二连没有，二连领导很有思想压力，坐立不安。他们在想如何率领全连战士学习赶上先进连，勇立战功，为"济南第一团"争光。全连战士也以同样的心情议论纷纷，你一言我一语地说："谁有红旗就向谁学习，更应向七连学习，下次战斗，我们一定扛它一面锦旗。"还有的战士不服气地说："打仗嘛，也有个机会，给了你艰巨任务，打好了照样扛红旗。"在这种情况下，连党支部在当天就开会研究决定：在全连开展正确对待荣誉，向先进学习，勇立战功，为"济南第一团"争光的教育。具体做法：先从在荣誉面前要正确对待，如何争取荣誉、珍惜荣誉，变压力为动力，不灰心，不泄气；我们人民军队的任务是要彻底打败蒋介石，解放全中国，还要打大仗、硬仗、恶仗，争取从配角当主角等问题入手进行讨论。经过一番讨论，大家一致认为：荣誉是先烈们用鲜血和生命换来的，只要是参战者都可以分享一份。我们二连暂时没有红旗，也同样感到光荣。发扬我们的长处、学习人家的长处就一定能够夺得锦旗，机会多着呢！有了红旗是新起点的开始，如果为了荣誉而荣誉，把它变成骄傲的资本，就失去了它的重要意义。全连上下树立正确的荣誉观，激起高度的责任感，表示在今后作战中，要学习"济南英雄连"七连英勇顽强、百折不挠的精神，不达目的，绝不罢休。各班、排在统一思想基础上，纷纷向党支部交了决心书。我们连党支部、连长又分别向营、团党委、首长作了汇报，表明决心，要求下次战斗把艰巨任务交给二连去完成。得到团政治处王济生主任的称赞，说："这样很好，你们要继续作好思想工作。"这时大家的心情才平静下来，又积极投入紧张的军政训练中，以迎接新的作战任务。

艰苦行军

1948 年 10 月中旬，部队接上级命令要整装待发。指战员们执行作战任务，党指向哪里就打到哪里。但这时部队中存有不同的两种想法：胶东籍的部分同志提出，青岛、烟台还有国民党军，我们应再回胶东去消灭他们，解放受压迫的劳苦大众，使山东境内一片红，那多好；南方籍的同志，尤其是解放战士都希望尽快南下，如有一原籍是福建福安人、贫苦家庭出身的陈阿思同志，他父亲被地主逼债而死，妹妹自幼夭折，他被抓走当了国民党兵，只有母亲孤苦一人在家里。他1947 年 5 月孟良崮战役解放入伍，一直表现很好，被提升为班长，行军帮战士扛枪、背东西，作战勇敢，济南战役立二等功，战前是我介绍他加入中国共产党的。他听说要南下，非常高兴，说："好啊！往南打，打过长江去，解放我们家乡有希望了。"这些想法都很好，青岛、烟台要解放，是早一天晚一天的事。从全国形势发展看，党中央的战略部署要我们南下执行新的作战任务，目的是彻底打败蒋介石，解放全中国。一切行动听指挥，步调一致才能得胜利。认识统一起来，艰苦行军开始了，每人身上背的吃、用、作战器械等，一般在三四十公斤，一天走七八十华里。连走几天，来到 1947 年歼灭国民党王牌军七十四师（军）的沂蒙山区。老战士都在回忆，当年的艰苦行军，以及英勇攻击山头歼灭国民党军的情景，大家忘记了腿肿、脚起泡的疼痛和疲劳。孟良崮战役胜利后，华野主力一部，其中有我九纵准备第二次打莱芜，消灭新五军，因情况变化未进行，南麻战役打十一师（军），主要因天降大暴雨，气候不适未能全歼十一师，解放军伤亡较大，有股气没出。看吧！这回新五军、十一师都跑不了。沂蒙山区的杏黄色柿子很好吃，我看见摆在街头上卖，就用一个月津贴费两元，一下买了十几斤，分给战士们吃。大家边走边吃，又谈起 1947 年艰苦行军的事，那时野战军好威风，浩浩荡荡大运动，今天往西，明天往东，南北对阵，揪住进犯敌军，在孟良崮上把它消灭掉，打了个大胜仗。这时感到解放军更加威武雄壮，军政素质大变样，要打更大的胜仗。老解放区人民在村头欢迎人民子弟兵，有的把烧开的沂河水，一碗一碗端给战士们喝；有的呼喊口号：我们欢迎支援解放军，南下打老蒋，多打胜仗，解放那里受苦的老乡。这充分体现了军民一条心，解放军在人民群众支援下打败蒋介石解放全中国的决心和信心。部队继续向南挺进，一鼓作气来到临沂，过了沂河在河东岸一个村子住下，又受到村干部和群众的欢迎接待，安排住处，送水送饭。

第二天团长组织全团排以上干部，察看临沂城国民党军修筑的工事，它被日伪顽王洪九等部驻守过，工事复杂，城墙上、中、下三道火力，串通一起，能攻能守，和陇海线一带国民党军工事相似。大家正在研究打法，突然接到上级命令立即出发。

猛追截击逃敌

当人民解放军南下，国民党军惊恐万状，由海州收缩兵力西撤，大部队已撤到新安镇、运河车站一带。我九纵奉命急速南进，先头部队已同国民党军接火，炮火连天，硝烟弥漫，一夜急行军来到苏北大平原。路经新安镇、运河车站，马不停蹄地急速向西南挺进，昼夜行进，要赶到逃跑的国民党军前面，截住它，把它消灭掉。到了宿迁，又往西北插。几天几夜，像飞一样的急行军，部队十分疲劳，吃不上饭，喝河水，边走边睡，一头靠在前人身上，醒了再睡，一停下休息，战士们全入了睡，吃的高粱面。为追截国民党军，全连干部跑前跑后，对战士作细致的思想工作，个别谈心，帮助体弱的同志扛枪、背东西。歌声、口号声不断：同志们加油呀！我们两条腿要赛过国民党军的车轮子，前面就是目的地。淮海大地风光好，地上炮火欢迎我们，天上飞机护送我们，同志们快快走呀，去消灭他们。指战员们连夜兼程，不怕苦、不怕累，克服种种困难，终于在 11 月 14 日到达碾庄以南一带，截住驻守在碾庄的黄百韬兵团退路。这里是一眼望不到边的大平原，水多，村村有土圩，过去村民们用它防洪水，又防盗贼。碾庄周围曾是李弥兵团驻守处，有完整的防御工事，此时，国民党军不断向我炮击，飞机轮着轰炸扫射。紧要关头要认真对待，做好攻击准备。部队来到这里首先和必须做好三件事：一是立即投入土工作业，挖两米宽一米深的交通沟，因为再深就挖出水来了；每人挖一个防空掩体洞，用树枝、门板架顶，以防塌下来。二是以班组为单位研练在平原、水多，又有土圩，

▲ 淮海战役前夕的华野九纵司令员聂凤智

对方人多、火力强的情况下，如何进攻国民党军。群策群力，一面开诸葛亮会研究打法，一面演练。大家一致认为：以小群动作，勇猛突击；强大火力掩护，打掉国民党军火力点，防其复活；占领突破口，要巩固扩大；同后续部队连接起来，再深入发展。这样才能攻得快，站得住，向纵深发展全歼守御的国民党军。三是做好思想发动，使大家充分认识战役的重要性，这是一场大决战，大仗、硬仗、恶仗都会有，要一个接一个连续打下去。要敢打敢拼，讲究战术，防止急躁轻敌思想，打一仗，总结一仗，不断提高作战水平。在战斗中要实现我们的决心，各级领导要带好头，党员起模范作用，这是夺取作战胜利的关键。

经过几天的准备，全连上下，一再要求投入战斗，团营首长答复说："仗有你们打的，一定要积极做好准备待命。"11 月 17 日晚二营向碾庄发起攻击，因种种原因失利。在这危急时刻，纵队聂司令员、萧师长、张团长、王主任来到前沿，察看了解情况，又和一营董万华营长等领导同志一起分析战况，研究制订新的作战方案。18 日凌晨，二连奉命开进前沿阵地，大家边走边说："上级把艰巨任务交给我们二连，是对我们的信任，一定要为'济南第一团'争光，为四连牺牲的同志报仇！"进入阵地后，我们二连按上级的部署要求：一是把通向碾庄圩的交通沟再向前延伸，又挖出 20 多米。二是各排抽出一名战士趁夜黑爬进碾庄外壕察看水情，其中五班党员战士李方欣隐蔽地爬进水壕察看，回来汇报说水深一米多，桥周围部分宽约三四米，又从对岸抓了一把枯草回来，这对上级研究作战方案，提供了重要依据。五班长为他晾干棉衣棉裤。小李年仅 18 岁，火线入党，第二天遭国民党军飞机扫射，他中弹牺牲了。三是用高粱秆，绑成一把一把，3 米长，再联接起来作成简易浮桥，以防突击时悬于泥水之中，影响登圩。并准备好其他作战器材，小包炸药、短梯子，每人多带一些手榴弹。四是碾庄南一带有一石桥，周围尸体一片，再突击时，一要火力掩护好，压住对方火力，二要避开石桥，在两侧由二连一、二排各选一突击点，一排在左，二排在右，分别由连长王顺、副指导员尚秉维指挥两个排，同时出击，协同一致，密切配合。五是以"突进碾庄，活捉敌人"的口号鼓舞斗志，学习七连，把英雄连队攻济南城的精神，运用到攻碾庄上来，一定要突进去，剩下一个人，也要守住突破口。经过两天紧张工作，一切准备就绪。在总攻击前，刘司务长带炊事班同志，送来热气腾腾的大肉包子。因指战员在集中全力，思考怎样打好这一仗，对吃饭、吃什么并不感兴趣。这时，我劝道："同志们，快吃啊！多吃几个好有劲冲上去，多消灭敌人，这也是炊事班同志辛辛苦苦的心意。"战士们这才一面吃，一面说："对呀！快吃吧！多吃几个，这是炊事班同志在为我们突进碾庄圩加油，一定要多消灭敌人，同志们等着瞧吧！"

一声令下，迅猛突进碾庄圩

我二连全体指战员严阵以待，一分一分、一秒一秒，在等待上级一声令下。11 月 19 日 22 时，总攻击开始了，人民解放军强大炮火向碾庄国民党军前沿阵地发起猛烈轰击，震撼了淮海大地，炮声隆隆，烟火铺天盖地。二连的勇士们，看见

▲ 解放战争时期的华野九纵政委刘浩天

人民解放军强大炮火压向国民党军，个个信心倍增，四班长高兴地跳起来，喊了一声，真好啊！炮兵同志帮了我们大忙，国民党军的工事一定能摧毁！再看我们的！炮火正在向圩内延伸，三颗红色信号弹腾空而起，我立即命令二排长王实奎同志：快突！四班长第一个跳出交通沟和两个战士带上浮桥、短梯子，全班战士，个个像小老虎一样，扑向国民党军阵地，不到 10 分钟，四班突进圩内。我带机枪班，随四班渡过齐腰深的水壕登上圩内。五、六班也不甘落后，并排突入圩内。四班、机枪班坚守阵地反击正面国民党军，五班在左，六班在右，向两侧发展。这时，被解放军炮火打昏了的国民党军火力，突然又复活了，像刮风一样射向我突破口，有一国民党军军官在大喊大叫："兄弟们冲啊！谁不上我枪毙谁。"疯狂的国民党军向解放军扑来。我叫大家隐蔽好，坚守突击口，又组织火力进行反击。一场恶战开始了，冲杀声、手榴弹、枪械声响成一片，打退敌人一次又一次反扑。叫喊的军官被我机枪班击毙，一群又一群反扑的国民党军被解放军打死打伤。四班于班长负了伤不下火线，打死、刺死敌军士兵 5 个。六班李班长带全班打退国民党军 4 次反扑而牺牲。一排在张清华排长率领下，排除困难，也勇猛突进圩内，两个排并肩战斗。在一排，二班长陈阿思第一个突进圩内，打得英勇顽强，在同国民党军搏斗中光荣牺牲，他要同大军一起打回福建老家去的愿望没有实现，也没有再见到自己的母亲。在恶战中，二连数十位同志倒下去了，是他们用鲜血和生命，巩固扩大了突破口。兄弟部队陆续进入，一起作战。战斗正在激烈进行时，

我和通讯员小刘身负重伤，小刘喊了声："指导员，你也负伤了。"我说："去你的。"一会，我晕过去了，待我醒来时，听到团政治处王济生主任在说："你们二连打得很不错，已经进去两个营。"这使我抑制不住内心的激情，喊了一声："王主任吗（五年前我当战士，他是我们"钢八连"指导员）？"他一看是我，亲切地说："小尚你负伤了！卫生员快给他包好，抬下去。"我要坚持战斗，他说："不行！你下去，伤好了再回来。"我只好服从，说："请首长放心，伤好后一定回来。"二排长王实奎同志在攻打第二道围子时，也身负重伤离开了战场。

二连全体指战员没有辜负营团首长的殷切期望，全连上下一致的誓言实现了，在11月19日夜，上级一声令下，二连勇士们迅猛突进碾庄圩，为砸烂黄百韬兵团部，打开了缺口。战后二连被华野九纵队授予"碾庄战斗模范连"称号，终于扛起了红旗，为"济南第一团"又争得了一份光彩。七十三团和二连这两面锦旗，都在中国人民革命军事博物馆陈列，向中外人士展出。

战友的关怀，心愿没有实现

按王主任的指示，卫生员给我包扎好伤口，用担架抬到团卫生队。一进屋，被老战友李庆海同志发现，他第一句话就说："你们二连打得好！"我的棉衣棉裤全被血水浸透，因流血过多，又渴，全身发抖。一会庆海同志取来烧热的砖块，放在我身子两边。我说："口渴得很，快给我水喝。"他又拿来开水给我喝，喝了一碗又一碗，他说："你不能再喝了，免得伤口出血。"我只好不喝。当我身子暖和过来后又被用担架抬走了，临别时庆海同志送给我几件物品，放在担架上，以难舍难分的心情说："你走吧，伤好后再回来。"这样，我又到了师医疗队。在路上就感到伤口处疼痛，医生问我怎么样，我说："伤口胀痛。"他一面松绷带一面说绑得太紧了，接着又走。夜黑天又下雨，路又滑，走路很困难，抬担架的是掖县老乡，一走一歪，摔倒好几次，我内心不忍地提出："我下去走一会，你们太辛苦了，休息一下吧。"他们不同意说："你伤这么重，哪能叫你走，无论如何也要抬你走。"我也实在难以行走，只有由他们继续抬着走。因松了绷带，伤口的血流了一路，一直坚持来到华野伤员总站，又在一个大屋内重新进行了包扎。这时，突然间看到二营副营长高成乾、三营马副营长也在这里，相互亲切地谈了几句安慰话。在这里重伤员吃片汤，一般伤员吃小麦、高粱面混合做成的馒头，菜很少。在战场上穿的棉衣棉裤、鞋子全部换掉，从战场上带下来的东西除了一条黄军毯外，其他物品均不知哪去了，在济南战后照的几张照片，它是我最心爱的东西，也不见了。住了两天，又转去郯城红花埠十四野战医院二大队，20 多名重伤员住在一个大黑屋里，全睡地铺。因我伤口有遗物，感染化脓流出一些血色的臭水，连作两次手术，第一次全麻，我一个数没数就昏过去了，手术后在病房一睡就是三天三夜，服药、小便都是护理员叫醒后照顾，之后又接着睡。当我醒过来时，伤友们问我："你怎么样了？光睡觉，叫也叫不醒。"睡了几天几夜，想起来可能是：一因麻醉过量；二是因伤后流血过多；三是因连续急行军十几天没有睡好觉，疲劳过度，这应是主要原因。经医院医护同志为我精心治疗两个多月，伤口愈合后才出了院。我又多次要求回部队，因伤重致残，给生活带来困难，医院领导不同意，硬把我们 30 多人，用牛车拉着送到华东荣校二大队七中队休养学习。从此，离开战场，首长的嘱托、战友的期待、我的心愿全落空了，没能再回部队继续参加战斗。因我在"济南第一团"近五年，参战上百次，同首长、战友们有了深厚的感情，几十年来，一提到想到这件事总感到不快。后来我又从荣校调康复医院，从为战士、伤残同志服务转到为志愿军伤员服务，一直转业到地方为职工服务。使我永远不能忘记的是，党把我引上了革命征途，我在党的教育培养下成长起来。身残后，把在荣校伤残同志共同遵循的"一息尚存继续为党工作，残体犹在仍为人民服务"的警句，作为我的座右铭。在上世纪 50 年代党组织曾两次要送我进大学学习，因美帝国主义发动侵朝战争和我体检发现患肺结核，这两大敌人夺去我入大学深造的机会。我能有今天完全是党给的，只有勤勤恳恳积极为党工作，才是我终生的心愿。

（作者时任华东野战军第九纵队二十五师七十三团一营二连副指导员）

徐井涯战斗回忆

王翠凤

　　1948 年 11 月 6 日，淮海战役第一阶段开始了。我当时在华东野战军九纵二十六师七十八团三营七连二班任班长，第二、三天我团接受了攻打徐井涯战斗的任务，我连在左，四连在右，两连并肩作战。黄百韬兵团四十四师一个团驻扎在徐井涯，该地一马平川，他们在村落周围修有野战工事、鹿砦、地堡等。我连在接受任务后，由一排担任主攻，二排担任突击队，三排担任二梯队。我们一排接受主攻任务后，由一班攻坚，三班担任突击队，二班为预备队，战斗开始向前运动时，就被国民党军发觉，在解放军炮火掩护下前进，离国民党军 70 至 80 米处即近迫作业。一班在排长的指挥下，向国民党军发起了攻击，一班的爆破员在炮火的掩护下，爆破了鹿砦，第二个爆破员即去爆破地堡，不料，还有梅花桩。这时，爆破员即把梅花桩炸掉。但是第三名爆破员上去炸地堡时发现一条自然河沟，水很深过不去，这时国民党军射击火力猛烈，我排长负重伤，副排长光荣牺牲。一、三班的同志伤亡很重，这时我代理排长指挥，并请示副指导员，将一、三班的同志压住修工事，作佯攻。指导员调了三排两挺机枪掩护，我带领本班在右侧向国民党军发起了攻击，我指挥我班战士罗海亭、孙东令将国民党军的外围鹿砦、梅花桩炸掉了，带领全班浮水过河，用手榴弹打下了国民党军的地堡，抢占了敌军的阵地。国民党军一个排向我们班反击，我们全班同志英勇顽强，打退了他们的反击。这时，突破口我们已扩大，但突击队还未上来，国民党军又一次向我们反击。又被我们打垮。我命令一个班巩固突破口，迅速带领 3 个战士插入国民党军背后，用冲锋枪、手榴弹向敌人猛烈攻击，强迫 3 个地堡和壕沟的国民党军将枪丢出来，消灭了他们，转危为安。这时突击排也上来了，向中心攻击，很快结束了战斗。我们班消灭了一个连的国民党军，缴获了马克沁重机枪两挺、六〇炮两门，轻机枪、冲锋枪、步枪若干支。徐井涯战斗结束，我们排在村西头的独立家屋迅速整顿了部队，当晚又向新庄攻击。我在独立家屋挂彩，将伤包扎好后坚持不下火线。将新庄打下来以后，王峰营长看见我挂彩，命令我到团卫生所治疗。在团卫生所住了七八天，我就回到连队，参加战斗一直到最后消灭了邱、李、孙兵团。淮海战役结束后，同志们评我为一等功。1949 年 1 月我光荣地参加了二十六师的庆功大会，会上师首长和我们握手祝贺，师庆功大会给我"淮海功臣"的称号，并发给我一套衣服，上身有"淮海功臣"4 个大字，还有汗衫、毛巾等物。

（作者时任华东野战军第九纵队二十六师七十八团三营七连二班班长）

萧锋淮海战地日记

萧　锋

　　萧锋同志，童年要过饭、放过牛、学过裁缝，自1927年9月参加革命，在战友、妻子萧曼玉（第一任妻子，1934年8月牺牲）的帮助、引导下，他坚持写日记，64年如一日，在淮海作战时亦不例外。唯战时军务繁忙，日记有详有略，有简有繁，文字难免粗糙，结构难免杂乱。但体现了当时的环境气氛和思想情绪，十分珍贵，为后来的回忆文字所不及。以下选录萧锋同志淮海作战前后的日记，作为他为纪念淮海战役胜利60周年于2008年所写文章《十纵在淮海》一文的补充，使读者再睹当年浴血奋战的情景，也为党史、军史留下宝贵的史料。

1948 年 11 月

　　3 日　晴　1946年7月至1948年6月的两年时间里，中国人民解放军共歼国民党264万余人，我们的力量壮大了，与国民党军战略决战的时机已经成熟。1948年5月，毛主席、党中央迁驻河北西柏坡，指挥解放军与国民党军展开战略攻坚战。1948年9月12日到11月2日，林彪司令、罗荣桓政委、刘亚楼参谋长亲自指挥东北人民解放军歼灭国民党军47万人，取得了辽沈战役的伟大胜利，与此同时，华东野战军在粟裕代司令、饶漱石政委的亲自领导下，仅用了八天八夜时间，攻下中原第一个大城市——济南，歼灭国民党军10万，活捉城防司令王耀武，缴获大批武器弹药，为下一个战役准备了充足物资。

　　昨天在滕城见到宋时轮司令，他告诉我："总任务没有变化，中原野战军由陈、邓率领4个纵队，经涡阳、蒙城向津浦路徐蚌段挺进，而后乘机围歼宿县的孙元良兵团，这是淮海战役的部署之一。"

　　华野正式任命我为十纵队副司令，与此同时，我也向宋司令、刘培善政委建议：

▲ 东北野战军南下北宁线发起辽沈战役

朱耀华同志可以胜任师长。

8 日　阴　昨晚对韩庄发起攻击，今天 17 时，国民党军溃退。晚 8 时，二十九师渡过运河，向柳泉逼近，此战共歼灭国民党军 700 余人。这条运河传说是隋炀帝时挖的，北达北京的通县，南到浙江的杭州，全长 1440 公里。

9 日　阴　午后南移至辛庄。特务团和八十七团攻占了茅村。该线国民党驻军五十九军全军、七十七军大部举行了战场起义，这是华野发动秋季攻势以来，第三次国民党军的起义。蒋介石真是众叛亲离。

粟裕副司令电：黄百韬兵团已由碾庄车站撤离到东线，华东野战军正在围歼国民党军二十五、六十三、六十四军大部，山东、河南、冀南的千万民夫英勇支前。

10 日　阴，刮大风　为阻击徐州国民党军东援和阻击由东往西逃来的国民党军，二十九师奉命攻占修村、王庙。下午 5 时出发，经南八丁到陈庄宿营。在阻止国民党军东援的战斗中，我师发明的发射筒八二迫击炮打炸药（统称飞行炸药包）发挥了巨大的威力，引起了国民党军队的巨大恐慌，他们说：共军的"人头炮"会拐弯，专门钻进地堡里去爆炸。我师参战人员有 14200 多人，其中解放成分占一半，他们经过"两忆三查"等忆苦教育，迅速提高了阶级觉悟。他们普遍作战勇敢。雷英夫锻炼不错，王明津同志是个老实人。

11 日　阴　午后经过刘台子渡柳河，到吴窑宿营，行程 40 公里。由战况报告知：中野陈、邓正在围攻宿县，东兵团已经将敌团团围住，我华野一纵队由窑湾歼敌六十三军。晚上我师研究工作，同志们普遍反映石垒、苗春芳同志后勤供应工作做得很有成绩。他们往往是无名英雄，做的事情不大为人所注意，但是每一个战役的胜利，都包含着他们的心血，这是不能忘记的。

12 日　晴　为配合东线主力围歼黄百韬兵团，十纵命令二十九师于范山以东地域阻击国民党军东援（即徐东阻击），要我们坚守七八天。接到命令我们立即出发，晚进至梁安集宿营，行程 30 里。

15 日　晴　今天是范山阻击第三天了，前坟、新庄村已被国民党军攻占，八十五团被国民党军猛烈的炮火压得抬不起头来，但解放军士气旺盛，以顽强的毅力顶住了国民党军，使国民党军每前进一步都要付出血的代价。上级命令我们必须坚持到 18 日，还有 3 天，只要二十九师还有人在，国民党军就别想跨过范山。宋司令电告：二纵队已经克三堡，韦（国清）、姬（鹏飞）兵团由双沟西移至水口一带，攻坚部队昨晚总攻碾庄，预料 16 日可结束战斗，这更加坚定了我们的阻击信心。

17 日　晴　今天的战斗更加激烈，国民党军第五军、八军、五十四军 8 个师的兵力在几十辆坦克的掩护下轮番向解放军八十六团、八十七团冲击，我们也记不清打退了他们多少次的冲锋，阵地上遍地是国民党军士兵的尸体。七纵的二十一师师长谢锐是我的江西老乡，和我们并肩战斗，我们宁肯牺牲也决不让国民党军东进一寸。三天的阻击我师阵亡 500 余人，损失部分枪支；国民党军付出的代价更大，死伤 1000 余人，今天又丧失了两个营的兵力，还有 500 多人当了俘虏。我师暂移夏庄宿营。碾庄仍在攻击着，但到了 20 时，炮声停止了，不知是否国民党军情有了变化。得悉东北野战军收复承德，太原赵瑞章部起义，刘、邓的中野一部主力至宿县，歼一八四旅全部于睢宁地区，一〇七军被歼，五十九师三十七旅两个团于三堡被全歼。

18 日　晴　昨晚我师移至夏庄，国民党军误认为解放军败退，放松了戒备，今天解放军突然向其猛扑，转入全线出击，一举把国民党军的东援部队打垮，八十七团歼其一个营，还缴获战防炮一门。好一场苦战啊！谢天谢地总算顶住了。

22 日　雾　碾庄围击战今晚结束，国民党军大部被歼，可惜的是没有抓住黄百韬。敌黄维兵团在蒙城北，李延年的三十九军、五十四军在固镇，另外还有十八军、八十五军、十六军也在这一带。中央军委根据国民党军情况决定由中原

▲ 将国民党军俘虏押出战场

野战军先歼灭黄维兵团,然后再歼灭李延年兵团。如能实现,这样在长江以北我军兵力将占优势。我估计邱清泉、李弥兵团当前任务有三个:一是增援蒙城的黄维兵团;二是打通徐、蚌铁路;三是与援军会合,向南逃窜放弃徐州。毛主席、周副主席、朱总司令说,如果能在 3 至 5 个月的时间内,歼灭邱、李、黄兵团的大部,则根本上打倒了国民党,中国革命的问题就基本得到解决。看到未来的大好形势,我不禁回想起一段往事:1930 年红军进攻樟树镇,有人说要打下南昌、九江,会师武汉,夺取一省与数省的首先胜利,当时这种对形势的估计是脱离实际的,是"左"倾路线,结果是:最后革命不仅不能实现,反而还招致失败。今天的形势不同了。

淮海战役正在进行中,而取得胜利是无疑的,蒋家王朝即将覆灭,人民的解放已经胜利在望,这是毛泽东主席和党中央正确领导的结果,我由衷地高呼:毛主席万岁!共产党万岁!光荣的解放军万岁!我师今明两天继续在塔山集阻击,战斗是激烈的、艰苦的,但士气很旺盛。赵明奎、孙云秀、姚思城、刘振声、刘竹溪等几位同志英勇善战,十分突出。

23 日 阴 歼灭黄百韬兵团的战斗大获全胜,我阻击(徐东阻击)任务已经完成,这一战,十纵伤亡 6000 余人,他们是为人民的解放战争流血牺牲的,我们要永远记住他们的名字。中原野战军仍在涡北激战,由于黄百韬兵团的覆灭,李延年兵团放弃坚守固镇,向灵璧方向撤退,我师奉命包围敌二三八师,打掉李延年兵团的一部。晚经曹化集抵竹山集宿营，行程 60 里，总打阻击现在该我纵打主攻了。彻底歼灭邱清泉的第五军，解放战争一开始，我纵就和国民党的第五军、顽八军打交道，他到哪里，我们就到哪里阻击他们，这回变了，是我们打他、结束他，真不容易啊！

27 日　阴雨　中原野战军在宿县西南双堆集地区包围黄维兵团，我师在大潘庄地区休整待命。中央令华野南线主力不要轻易使用以防万一。国民党军第九十九军已南撤至任桥，邱、李拼命南下。战斗紧张，供应及时。

28 日　晴　根据陈毅、粟裕首长对双堆集歼灭战进展的估计，决定速歼李延年兵团，特命令我纵歼灭任桥九十九军，晚经沈桥到田家村宿营。

晚上听到王德贵副师长被撤职，我很吃惊，究竟为什么？有错误可以批评，可以交谈，不必要用强硬的组织手段处理。现在正是紧张的决战阶段，军事干部是宝贝，怎么能把师级干部撤职罢官？古人云：千军易得，一将难求。我衷心希望尽快起用他吧！

这段时间，我师打了几个硬仗、恶仗，都是以我们的胜利、国民党军的失败而结束的。这充分体现了"诉苦"教育的巨大威力。八十七团在徐东阻击之前，进行了火线诉苦教育，迅速把干部战士的积极性调动起来，打退了数倍于自己的国民党军的轮番攻击。八十八团一营搞了诉苦后，42 人被火线吸收入党，战后复查时，这些战士都表现很好，特别是 12 名解放兵，昨天在国民党军队里是熊包兵，今天掉转枪口，冲锋陷阵，英勇杀敌，能攻善守，变成了 12 只猛虎，你奇怪吗？不！一点也不奇怪，他们懂得了是为了工农群众的翻身解放而打仗。

拿起了日记本，我流下了伤心的泪，跟随我 3 年的警卫员刘新栓（小名栓子），天天帮我背日记，和我朝夕相处，表现很好。前几天，前方人员吃紧，这孩子坚决提出下连队，我拗不过他，把他放在八十六团刘天祥团长身边。栓子作战很勇敢，不料在送信的路上，让飞弹给炸死了。他是山东德平人，他母亲守寡唯一的独子，我很难过，思念他，深深地悼念他。

29 日　晴　我师奉命渡淮河向连城追击李弥兵团。固桥一线路窄人多，十分拥挤，我令二十九师返薛家庄宿营，行程 30 里。黄维兵团继续在顽抗，中原野战军与其激战，要歼灭他们还需费大劲。国民党军第六十八师被解放军包围在周家，估计明天早晨可将其歼灭。传邱清泉的第五军二百师被空运到南京，顽八军也不肯南援，观此形势，老蒋可能要放弃徐州，丢掉黄维。据悉，华北野战军已经解放了保定。

12 月

2 日 阴 国民党副总司令杜聿明放弃徐州，带着邱清泉、李弥、孙元良 3 个兵团往西南突围逃跑。昨日，鲁纵、渤纵开进徐州城，下午 4 时，徐州市回到人民的怀抱。前委命令：各部队要日夜兼程，追赶、围堵南逃的国民党军，决不让他们逃回九江、武汉！请前委首长放心，国民党军队的四只轮子，跑不过解放军的两条腿。

3 日 晴 南逃的国民党军，被华野包围在萧（县）、永城地区。该死的邱清泉，看你还往哪里跑！你的榴弹炮还能打出什么花样？！我师奉命追击国民党军，经过宋楼到王庄宿营。

5 日 晴 为防国民党军南逃，今晚在鲁楼、后柳园、骑界沟，野战军司令部以北地区布防。国民党军第四十七军、四十一军一部企图向丁集突围，被歼灭 11000 余人。北兵团进至高集、孙阁一线。刘、邓大军昨晚对黄维兵团发动总攻。李延年部拼命北援，3 天来占了 3 个村庄。八十五团守鲁楼伤亡很大，一、二营已经失去战斗力。国民党军第一三九师也被打残了，失去了战斗力，八十五团拟明晚撤出。3 天来，八十七团赵明奎营长带 800 多名战士增援八十五团，死守鲁楼，

▲ 杜聿明率 3 个兵团撤离徐州，12 月 1 日，强征商车在一片混乱中逃跑

每天挡住二三个师的国民党军兵力的轮番攻击，邱、李、孙非要从这里杀出一条血路，硬是让我们的血肉之躯给挡住了。三天下来，该团仅剩70多人，李副营长一看伤亡太大，就往后退，赵当即执行了纪律！英雄赵明奎你做得对，人民会永远记住这些阵亡的将士！

8日　晴　萧、永地区的围歼战仍在紧张进行着。杜聿明、邱清泉亲自督战，非要从这儿打开一条退路不可，命一三九、九十六两个师的兵力向鲁楼猛攻。英勇的八十五、八十七团坚决反击，像泰山一样钉在了阵地上，战斗仍在残酷地进行中。

晚上，我们的战士为补充弹药便爬到前沿，在国民党军的尸体上摸子弹，不料战士摸到了许多长头发、大辫子，仔细一看是女学生，是国民党军从徐州撤退时劫掠来的，她们受尽了摧残，到头来又抓她们充当炮灰，惨死在这里。国民党反动派真是惨无人道，连禽兽都不如。

中野在双堆集战场又歼灭了3个团，到此国民党军还有10个整团，2个残团，预计12日可结束战斗。

李延年部仍在运河南，估计他要保存实力不会北援。不过我们还是欢迎他北上，来多少歼灭多少！战士们打趣地说，我们热烈欢迎"运输大队"光临！

孙元良兵团已经被歼灭在砀山。邱的五军西逃未逞。

14日　晴　昨日东移后，突接陈、刘、邓、粟首长命令，要我师后撤，休整三天，准备最终歼灭邱匪清泉部。粟裕同志在电话里操着沙哑的浓重的湖南口音关切地问我："二十九师还有多少人？"我坚决地回答："人还多着呢！战士一致表示，不歼灭邱匪，决不下火线！"其实我们全师这时仅剩4000多人，连机关、后勤等勤杂人员都动员到第一线了。粟裕副司令听后激动地说："有你们在前线，我睡觉也安心！"非常感谢首长对我们的信任，我师誓与邱的五军血战到底！

15日　晴　今天中午，黄维突围不成，被中野全歼，黄驾战车出逃时，被活捉。由此看来，邱、李也没几天蹦跶了，离全军覆灭的日子不远了。

东北野战军已经入关，不日平津地区将有大战。华北野战军包围了张家口，并歼灭了两个军部和4个整编师。

18日　晴　午前到张店子纵队司令部驻地开会，宋时轮司令传达野司作战方针。黄维兵团被全歼，江北双方兵力对比人民解放军占了优势。蒋介石必令杜集团突围，李、刘兵团不敢北上援助，估计国民党军尚有10个军的兵力，阻击他们需 2 个军的兵力，我们需采取"围而不打"的战略，拖住他 10 天，10 天后，刘、邓部队得以休整，两个野战军的兵力可把杜集团团团围住，聚而歼之。待北线战斗结束，我们立即南下歼援军，夺安徽的合肥、浦口等地在江北过新年。陈、邓、粟等首长，在战役分析会上，表扬我们师打得英勇顽强。东北野战军已经对北平实施了包围，天津不日将被围歼，北平城防司令傅作义错误地估计了形势，认为林彪不会调主力入关，使他们有充足的时间逃跑。

毛主席批准我们，立即从火线撤下来，休整 10 天，补充武器弹药和兵员，过了年再打。开始战士们不理解，急着要打，要和邱清泉拼到底，讨还血债！后来，经过我们各级干部做工作，我们说明：毛主席让我们撤下，一是因伤亡太大，战士太疲劳需要休整；二是因李延年兵团北上增援，以便运动中歼灭之。大家感谢上级对我们的关怀，拥护毛主席的英明决策。

24 日　雪　传杜聿明负了伤，无力再战，想寻找机会突围逃跑，但蒋介石下了道死命令：带伤坚持，等待援兵，不许丢失一寸土地。这一道命令下得好，把杜聿明牢牢拴在了淮海地区，等着我们来收拾他。而邱、李（弥）两兵团也被中野和华野的部队团团围困，只要国民党军不突围，就围而不打，过了新年再说。午后召开参谋会议，研究年关总结，学习瓦解国民党军的若干政策。

30 日　雪　邱、李兵团的几十万国民党军被我们包围得水泄不通，老天也在惩罚他们，连下了几场雪，大多数士兵住在大雪覆盖的地洞里，粮食全靠空投，那点粮食怎么能分给士兵？！他们又饥又寒，连地里的冬小麦苗都拔吃光了，比红军过草地还不如，整个国民党军战区上空哭爹喊娘，叫声连连。趁此，解放军展开了强大的政治攻势，广播里反复播送《敦促杜聿明等投降书》，用汽油桶打传单，使他们人心浮动。各单位开展了形式多样的瓦解国民党军的工作。前几天，八十九团七连的李班长，挑了担米饭，带回来 125 名国民党士兵。这几天，各团都有类似情况，1 担米、1 锅馒头、1 瓶洋河大曲酒就俘虏 1 个排、1 个连的敌人。

今天是岁末，1948 年是划时代的一年，1949 年过长江，解放全中国是完全能办得到的！我的家乡就要解放了，我多么想尽快地见到我的母亲、姐姐和外甥们啊！

回顾难忘的 1948 年，战斗频繁又捷报频传。年初在智楼进行了两忆三查三整，部队的阶级觉悟大大提高；2 月份向陇海铁路沿线破击；接着我师送 13000 多名渤海新兵到颍县，与刘、邓大军在大别山会师，打下安徽的太和；5 月破侯镇，奔袭老河口，转战卧牛山；6月配合刘、邓主力进行了宛西、宛东战役，我师在徐官屯歼鲁道源的五十八师；接着又兼程北上上蔡阻击胡琏的十一、十八师，保证了三、八纵队打下开封，随之又东移至睢杞县的桃林岗，苦战11昼夜阻击邱清泉的新五军，保证了华野主力全歼国民党军七十五师和二十五师大部；这就是著名的豫东战役（又名开封、睢杞战役），而后北上梁山休整，补充了5000新兵；9月攻下济南；10月曲阜师以上高干会，传达了党中央、毛主席关于加强组织纪律性的决定，总结攻打济南的胜利，物资和思想上准备淮海战役；而后由徐东歼黄百韬，涡北歼黄维，固镇打李延年，永、萧地区准备歼杜聿明集团。回顾这段不平凡的历史，我的心情十分激动，打到南京、解放全中国的日子不会太远了！

下一步，如何歼灭淮海地区的国民党军，中央分析有三种可能：一是采取打长春的办法，继续围困，迫其投降；二是迫其突围，在运动中歼灭它；三是就地硬攻全歼；刘伯承司令员的意思是：争取第一个办法，准备第三个办法。

宋、刘首长催我赶快来纵队上任，我却有顾虑，怕不能胜任，担心搞不好纵队领导之间的关系。得知，淮海战役后，十纵将成立八十四师，是由二十八师的八十四团、二十九师的八十六团、渤海十三团组成，冯丁山同志任师长，毛会议任副师长，王敬群任政委，翁默清任政治部主任，黄鲁任参谋处长。特务团编制不变，成立教导队，加强炮团的建设，这样一来，十纵队人员、装备就齐全了。人民军队就是在战争中，由小到大，由弱变强。我离开二十九师后，朱耀华接替任师长，李曼村仍任政委。让我们用战斗去迎接更加光辉的1949年吧！

1949年1月

4日 阴 午后到刘庄接防，拟于6日发起战斗，彻底歼灭杜、邱、李部，结束淮海战役，为渡江做准备。

淮海战役共分为三个阶段，第一个阶段是从1948年的11月6日至22日，歼灭了黄百韬兵团，解放了碾庄以东、陇海路两侧、津浦路的徐蚌段、徐州西北广大地区；第二阶段是从11月23日至12月15日，中原野战军在华东野战军的密切配合下，于宿县西南的双堆集地区全歼黄维兵团，同时还歼灭了徐州西逃的孙元良兵团，把杜集团的邱、李（弥）部包围在萧县、永城地区；第三阶段是从12月16日开始，估计1949年1月上旬结束。目前正是最后歼灭杜集团的阶段。国民党军在野战军重重包围之下，十分狼狈，困难重重，士气低落，经 20 多天的围困，天天都有饿死人的。

6 日 晴 我师经过两天的准备，午后向小章庄发起政治攻势。我们打了二十几发"飞行炸药包"，把《敦促杜聿明等投降书》、饼干及其他食物等东西打了过去。与此同时，各团的炊事员们把做好的饭菜挑到国民党军的战壕边，高喊："国军兄弟们！给你们送饭来了，快来吃吧！"这些天，我们用这个办法，瓦解了 2000 多人，其中，还有一个敌人的军乐队。战场真活跃，这真是个史无前例的"战争"！

9 日 晴 杜、邱拒绝投降，他们是国民党的死硬分子，没什么好说的，坚决地、彻底地就地消灭他们！宋、刘电令：我师今晚总攻陈官庄新五军军部。感激淮海战役前委的首长刘、陈、邓、粟、谭（震林），把最后歼灭杜、邱的任务交给了我们纵队。由于战场越打越缩小，我纵是在宽为 1 至 2 里地，纵深 15 里的地面上展开的，像一个楔子一样，插向国民党军心脏！

午后 4 时，解放军大小洋、土炮万炮齐轰，晚 7 时 30 分，3 颗信号弹腾空而起，总攻开始了，战士们英勇顽强，猛插猛打，争先恐后地向前冲。我听一六六师四九六团的俘虏说：我师发明的迫击炮打炸药神极了，它专门往国民党军的地堡中钻。该团团长吴立山看到一发"炮弹"咝溜溜地往他的团指挥所里钻，还以

▲ 杜聿明集团被包围后，以七十军之九十六师和一三九师在战车的配合下向南突围，华野十纵八十五团三连经 3 昼夜激战，歼敌 5000，取得鲁楼歼灭战的胜利

为是人民解放军打来的传单、饼干等，赶紧抱起来，当他看清是炸弹，在往外摔的一刹那，炸药包"轰隆"一声爆炸了，指挥所坐着土飞机上了天。当我们的指战员冲上去时，有的狗官还大声呵斥勤务兵拿酒、拿烟来，我们的战士骂道："王八蛋！还不乖乖地缴枪！"这些当官的才如梦初醒地老老实实地当了俘虏。

这一夜，俘敌甚多，仅国民党军长就有5个，其中有一个国民党中将李维，当战士把他送到我的指挥所里时，他看上去十分熊包，往日的威风一扫而光，他饿得浑身发抖，伸手向我要烟，我递给他一支"骆驼"牌美国香烟，并吩咐炊事员给他们大饼卷大葱，他们狼吞虎咽的，那副狼狈相是又好气，又好笑。

10日　阴　经过一昼夜苦战，在陈官庄全歼杜、邱兵团，就此，长达66天的淮海战役画上了一个圆满的句号。晨8时，各部队把俘虏集中起来，东一堆、西一撮，分不清谁是官谁是兵，但全都是一副无精打采的狼狈相。

淮海战役的66个日日夜夜，人民解放军60万抗击着80万国民党军队，歼灭国民党军55.5万余，是中外战争史上绝无仅有的大胜利。昨天的战场场面太壮观了，可惜到处找不到随我师拍电影的吴立本同志，由于太疲劳了，可能他在地洞里睡觉呢。

午后到十纵所在地，恰好我爱人贡喜瑞（纵队后勤卫生队协理员）和4岁的女儿萧南溪也来到了前线。我抱着女儿，亲了又亲，她一岁断奶后就托河北新寨村的岳父岳母照看，刚接来看看，3年不见了，长得又黑又结实。我对女儿说："溪女！你从小就参加了著名的淮海战役，等你长大后也要当解放军，填写履历时要写上，随爸妈一起参加了淮海大战！"南溪眨着大眼睛，似懂非懂地点着小头，嘻嘻地笑着。我66个日日夜夜，全是在地洞里住的，没有睡过一个囫囵觉，熬得又黑又瘦，今天可要好好睡个踏实觉。

12日　晴　为防止国民党军报复性轰炸，部队向东移。我乘汽车抵汪庄，准备在此休息3天。听说陈毅司令明天返回总前委，此后，开始整编华野部队。为提高部队机动和大兵团作战

▲ 萧锋的战地日记

的能力，拟把部队整编成兵团，十纵队今后改编为二十八军，二十九师已经补到
16000 余人，全纵补充到 55000 人，是个大军了！！

（作者时任华东野战军第十纵队二十九师师长，此文由萧锋女儿萧南溪整理）

精神炮弹威力大

——忆淮海战场上瓦解敌军

王洪庆

2009 年 4 月的一天上午，我们几个老同志聊天时，聊起了当年的淮海战役。一提起淮海战役，战场上瓦解国民党军的场面就映现在我眼前。

抓来一个舌头获三飞机大米

1948 年 12 月上旬。当时我在华野十纵九十二支队十三队侦通连当通讯员。人民解放军在前柳元把国民党军的突围打回去后，不知是何原因，国民党军不再突围，我们也不攻不打。同志们都纳闷，不理解，瞎议论。"把敌人围在这里好几天了，打，不许打；攻，不准攻，整天叫我们蹲在战壕里，真叫人想不通。"

"飞机来了，快防空！"张清山大声道。一听说防空，大家停止议论，都各自进了自己的防空洞。我静心仔细一听，既不像战斗机的声音，也不像轰炸机的声音，探出头来，顺声音望去，便说："不是战斗机，也不是轰炸机，是运输机。"这时，大家都钻出防空洞，站在战壕里看飞机。三架运输机，在国民党军阵地上空转了一圈，就像羊拉屎一样，往下丢东西，丢完后就飞走了。这时大家边看飞机拉屎，边议论。刘炳礼问："副班长，我们的阵地与他们的阵地不过百米，又没有标记，为什么飞机都把东西丢在他们那边，丢不到我们这边，它怎么分得那么清楚？"副班长李忠凯答："他们没告诉我，我又不是他们的参谋长，你问我，我问谁呀？"正巧大队参谋长钱光顺交通壕走过来，问大家在谈论什么？副班长趁机问参谋长："我们为什么把国民党军围在这里不打？大家不明白，心里憋得慌；我们离国民党军这么近，飞机丢东西为什么都丢到他们那边，一包也丢不到我们这边？大家都纳闷。我们班的同志都在这里，首长，你给我们解释一下好吗？"

参谋长笑了笑说："你们都关心战事我很高兴。关于对当面的国民党军围而不打的问题，听说是党中央毛主席的战略部署。东北野战军已进关包围北平和天津，但现在还没包围好，如果我们现在就把当面的国民党军消灭了，北平和天津的国民党军，就很可能坐兵舰从海上逃跑，这对我们以后打过长江去、解放全中国不利；我们当面之敌，现在弹尽粮绝，饥寒交迫，士气低落，已无力抵抗，只要上级一声令下，很快就可以把他消灭。围而不打的目的，就是等待平津的包围。淮海和平津两大战役都胜利了，国民党军能打仗的主力部队就在长江以北消灭了，我们打过长江去，解放全中国就容易了。关于飞机为什么都把东西丢在敌人那边，丢不到我们这边的问题，侦察排李排长比我清楚，还是请他解释一下比较好。"李排长紧接上说："首长真会开玩笑，他们又没告诉我，我怎么知道。"参谋长说："你不知道，你不会去问吗？"李排长说："老百姓都跑光了，找不到人，我去问谁呀？"参谋长说："问谁？你是侦察排长，问谁你应该会知道。"李排长抓了抓自己的头皮，笑了笑说："我明白了，首长是叫我去抓舌头。"说罢，向首长敬了个礼，转身走了。次日拂晓，李排长把俘虏兵带到参谋长面前："首长，人我找来了，我怕问不清楚，请首长自己问吧。"参谋长见两个俘虏兵立正笔直站在面前浑身发抖，就开导他俩说："你不要怕，我们宽大俘虏，不会打骂伤害你们的。"俘虏兵说："报告长官，我们知道解放军宽大俘虏，我们不怕。"参谋长："你不怕，你哆嗦什么？"俘虏兵说："报告长官，我不是害怕打哆嗦，是天冷、肚子饿，冻饿得打哆嗦。"参谋长听他说是冻饿得打哆嗦，即叫我去给他俩拿干粮吃，又叫梁风秋去拿被子给他俩披在身上。两个俘虏兵饿得接过干粮就狼吞虎咽地把荞麦饼子吞进了肚，身子渐渐的不发抖了。参谋长问："你叫什么名字？"矮个俘虏兵答："我俩是一个村的，都姓何，他叫何阿南，我叫何春风。"参谋长问："你们是哪里人？何时当国民党兵的？"高个俘虏兵答："福建永泰人。都是去年被抓壮丁当国民党兵的。他（指矮个子）比我小两岁，爱说话，很活泼，被团部挑去当通

▲ 投降的国民党军士兵向解放军介绍包围圈内的情况

信兵。我笨头笨脑，被留下挑水做饭当伙夫。"参谋长："昨天飞机给你们丢的是什么东西？"俘虏兵："都是大米、大饼和罐头。"参谋长："为什么都丢在你们那边，丢不到我们这边？"俘虏兵："我们有记号，你们没记号。所以，都丢在你们那边。"参谋长："什么记号？"俘虏兵："是红布摆的红十字。"参谋长："你怎么知道是红十字？"俘虏兵："前几天，我坐汽车到师部去领给养，见师部村外地里用红布摆了一个很大的红十字，我问同伙把红布铺在地里干什么？他说，可能是撤离徐州时从布店抢来准备带回家用，现在被共军围在这里带不出，就铺在地上出洋相。另一个说，他们不要了，我们要，我们拿回去，睡觉时，铺在地铺上当草垫可以隔凉，盖在身上也暖和。一个长官阻止说，你们不能拿，这是联络飞机用的，你把它拿走了，飞机来了看不到这个记号，就不往这儿丢给养了。我们被共军死死地围在这里，突又突不出去，自己带的米和当地农民的粮都已吃光了，飞机再不空投吃的，我们被困在这里，没有被枪子打死，也要活活被饿死，这红布不能拿！所以我才知道这红十字是联络飞机的记号。"参谋长："杜聿明和邱清泉被我们里三层外三层地围在这里，想突围逃跑，那是白日做梦。消灭了杜聿明和邱清泉后我们就过长江，打到南京去，活捉蒋介石，解放全中国，蒋介石是秋后的蚂蚱，蹦不了几天了，国民党是兔子尾巴也长不了了。你俩当了我们的俘虏，我们会按俘虏政策办，你们愿意回家，我们给你路费放你回家；愿意参加解放军，我们欢迎；如果既不想回家，也不愿参加解放军，而想再去当国民党兵，我们不阻拦。何去何从，你自己选择。"高个俘虏："去年国民党抓我来当兵，我母亲不肯，抓住我的胳膊不放，那国民党兵朝我母亲肚子狠狠踢了一脚，我母亲当场昏倒在地，后听说，母亲因内伤太重，又无钱医治，没过几天，就含冤死了。我不回家，我要当解放军打国民党，为我母亲报仇！"矮个说："我家离这很远，我不回家，我也当解放军……"参谋长："你俩愿意当解放军我们欢迎，但是，这离后方很远，军装一下拿不来，你们还得穿身上的国民党衣裳，待打完仗再给你们换军装。"李文俊和张青山插话说："我这里有军衣和军帽，可以套在棉衣外边穿，不然，别人看他穿国民党军衣，不知是自己同志，会说他是国民党兵。"说罢，即打开背包，取出单衣给他俩穿上。参谋长接着说："从现在起，你俩就是解放军战士了，当解放军要遵守《三大纪律八项注意》，不然……你俩暂时不能上战场，先到炊事班工作，以后干什么，到时再告诉你们，你们愿意吗？"他俩答："愿意。"说罢，我把他俩送到炊事班。

下午李排长和老魏各扛一匹大红洋布，带着这两个解放战士，到前柳元村北的空地里，根据参谋长的意图，按照国民党军联络飞机的记号样式，将2匹红布在地上摆了个大十字。

第二天上午约八九点钟，3架国民党军飞机飞到前柳元上空转了一圈，一齐往下空投，投完后，向飞来的方向飞去。大队后勤处和各单位炊事班，及大队机关单位，除值勤人员外，全部出动，从野外向村内搬大米，并当场把大米分给各营连。俱乐部委员刘炳礼，看着喜搬缴获大米的战友，拍着双手唱道：

> 手拍巴掌啪啪响，各位战友听我讲，
>
> 这次不说别的事，专讲老蒋运输忙。
>
> 说老蒋来道老蒋，他是运输大队长，
>
> 送来美造好武器，还有国产米和粮。
>
> 国军说蒋大笨蛋，美帝踩脚骂蒋娘。

第二天早饭后，同志们又七嘴八舌地议论开了，大肚皮老曹说："这大米饭就是比荞麦面好吃，今天早饭，我菜一口还没吃，3碗饭就下肚了。"张青山打断老曹的话说："有飞机声，蒋介石又送大米来了。"大家顺飞机一看，不是3个头的运输机，而是5个头的轰炸机，我大声说："不好！快防空！"我们刚钻进防空洞，一种刺耳的声音由小而大，瞬间，炸弹的爆炸声接连响起，震得耳朵发疼。前柳元村，有的房被炸毁，有的屋起了火，我阵地因离村百米多远，无一伤亡，村民战前都跑光了，也无伤亡。飞机飞走后，我们通信班留下两人值班，其余和后勤各炊事班十几个人赶到前柳元把火扑灭。刘炳礼眼看着被炸毁烧毁的民房，愤怒地骂道：

> 蒋介石是黑心肠，历来做事太荒唐，
>
> 战前扩税吸民血，抓丁抓夫送战场。
>
> 临战劫村又洗舍，所到之处民遭殃，
>
> 战中飞机和大炮，一股脑儿炸民房，
>
> 弄得百姓难生存，背井离乡去逃荒。

送去一桶大米饭，一排敌兵来投降

飞机轰炸前柳元后，连续下雪六七天，南京国民党政府的飞机，也六七天没有来向被围困的国民党军空投给养，国民党军从徐州逃跑时所带的粮食早吃完，驻扎在青龙集地域内的民粮也搜净吃光。几十万蒋军，在冰天雪地里充饥无粮，抗寒衣被单薄。我们抓住国民党军饥寒交迫的时机，展开强大的政治攻势，运用各种办法，宣传各战场的大好形势，宣传解放军的俘虏政策，宣传蒋管区人民反蒋浪潮，瓦解国民党军，使其弃暗投明。

炮兵连把宣传单绑在木棍上，用迫击炮发射到国民党军阵地去；各营、连用洋铁皮或硬纸壳做土喇叭向国民党军广播；没有土广播筒的，把双手合起来靠在嘴上当喇叭，向国民党军喊话，有的还叫投降过来的国民党军士兵喊话瓦解国民党军。国民党军听了宣传后，许多士兵夜间跑过来投降。最初，特务连把3个投降士兵送到参谋长这里，参谋长问其中一个："你叫什么？在国民党军干什么？"俘虏答："我姓李，名世广，当副班长。他俩是我班里的兵。"参谋长问："你为什么跑过来投降？"俘虏答："国军兵败如山倒，我心里想，被你们围在这冰天雪地里，冲不出去，也跑不掉，一天吃不到一顿饱饭，又冷又饿，再继续待下去，不是被冻死，就是被饿死，要想保活命，唯一的办法，就是投奔解放军，所以，我们就投降过来了。"参谋长问："你们上司控制得很严，你们是怎样跑过来了。"俘虏答："昨天黑夜，他俩（指张阿伍和阿胖）放哨，我代班查哨，我巡逻一遍，见连、排长都躲进碉堡里，弟兄们躲藏在地洞里避风睡觉，我们就偷偷地跑过来了。"参谋长问："你们被围在这里，冲不出，跑不掉，你和你们那些弟兄是怎样想的？"俘虏答："撤退徐州时，都说快跑，跑到南京就是胜利。没想到，跑到这里就被你们包围住了，冲了几次，冲不出去，伤亡很多，伤兵没地方送，哭叫连天；死人没地方埋，到处都是，弟兄们都指着死伤的弟兄说，他们的今天，就是我们的明天，有的互相约定，今后你负伤了，我照顾你，我负伤了，你照顾我；如果你被打死或冻饿死了，我给你家捎信，我死了你告诉我家。后来又听说，前来增援我们的黄维部队，又被解放军包围住了，前进，进不了；后退，退不回。又都背地里猜测说，看来，蒋介石打不过毛泽东，国民党打不过共产党，中央军打不过解放军，我们要多长一个心眼，要多一手准备……后来，当官的可能看出了弟兄们的思想，就一级一级地往下训话，说，国军的武器装备比共军好，国军有飞机坦克，共军没有。眼光要看得远点，眼下我军被包围是暂时的，援兵很快就到。我军是国军，国军要效忠党国，你们不要胡思乱想，不要背后瞎嘀咕乱琢磨，不要听信那些流言蜚语，不要保存共军的传单，不要传播共军的喊话，不要相信共军的宣传，如果发现哪个胡言乱语，动摇军心，就地枪决！如果谁听信共军的宣传，不坚决抵住共军的进攻，被共军抓去，别的话不说先叫你速哭（诉苦），哭得慢了不行，不哭更不行，不哭，就吊起来打，还不哭，就打死或枪毙。我们听了这些训话后，虽然嘴里不敢再议论了，但是心里还是在想，一天只吃一顿饭，一顿还吃不饱，人都饿得肚皮贴脊梁，受不了，不能再待在这里等死，要想办法投解放军。但有二怕，一怕跑不了被抓回去枪毙；二怕跑过去解放军叫'速哭'，想到这里，跑又不敢跑，不跑又不甘心，主意拿不定，心里难过，眼泪往肚里流。"参谋长解释说："我们解放军对待俘虏历来都是实行宽大政策，不打骂，不搜腰包，不歧视污辱，尊重人格；对投诚者热情欢迎，'速哭'是你们长官胡说八道。我们有搞过诉苦，但不是'速哭'。诉苦，就是诉受地主剥削的苦；诉逃荒没饭吃，受冻挨饿的苦；诉保长抓丁拉夫被打被骂的苦；诉国民党军官拿士兵不当人，任意打骂、体罚、污辱的苦。国民党军官怕士兵把苦诉到他们头上，就把解放军

▲ 新解放战士在围困杜聿明集团的战壕里控诉国民党罪行

的诉苦歪曲成'速哭'，你们不要听你们的长官放狗屁。"

参谋长讲完后，即叫我把3个俘虏送去特务连，并叫连长、指导员来一下，又叫梁凤秋通知各营教导员来他这里。人到齐后，参谋长把讯问俘虏兵的情况简要介绍后说："我们面前的国民党军，现在是饥寒交迫，走投无路，动摇混乱，很多士兵想过来投降，但又怕诉苦不敢过来。原因是，国民党把我们对战俘的诉苦教育歪曲成'速哭'教育，以此来恐吓士兵稳住残部，巩固阵地，为其卖命。为粉碎国民党军这一阴谋，从今天起，各营连不准对战俘再讲诉苦教育，一律改为阶级教育。在战场上，长话短说，就说这些，各营回去马上传达。"散会后，参谋长对特务连杜连长和指导员说："你回去后，叫炊事班多做一些晚饭，趁天黑夜暗，叫两个战俘把饭送到他那个排去给他那些弟兄们吃，叫他把投降过来后的亲身感受讲给他那些弟兄们听，他宣传我们的俘虏政策，比我们宣传更好，国民党军士

兵更容易相信。"杜连长和指导员回去后，照参谋长的指示做了。

这天夜晚，约 10 点多，李世广和张阿伍二人，抬着一桶雪白喷香的大米饭，顺着他过来投降的那条小路，摸黑把饭送到他们排的战壕里。饿急了的国民党军士兵，听说送饭来了，一窝蜂地拥过来抢饭吃，来得早的用碗挖着吃，没拿碗的用手抓着吃；来得晚的，因人多战壕窄挤不过来，抢不到吃的，急得在后边拳打脚踢，破口大骂。不到一支烟的时间，一桶饭抢得精光。这个士兵说，我没吃饱；那个士兵说，我一口也没捞到吃。李世广说，不够吃，那边还有一桶我俩过去拿。排长说，不要过去拿了，我们都过去吃，那边解放军认得你，不会开枪，你前边带路，大家跟着你去。并命令大家带上枪弹，不要说话，跟在后边。一排士兵就这样过来投降了（这段过程是对俘虏进行阶级教育时，我和刘炳礼采访时李世广对我俩讲的）。刘炳礼听了介绍后，写了一个顺口溜，念给李世广和在座的人听：

> 人是铁来饭是钢，一天不吃饿得慌，
>
> 三天不吃肚造反，七天不吃见阎王。
>
> 党的政策威力强，把人头脑来武装，
>
> 威力进入头和脑，人变心变不一样。
>
> 张阿伍和李世广，弃暗投明做榜样，
>
> 送去一桶大米饭，带来一排人和枪。
>
> 大家都来评一评，大家都来讲一讲，
>
> 敢冒风险去立功，值不值得大表扬。

为了一个大烧饼，相互残杀三条命

攻打青龙集的战斗打得很顺利，当夜攻下两个村，天亮时又拿下一个村，战斗结束。一、二、三营抓了很多俘虏，为防国民党的飞机扰乱，趁太阳未出来，部队和俘虏都要撤出战场。我们通讯二班，跟着参谋长来到三营攻占的村庄，站在村东北角举目瞭望，部队押着望不到头的战俘撤离战场。轻伤能走的战俘，跟着俘虏队一拐一拐地走；重伤不能走的战俘号啕大哭，解放军卫生员发扬人道主义精神给他们涂上药包扎好，用担架抬着他们走。战死的敌兵横七竖八，遍地都是，无人埋葬。更不人道的是，国民党军把死亡尸体丢在小河里摆成人桥让人踩着过河，战俘们看到这种场面，有的流泪摇头不语，有的说："共产党和国民党，解放军和中央军就是不一样。国民党中央军，待士兵不如狗，对伤兵，不抢救、不医治，丢在一边挨冻挨饿不管不问；对阵亡士兵，不抬走，不埋葬，死了还要让人踩着走；还好我们当了俘虏，不然，我们跟他们一样，活着受罪，死了被踩在脚下。而共产党解放军，对我们不打骂，不凶训，不污辱，不搜身；对伤兵能抢救的抢救，能抬走的抬走；对阵亡不能救的抬到路旁，不让人踩。两个党、两个军，谁好谁坏？不比不知道，一比见分晓。跟着共产党解放军行军打仗，苦也甘甜，死也甘心。"

　　形势变化之快，战局逆转之速，蒋介石做梦也没想到。被包围的蒋军，拂晓之前已被全歼，而他还以为他的亡命之徒还在顽强坚守，并派飞机空投食品给其充饥。但他哪里知道，那一路上的大军和车队，不是开往战场第一线，而是当了俘虏被押出战场。上午约 8 点多钟，战俘听到飞机在头顶上空盘旋，各路队形大乱，我押战俘的同志以为战俘暴乱，即鸣枪警告，并命令战俘"原地坐下，不准乱跑"。瞬间，空投的大饼一袋袋落地，周围的战俘，不顾一切地向空投地拥去。人越拥越多，把每一袋大饼围得水泄不漏，离得近来得快的，撕开布袋，掏出一个大饼，怕别人抢夺，边跑边吃；来得慢的，掏出一个大饼还没咬一口，就被别人撕去一半；有的还没挤出人群，就被身边人抢得只剩下一点；最后来的，挤不进人群，抢不到大饼，就跑到枪堆边拿起枪来射击。我和刘炳礼、李文俊见一个战俘双手拿着一个大饼，边吃边跑，另一个战俘在背后追赶，追到枪堆边，拿起枪来，一枪把吃饼的战俘打死，扔掉枪，从死人手里夺过大饼就吃，但还没咬两口，又被另一个开枪打死，为这一个大饼，连死三个人，大饼还没吃三分之一。李文俊看着为吃口大饼而毙命的三具尸体一个劲地摇头，刘炳礼"咳"了一声说："太残忍了，实在太残忍了！"我接上说："我们既然看见了，就不能让他残杀下去，走！跟我来！"我们仨一起从战俘群中挤进去，我一脚踩住大饼袋，并大声命令说："不准吃！把大饼给我放下！都后退三步！"李和刘也大声说："不准吃！都放下！后退三步。"战俘见我们很严肃发脾气，就把大饼放在地上后退三步，等待命令。我说："我们解放军不会跟你们抢东西吃，你们不要怕。这些大饼我们一口也不吃，都分给你们。我知道，你们的肚子都很饿，这一点大饼不够你们吃。但是，没关系，现在每人都分一点吃，先垫垫肚子好走路，撤出战场后，我们饭多得很，管你吃个饱，吃个够。现在我来分饼，拿到饼的退出去跟俘虏大队撤出战场，没拿到饼的来拿。"说罢，我拿起一个大饼掰成四块，分给每人一块，直到一袋大饼分完。因人多饼少，好多战俘没有分到，都围着我不走。我说："饼分光了没有饼，你围住我也没用，快跟上去撤离战场，撤出战场就有饭吃。快！快跟上去！等下国民党知道你们被俘了会派飞机轰炸的。快！快跟上去！"一个战俘对另一个战俘说："人家解放军做事就是公道，我虽然没有捞到一口大饼，但我口服心服。咱们都看见了，大饼那么好吃，人家解放军一口也没吃，而公平合理地分给我们这些被俘的人吃。我没捞到，不是他不分给我，而是没有大饼了。不知你服不服，我是口服心服了。如果我们那些当官的也像解放军这样公平合理地做，谁还能为吃一口大饼而动枪动刀啊。"

（作者时任华东野战军第十纵队九十二支队十三队侦通连通讯员）

我记忆中的淮海战役

陈志仁

1948 年淮海战役前，华东野战军从山东向陇海路东段进发，与在陇海路西段活动的中野相配合，同位于徐州地区的国民党军进行决战。当年我是华野十纵的一名侦察兵，与同班战友杜战清、施亚冈、龚小康等走在大部队的前沿，前往中央下达命令的目的地——追击包围从海州西撤的国民党军第七兵团。

11 月 6 日淮海战役打响，11 日华东野战军主力将黄百韬兵团包围在碾庄地区。

黄百韬被包围后，奉命从河南确山地区前来增援的国民党军第十二兵团黄维兵团，又于 11 月 25 日被中原野战军包围在了安徽省睢溪县的双堆集地区。双堆集地区基本上全是平原，境内仅有两个大土堆是制高点，为了有效地打击国民党军，当时人民解放军采用了以挖地堡与挖战壕的方法接近国民党军阵地。挖战壕的活动多是在夜晚进行，先是俯卧着挖，再跪着挖，然后是弓着身子挖。记得一天晚上，有一个战友为了摸清地形，自告奋勇请示独自摸黑去侦察，他出发的时候天刚刚黑，可是我们一直等到了深夜这位战友都没有回来。直到下半夜部队挖战壕到达距离国民党军阵地前沿仅有二三十米的地方，才在地上发现了那位孤胆英雄的尸体。把他运回阵地后，在连长、指导员的带领下大家为他举行了一个简单而隆重的追悼会，并把他的尸体就地掩埋。因为当时战况很紧张，像这些在战场上牺牲的烈士许多只能是就地掩埋，部队没有时间再把他们送往后方安葬！所以我们

▲ 华野各部奔赴淮海前线

总是说，我们是踏着英雄的血迹前进的，我觉得一点也不过分，实际情况真的就是这个样子。

淮海战役共分三个阶段，但是当时我们战士们身在战场上，并不很清楚，我只记得在黄维被围，还没有被歼灭时，徐州的杜聿明就率领他的大部队往徐州西边逃跑了。当时，杜聿明要逃跑的迹象也是由某部侦察兵发现并上报华野司令部的。粟裕司令员对于杜聿明逃跑的方向做出了三种判断：（一）沿陇海路向东，经连云港海运南逃。但要迅速解决装载 3 个兵团的船只、码头是困难的。（二）直奔东南走两淮，经苏中转向京沪。但这一路河川纵横，要经过水网地区，不便于大兵团、重装备的运输。（三）沿津浦路西侧绕过山区南下。这一带地形开阔、道路平坦，国民党军走这条路的可能性较大。于是，当侦察兵上报发现国民党军有西逃的迹象之后，华野的各个部队在粟裕代司令员的指挥下，便争分夺秒地勇猛地追击上去，并于 12 月 4 日将杜聿明集团（包括邱清泉、李弥和孙元良三个兵团）包围起来。

记得在杜聿明撤离徐州时，我正和其他侦察兵从碾庄赶往去陈官庄、小黄庄的路上，准备去侦察邱清泉兵团的动向。

在路上，因为我们穿着军装，所以老百姓认出了我们是解放军。这时，就有两个老百姓向我们跑来说："同志，同志。东边小尖头坟上有三个穿着国民党军衣服的人在那里，鬼鬼祟祟，你们去看看吧。"这引起了我们的警惕，于是我们跟随他们去尖头坟上一探究竟，果然远远地就看到有三个穿国民党军服的人。于是我便让杜战清、施亚图和一个姓黄的侦察兵从正面接近那三个人，而我和龚小康从后面接近他们，等待时机进行抓捕。正在我们从前、后两个方向向他们接近时，走在前面的杜战清暴露了目标，也许是国民党军看到杜战清身上穿着的是解放军的服装，便向杜战清开了枪，杜战清小腿中了一枪，施亚图随即向他们还了几枪，但都没有打中。这时，我立刻从后面用枪指着他们并大声喊道："把枪放下，举起手来，不许动！"他们愣了一下，停了片刻便慢慢地蹲下去把枪缓缓地放在了地上。就这样，我们齐心协力，最终把这三个国民党军士兵制伏，随即押送到了后方司令部。然后，我们便踏上了路，继续执行我们的侦察任务。

在淮海战役这血与火交织的 60 多天里，我和其他侦察兵走了 40 多天，四处侦察，为淮海战役的胜利做着最大的努力。40 多天里基本没有合过眼，体力严重透支，但在此时，我们已经看到了胜利的曙光。不久，淮海战役就在中国共产党的胜利中宣告结束。

（作者时任华东野战军第十纵队侦察兵）

淮海战役最后一天歼灭杜聿明集团见闻

纪鸣铎

1949 年 1 月 9 日上午，在团驻地吃过早饭，我便跑到一连前沿阵地向一连政指牟作勤谈昨晚二排长晋吉增带领突击队的情况。谈话恰被国民党军一阵排炮打断；当我隐蔽到三排防炮洞里，同战士谈昨晚战斗情况时，牟政指从营里接受任务回来说："我团今天配合二十九师兄弟部队攻击鲁菜园，三连是第一突击队，一连是第二突击队。"

下午 3 时，我强大炮火压制国民党军，整个村庄被炮火轰炸得浓烟滚滚，炮火压得国民党军火力发挥不出来。在我轻重机枪的掩护下，爆破队连续爆破鲁菜园东北的土围墙，炸开一个大口子，我八十三团一营三连勇士在一级人民战斗英雄郑素春连长和政指秦洪声的带领下突进鲁菜园，接着一、二连部队跟着冲进去，一场厮杀，大批俘虏押送出来。八十三团指挥所前进到鲁菜园的东北侧高地上，我也赶到高地上观察情况。团参谋用望远镜向西望，在夕阳照耀下，见黑压压的国民党军向西溃逃，马上报告团首长，团首长用望远镜观看国民党军狼狈逃窜的情景，马上通知部队乘胜追击。因一营鲁菜园战斗还未结束，政委孙乐洵、副团长孙盛才带二营和三营先头向国民党军追击。同时，孙政委对我说："你跟着我！"我就跟团指挥所去了。部队追出几里路，见国民党军死的伤的排了一大溜，又往前进，天已黑了，国民党军几辆汽车在野外被我炮火击中，火光冲天，我想靠近看看，孙副团长制止说："不要靠近汽车的火光那边走，以防被敌人打着。"前面村里的国民党军用机枪封锁我们，孙副团长指示说："前面这个村子的敌人还没有走，通知部队不要前进了，不然，把部队压在村子外不好。"我找了条沟，让团首长隐蔽好。首长在沟上观察情况，国民党军的炮火不断打来。首长叫到附近的村里找个地洞，我到村里看到一个大空房的西侧有两个大地洞，但房子里面的东西被洗劫一空，没有见到一个人。我领着首长去后，团首长便开始研究战场情况进行分析，认为李弥兵团溃逃，杜聿明、邱清泉一定更加恐慌动摇。决定抓紧时间，直捣杜聿明司令部陈官庄。正在这时八连政指代可文交到营里一个俘虏军官，自称是七十二师的参谋长，是中国共产党的内线关系。他说："杜聿明正准备向西突围，你们顺着干冻的鲁河就可以直插陈官庄，这一带都是杜聿明总部的后勤机关，没有什么战斗力，也没有什么工事。"这给我部队提供了有利情况。二、三营顺着鲁河直插陈官庄。团指挥所人员赶到时，二营营长曹文章、三营营长朱福修已研究决定，二营从陈官庄东面攻打，三营从陈官庄北面攻打，团首长表示同意他们的意见。

当时团首长分析，我们南、北、西面，都是国民党军，有兵力二三十万，如果天亮，国民党军发觉我们只是一个团，而发起反击，我们会吃不消的。因此，孙政委要副团长到后面设个指挥所，和上级取得联系，请求后续部队尽快赶到。孙副团长找了块凹地，设了指挥所，首先和师部通电话，但未摇通，孙副团长说："直接与宋司令通话。"电话一摇就通了，孙副团长报告了八十三团打进了陈官庄的情况，请求部队快来。宋时轮司令电告："部队很快就赶到，你们要和北面的四纵队取得联系，互相支援，不要发生误会。"孙副团长打完电话，告我说："你到柴王户和四纵队联系，说我们已打进了陈官庄，不要发生误会，柴王户向东北方向走。"并叫了一个通信员跟我去。我们刚离开指挥所向东走，国民党军的机枪从陈官庄射来，子弹从身边嗖嗖飞过。通信员叫我赶快卧倒，我想敌人夜间看不到我们，是乱打枪，所以我一直向东北方向跑。通信员追上我大声喊："你怎么了，你

▲ 解放军对不投降的杜聿明集团实施炮火轰击

疯了，敌人这么打也不卧倒。"我说："敌人不是打我们的，我们赶快跑，去完成与四纵队的联系任务。"国民党军的机枪不响了，又跑了一段，看到了一个村庄。走到村头，有两个站哨的，他喊我们是哪一部分的，我说："我是十纵队的。"我又问："你是哪个部队的？"他说："我是四纵队。"我说："我要找你们首长。"一个战士带我们到村里进了一间屋，有蜡烛照明，四五个人在谈话，那个战士指着说："这就是我们首长。"我说："我是十纵队八十三团的，我们已经打进了陈官庄，不要发生误会。"这位首长高兴地站起来对我说："你们从东面打，我们从北面打，不要发生误会。"我高兴的回来，途中遇上部队，我问是哪一部分的，他说是纵队特务团的，我很高兴，增援部队已经来了。快到指挥所，我师八十三团一个参谋带部队来问我："八十三团指挥所在哪里？"我和通讯员便带他们到孙政委的指挥所。

我回来向孙副团长报告了与四纵队联系的情况后，孙副团长对我说："给你个任务，把缴获的汽车迅速转移，不然，天亮了蒋介石会派飞机来轰炸掉！"我正想怎样去完成这个任务，孙副团长叫过一个人来，对我说："由他负责把汽车弄走！"我走近一看是国民党的军官，我问他："你能把汽车开走吗？"他说："可以！"我放心了，原来此人经过教育，知道解放军俘虏政策后，便很乐意去办这件事。他带我直向北走，边走边对我说："这是宋美龄刚从美国弄来的1000多辆新汽车。"我们高兴地走了一段，看到好像是个村庄，我问："这是个村庄吧？"他说："这不是村庄，这就是汽车。"我们进了汽车场，他严厉地高声大喊："起来！起来！奉总部命令：汽车掉过头来，向东北开，回徐州，跟着我的三号小汽车走！"连喊了几次，跑来很多人，上来问："什么情况，什么情况？"他避而不答，有的纷纷回去发动汽车，灯光闪烁，还有的不想离开，我就说："我是人民解放军，你们不要怕！"我们出了汽车场，那人对我说："你不要讲话，你一讲，他们就不走了。"又说还有汽车要不要，我说"要"，他又带我去北面不远的汽车场。我们一进去，他同样高喊"奉总部的命令……"汽车马达隆隆地发动起来。走出汽车场，我问他还有没有汽车，他说："没有了。"他对我说："还有战车要不要？"我说："统统要！"这时他带我向西南走，走了一段，我看见歪斜着像木头一样的东西，问："这是什么东西？"他说："这就是战车。"我们当时高兴地边走边谈，突然前面有人喊："什么人，干什么的？"我说："团部的，自己人！"我团特务连副连长王景荣听出是我的声音，说了声"纪干事"，上来一下把我拉到沟里，对我说："前面就是敌人！"那军官随着一齐卧到沟里，接着国民党军的机枪嗒嗒地扫射过来。待他们机枪一停，我们向指挥所跑去。途中遇上三连政指秦洪声带部队来了，我们一块去指挥所。刚到指挥所，只听到叭叭两枪从我头上飞过，我赶紧向凹地卧去，接着国民党军机枪连续打来。秦洪声在后面，还未卧下，就说："我负伤了！"待敌人机枪一停，我把他扶到了汽车上。我们向东行驶，走了几里路，前面的汽车传来报告说，"前边有条河，汽车过不去，怎么办？"我下车看，河里有水在流，河的两边是土岭，大批的汽车停在那里，我没办法。这时，天已亮了，我站在高岭上向西面淮海战场瞭望。解放军围歼杜聿明集团的炮声，隆隆地震撼着大地，浓烟犹如早晨的大雾，笼罩着整个战场，炮声渐稀，我想杜聿明集团已经被歼。一轮红日从东方升起，照耀着刚刚激战的淮海大地，向南向西瞭望，满地遍野都是黑压压的人流，我人民解放军战士雄赳赳、气昂昂地押着蒋军俘虏像江水一样，向东奔流。

我又去看汽车里的人，有的下车在一边吃东西。我走过去，一个像国民党军官模样的人，对我说："你给我支烟，我给你大饼和罐头。"我说："我不会吸烟，所以没有烟。"他看了看我后，还是送给我大饼罐头。从昨天早晨吃过一顿早餐，又跑了一夜，真是又饿又渴。我吃完，到河里弄几块冰吃之后，又走上高岭，见东面大喊着跑来穿灰军装的一些人，他们跳上汽车，把汽车开走了。至此疏散转

▲ 杜聿明集团被歼灭后，解放军把大批俘虏押出战场

移的任务算是完成了。

淮海战役结束，我去一营，副教导员寇永德见我走来，老远就招呼我。我问："什么事？"他说："我给你看个东西。"他从口袋里掏出一个印盒，我打开一看，是个象牙印章，上面缠绕着一条用金子做的小龙，我向纸上一印，上面是"邱清泉印"四个字。我便大喊起来，他马上制止我说："你不要喊，这个我只给你看……"因当时无知，我非常后悔把那张盖有"邱清泉印"的纸随便丢掉了。

当时我是华野第十纵队八十二师八十三团（后整编为二四五团）政治处宣传股干事。本文依据当时的日记整理而成。

（作者时任华东野战军第十纵队八十二师八十三团政治处宣传股干事）

决战淮海

杨　清

1948 年 11 月 6 日晚，震惊世界的淮海战役打响了，华东、中原两大野战军和地方武装，在以徐州为中心的广阔大地上，与国民党军进行了决定中国前途和命运的战略决战。

徐东张庄阻击战

黄百韬兵团的 4 个军 7 个师，被华东野战军紧紧包围在徐州以东碾庄圩地区，邱清泉、李弥两兵团奉命从 11 月 12 日起由徐州东援。华野首长决定以第十一纵队在内的 3 个纵队，在徐州以东构成坚强的阻击阵地，抗击东援的国民党军。

▲ 徐东阻击战阵地一角

当时我在十一纵队三十一旅九十一团二营当营长，我旅奉命于 12 日上午完成抢占徐州东邓家楼、尖山、梁家山、帽山和榆山阵地的任务。

当天上午，我二营到达帽山脚下，我命五连连长李金玉率一个班上山观察国民党军情况，如发现他们即摇动小红旗。李连长刚登上山头，六连指导员陈金石就向我报告说，山上红旗摇动了。我即令五连全部上山，同时令四连迅速抢占榆山。下午，两连分别在该地用石块抢筑工事。黄昏时国民党军进至我阵地前两百米处龟缩不前。

不久，在帽山和榆山之间的前哨班，发现有几个人挑着担子朝我前哨阵地走来。我哨兵问："谁！"来人回答："我们是伙夫，给你们送饭的！"我哨兵走上前去，4 个伙夫一看是解放军，丢下担子拔腿就往后逃。战士们快步把这几个人抓住，打开几个桶一看：四桶热乎乎的大米饭，一桶大白菜炖肉，一桶开水。战士们风趣地说："你们大概知道我们今天才吃了一顿早饭，谢谢你们送来的美味饭菜。"这时我们才知道当面的国民党军就是其"王牌"五大主力之一的新五军的第二〇〇师。当天深夜，我营奉命将帽山、榆山阵地移交给右邻第七纵队部队接替，转守盛山阵地。

13 日，国民党军向我阵地发起几次小规模的冲击，均被我击退。当晚奉命放弃盛山阵地，我营又负责守刁泉、张庄阵地。移防后，以六连守张庄，以四连和五连部署在张庄侧后的加山和刁泉。

副教导员王刚率领六连进入阵地后，立即展开抢筑野战工事，挖战壕和防炮洞，用可能利用的一切材料构筑轻重机枪发射阵地掩体。

14 日上午，国民党军二百师一个团向我张庄及左右邻阵地发起攻击，被我一一击退。下午 2 时，国民党军以山炮、迫击炮等向我张庄阵地炮击。半小时后，国民党军炮火延伸压制我五连阵地，并以一个营的兵力向六连阵地发起攻击，被我击退。一个多小时后，国民党军又先以炮火压制，再出动一个营的兵力实施猛攻，被六连和营属八二迫击炮排击退。

这时，六连正面不少工事被国民党军摧毁，我伤亡 30 余人。副教导员王刚和六连连长王裕生、指导员陈金石商量后认为，如天黑前国民党军将我六连一、三排阵地突破后，我将无力反击。王将这一情况告诉我后，我立即率领四连一个排前往六连阵地，并将该排隐蔽在张庄的东北侧，作为反击机动兵力。

果然不出所料，我刚回到营指挥所，国民党军第三次炮击又开始了，紧接着又是一个多营的兵力向六连阵地扑来，部分国民党军已冲至六连三排的战壕。三排勇士们在一、二排大力支援下，跳出战壕向敌人反击，终于又一次将他们打了回去。教导员宋林奇给六连打电话，表扬他们打得好，打得英勇顽强。

夜幕降临后，我们认为一天的阻击任务已经完成，只等转移防御阵地的命令。谁知午夜时分，国民党军在密集炮火掩护下，以两个营的兵力同时向六连阵地发起冲击，迅速占领了三排阵地的重机枪工事。六连三排和四连一排在村庄上与国民党军逐屋争夺，四连的一个班还同国民党军拼上了刺刀。但此时，大批国民党军已从左翼迂回到张庄侧后。15日凌晨2时许，我营奉命向后转移。

在张庄阻击战中，我营六连和四连一排机枪连一部打得英勇顽强，毙伤国民党军300多人，我军伤亡50余人。

攻敌之心　毁敌之志

1948年11月22日，人民解放军将包围在徐州以东碾庄圩地区的黄百韬兵团彻底歼灭，结束了淮海战役第一阶段。

12月1日，国民党军徐州"剿总"副司令杜聿明见黄百韬兵团被歼，在双堆集地区的黄维兵团又遭我围困，在蚌埠地区的李延年兵团也北援无望，于是决定放弃战略要地徐州，率领邱清泉、李弥两个兵团及"剿总"直属机关部队近30万人马，向徐州西南方向突围，企图和黄维兵团会合，结果被我围困在永城东北青龙集、陈官庄一带的狭小地区内。连日来，我各路纵队从四面八方对杜聿明集团实施日夜猛攻，国民党军伤亡惨重。不到10天光景，国民党军便缺粮断炊，缺医少药，不仅将包围圈内的骡马杀光，鸡狗吃光，麦苗挖光，树木砍光，还将民房拆毁构筑工事，国民党军盘踞的地方一片精光，陷入了山穷水尽、四面楚歌的绝境。

根据中央军委延期结束淮海战役的命令，淮海战役总前委决定从12月16日起，人民解放军转入战场休整，一面进行总攻击的各项准备，一面向包围的国民党军开展强大的政治攻势，以瓦解他们斗志。

当时，我营随全团在陈官庄南面的李楼一线执行围歼当面的国民党军的任务。三九寒冬的江淮大地上白雪皑皑，天寒地冻，指战员们长时间地隐藏在战壕内狭窄的掩体中，实在难受；炊事班送到阵地上的饭菜，大家只能在交通壕内排队打饭，吃到嘴里时已是冰冷冰冷的。因此，营团指挥员都盼望早日发起总攻，歼灭被围的国民党军，过一个轻松愉快的春节，留一点时间让战士们去思念亲人，做一个回到母亲身旁的甜蜜幸福的梦。

有天下午，我们听到西北方向包围圈内突然响起了枪炮声，以为是友邻部队开始发起攻击了。我立刻从掩体内钻出来，用望远镜观察，只见两架国民党军的运输机正在陈官庄、鲁楼地区上空实施空投，地面部队在争抢食品时发生火并。后来知道：是嫡系邱清泉部欺侮杂牌军李弥部；李弥部军官不服，指挥部队用机枪火力掩护抢夺物资的小分队。

第二天早晨，团指挥所通知营的干部到团里开会。我和教导员宋林奇沿着交通壕走了200多米，再通过一处开阔地到达团指挥所。团长吴森亚见到我们就说："今天找你们来交代战斗任务……"我们听了非常高兴，以为是总攻击开始了，堑壕的生活就要结束了。政委孟宪章接着说："根据上级指示，我们对当面之敌暂时围而不攻。除继续做好总攻前的一切准备外，当前的主要任务是向被围困的敌人开展强大的政治攻势，进一步瓦解他们。"孟政委还提出在各营开展竞赛，看哪个营开展政治攻势的效果最好。

返回营指挥所后，我们立即召开了营党委会，具体研究贯彻上级交代的任务。在讨论中，个别连干对执行这一新的任务不理解，五连连长李金玉说："进攻各项准备工作已就绪，战士们都要求快打，这种藏在掩体里捉虱子的日子真难过！"经宋教导员反复说明为什么要这样做以后，大家才平静下来，认真地研究如何组织开展政治攻势的问题。

经过广泛充分的讨论，决定在各连成立若干政治攻势小组，由排、连干部分别掌管。

喊话小组。挑选口齿清楚、嗓音洪亮的同志，到前沿战壕喊话，阐明解放军的优待政策。一开始，我们定在天黑以后进行，但国民党军士兵被长官关在防炮洞里，不准他们出来听我们的宣讲。后来我们发现，国民党军官下半夜不来前沿一线，就把喊话时间改到下半夜。针对国民党军粮食断绝、饥寒交迫的窘境，我们喊话内容较多的是："喂，吃饭了！过来吧，解放军给你们饭吃，优待你们！""你们饿吗？你们冷吗？你们挨饿受冻是为的什么？"起初，每次喊话时，国民党军就以火力阻止，但到后来就渐渐地少了，这使我们看到了喊话的效果。

散发宣传单小组。这个小组的活动内容丰富多彩：用取下引信的六〇炮、枪榴弹，向国民党军阵地上发射各种宣传弹；在发射的宣传弹中夹放"来归证"，写明凭此证前来投诚的可受到优待；把宣传内容扼要地写在醒目的标语牌上，插到阵地前沿战壕，让国民党军一抬头便能看到。

送"救命袋"小组。将蒸好的白面馒头和包子装在口袋内，在夜暗隐蔽地送到国民党军阵地外的铁丝网前。开始国民党军怀疑有毒，不敢拿去食用，还开枪打"救命袋"。经我们反复真诚地宣传，后来不打枪了。第二天早晨一看"救命袋"没有了，大家很高兴，断定是前沿士兵拿去吃了。我们又将少量传单和"来归证"一起放进"救命袋"中送过去，阵地上的士兵们都争抢着吃。有的后来竟偷偷地对我们的战士说："明天你们多送些吃的来，我们的腿肿了，不能走路了！"有一天我看到，在距我一线战壕200多米的地方，有个蒋军士兵在用铁铲铲树皮充饥。

几天后，从五连阵地前沿，悄悄地爬过来两名国民党士兵，带着"来归证"向解放军"探亲访友"，并说："你们真好，不让我们饿死。""再过10天，就是你们不打，我们也要冻死饿死了！"

通过以上各种方式的政治攻势，效果越来越好，几乎每天下半夜都有国民党士兵越过铁丝网爬到我方阵地上来，开始一两个，后来发展到成班成排携械来降。他们过来后第一句话就是："有吃的吗？饿死了！"我们将这些狼狈不堪的士兵送到后方收容站，给他们拿来馒头、米饭和猪肉粉条，他们一个个竟狼吞虎咽地吃个精光。听说有一次一位被送到收容站的士兵，因实在饥饿难忍，等不及开饭，看到老百姓家锅中煮的猪食，偷着抓了一把就往嘴中塞。

根据国民党军长时间饿肚子的情况，后来我们就在阵地上准备了一些饭菜，国民党士兵一爬过来，就首先招呼他吃饭，使这些士兵们感动得热泪盈眶，口口声声感谢救命恩人。

经过长时间的、强大的政治攻势，国民党军内部更加混乱动摇，士气低落，军心涣散，一些人不顾长官严密监视和残酷镇压，纷纷突破封锁，自动投诚，据不完全统计，在20

▲ 解放军向被围的国民党军广播讲话，开展政治攻势

天强大政治攻势的感召下，解放军收容国民党军总计达 1.2 万余人，显示了解放军瓦解国民党军工作的强大威力，为后来的战役总攻击创造了极为有利的条件。

发起总攻　白天歼敌

我们在冰天雪地的战壕里迎来了 1949 年。

宋教导员组织指战员们学习了毛主席为新华社撰写的新年献词《将革命进行到底》，进一步增强了大家的革命斗志。战士们在战壕里贴上了对联；炊事班设法改善了伙食；营给各连分发了人民群众送来的慰问品；各连文娱骨干带头开展文娱活动。全营喜气洋洋地过了一个有意义的战地新年。

新年刚过，战役总前委命令各部于 1 月 6 日 16 时发起总攻，围歼杜聿明集团。三十一旅的任务是攻歼李楼，九十一团二营负责攻歼李楼正南国民党军一个连支撑点。

受领任务后，营、连军事指挥员进一步侦察了战场和地形。

总攻开始的时间是下午，对我们组织指挥战斗提出了更高的要求。解放军擅长夜战，而国民党军凭借火力上的优势，大都是在白天进攻。现在，我们白天实施攻击，就要使国民党军不能发挥其火力优势，以减少伤亡。为此，我们研究决定，在我炮兵对国民党军阵地进行延伸射击时，对国民党军每个碉堡都要用机枪火力实行封锁，并配备两名特等射手，防止机枪火力中断。对国民党军战壕，也组织了压制火力。

营指在前沿稍后的一个隐蔽地方，召开了全营班以上干部和骨干会议。我利用一块平地，模仿国民党军阵地堆了一个简易沙盘，在沙盘上反复研究，充分发扬军事民主，解决步（兵）炮（兵）协同、步（枪）机（枪）协同、爆破与突击协同以及班与班、排与排、连与连之间的协同配合等问题。最后，我又一个个地询问了火力队长、爆破队长、突击队长和信号兵等人承担的任务和通信联络方法等，当大家都对自己的任务完全清楚以后，我才下达战斗命令。宋教导员进行了简短有力的政治动员，号召大家英勇顽强，早些立功。

1 月 6 日下午，积雪未消的田野上阳光普照，淮海大地分外明亮。

16 时整，团炮兵群开始对当面的国民党军一线阵地实施火力急袭。我即令大家戴上防毒面具，做好冲击准备。16 时 15 分，发出炮火延伸的信号，直射火炮和轻重机枪火力封锁国民党军地堡射孔和战壕，有效地掩护爆破组开辟道路。由于战前严密的火力组织和政治攻势的威力，国民党军的火力一个个成了哑巴，连续爆破也取得了成功，国民党军第二道铁丝网也被炸开了缺口，我即令司号员吹响了冲锋号，同时发出了红色信号弹。我随四连跃出战壕，冲向国民党军阵地时，他们慌忙地向解放军投掷毒气弹，部队冒着浓烟毒气冲入敌战壕，一举歼灭了残余的国民党军。

左邻第二纵队四师师长朱绍清同志，特地带了几名干部到我营阵地上观看，详细了解白天进攻战斗的组织指挥情况。他对我营八二迫击炮平射，一炮就穿进一个国民党军地堡的战法很感兴趣。夜幕降临时，第二纵队对国民党军发起了猛烈攻击。

1月10日上午8时，人民解放军全歼了陈官庄地区的杜聿明集团。

（作者时任华东野战军第十一纵队三十一旅九十一团二营营长）

对参加淮海战役的点滴回忆

蒋达人

淮海战役早在 1948 年 9 月就开始调整部署，在解放山东济南之后，就开始调动部队准备作战（有十几万人），1948 年 11 月 11 日，将国民党军第七兵团包围在徐州以东的碾庄圩地区。

当 11 月 11 日部队被围后，蒋介石着急了，命令杜聿明为"剿总"副总司令，兼前进指挥部主任，命令邱清泉和李弥两个兵团支援部队，从徐州沿陇海路两侧东进，于 11 月 12 日便到达徐州东南的山地镇地区的肖集、薛山、万集、崔庄一线。解放军为了阻击支援的国民党军，我十一纵队，奉命开往山区，配合七纵队、十纵队，昼夜兼程，于 1948 年 11 月 10 日清晨前到达指定阵地，先于国民党军抢占了徐州东南尖山、梁家山、帽山等地构筑阻击阵地。

国民党军以第五军一个师（第二〇〇师）支援部队，在徐州东南的山地镇地区，向解放军猛攻。天上有飞机，地下有炮兵部队 100 毫米的大炮向解放军进攻，我十一纵队配合第七纵队、第十纵队，顽强地阻击国民党军。在战斗中，我军只能用石头临时构建工事抗击国民党军，真是热血奋斗，拼命厮杀，艰苦战斗。守住 12 天，把国民党军阻止在山地镇之西，离碾庄圩 30 华里外。在这次战斗中，九十一团三营八连和国民党军拼手榴弹、拼刺刀、拼石头、拼拳头，最后和国民党军拼嘴咬，决不后退一步，坚守阵地，直至把国民党军打退。在这次战斗中，连长姚步仁、政治指导员文光和全连 100 多名战士、干部牺牲，只剩下 12 人，坚守阵地。在这期间，蒋介石调动李延年和刘汝明两个兵团，从蚌埠北上增援徐州，援助杜聿明集团，我十一纵队和兄弟部队，日夜兼程 11 天，连续行军 2000 余华里，迫使他们退回蚌埠。此后，我十一纵队又奉命参加淮海战役的第三阶段包围杜聿明集团作战。

在包围杜聿明集团之前，部队调动频繁，许多干部、战士对当前形势认识不清，要求团首长向大家讲一讲当前战役形势。有一天晚上，九十一团团长吴森亚同志，来到团部机关人员中间，向大家讲了当前战役形势，他说："淮海战役现在要进入第三阶段包围杜聿明集团的作战。杜聿明集团有 30 多万人，其中有邱清泉、李弥和孙元良 3 个兵团，从目前形势看，国民党军是跑不出我们的手掌心，我们一定会消灭他们的，同志们吃点苦没问题吧？我很有信心，同志们有没有信心？"同志们齐声回答："有信心！"吴森亚又说："最近毛主席给总前委发来电报，要求我们一定打好淮海战役这一仗，一定要彻底消灭杜聿明集团。北集团中邱清泉兵团的第五军是国民党的"王牌"军，我们要充分利用这次战机好好地与他们较量一番，为我们以后打过长江积累经验。"吴团长是 1933 年参加红军的老团长，他身材不高，说话有力，大家听得入神，当时，同志们高呼："毛主席万岁！毛主席万岁！"

1948 年 12 月 4 日，经过华东野战军 11 个纵队的奋勇追击，杜聿明集团被包围在了永城东北的陈官庄地区。国民党军缺粮缺弹，山穷水尽。因他们没有后援，日用的物资主要靠空投。开始几天，国民党还可以投些罐头之类的食品，后来只能投些大饼之类的食品，还往往投不准，投到解放军这边来了。当然，解放军也会不打收条，照收不误。国民党军为了抢粮食吃，经常互相开火。饿急了的国民党军在这个窄小的地区内，无计可生，只好把驴子都杀了，把老百姓的麦苗也吃光了。在这种情况下，解放军开展了政治攻势，发宣传单，在鹿砦上挂救命袋，在救命袋里装上大饼、馒头、米饭、宣传单和回归证。他们来拿，我们也不打他们。开始几天，国民党军士兵不敢来拿。过了几天，有人在后半夜偷偷地把救命袋拿走了（在前半夜有国民党军官看管不准拿）。又过了几天之后，国民党军就三三两两地向解放军投降了。有的带着回归证向解放军投降。在三十一旅九十一团的阵地上，有这样一件奇事，一天夜间，有一个事务长在阵地的后边，正在忙于记账的时候，突然听到脚步声，他抬头一看，看见有十几个国民党兵，站在他面前，并且把武器规规矩矩地放在他面前说："我们来投降了。我们快饿死了，请给我们点饭吃吧。因为你们是优待俘虏的，所以我们大胆地来了。"事务长把炊事员叫起来，拿出馒头、米饭给他们吃个饱。事务长还把连长叫起来，连长派了一个班的战士，把俘虏兵押送到团部。解放军采取政治攻势，瓦解国民党军，效果很好。

在 1949 年元旦那一天，解放军阵地上的战士过了一个有意义的节日。各连表演了精彩的文艺节目，旅团首长发来了慰问信和香烟、烟叶子等等，战士们还吃上了咸肉米饭。解放军也要对敌人教训教训，参战部队在上级统一指挥下，各种大小炮向国民党军包围圈内，一起发射5发炮弹。打得国民党军狼狈不堪，包围圈内到处冒黑烟。

而解放军在严密围困国民党军的同时，也开始轮番休整，养精蓄锐，以便更有力地消灭国民党军。解放军不打无把握之仗，尽量

▲ 华野某部用国民党军遗弃的鹿砦构筑工事，围困被包围的国民党军

减少自己的伤亡。在消灭杜聿明集团之前，首先要消灭李楼、鲁楼的国民党军。三十一旅首长决定，以第九十一团和第九十二团担任主攻。九十一团从李楼的西南方向攻击，九十二团从正面向李楼攻击，只用几个小时，就消灭了国民党军。那么消灭鲁楼更容易了。在1949年1月6日下午3时，九十一团和九十二团的炮兵和轻重机枪一起向李楼前面的李庄据点开火，只用了一个多小时，就把李庄拿下。攻击李楼时，九十一团的副参谋长唐逸民同志，跟随四连一起冲锋，团部的司号员告诉我说，唐副参谋长真勇敢。战士们都伸出大拇指说：唐副参谋长真棒！

在1949年1月9日晚上10时，各友邻部队积极向国民党军展开了攻击，国民党军开始全线动摇了，并向西南潜逃。10日晨，第九十二团三营发现第三纵队已将乔庄的国民党军包围，随即将这一情况报告上级。纵队领导得知后，立即命令第三十一旅和三十二旅向陈官庄攻击前进。1月10日下午4时，困守在陈官庄地区的杜聿明集团，被我华野主力全部歼灭，杜聿明被活捉。淮海战役历时66天，共歼敌55.5万多人。震惊世界的淮海决战，以解放军伟大的胜利宣告结束。

在淮海战役中，光是第三十一旅便歼灭国民党军5510多人，缴获各种大炮36门，轻重机枪114挺，投弹筒14具，长短枪864支（其中自动火器86支），手榴弹823枚，各种弹药16万多发，汽车2辆，电台1部，电话总机5部、单机72部，还有其他军用物资。

在淮海战役中，有几件很感动人的事值得一提。淮海战役的胜利来之不易，除了党中央和毛主席的正确领导外，还有一条是广大老百姓的支援。正如华野陈

毅司令员说的一样，淮海战役的胜利是人民群众用小车推出来的。我亲眼看到，老百姓支援人民军队的种种场面及运粮食、运弹药的情景。这些对前方来说是非常重要的保证。有几次夜间远远地看到小车上挂着灯笼，照明引路，足有好几里。当时，我很纳闷，不知是什么东西。后来，我问团部侦察参谋，才明白，这是运粮运弹药的支前民工队伍。还看见很有组织的担架队。据说县长、区长、乡长、村长亲自带队，组织很严密，像部队一样，有班长、排长、连长、大队长。一起跟随部队，做支前工作。俗语说得好：兵马未动，粮草先行。部队打仗要吃饭，一顿也不能少，人民支前是解放军的坚强后盾，有他们解放军才能打胜仗。可是要知道，我军有 60 多万人要吃饭，民工几十万人也要吃饭，当地政府的公粮吃光了，把老百姓的地瓜也吃光了。有一天，我们团部的事务长只能领到小麦，发给我们团部机关每人 2 斤小麦，要我们自己想办法解决。我领了 2 斤小麦回来，看着直发呆。这可怎么办呀！这是两天的口粮呀！今晚还要行动，真叫我发愁。我的那位房东老大娘看在眼里，她对我说："小同志，你不要发愁，我来帮你解决。你先把麦子洗洗干净，泡在水里，再把麦子磨成浆子，我帮你烙成煎饼，带上方便还抗饿。"在她家门口有一盘石磨，我就用这石磨磨。这石磨是一个人推的，我推了几十圈，头晕了，坐在地上不敢动。大娘看见说："小同志，你放在那里吧！等我儿子回来帮你磨浆子。"我说："谢谢！我们老家是旱磨，要用 3 个人才能推磨。我们老家没有人会弄煎饼吃。"等到下午 3 点钟，大娘的儿子回来了。大娘看见儿子，还没等他坐稳，忙说："你把这位小同志的麦子快点磨成浆子，我要帮他烙煎饼，他们今晚有行动。"大娘的儿子急忙把麦子磨成浆子。大娘急忙帮我烙煎饼。不大一会工夫，把煎饼烙完了。我忙说："谢谢！太谢谢了！"我永远不忘老大娘的恩情。在天黑时，部队集合了，又要行军调防了，我见到团部的同志都拿着煎饼。真是军民鱼水情呀！这里的老百姓真好！后来我才知道永城地区原来是新四军四师的革命根据地。我们集合时，他娘俩还把我送到村头，临行时挥手再见。这事，我永远不忘。

在淮海战役胜利结束后，第十一纵队奉命到运河东侧的两淮地区休整。在 1949 年的 1 月 23 日，三十一旅到达淮阴以北的王营一线休整。这时已近年关，当地人民群众怀着胜利的喜悦，准备欢度 1949 年的春节。这时，经过国民党军长期掠夺、战祸和连年天灾，淮阴大地上的群众生活十分困苦。在年初一这一天，老百姓还吃不上一顿饺子的情况下，老百姓还全力支援前线。

在淮海战役中，国民党军有空中优势，轰炸机丢的炸弹有一千磅重，炸在地上就是一个十几米深的大坑。国民党军飞机从早到晚轮番轰炸，解放军既没有高射炮，也没有高射机枪，解放军以近战、夜战为主，消灭了国民党军。

在辽沈战役、淮海战役、平津战役胜利之后，全国性的胜利已成定局。1949年4月21日中国人民解放军在毛主席和朱总司令的指挥下，发起了渡江战役。

（作者时任华东野战军第十一纵队三十一旅九十一团副官处文书）

难忘的岁月

马文贤

淮海战役期间，苏皖鲁豫冀解放区人民全力支援前线、关怀人民子弟兵的事迹，可歌可泣，感人至深。下面记述的是发生在我身边的"民拥军"的两件事。

千里送鞋"多一双"

华中一、二分区从1948年9月底起，就投入了淮海战役的支前准备工作，动员组织常备民工和筹备粮食供应。10月下旬，一分区常备民工担运团在靖江县委副书记徐前的带领下，来到十一纵队随军出征支前，其中有一担运营跟随我三十一旅行动。民工同志们在硝烟弥漫的淮海战场上，像解放军一样英勇顽强，吃苦耐劳，不怕牺牲，冒着国民党军的炮火，在前沿阵地上运送弹药，抢运伤员，许多人立功受奖，入党提干。

那时我在十一纵队三十一旅司令部作战科当书记。有一天，听旅供给部的同志说，在我旅的靖江民工担运营中，有个叫王文刚的民工最近刚从我的家乡靖江县太和区来，他挑着两百双军鞋，走了1000多里的路，将这些鞋送来淮海前线。但是，在交鞋时，旅供给部的同志发现多了一双，原来是王文刚的媳妇考虑到王要长途跋涉，专门为他做了一双新鞋，让他在路上穿。但王文刚却宁愿自己在寒冬穿着草鞋走路，而把这双新鞋节省下来送给亲人解放军。

旅政治部彭主任知道后十分感动，经研究决定授予王文刚支前一等功臣光荣称号，并责成业务部门将王的感人事迹制成幻灯片，在全旅部队和民工中放映，使大家深为感动，深受教育。

后来我又听说，在河南永城围歼杜聿明集团前线，我纵队有个一分区海泰营民工，将部队发给他的津贴费和日用品代金26.5万元（旧币）和11包香烟节省下来并统统献出来，慰问前线。

▲ 淮海战役中临沂城的小车队，向前线运军鞋

十三只水饺款待子弟兵

淮海战役胜利结束后，我旅奉命进抵淮阴以北王营一线休整。这时，已近阴历年关，人民群众怀着胜利的喜悦，准备欢度 1949 年的春节。

在冰雪覆盖的淮阴大地上，人民群众饱受国民党军和地痞的长期掠夺勒索，加之连年天灾，生活十分困苦。此种情况使我旅各连队在集市上操办春节食品时感到物资匮乏，司务长们为改善伙食，伤透了脑筋。

在九十二团驻地传来了感人肺腑的佳话。该团一营二连某班的房东大嫂，在大年初一的中午，在自己家人每人只吃一只饺子的情况下，却热情地给住在她家的这个班送了一碗热气腾腾的 13 只饺子，使这个班的 13 位同志（包括淮海战役刚解放过来的两位同志）深为感动。班长感到老乡盛情难却，只好分给大家。同志们吃在嘴里，暖在心窝。

后来全班的同志商量好，也请老乡吃一顿有肉的饺子。年初二上午，他们从司务长那里领到了面粉、白菜和少量猪肉，下午他们精心操作。晚上，全班邀请房东老乡一家欢聚在一起吃饺子。这顿联欢宴，呈现出军民共乐的鱼水深情。两个解放战士何曾见过这样的场面，更是激动得边吃边流泪。

年初三的上午，一营政治教导员向正和副政治教导员应宏钧来到连里，了解

▲ 解放区群众送粮支援前线

到这一情况后，当即召开全营军人大会，用这一感人事例，说明人民群众对解放军的爱戴，并用这一事实教育大家，只有将革命进行到底，彻底消灭反动派，人民才有好日子过。一些新解放的战士，从此懂得了为谁当兵、为谁打仗的道理。

在淮阴地区休整后，2 月下旬全旅南下苏中如皋一线集结。行军途中，大家情绪高涨，斗志昂扬。

13 只水饺款待子弟兵的故事，后来被八十五师战史编写组写进师史《革命烽火炼劲旅》（1996 年 12 月）一书，成为军爱民、民拥军的生动历史见证。

（作者时任华东野战军第十一纵队三十一旅司令部作战科书记）

淮海战役的回忆——小店子战斗

曹石亭

1948 年，济南战役后，我华东野战军 16 个纵队，西自兖州、济宁，东到沂东一线休整完毕，淮海战役即将打响。我当时在一〇四团任二营营长。11 月 1 日纵队首长在沂东一个松树林内，召开了全纵队营以上干部大会。纵队司令员进行了部署和动员："黄百韬兵团 4 个军，以新安镇为中心分别驻阴平、高流、阿湖、牛山、房山、白塔埠及海州一线。运河车站、郯城、马头由王洪九部队防守。孙良诚一个军分布在沭阳、宿迁、睢宁地区。新海连由苏北第一绥靖区及地主土顽驻守。我华东主力要集中绝对优势兵力，在新安镇地区消灭黄百韬兵团。"

接着纵队政委讲话，他传达了中央的指示精神："军队向前进，生产长一寸，加强纪律性，革

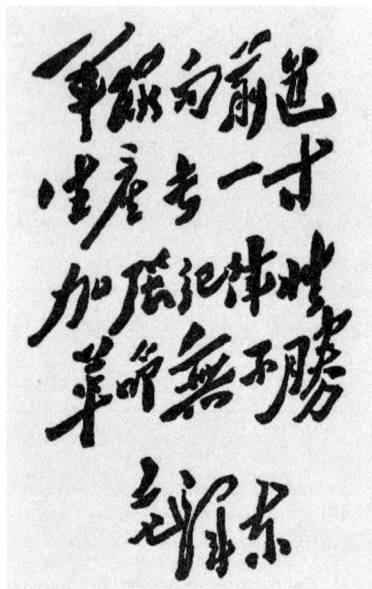
▲ 毛泽东主席手稿：军队向前进，生产长一寸，加强纪律性，革命无不胜

命无不胜。我们要大兵团集中打大仗、打恶仗，要打过长江去活捉蒋介石，解放全中国、建立新中国，要打胜仗就必须要加强纪律性，坚决服从命令听指挥。就是在部队被打乱的情况下，不论与哪一个部队在一起，也都要按下级服从上级的关系，坚决服从指挥。你们回去做好一切战斗准备，待命出发。"

1948 年 11 月，我部奉命向张集、潘塘方向前进，阻击国民党军邱清泉第二兵团东进增援七兵团。

11 月 20 日晚 8 时，我一〇四团及配属的旅特务连及一〇三团一营开进老黄河南岸小店村，准备抗击张集国民党军七十四军。我们到达小店村后，团长带着我们几个营干部看地形，以便于具体部署兵力。我们来回转了三四次，团长说小店

村西头是最重要也是最危险的地方，必须要重兵把守。可是由谁来防守呢？团长一直下不了决心。天快亮了，团长满头大汗还是下不了决心。于是我对团长说："我二营就在这里，将一〇三团一营和旅特务连及团炮兵连都配属给我，由我统一指挥。三营部署在右侧黄河滩里，一营用作预备队，部署在黄河堤上，你看怎样？"团长思考一下说："好，就按老曹意见办吧！"便命各营进入指定地点，加快构筑防御工事。我将一〇三团一营一连和我营四连一个排合在一起，由连长唐太年指挥，与我营五、六连部署在第一线。一〇三团一营二、三连由周副营长指挥，作预备队部署在二线阵地上。将旅特务连部署在我营阵地左方，筑起三角形据点固守，以火力支援我营。团炮兵连四门八二炮部署在预备阵地上，以火力封锁营前沿阵地。两个重机枪连均部署在第一战壕内，组成交叉火力网，专门用于打击跟随国民党军坦克后的步兵。任务交代后，各连进入指定地域开始构筑工事。天明后，工事都已筑好了。这次工事构筑接受了上次党庄战斗的教训。党庄工事是一线排开。这次是成小三角锯齿形的，并挖有两米多深的交通壕。每个战士都有一个掩体，伪装也比较好，国民党军不易分清解放军阵地的状况。

11月22日上午8时许，国民党军开始对解放军阵地炮击了，狂轰滥炸了一个多小时，连小店村民房都被炸平烧光了，但命中我主要工事不多，对我军杀伤不大。炮击后敌人便开始攻击。十几辆坦克排成一字形向我阵地攻击，后面跟随步兵。其中一辆坦克攻入我阵地内向我营指挥所开来，边打边前进，眼看要接近指挥所了。这时，四连的一排长抱起炸药包从国民党军坦克的侧后方跳上坦克，想把炸药包送进坦克内，但怎么也打不开坦克的天窗。国民党军转动起炮塔，想把他摔下来。一排长抱住炮筒不放。在这千钧一发之际，他拉开炸药包的导火索，大声喊："老营长再见了！同志们再见了！"只听"轰"的一声，国民党军坦克被炸毁了，这个新上任仅有十多天的排长就这样光荣牺牲了。虽然他的姓名我记不清了，但他的英雄壮举一直记在我的心里。看到自己的战友壮烈牺牲，我愤怒地命令部队反击。各连战士猛烈向国民党军反击，将国民党军的进攻打退。国民党军在解放军阵地前丢下了100余具死尸狼狈退却了。我到各连视察，只见阵地都被炸成黑色，黑烟灰足有半寸多深，乌烟弥漫天空。小店村民房都成瓦砾了。各连伤亡都不大，工事破坏也不多。战士对我说："阵地都被打黑了，敌人打的什么炮啊？是不是毒气弹？"我说："看样子不像毒气弹，像是烟幕弹，或是燃烧弹，什么弹我也说不清楚。"我看那些战士满身满脸都是黑的，个个都变成黑人了。看样子国民党军大多是使用迫击炮和化学迫击炮。打来的烟幕弹和化学弹及燃烧弹，杀伤力并不太大，但当时阵地是一片黑暗。我还是第一次在阵地上看到这种情景。

上午 11 时左右，国民党军又开始向我阵地进行炮击。这次炮击与前次不同，打得很猛烈，爆炸声也特别大，有些工事被炸塌了。我用电话告诉各连干部把部队撤进预备阵地内，以便减少伤亡。约一个多小时，国民党军又在坦克的掩护下开始进攻。我命部队进入前沿阵地，狠狠打击国民党军。国民党军在解放军火力打击下前进速度很慢。我正在观察所指挥时，国民党军一排炮弹落在营指挥所上，几声爆炸后，营指挥所及我的观察点全被炸毁。医务室主任及通信班的战士大都被炸牺牲。只有两个通信员活着，也都负了伤，被压在地堡内。这时我也负了伤，头部、脸部及右腿几处中弹，满身都是血，当时已成血人。我伤得不能动弹，指挥有困难，就叫通信班长王立科快打电话向团长报告，请求派人来指挥部队。不多时团参谋长孟宪珍带一名参谋和三四个通信员来接替我指挥。孟参谋长对王立科说："你快将曹营长背下去吧！"王立科将我背下阵地交给团卫生队便回阵地去了。卫生队将我包扎好，又抬去军后方包扎所，先打了一支防破伤风针，又重新清洗了伤口。这时军侦察科长夏德科来看我，他说："今天中午国民党军攻击很猛烈，你们阵地被攻破，部队被迫撤退了。后来副营长带部队上去进行反击，夺回了阵地。"他又说："11 月 22 日黄百韬兵团已被解放军全部歼灭了。我看小店、张集的国民党军也是做最后挣扎，看样子也要逃跑。我们准备追歼国民党军。你就安心在后方治疗吧！再见了！"11 月 22 日晚上，国民党军全线撤退向西逃跑，徐州的国民党军也于 11 月 30 日向安徽永城县方向逃跑了。解放军十几个纵队发起猛追，将国民党军包围在永城县东陈官庄、青龙集地域。

小店子战斗，我们打得很勇敢，也很艰苦。我们消灭了很多国民党军，也有很多好战友壮烈牺牲。他们为了祖国的解放事业献出了生命，他们中的许多人的名字没有写在淮海战役纪念碑上，但他们是真正的无名英雄！

（作者时任华东野战军第十二纵队三十五旅一〇四团二营营长）

淮海大决战亲历记

谢尊堂

淮海战役是人民解放军的中原野战军和华东野战军互相配合与国民党军进行的大决战，河北平山西柏坡以毛泽东为首的革命统帅部，战胜了金陵古都南京城以蒋介石为代表的反革命统帅部，在碾庄圩、双堆集、陈官庄的三个阶段鏖战中，人民解放军以3：0的结局战胜了敌人。

一、何基沣、张克侠起义，拉开了淮海战役胜利的序幕

以徐州为中心的淮海战场，西从商丘，东到海州，北起临城（今薛城），南达淮河，是大决战中最大的一次战役的战场。战场东北有国民党第三绥靖区副司令官何基沣、张克侠（均为中共地下党员）驻防贾汪、台儿庄一带，控制运河南北和陇海铁路东西线上的交通，占领着战略机动地区，牵制我华野许多部队。

华东野战军参加淮海战役的部队，分三路军集结待命，西路军集结于单县一带，中路军集结于峄县一带，东路军集结于临沂一带，人民解放军作战图上三路军的红箭头都指向徐州周围目标，唯有贾汪、台儿庄的两个目标是回转箭头引向解放区。

华野十三纵队，参加激战八天八夜的济南战役后休整不久，就接到通知做好参加淮海大战的准备。听说要打比济南战役更大的仗，部队战斗情绪极为高涨。我所在的部队驻山东峄县的左庄村，属华野中路军。1948年11月6日，十三纵队三十七师一一〇团团长王林德、政委谢尊堂、参谋长王亚明、主任袁先举带领营以上干部，参加淮海战役动员大会。周志坚司令、高锐师长都讲了话，主要讲淮海战役是一场百万大军参战的空前规模的大战，要求部队发扬连续作战、不怕疲劳的战斗作风，和一不怕苦、二不怕死的革命精神，提出"把一切献给伟大战役"的口号。

1948年11月8日，我一一〇团抵达台儿庄，并包围了台儿庄的敌人。三营

教导员王在境不幸遭敌人冷枪射击牺牲。指挥部通知 9 日凌晨一点，驻守台儿庄的国民党军第五十九军三十一旅一一四团起义，信号为反穿衣服（取白色），前头部队高举两只手电筒。1 时许，我一营发现前面有电筒光亮，敌人果然起义了。同时贾汪的敌人也起义了。起义部队按照预先

▲ 1948 年 11 月 8 日，国民党三绥区五十九、七十七军起义后，开赴解放区

部署的时间、路线，有秩序地撤离了贾汪、台儿庄的防区，北上开进解放区休整。何基沣、张克侠将军领导起义的部队有五十九军两个师和七十七军一个半师，共 2.3 万余官兵。

11 月 9 日早晨，一一〇团占领了台儿庄。台儿庄是有名的台儿庄大会战打日本鬼子的地方，是徐州东北的大门，扼守运河交通和枣（庄）台铁路，具有重要的军事价值。台儿庄的解放，敞开了徐州东北大门，使人民解放军得以直捣徐州。这时，华野主力 8 个纵队和浩浩荡荡的支前民兵，迅速南下压向陇海路，乘敌人向徐州撤退之机，展开了猛烈的攻击、追击和截击的战斗，切断了徐州与新安镇驻地之间的陇海铁路，这就切断了黄百韬兵团向徐州的退路，形成了新的军事势态。

何基沣、张克侠二位将军在淮海战役刚开始的关键时刻率部起义，对这次战役的胜利起了很大的作用，受到了毛主席和朱德总司令的嘉勉，并任命张克侠将军为中国人民解放军三十三军军长，后兼任上海淞沪警备区参谋长，授予一级解放勋章，何基沣将军也被任命为中国人民解放军三十四军军长。何、张二将军战场的起义，拉开了淮海战役胜利的序幕。

二、淮海战役先从黄百韬兵团开刀

部署在徐州周围的黄百韬、邱清泉、李弥、孙元良 4 个兵团（另外有后来增

援送上门被吃掉的黄维兵团），唯有黄百韬第七兵团孤立在徐（州）海（州）铁路和大运河以东的新安镇地区。该地区处在鲁南、苏北两个解放区之间，加上何张二将军在贾汪、台儿庄的起义，这就为先从黄百韬兵团开刀创造了有利的条件。先从黄百韬兵团开刀，这是毛主席和中央军委的英明决断。

11月8日起，华野主力由北向南压到新安镇与徐州之间的陇海铁路时，将正在向徐州退靠的黄百韬第七兵团4个军分割包围于碾庄地区，碾庄的敌人已成瓮中之鳖。华野第十三纵队在不老河岸，召开阵前干部会，重申了继续发扬连续作战的作风，强调干部要加强战前学习，掌握新情况，研究新战术和新技术，特别是攻坚战术。十三纵队在陇海路北侧投入了围歼黄百韬的战斗。一一〇团的二营攻打大宋庄，三营攻秦家楼。二营营长胡良民、教导员王树森身先士卒，带领全营向国民党军发起猛烈的攻击，歼国民党军大部，攻下大宋庄。三营刘营长指挥部队同秦家楼国民党军短兵相接，展开了肉搏战，炮火连天、血肉横飞的恶战持续一昼夜，消灭了该部。三营是在济南战役中被授予"济南二等功臣营"的英雄部队（营长刘坤、教导员王文），这次又在淮海战场首立新功。接着，他们又与兄弟部队一起向碾庄进行迫近作业，挖战壕接近，逼迫国民党军日益缩小包围圈，使国民党军坐卧不安，像热锅上的蚂蚁乱作一团。国民党军已暴露在解放军炮火的有效射程之内，铜墙铁壁似的包围圈，使黄百韬兵团成为待毙困兽。

华野部队在碾庄地区包围黄百韬兵团的同时，淮海战役总前委书记邓小平指示我中原野战军部署于西线打援，拖住黄维兵团东窜，让华野放手围歼黄百韬兵团。黄维兵团突破颍河、涡河沿岸的防线后，迅速到达蒙城。11月19日，黄维在蒙城开会时称：要尽快会师徐州，解黄百韬兄的碾庄之围。

就在黄维在蒙城开会的当晚，人民解放军对碾庄发起总攻，经过三天的浴血奋战，11月22日下午5时战斗结束，全歼黄百韬兵团所属17万余人，击毙了黄百韬，淮海战役第一阶段胜利结束。

三、歼灭黄维兵团，就像吃块肥肉

淮海战役第二阶段，以歼灭黄维兵团为重点。在围歼黄百韬兵团之时，黄维兵团已被解放军诱入预设的口袋形阵地内。华野十三纵队南下，准备参加南线作战，部队经曹八集、小王庄，20日夜过黄河故道，到达睢宁县的胡集镇，继续夜以继日地向灵璧、双堆集方向前进。为配合合围双堆集的黄维兵团，把消灭双堆集之东守备灵璧二三八师的主攻任务交给了我三十七师——〇团。11月25日深夜，部队经灵璧城南的西集子，隐蔽地到达城西南角的攻击出发地。团部命令一、二营担任攻城任务。这时已是半夜时分，我前沿部队形成影影绰绰的一道黑影，周围环境除了国民党军不时地打出零星枪声外，余皆寂静无声。王团长布置好火力配置后即发起攻击，轻重火器一起开火，飓风似的呼啸着，阵地上炮火连天，响成一片。一营长王海亭带领部队乘机猛烈攻击，战士们前仆后继地踏着烈士的血迹插入突破口，迅速占领突破口上一段战壕，同突破口内的国民党军进行你死我活的拼搏。我在突破口城墙上指挥部队时，国民党军从暗堡里射出一梭子弹，我右腿股骨成贯通伤，复杂性骨折。同时，教育股长张炜之胸部也负重伤。王团长、王参谋长组织指挥全团部队扩大突破口，向纵深发展，在兄弟部队的配合下，经数小时的激战，拂晓前，终于消灭了守备的国民党军第二三八师，占领了灵璧城，消灭了双堆集外围之敌，完成了对黄维兵团全面包围的任务。此时，人民解放军歼灭黄维兵团的条件业已完备。

双堆集是2200年前陈胜、吴广起义军纵横驰骋的主要地区之一，双堆就是他们当年堆筑的两个高达数丈、方圆近顷的烽火台，后人为了纪念那次农民起义运动，故称此地为双堆集。在双堆集，中原野战军对黄维兵团的围歼中，发扬了近战、夜战的优势和连续作战的作风，集中优势炮火，层层剥下黄维的外围据点，加快压缩包围圈，迫使国民党军就范。11月27日，国民党军八十五军——〇师廖运周率5000余人起义，这对黄维是一个极大的打击。

12月15日9时，对黄维兵团总攻开始。东集团军司令是陈赓，西集团军司令是陈锡联，南集团军司令是陈士榘，三位司令各自指挥部队连续攻击国民党军阵地，迅速突击国民党军双堆集核心工事，东西南三个集团军部队会合，最后摧毁国民党军指挥中心，国民党军纷纷举手投降，当晚结束战斗，第十二兵团司令黄维、副司令吴绍周均被解放军活捉。

黄维兵团被包围后，刘伯承司令曾高兴地向陈毅司令说："黄维兵团这块肥肉已夹在筷子上了，我们要痛痛快快地吃掉这块肥肉。"黄维兵团是块肥肉，因为它是蒋介石嫡系中的一个精锐部队，辖4个军和1个快速纵队，共12万余人，其中十八军为美式装备，军官均为军校毕业，受法西斯教育颇深，称为蒋军五大主力之一，所以说黄维兵团被歼，就像吃块肥肉。这是刘伯承、陈毅两位军事家调动千军万马同国民党军斗智斗勇的胜利；是中央军委和毛主席、朱总司令在平山县西柏坡村运筹帷幄、决胜千里之外的表现；也是淮海战役确保胜利的转折阶段。

淮海战役第二阶段胜利结束。

四、淮海大战胜利结束

人民解放军攻克宿县，关上了徐州的南大门，就把杜聿明钉在了津浦路和陇海路的十字架上。杜聿明于 12 月 1 日放弃徐州，指挥着邱清泉、李弥、孙元良 3 个兵团向萧县、永城突围，4 日，华野部队将杜聿明全部人马包围在陈官庄地区。

黄维兵团被歼后，毛主席指示：只要杜聿明不大举突围，采取围而不攻，让部队休整到 1 月 5 日（1949 年）左右开始攻击。这时，毛主席亲自起草了《敦促杜聿明投降书》的广播稿，前沿部队进行了广播和散发，对国民党军心理是个沉重的打击。

在陈官庄围歼杜聿明时，华野十三纵队及华野十二、七、六纵队和两广纵队部署在濉溪、永城、夏邑地区，构成外围封锁线，作为防备国民党军万一突围出去的第二道围歼防线，十三纵队首长周志坚、陈华堂，三十七师师长高锐等首长到阵地前沿指示部队：休整期间要广泛宣传《敦促杜聿明等投降书》，瓦解国民党军，整顿部队，准备再战；教育战俘，充实连队；新年慰问和安排好伤病员工作。时值严冬腊月，天寒地冻，地处十年就有九年荒的淮北地区，在炮火连天的战场上，随军医院——华野直属医院（今南京八二医院），客观条件是非常艰苦的，但部队首长非常关心伤病员，尽力安排好伤病员的医疗和生活。我重伤卧在担架上，随直属医院回转，领导及时把我爱人韩明华调来我身边陪护。当时她是师后勤一个单位的政治指导员。为给我的伤部取暖，她把砖头用秫秸烧红后，放在水中一冲，热砖当热水袋用。这种因地制宜、就地取材的方法，克服了无数的困难。

部队休整期间，适逢 1949 年元旦，为了欢庆新年，每人慰劳猪肉 1 斤、香烟 5 包，还有其他慰劳品。当时部队是军事共产主义的供给制生活，供给是按人数分配，随我的警卫员张善乐、

▲ 华野十三纵司令员周志坚

卫生员小姜、饲养员（马夫）老杨领到许多过年的慰问品和会餐食物，我们大家一起过了一个愉快的节日，迎来了新的一年。

被围困在陈官庄的国民党军，时有跑过来缴枪投降的，先是零星开小差，后是成排、成连的集体投诚，解放军优待俘虏的政策，使投诚过来的官兵感到了解放后的欣喜和高兴，情绪安定。解放战士说：在包围圈内饥寒交迫，心惊胆战，空投食物无济于事，何况空投的食品有不少还落在解放军的阵地上。被包围的国民党军犹如进入拉网里的鱼，到处乱窜乱撞，作鱼死网破的挣扎。

按照毛主席的指示，1949 年元月 6 日，我军对杜聿明发起强大的攻击。经过四天的激战，歼灭国民党军 15 万人，活捉"剿总"副司令杜聿明，击毙第二兵团司令邱清泉。1949 年 1 月 10 日，淮海战役第三阶段结束，淮海战役取得全面胜利。

五、毛主席说淮海战役打得好

淮海战役经过 66 天的血战，消灭国民党军队约 55 万人，基本上解放了长江以北地区，解放军压到长江北岸，南京的国民党军，处在四面楚歌的境地，蒋家王朝摇摇欲坠。淮海战役是辽沈、平津、淮海三大战役中解放军参战兵力唯一少于国民党军的一次，国民党军共达 80 万人，我军 60 万人。所以，毛主席曾说："淮海战役打得好，好比没有煮熟的一锅夹生饭，硬被我们一口一口地吃掉了。"毛主席用通俗而生动的比喻，热情地赞扬参战军民以少胜多的战斗精神。千里之外的斯大林元帅，得悉淮海战役的伟大胜利，竖着拇指说：这是中国革命战争史上的奇迹，也是世界革命战争史上的奇迹。美国记者贝尔登在报道稿中称：淮海战役是一场典型的包围战，其结局使蒋介石在其控制区几乎无可用之兵，断绝了他在军事上重整旗鼓、卷土重来的希望，甚至可以说是敲响了他的丧钟。

淮海战役蒋介石也自认败北，刚结束战斗的第 11 天他宣布辞掉总统职务，由李宗仁代理总统，宣告了以蒋介石为代表的反革命统帅部的失败。

（作者时任华东野战军第十三纵队三十七师一一〇团政委）

血战曹八集

中国人民解放军第三十一军政治部

曹八集之战，是一个穿插包围、拦头截击性质的战斗。以 14 小时的激战，全歼国民党军先头部队之一部四十四师全部，占领了曹八集。对切断黄百韬兵团的退路，迫使黄兵团停滞下来，以达到分割围歼的目的，起到关键性的作用。

曹八集位于徐州以东，徐州与新安镇之间，距徐州有 100 公里。当国民党军第七（黄百韬）兵团全部撤至碾庄圩、曹八集一带地区时，人民解放军华野第十三纵队即奉命大胆坚决南进，直插陇海路南侧的曹八集一带，断敌退路。

济南战役大捷后，国民党军为防人民解放军进攻徐州及新安镇地区，南下华中，集中了第二、七、十三、十六等 4 个兵团，控制着陇海路西起商丘，东至新安镇地区。人民解放军华野、中野在济南战役胜利、收复开封以及郑州胜利的基础上，为继续歼灭中原战场国民党军的机动兵团，并使山东、华中解放区连成一片，暴露津浦路南段，孤立徐州，进一步开展中原战局更有利之形势，便于 1948 年 11 月 6 日，发动了伟大的淮海战役！

战役的第一阶段，人民解放军的作战对象是：以华野主力，集中全力，首歼新安镇地区的国民党军第七（黄百韬）兵团。

11 月 7 日，当人民解放军各路攻击部队全线向南推进，华野十三纵队亦逼临运河北岸时，国民党军第七兵团即由东向徐州方向撤退，妄图集中兵力，避免被人民解放军分割围歼。十三纵为截断其退路，便急渡运河，占领台儿庄，沿枣（庄）台（儿庄）铁路东侧，分路向南猛插陇海路。这是分秒必争的时刻，部队有时吃不上饭，披星霜，日夜兼程，向南推进。

11 月 10 日 16 时 40 分，第十三纵队三十八师一一四团进占曹八集以北之李集。查明：原曹八集守敌西窜，黄百韬兵团之先头部队已于 15 时许接近曹八集，并继续西进，在进至曹八集车站时，他们发现大许家被人民解放军第七纵切断，这时三十八师一一四团一营一连亦与国民党军接触，他们当即回头退守曹八集。师部当即确定——四团由北向南迅速向曹八集攻击，并会同进到曹八集西南崖家集的第三十九师——五团由正南、西南攻击至此，将国民党一百军四十四师全部包围于曹八集。国民党军为摆脱被歼命运，则拼命做垂死挣扎，于是，一场激烈的血战便展开了……

当晚 20 时 30 分，二连尾随敌人，向北关两侧迂回包围，俘敌百余名（辎重、勤杂人员），查明曹八集确实驻有国民党一百军四十四师，但是人数不详。并得知：该敌 8 日从新安镇地区行军至此，已极度疲劳，乱得不成建制，而且，他们刚进北关，敌大部队也刚进曹八集。据此，团部命令尽快组织攻击，在敌立足未稳时迅速消灭。经过现场勘察、部署、准备后，于深夜 1 时许发起了攻击。

一营一连二排四班，五分钟突破，无一伤亡

四班，是营首长亲自培养的尖刀班（爆破突击班），全班八人都是壮年小伙子，个个斗志昂扬有生气，打起仗来机警灵活，勇猛直前，活像一群小老虎。

爆破鹿砦、地堡、门楼、围墙和房屋的任务交给了四班。四班长窦廷棋领着全班到前沿勘察地形，这里正是面对通往北门大路的一个房间。前面离鹿砦不到三步远，到水壕（2 公尺多深）仅有 5 公尺。通往北门有一座 1 公尺宽的桥，都被敌人火力严密地封锁着。桥上还有火在燃烧，北关的房子被敌人打得除了着火、倒塌的外，这时仅剩下三四间了。

四班的同志，把大家各自勘察的结果对照了一下，唯有王子文同志观察的与大家不一样，他说是两个地堡，不是四个地堡。于是，班长又再次组织勘察。果然，这次在敌炮火光的闪照下，清楚地看到了：在北门楼三层射击孔下面的两侧各有一个地堡，这就是敌人的桥头堡；桥上除鹿砦外，还有 1 米高的三角形的铁丝网。必须先炸掉。

两个组分别讨论了一下，如何完成爆破任务。一组长杨玉敏向班长提出要求："班长，把艰巨的任务交给我们吧，我们去爆破围墙和地堡。"此任务也的确是艰巨，围墙和地堡是敌人前沿重要的火力点，北门楼的三层射击孔都安装着轻机枪或重机枪。两侧的围墙上摆着十多挺重机枪。

四班长根据平时对各组训练情况的了解，也认为一组在技术上、体力上都略强些，即确定：二组先炸鹿砦和铁丝网，紧接着一组就上去炸地堡和围墙。大家都同

意这一决定。八个人要送七包炸药，当爆破序列排好后，各自站在自己的位置上，等候着攻击发起的号令。

二排副排长彭奎同志是负责指挥爆破的，来到了爆破位置上，对每个同志的战斗决心作了鼓励，对爆破的准备工作也作了检查，并传达了火力阵地的编成、位置及如何掩护等，又对四班长和战斗小组长指示说："攻击开始要抓紧爆破，动作要连续，一个接一个。"最后嘱咐五班作准备，要在四班完不成任务的时候，五班接着去完成。

24 时许，时机到了！火箭筒、战防炮……一阵雷鸣，齐向敌人轰击。

二组趁炮火烟雾还未消散，就迅速炸开了鹿砦和铁丝网，紧接着，一组长杨玉敏挟着六斤重的炸药就跑上去了，一声巨响，炸掉了左侧的地堡，响声未尽，战友小刘又送上了第二包，右侧的地堡也炸掉了，接连着一个跟着一个，这个响声未尽，另一个响声又起，北门楼炸了个大洞，围墙里的房屋也炸了个大缺口。四班这群小老虎，仅五分钟就打开了突破口，全班无一伤亡。

这连续的巨响大振人心！而对敌人却是巨大的震撼。它预告着战斗的胜利和成功！四班连续爆破的成功，动作快，时间短，这对一连能够迅速突进庄内沿左侧围墙向南顺利发展，并俘敌六、七十人起到了重要作用。战后四班荣立集体二等功。

突破虽比较顺利，但，这仅是血战的开始！

突破口的争夺战

随一连之后，二、三连相继突入。但就在全营大部突入庄内之际，国民党军从庄内和北门右侧向桥两头倾泻着枪榴弹、火箭筒弹（燃烧弹），一眼望去，一片火。突破口被封锁了，后续部队也上不来了。这时，国民党军企图卡死突破口，断我一营的后路，以大股的兵力沿两侧围墙的上下，开始反击。

从左侧来反击的国民党军，早被先突入的一连一排堵住了，正在激战中……

当三连的勇士们，突进北门里向前发展了不远，就赶上从右侧来反击的国民党军。国民党军师长就在右侧围墙上拐角处的地堡里亲自督战、指挥反击，所以，反击的国民党军气势汹汹。三连的勇士们则来了个迎头泼水，一阵冲锋枪和手榴弹，打得敌人倒下了一大片；但没死的仍不要命地冲过来，相距只有几公尺了，谁都明白这是到了你死我活的地步了！三连这些在党和毛主席教育下的好战士，表现了无比顽强的英雄气概，在连长一声"拼上去！"的命令下，立即从平地上跳起来，以狂潮般的力量冲向国民党军，用刺刀捅、枪托击、手榴弹砸……左冲右杀，猛击猛打，与国民党军混战在一起。

这场激烈厮杀的恶战过去了，反击被打退，国民党军又死了一大片。这一带暂时的平静下来了。

我们的三连剩下不到 10 个人了，但是勇士们为了巩固用生命和鲜血夺来的阵地，没有后退一步，就以这几个人的力量，与数十倍于我的国民党军对峙着。

不多会儿，国民党军仍不死心，又调师部警卫连来反击。这一来，三连的处境就很危险了，但战士们谁也不把生死放在眼里，有几个人就打几个人的仗，猛烈地向国民党军开火，手榴弹在敌人中迸裂闪光。就在这紧急的关头，二连从正面转回头接应上来了，一看就明白，国民党军是为了夺取突破口。突破口是敌人的致命点，是我们的胜利关键。于是又是一场肉搏混战……

经过这两个回合，国民党军的尸体遍地，一个接一个，有的地方罗积成堆。胆怯的敌人再也不敢作孤注一掷的反击了。垂死挣扎的凶焰，被勇士们的英雄气概和刺刀的威风，给狠狠地砸下去了！国民党军也只能占据着右侧围墙上的一角，与我们对峙着，互相射击着。同时拼命地以火力封锁着突破口和桥头，妄图阻止我后续部队的突入。

此时，师、团又重新组织火力，掩护后续部队向庄内突入。11 日 3 时至 6 时，三营除八连一个排外，余者全部突入村落，二营也突入一个排，又经过一场激战之后，突破口又被国民党军封锁，至此，战斗形成了僵局。

顽强地守住阵地，坚持到最后胜利

天明了，后面北门楼上地堡里被炸昏了的国民党军早已苏醒过来了，这个火力点复活后，显得更加疯狂了，朝着墙里墙外一个劲地扫射。

在东边围墙附近和西面的大街上，国民党军仍继续向我压缩。我们原来占领的十多座房子，后因我力量逐渐减少，加之白天不宜分散作战，就收缩到北门左侧靠墙近的一座石砌的大房子里。营指挥所也设在这里。这房子共有四间，早被国民党军枪榴弹打塌了两间半。

天明时，二、三连仅剩下 29 个人了，为了守住突破口，而退守到这座大房子里来，与国民党军对峙着。

正面插入国民党军纵深的一连三排，在三面受到威胁的情况下，一直战斗到8点多钟，后因伤亡大、力量小，就一面阻击一面撤退，也集中到这里来了。

至此，这座房子是一营仅有的一块阵地了。国民党军已逼近在距房子10公尺以外，我们已处于四面受到威胁的境地。

情况愈来愈紧急，国民党军不断反扑，伤员逐渐增加，国民党军用大批枪榴弹向房子上投掷，空气也像被燃烧起来。

战士们就在这弥漫的烟火中奋战！嘴唇干焦了，眼睛熬红了，耳朵震聋了，没有饭吃，没有水喝，也没有时间，肚子饿得发慌，喉咙渴得直冒火；但每个人对革命事业的忠诚的心却在猛烈地跳动着，在为战斗——坚守——胜利而呼喊、鼓励！具有高度阶级觉悟的战士们都很清楚：这块寂寥的阵地是插在国民党军心脏里的钉子，必须坚守！若为了脱险而离开，兄弟部队再组织攻击，就要付出更大的代价。所以，勇士们都宁愿自己受艰险而顽强地守备在这里，一直坚持到12时许兄弟部队打进来！

从拂晓起到12时许，在这浴血奋战的时间里，谁知道这里一营的勇士们是怎样进行着英勇顽强地战斗？是怎样打垮了国民党军几十次的反击？谁知道在这里出现了多少英勇事迹和壮烈的故事？

血战中的一连

四班爆破成功后，一连迅速突入庄内，分两个箭头：连主攻——二、三排沿大街东侧向南，一排沿围墙一直向前发展攻击。

一排突在最前面的是二班战斗小组长杨锡成同志，他翻身跳下围墙，带领全组沿围墙散兵坑向东南打去，给正在朝墙外盲目射击的国民党军一个突然的打击，而后，向前打了两个地堡，再向前发展了四五公尺时，国民党军从三面开始全面的反击了，大概敌人发觉了我左翼（一排）兵力薄弱，竟用一个连向左翼拼命地反击过来了，一、二班便就地压下来，在排长袁中可的指挥下，勇士们以步枪、冲锋枪、手榴弹连续打退了国民党军3次反扑。

紧接着，国民党军的第四次反扑又来了，这时我正处在力量小（一、二班均有伤亡）的情况下，就在这十分危急中，政治教导员孙士堂一马当先呼喊着："共产党员同志们，要挺身而出，打退国民党军的反击！"多次负伤的战士们，在这紧急庄严的号召下，又拿起武器，继续战斗，接连打退了国民党军5次反击。就在敌人快要冲到院子里时，敬爱的二班副（名字忘记了）身上负伤了，他忍着痛，端着刺刀冲向国民党军，在拼倒了两个敌人之后，壮烈牺牲了。二班副这一英雄的行动更加鼓舞了大家：我有一口气，就要坚持干到底！这就是战士们所表现出的战斗决心！更充分地表明了战士们在生死的危急关头对党、对革命、对劳动人民的最大忠诚。一排在这里连续打退了国民党军8次反击！

已经激战四五个钟头了。"我们一定要打到底，我们是'护城第一连'，绝不向国民党军屈服！"勇士们在过去的光荣和必胜的激励下，越杀越勇，信心更足，斗志更旺！

可是子弹不多了，杨锡成同志提醒了大家："国民党军的枪也打七九子弹，没有子弹就到敌人尸体上去找！"战士们就在打退国民党军反击的间隙里，隐蔽地到附近搜集了不少子弹、手榴弹和枪支，高兴地说："又够敌人喝一气！"捡了就打，打了就捡，国民党军派来了"好运输队员"。

这时，二排副排长彭奎同志奉连长命率第五班来到一排，加强一排的防爆力量。

插入国民党军纵深，快要打到国民党军师部（仅一街之隔）的一连三排，在一个院子里，守住东门的是八班副黄友名和战士王培贤、卞兰亭三支冲锋枪，守住西门的是代理班长马仁竹和李新荣他们的三支步枪。国民党军的子弹穿透了墙壁，手榴弹扔进院子里来，东门的房子被燃烧弹打着了，战士们却一直不动地坚守着。在这里，他们接连打退了20多个国民党军的两次反击。

国民党军吃亏了，变得更狡猾了，不再瞎扑、乱闯反击了，但却更加穷凶恶极地使出了毒辣的手段——在冲击发起之前先是一阵炮轰、榴弹炸及投燃烧弹，企图以此来毁灭我们。然而，人民战士，共产党的队伍，是经得起炮轰、烈火烧的考验的！

在一排的阵地上，国民党军打来了，扔来成排的手榴弹和枪榴弹——燃烧弹。在一阵猛烈的爆炸中，房子被炸塌，木料在燃烧，班长马少伦的全身被手榴弹炸烂了，杨锡成的脸上淌着血，孙延珍也挂了彩，可是，他们根本就不把危险和死亡放在眼里，仍然坚守在前沿，阵地上和衣服上的火苗不断地被扑灭，又不断地被打着……阵地到处在燃烧。就在这时，狡猾、残暴的国民党军竟以两个连的兵力，在其营长亲自率领下来反击了！这确实是到了千钧一发的危急的时刻了，一排的战士们在人员少、子弹打光了、阵地也无法存人的情况下，在负重伤 3 处（左臂、右腿、小腹）仍坚持战斗的二排副彭奎同志的英雄行动影响下，所有的战士端着刺刀，拼上去了！经过一场紧张、惊险的白刃格斗，把国民党军打得心惊胆战不敢前进一步了！英雄的一排在这里已经打退了国民党军的第九次反击！敌人总想拔掉这支箭头，但这支钢箭头却插得又深又坚实，已经是不能被拔掉的了！勇士们毅然屹立在英雄的阵地上！

一连是个英雄的连队，在 1947 年秋胶东保卫战中，曾获得"护城第一连"的光荣称号。在济南战役中又是消灭济南红十字会守匪二一三旅旅部的主攻连队。这次又在淮海战役首战曹八集的战斗中，再以无比顽强与英勇牺牲的 12 小时的血战，增添了更新的荣誉！

顽强守备的三连

负责守卫营指挥所的三连二排，连续打退了国民党军数次反击。数十倍于我的国民党军，在英雄的战士面前却无能为力，代理排长顾茂松，独当一面亲自守在窗口旁。国民党军的手榴弹刚落到窗口上，他就用砖头推出去，摔到屋里来的在地上冒着白烟咕噜噜地打转转，他不顾刹那间就要爆炸的危险，抓起来就朝敌人摔去。战士们也跟排长一样，刚落下就抓起朝着国民党军回击。就这样的摔进来再摔出去，顽强地与敌人搏斗着。突然，一颗手榴弹在窗口爆炸了，顾排长被打晕过去了，身上也负伤数处，但不多会又苏醒过来了，却说："没打死，再干！"他轻伤不下火线，重伤不叫苦，领着全排又打退了国民党军的反击（顾茂松战后荣获二等功）。

三排机枪班起了重大的作用，不但打退了反击，而且大量地杀伤了敌人。韩洪雁同志的右手负伤了，就换左手射击。在济南解放战士高德盛的机枪面前，已经倒下了 20 多个敌人。打得最出色的优秀射手孙心镜，当敌人反击时，他就把机枪架在窗口上，子弹在头上、身旁嗖嗖地掠过，他根本就不理睬，不低头也不闪躲，只有一个念头："坚守！"露着半个身子只是一个劲地扫射。反击打退了，他就把机枪撤下来隐蔽，反击来了，他再架上去，耳朵震聋了，只靠一双眼睛作战，听不到指挥的口令，就看同志们做手势，当同志们把眼睛一瞪，他就领会到敌人来反击了，当同志们用手用力向窗口一挥，他很机警敏捷地架上机枪就扫射，从正面来攻击的敌人，不是被打死，就是被打退（机枪班荣获集体三等功）。

打退正面国民党军的反扑，两侧的国民党军却乘机爬上了解放军坚守的房子上，在屋里只听得房顶上"咔嚓、咔嚓"的响，也听到揭瓦声……国民党军从上向下摔手榴弹、扫射了，在此危急情况下，九班副辛明香（荣获二等功）记起指导员交给的重大责任："这里有营部，有伤员，咱共产党员就看这时候！"他也曾坚定地表示过："请指导员放心，有我们就有阵地！"于是他号召大家："不要慌，不要怕，沉着打！"战士们倒仰在地上，像高射炮射击一样，打得匪徒一个个像死猪一样地纷纷从房顶向下滚，重重摔在地上。

就在房子大部被打着的时候，机枪射手老马全身着火了，也正在这时国民党军又发起了反击，可他仍在坚持射击。副射手看到这种情形，上去一把把老马推开，叫他赶快去扑灭身上的火，扑灭了，老马又上去了。三连的勇士们，就以这种打不烂的硬骨头作风，顽强的精神，守住了阵地！

在最艰难的时刻里

已经是 11 点多钟的时光了，房子冒着火，墙壁已倒塌了一部分，国民党军还疯狂地向这里打手榴弹、枪榴弹和以小股反击。我们的伤员在增加着，全营原参战的是 350 多人，现只剩下 40 多人，手榴弹快打光了，子弹仅靠一连在突进庄内缴获的六七个国民党军的枪弹，现只剩下一部分，这一切很清楚地表明，这是战斗最艰难的时刻。

在这种情况下，战士们非常需要指挥员的坚定、沉着、想办法，因为他会给战士们以最大的坚定和勇敢！

王经营营长坚决地命令："我们不怕困难，更不怕危险！要坚持到黄昏，坚持到兄弟部队打过来！兄弟部队就在北门外！"镇静的命令，响亮、坚定和鼓励的声音，把战士们一切军事素养、纪律观念、阶级仇恨更充分地发动起来了！具有高度积极觉悟的战士们，在这十分危急的情况下，都理解首长、指挥员的心情和艰难，始终表现了同心同德、团结一致、同生死共患难的精神，就是牺牲自我，谁也没有半句怨言。伤员同志，以最大的坚韧忍受着伤口的疼痛；被压在倒塌的墙壁下的同志，忍受着骨折、划伤的疼痛和呼吸的困难，而一声不吭。因为大家对处境都很清楚：国民党军就在 10 公尺的院墙外，在这个时候，谁若因痛苦而呻吟或叫喊一声，就是向国民党军透露了我们的内部情况，会给敌人壮胆，而给自己的同志带来危险和不幸。这时的一切情绪、想法都凝结在"坚守"这一点上。所以同志们是为了胜利、为了集体，在忍受着，坚持着！

这时，一营在这座房子里坚守着三个口子：一连连长刘玉和、政指刘家惠和副政指王学诗三人坚守东面；三连连长逢坤四、政指孙占喜还有几个战士，坚守西面（大街）；营长、政指、书记张书生和两个通讯员坚守北面。

在这最困难的时刻，需要干部挺身而出。王营长根据战场情况和我现有力量重新调整了防卫部署，准备作最艰难、最坚决、最顽强的战斗！

在这种情况下的政治工作，就像在大风浪中航行时需要舵手一样，工作虽艰难，但是，只要依靠群众，发挥群众的最大勇敢精神，任何困难、艰险都会被战胜。政教孙士堂从一个房间又跑到另一个房间，从这个连又跑到那个连，去作政治动员。"……轻伤不下火线，重伤不叫苦，要坚守阵地，守住突破口！……凡是能打国民党军的一切东西——砖块、棍棒等等都搜集起来利用……在艰险的情况下，共产党员要挺身而出，勇敢带头，群众同志要经得起考验，争取入党……为彻底消灭国民党军，争取淮海战役的伟大胜利，我们要打到底，战斗到最后胜利！"

王世岗火线入党

王世岗同志的确坚定，右手被子弹打穿，头部被炸伤，腿也被手榴弹炸断了，他却始终领着一个机枪组坚守在正面，在兄弟班的合力下，打退了国民党军次次反击。他利用战斗的间隙，搜集子弹、修补工事、给同志们搭起杆子以防墙壁再塌打伤或压着。这一切行动，是他对党、对革命、对同志的忠诚表现。

政教动员的话音刚落，三连机枪班老战士王世岗同志吃力地站起来就喊："报告！请首长放心，我有一口气就要干到底！保证人在阵地在，保证使国民党军上不来！完成任务后，请组织上审查，我要求入党，战前我也曾多次的要求过。"他这种坚定、勇敢的自我牺牲精神，激励和鼓动着在场的所有活着的同志，他的这种英雄行动推动和带领数次负伤的同志，又拿起了武器，更英勇地战斗下去！

经营与连研及党小组的讨论，当场宣布他光荣地加入中国共产党！这一庄严的决定不仅关系着一个人的政治生命的新生，更重要的是给全体同志输入了政治的无敌力量。这就是胜利的决定因素！

就在这庄严的时刻，国民党军的手榴弹扑通扑通地扔进屋里来了。房子小，伤员多，手榴弹瞬间还没爆炸，本来可以把它摔出去，但伤员同志看到屋四周都是自己的人，加之负伤后身体无力，摔不远，怕伤着了自己的同志，于是就死挨着任凭它疯狂的爆炸。没负伤的同志看到这种情形，就赶快把没牺牲的伤员转移到比较安全的墙角去，正在转移之际，国民党军竟在房顶上向转移的伤员开枪扫射了……

正在这时，屋外的炮弹在猛烈地爆炸，浓浓的硝烟在屋子四周弥漫，国民党军反击和猛烈的爆炸声，叫人看不见也摸不清。

政治教导员孙士堂高喊着："同志们！端着刺刀拼上去！拿砖块打！"整个屋内的人都在紧张地战斗着。突然，从屋后打来了激烈的机枪声。这已经是中午12点10分了……

"可能是兄弟部队打来了？"王营长一边低声说着一边探身向北一看，"是兄弟部队来了，是一一二团！冲在前面的细高个就是二连连长王成斌同志，是他，我认识！"叫人多高兴啊！该说什么呢？现在的王营长在谈到这一切时，句句都带着非常亲切的语气，满脸堆着笑。的确，在困难中有帮，在艰险时得助，怎能不兴奋！这种高尚伟大的战斗友谊，怎能用文字讲尽？怎能用语言和诗篇来形容？他只能用心底的热流和感激的热泪，向伟大的战斗友谊致敬！

12时许我向曹八集发起了第二次攻击，全歼国民党军四十四师

当一一四团的攻击陷入僵局后，纵队、师、团首长的心情都很沉重，同时也坚信一营的勇士们一定能够守住阵地，坚持到最后的胜利。

首长经过观察、判断之后，果敢地下定了决心："不惜一切代价，坚决攻击曹八集，全歼国民党军，切断黄匪之退路！"乃以主力团、屡战皆捷的常胜团——一一二团全部参战，并有一一四团二营配合，重新组织攻击，7点钟以后就开始了现地勘察、部署……作攻击准备。

一一二团接到攻击命令，对部队进行了紧急动员。当干部战士知道兄弟部队一一四团已经打了一个半天，现在被国民党军封锁在庄里，弹药供应不上，发展遇到困难，现在就要我们尽最大的力量坚决打进去，与兄弟部队共同战斗时，同志们都很焦急，都为兄弟部队的处境而担心，伟大的阶级友爱和战斗友谊激动着

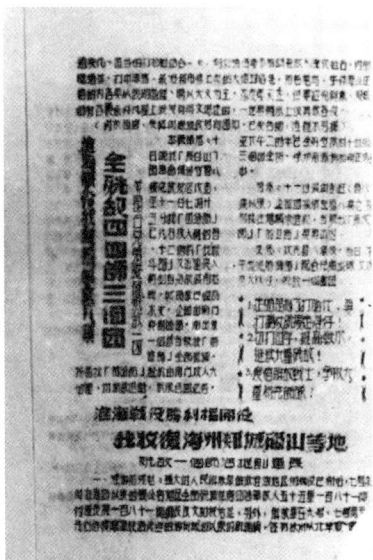

▲ 华野十三纵首战曹八集，歼灭国民党军第四十四师 3 个团的油印报

每一个同志的心，个个都坚定地表示"坚决完成任务！"于是部队迅速地投入了紧张的攻击准备。

这把锋锐的钢刀，经这样一磨，就更加锐不可当了！

12 时 10 分，攻击开始了！

英勇的突击队三连避开被国民党军火力严密封锁之处（在原一一四团一营突破口的左侧）出其不意地迅速突破了！这时，只看到我们的战士在我猛烈炮火掩护下，不管水壕万丈深，不顾桥上冒烈火，任凭国民党军火力再猛，前赴后继，勇往直前地突上去了！为消灭国民党军，为增援兄弟部队，不怕一切牺牲，这种锐不可当的勇猛，

所到之处，攻无不克，无坚不摧。约在 12 时 25 分，一营突击两个连，分向两侧发展进攻，后二营跟进，沿大街两侧向南发展进攻。

三连迅速勇猛打得快。一排一班不到 5 分钟最先突上去，立即沿围墙向西打去，接连打通数道墙壁，直逼围墙地堡，打了一排手榴弹，驱逐了围墙上散兵坑和地堡的国民党军。二排则迅速从一班左侧向围墙迂回包剿，肃清了围墙工事内的国民党军。据捉到的四十四师师长的卫兵说："就在你们突进庄时，他见死运已定，就拔枪对准脑门自杀了。"这条死狗，真有点太便宜了他，该叫他看看他的所部，所谓的"荣誉二师"是怎样被打得如摔在石头上的西瓜！此刻，国民党军见解放军从正面迅速涌进，恐慌万状，即拔腿向西南溃窜，三连的勇士们毫不喘息，立即乘胜跟踪追击……

二连猛冲猛打，大胆迂回，指挥灵活，打乱了国民党军之主要防卫体系（受师嘉奖）。二连长王成斌与王经营营长接头交谈后，当即确定政指带一个排（二排）按原方案沿围墙向南猛插，大胆迂回到国民党军后侧，消灭了广场上他们的山炮阵地，有力地配合了王连长率一、三排由正面的进攻，在攻击前进中始终保持密切协同。当一、三排向国民党军指挥机关（师部）打了一阵六〇炮后，政指所率领的二排也攻下了国民党军师部东侧的集团堡。这时，国民党军开始溃逃了，一、三排即尾随追击，敌窜出南门围墙，一、三排就在南门围墙上架起了机关枪和六

〇炮，猛轰猛扫，打得国民党军东西乱窜，上天无路，入地无门。早已翻出围墙的二排，已插向东南角的洼地之中。

一一五团在截歼南窜的国民党军同时，一部随即乘机由南门插入，与一一二团的二营形成南北会击。当日 14 时许，全歼国民党军一百军四十四师 3000 余人，俘虏 2688 名，缴获武器弹药及军用物资各一部。占领了曹八集，成功切断了黄匪之退路！

这个蒋匪嫡系，号称"荣誉二师"的部队被解放军的铁锤砸得粉碎，而永远死去！那个被劳动人民所唾弃的自封称号，被劳动人民正确地用武力作了裁判，从历史上作了最彻底的否定！

（此文由三十一军政治部组织处于 1960 年 9 月 19 日送淮海战役纪念馆收藏）

刘集遭遇战

——四十八名骑兵智逼敌降

孟昭贤

刘集战斗是华东野战军特种兵纵队骑兵团一大队（营级单位）与国民党军打的一场遭遇战，也是淮海战役中在外围打的一次较大规模的战斗。当时，我任华东野战军特种兵纵队骑兵团一大队队长，我大队仅以一线 48 名骑兵和少量伤员，逼降孙元良兵团第四十一军及第一二四师 1100 余官兵，俘获该军少将副军长杨熙宇、一二四师少将师长严翊以下十几名将校军官，创造了特种兵纵队乃至华东野战军以最少兵力俘获国民党军人数最多的纪录。

受令北上

淮海战役发起前，我们骑兵团奉华野粟裕代司令员命令在豫南驻马店等地歼灭了国民党河南省第七专员公署专员兼"剿共自卫军"纵队司令郭馨波部后，即前出到驻马店以东地区，执行对黄维兵团进行战役监视的任务。

淮海战役发起后，随着战役的进行，黄维兵团从驻马店地区出发，出周家口，经太和、阜阳、浍河以南的南坪集，到阜阳东北瞿王庄一带。我们骑兵团一直尾随其后，随时将情况上报华野司令部。1948 年 11 月 23 日，突然接到华野司令部电令，要我团调头西返，迅速查明敌后方重要补给基地确山至正阳一线公路情况，并相机袭占重要集镇汝南埠，切断黄维兵团的这条重要后方补给线。12 月 2 日夜，就在杜聿明率徐州国民党军西逃的第二天，华野 8 个纵队二十几万大军急进追击的时候，我团又接华野司令部加急电报，令星夜兼程向永城、亳县方向急进，堵截徐州南逃之敌。

骑兵团在汝南埠北金铺镇团部驻地召开了大队以上领导干部紧急会议。会上，团长戴彪宣读了野司的电报命令，接着参谋长程朝先宣布全团今日下午5时出发，按五、三、九、机炮、一大队顺序行进（骑兵团编有六个大队，其中七大队随野司行动），经上蔡、项城、界首到达皖北亳县集结；最后指出由一大队负责全团的病号、病马收容工作；各大队在途中不准宿营，间隔不要太远，要日夜兼程。一听这话，我赶忙向戴彪团长提出："我们一大队愿打头阵。"戴团长说："好了好了，赶快回去准备吧。"散会后，卢富贵政委对我说："你们一大队南下以来，攻克了鱼台和宁陵两座县城，又歼灭了郭馨波主力，在梁砦打了伏击战，战绩很突出。这次叫你们在后面负责全团的病号、病马收容工作，主要是叫你们抓紧时间休息休息，也叫别的大队打打头阵。"听到这话我就不再说什么了。

会后我催马回到驻地，到了村头一看，许多干部战士在比赛劈刺马刀。有的劈几百次，有的能劈上千次，二区队（连级单位）副区队长王广华能劈1000多次，他劈起刀来像刮风似的；但一班（排级单位）长张兴远不服气，正与王较量。当我在他们面前下马时，大家迅速围拢过来，问我："有新任务吧？"我让号兵马文祥吹起了紧急集合号，向全大队传达了团紧急会议精神，一些同志有些气愤地说："为什么叫咱们走最后？"张兴远说："咱们要向团部写报告。"几个大队干部连忙作解释工作。

根据行军计划，我团经项城、界首向永城、亳县方向急进。渡过沙河后，再次接到华野司令部加急电报，催令我团向北急进，并随时侦察和堵截突围的国民党军。为此，全团除了喂马和吃饭外，一刻也不停歇，咬紧牙关，日夜兼程。

行军途中，徐州解放的消息传来了，我们大队的干部战士几乎都是长年战斗在徐州附近的江淮子弟，听到这一消息格外兴奋。一区队长袁化先说："抗战8年，自卫战3年，我们一直在徐州周围转，终于盼到了今天，这下好了，我看蒋家王朝要完蛋了。"杜津民是徐州市区人，他含着激动的眼泪说："我父母都是被蒋介石统治的旧社会折磨死的，我哥嫂现在徐州市要饭为生，不知还在没在，这下可好了，他们要是还活着该过上好日子了。"

经近两天两夜急行军，我团终于赶到了亳县境内，此时已是人困马乏。稍事休整，又经一夜行军，我团到达了亳县、永城边界地区。这时，团令各大队展开队形，搜索前进，五、三、九大队在前，团直和机炮大队居中，我们一大队仍被安排带病号、病马在后边跟进。一大队是骑兵团的主力大队，一向打头阵，这次走在后边，大家心里不痛快，几个区队干部王广华、王永丰、万福才直接找到我：

"我们有意见，轮到打大仗了，叫我们照顾病马、病号，我们要向上边提意见，我们要打头阵，保证打好！"一班长张兴远同志急得直揎马刀。我和几个大队干部只好做大家的思想工作。

发现敌情

1948 年 12 月 8 日早 7 时，我大队行至亳、永边界刘集南边，听见北边有零星枪声。我走到刘集大街上时，前卫三区队的副区队长万福才飞马向我报告说，前面有国民党军向南来。我问有多少，他说很多。当时，我有点不相信，团部和其他 4 个大队 1100 多人马刚刚过去，怎么会有很多国民党军呢？我催马到刘集北侧，用望远镜一看，确实有很多国民党兵向南拥来，黄腾腾一片，足有千余人。

我想一定要打掉这股国民党军，一面派出骑兵向团部报告发现的情况，一面在脑海里揣摩如何打。这时，不少干部战士说："大队长，我们打吧，冲上去用马刀杀他一阵子。"本来我们大队有 100 余人，由于执行全团的病号、病马收容工作，一部分人要去照看病号、病马；再加之，下马作战需要一部分同志牵马远离战场（一人最多牵 4 匹马），这样算起来，真正能投入一线作战的人员只有 48 人，显然硬拼不行，必须巧打。我与张遵三副大队长商量后，立即命令三区队迂回国民党军东侧打其后尾；二区队迂回他们西侧，抢占柏树林坟场，用急袭火力杀伤国民党军；病号带病马占领东侧大村庄向国民党军射击但不冲击，尽量造大声势迷惑国民党军。我看二、三区队基本就位后，即令号兵吹起冲锋号，全大队立即向国民党军发起了冲锋。为避其锋芒，我带领一区队向敌后尾猛烈冲击。国民党军受到攻击，死伤不少，乱成一团，一面组织火力向我们射击，一面拼命向前运动，想快速通过前面的十孔桥，这时占领柏树林坟场的二区队展开所有火器向国民党军人群射击，占领东侧大村庄的病号也开始向国民党军人群射击，又杀伤不少。国民党军拼命通过十孔桥，慌忙向刘集方向溃逃，到了刘集见没有围墙作掩护，又加上我们在后边穷追不舍，就急急忙忙地占领了刘集南面的一个叫殷楼的小土围子，并用几挺轻、重机关枪和六〇炮向我们猛烈射击，企图封锁我们的尾追道路，迫使我们不能接近围子。

这时，有人把一名被俘的国民党军少尉带到我跟前，我简单审问后得知，这股国民党军隶属孙元良兵团，主要是四十一军一二四师的，也有兵团部和军部的，约有 1100 余人，带领这支部队的是国民党军四十一军少将副军长杨熙宇和一二四师少将师长严翊。

包围殷楼围子

我观察地形后，觉得首先必须迅速包围殷楼围子。于是命令各区队尽量接近国民党军，把他们包围起来。

二区队长王永丰带领区队冲向围子西北侧的高地柏树林坟场和一段半截子沟。国民党军利用占领的围墙向解放军猛烈射击，王永丰的马被打死，三区队副区队长万福才负伤，歼灭郭馨波部时刚被我解放过来的二区队新战士肖传祥中弹牺牲，我的大衣被打了两个洞，还有几个同志的棉帽被打掉了。王永丰随即命令部队下马，徒步向前运动。此时国民党军的机枪已封锁了通向树林的道路。二区队副区队长王广华带领五班长武学勤等 4 人，冒着国民党军火力滚过大路冲入树林。战士郭长青用国民党军逃跑时遗弃的一挺重机枪，向敌人射击，一时压制住了敌人的火力。在机枪掩护下，其他同志也快速通过大路，进入树林，迅速接近国民党军。

这时，二区队副区队长王广华同志，带了满身手榴弹向我请战，要领一个班打进围内。我观察战场的情况，国民党军虽没有什么坚固工事，仅靠土围的围墙作掩护，但他们人多，不能与其拼消耗，更不能硬冲进去，于是制止了他。

我观察到十孔桥西侧的交通沟地形很有利，于是令二区队掩护，带着一区队下马徒步，用爬行和蛙跳的动作向交通沟运动，但瞬间被打伤了三四个同志。袁化先、杜津民挺身而出，在同志们的掩护下，连续向国民党军投了几枚手榴弹，趁着烟雾，用熟练的动作通过了国民党军火力封锁，进入交通沟，逼进了殷楼围子，距国民党军 200 米左右。接着，三区队又攻占了围子的西侧柏树林内的几个大坟包，距国民党军不到 100 米，居高临下向国民党军射击、喊话。病号们相机占领了围子东、南侧，并组织部分人员骑马跑来跑去，虚张声势，从而将国民党军团团包围起来。

而后，我命令全大队集中火器向围内射击，炮手张勇、李凡用两门八八式小炮向围内发射小炮弹，因为围内国民党军密集，每发一枚小炮弹都能杀伤国民党军。接着，支部书记张德才组织人员向敌喊话："蒋军弟兄们，徐州已被我军占领，黄百韬兵团已被歼灭，蒋家王朝快完蛋了，你们投降吧，我们优待俘虏，保证你们生命安全。"这些国民党军龟缩在围内，乱乱哄哄，士气低落，跑又跑不出去，突围也没有希望。过一会儿，没有动静了，我令再次射击，围内国民党军又开始乱了起来。

这时，有几个国民党军官到围墙边视察动静，一班长张兴远立即举枪射击，击中了为首一人。事后知道被击中者是国民党军一二四师少将师长严翊。严翊在日后他的回忆录《第一二四师的挣扎与溃灭》中写道："遭千余骑兵包围，又被骑兵的神枪手打中，头昏眼花昏倒在地。"

深入虎穴

过了一会儿，有一个副官模样的人打着白旗探出头来，高声喊叫："不要打枪，我们要投降，我们找你们团长谈判。"我立即发出停止射击的号令，那个家伙颤巍巍地向我们走来。原来严翊负伤后，与随队的四十一军副军长杨熙宇商量，派出一名参谋谈判投降。

我一看这种情况，悄悄地对通信班长时用海，通讯员张友田、蔡国龙、张玉山和支部书记张德才以及文化教员李峨卿等说："你们就叫我孟团长，要装得像，沉住气。"我们还整整衣帽，拍拍身上灰尘。等那位参谋走近，我一看，是个瘦高个子，扎着武装带，满嘴金牙。张德才同志指着我对他说，这是我们的孟团长。那个家伙连忙恭恭敬敬地向我敬个礼，我故意不理睬他，高声发出命令："张参谋，通知各营和机炮大队加修工事，暂时停止射击。"那位参谋又走前一步，从口袋里掏出我军过去发给被俘蒋军官兵的释放证说："报告团长，我已向贵军投降过两次了，这是第三次，我们的官长说我们愿意投降。但我们要求，第一保证我们的人身安全；第二放下武器后私人东西不没收，

▲ 华野特纵坦克部队，待命追击从徐州西撤的国民党军

允许各自回家；第三先叫我们吃顿饱饭，再发干粮。"我当即答复说："回去告诉你们的头头，优待俘虏是我军的一贯政策，给你们半个钟头时间，放下武器，把队伍带出庄来。"那参谋点头哈腰，连声说："是，是，是，一定照办，一定照办。"然后转身回去了。

半个小时过后，国民党军并没有把队伍拉出投降，但国民党军围内很不平静，乱哄哄的，我们等得也不耐烦了。这时，那个参谋又探出头来对我们喊道："喂！我们官长要你们团长过来再同我们谈谈。"一听这话，骑兵们愤怒了，有的说："他妈的，又耍什么鬼花招，我们干脆打进去，叫他看看我们的厉害。"有的说："别跟这些家伙磨嘴皮子，咱们的武器也不是吃素的。"张兴远同志走到我跟前说："大队长，趁他们现在松劲，我带一个班打进去，打他个七零八落，包他们投降。"被我制止了。

我想，当前敌众我寡，强攻并非上策，逼使他们投降才是办法。于是，就和副大队长张遵三、支书张德才同志商量。通过分析当前情况，大家一致认为，目前不宜强攻，还是尽可能采用政治攻势解决问题。我跟他们两人说："我去国民党军那里谈判，张副大队长在此指挥，进一步加强工事做好打的准备，我要是回不来，你们就顺着我去的路打进去，歼灭他们，要组织突击班，多带手榴弹。"他们两人同意派代表去谈判，都不同意我去。尤其是其他同志知道后反对更为强烈，炊事班长钟道宽等几个同志情绪很激动，表示坚决不同意我去。我就和大家说："国民党军虽多，武器弹药虽好，但是溃兵，疲惫不堪，又没有后续部队，没有援兵，1000多人挤在一个小围里，兵力展不开，对我们情况也不清楚，而且地形对他们不利，我们完全有可能争取他们投降。"最后，大家终于同意了我的意见。

出发前，为了摆出团长的样子，我整理了军装，打掉身上的灰尘，腰里别上二十响盒子枪，王广华、张玉山和林忠兴作为警卫员，挎着汤姆式冲锋枪，身上挂满了小型手榴弹。准备完毕，我们与同志们握手告别，大摇大摆地走进了围子。

进了围子，我看见国民党军如临大敌，巷口、门口、房上架起的各种枪支枪口一律对准我们。面对这些，我们四人更加昂首挺胸，大步向前。国民党军那位参谋迎面而来，向我点头弓腰说："孟团长来了，敬仰，敬仰。"他带着我们朝一户住家走去，途中我很严肃地问他："我们是来受降的，你们架起这么多武器干什么？还想较量吗？"那参谋忙说："哪里，哪里，他们是在那儿休息。"

走到一个院子前，那个参谋示意我们到院内谈判。当时，我留心观察，只见在院外一副担架上，躺着一个瘦子，穿一件酱色大袍，头上裹着绷带，把一只眼睛也包扎住了。他在担架上挣扎着歪斜起来，用剩下的一只眼睛瞅瞅我们，四周站着一群持卡宾枪的护兵。我注意到有军官低下头向他请示，心里马上明白这是个大官，一定是他们的头头。我想：不能随便进院内谈判，谁知道他们葫芦里卖的是什么药？干脆就在这个头头面前谈，谈崩了就先打死他。打定主意，我向前方走了几步，靠近那个头头的担架，提高嗓门大声说："到院内干什么？我们就在光天化日之下谈判。"

在我的坚持下，国民党军无奈，走过来一个瘦大个子官长（后来得知是一二四师副参谋长陈玺畴），跟着几个挂卡宾枪的护兵，走到我跟前，皮笑肉不笑地连声说："欢迎，欢迎！"接着递给我一支香烟，被我拒绝了。我对他说："希望你们别耍花招，你们是投降还是较量？由你们选择。我想劝告你们，要看清当前的形势和你们的处境，蒋家王朝快要完蛋了，你们还顽抗什么呀？城里深沟高垒你们都守不住，就这么个围子还不是自找死路。"最后又强调说："你们提出的3个条件，只要你们缴械投降，我们保证实现，绝不食言。"那个官长皮笑肉不笑，点头弓腰地连声说："我们斟酌，我们一定斟酌。"我大声地说："什么斟酌不斟酌，你们现在已是瓮中之鳖，我们随时可以向围子轰击。只不过想叫你们少流血罢了，你们的出路就是缴械投降，条件已讲过，我们解放军光明磊落，绝不失信。"最后我又大声说："从现在起，再给你们十分钟的考虑时间，不然我们再较量，再流血就由你们负责了，快下令吧！"那个官长说："我们考虑，我们考虑。"然后走到担架旁向那个头头请示说："我们还是有点担心，他们能不能保证咱们的生命安全。"那个头头睁开那只未伤的眼睛，又合住了，没说话。我对他们说："睢杞战役我们活捉的区寿年，济南战役活捉的王耀武，我们都给予了优待，我们绝对保证你们的生命安全。"

这时，在场的许多国民党军官兵乱哄哄地争论起来，有的主张投降，尤其是原来和我们接头的那个参谋，他大声说："咱们投降好。"但也有些顽固的和有顾虑的，主要是那些年轻军官不愿投降，从中作梗，妄图垂死挣扎。这样无形中分成了两派，乱吵乱嚷，影响着他们长官下决心。于是，我对那个谈判长官说："愿不愿投降由你们决定，至于后果，就不是你们定的了。"那人忙说："好，好，有话好说，有话好说。"慌忙又向担架上的头头请示去了。

这时，在现场的国民党军官兵越聚越多。我趁此机会，走上一个粪土堆上，对这些国民党军官兵大声说："蒋军官兵们，你们大部分是受苦的人，是抓壮丁来的，给蒋介石卖命当炮灰值不值得？淮海战役解放军就要全胜，黄百韬兵团已被歼灭，蒋家王朝眼看就要覆灭。"国民党军中的顽固分子，听到我的讲话，眼看着他们的队伍要瓦解也急了，有个大个子年轻军官大声喊道："你们不要在这里做赤色宣传，不要欺骗我们。"我针锋相对地说："我讲的是实情，有目共睹，人人皆知，你们的报纸也承认这些情况。你们为什么从徐州逃出来呢？这不是事实吗？开封、洛阳、济南、徐州被我军攻克这不是事实吗？"那几个顽固军官还想进一步威胁我，大声发出准备打的命令，他们手下的一群护兵，哗啦一声，把子弹推上枪膛，把枪对准我和3个警卫员，还有部分国民党军向围外解放军射击，围外的同志们毫不示弱，立即向他们还击。这时，我注意到大部分国民党军官兵坐在原地不动，有的还喊要投降。在这种情况下，我迅速用二十响盒子枪对准躺在担架上的那个头头，张玉山用汤姆式冲锋枪对准那个谈判的长官，王广华两手拿着两枚拉出线的手榴弹，4人脸不改色气不喘。我冷笑着用高大的嗓门向他们说："你们开枪吧！我们进来与你们谈判是为你们的生命考虑，你们要是执迷不悟绝没有好下场，一切后果由你们承担。"那些顽固分子看到这种情况，不知所措。我转过身站到一个石滚子上大声对他们说："蒋军弟兄们，你们当官的还想顽抗，你们还替他们卖命吗？不愿卖命的，放下武器我们优待，绝对保证你们的安全！愿投降的到那边集合，想顽抗的留下来咱们较量。"因为这时围观官兵很多，顽固分子也不敢向我开枪，而且王广华、张玉山的枪口始终对准陈玺畴、严翊两个头头。僵持不大一会儿，袁化先带一个班冲进围内，举着机关枪对着国民党军人群大声叫喊："赶快放下武器！"国民党军分化得更厉害了，叫嚷着要打的越来越少，大部分表示投降，有不少国民党军官兵已轻轻放下武器，走向我指定的地点。

那位谈判的长官也泄了气，他垂头丧气地走过去，再次向躺在担架上的头头请示，严翊无可奈何地挥挥手，示意同意。但还有一个顽固军官高声喊叫着不投降："我们要战斗到底。"我注视着那位谈判长官说："何去何从快决断。"那个谈判长官无奈地要他们的执法队把那几个高喊不降的军官带下去。这样一来，就像洪水冲开了堤坝，蒋军官兵纷纷放下武器，一窝蜂似的拥向我指定的集合地点。有一位国民党军副团长还整理了他的队伍，喊了一声立正，放下武器，向我恭恭敬敬地敬了一个礼，报告了人数，然后整队带出围外。这时，全大队大部分同志已进围内。我立即指示二区队长王永丰把堆积如山的枪支看管起来，叫支部书记张德才和文化教员李峨卿，给不愿投降的国民党军讲话，令炊事班长宗道宽把那几个国民党军头头看押起来。

那些顽固分子刚才还气势汹汹，看大势已去，也只好灰溜溜地放下了武器，耷拉着脑袋悄悄地走进了投降的队伍，集合去了。

尾声

我叫张遵三副大队长负责俘虏兵。他带着三区队将俘虏编为 10 个中队，并对他们进行训话："蒋军兄弟们，你们要听指挥，有吃有喝，保你们安全无恙，否则由你们自己负责。"这时，有不少的国民党军士兵拿出了解放军发给他们的释放证件，张遵三就用这部分人担任各中队的副中队长，管理他们自己。

这时，天色已晚，近 5 点钟，围子里面堆满了武器，门口集合了国民党军第四十一军少将副军长杨熙宇、第一二四师少将师长严翊和副参谋长陈玺畴、政工主任吴焕然等十几名将校军官。我与杨熙宇、严翊等国民党军将校军官谈话才得知，被我华东野战军包围在陈官庄的杜聿明集团 3 个兵团，在逃还是守的问题上产生了不同的意见，蒋介石命令南进，可是当时的情况又不可能突破解放军的包围。5日，杜聿明召集邱清泉、李弥、孙元良研究突围办法，不经请示蒋介石，自行决定当晚各兵团同时向淮河以南突围。随后，杜聿明怕承担责任又取消决定，但孙元良已抢先于当晚向西南突围，除一部溃逃回邱、李兵团防区外，其主力被解放军部队分别歼灭于永城附近之黄瓦房、张老窝和亳县地区，孙元良及少数随员化装逃脱。一二四师部分部队乘黑夜突出包围圈，在下半夜窜至亳县东刘集地区，12 月 6 日碰上第四十一军少将副军长杨熙宇带着突出来的几百人，两部合起来约 1100 余人。

正交谈时，二区队长王永丰向我报告说：有八九个蒋军伤号躺在围内西北角，老百姓说这些家伙抢东西杀人，要用抓钩把他们砸死，问我怎么办？我当即指示他说："一定要说服老乡，解放军不杀俘虏。另外，叫咱们的军医好好给他们包扎。"在一旁的那些将校军官听到这一对话很受感动，一个小个子校官说："贵军的政策严明，要是我们绝对办不到，真是感人肺腑呀！"

至此，战斗全部结束。共俘副军长以下 1100 余人，毙 55 人，缴获八二迫击炮两门、六〇炮 5 门、重机关枪 10 挺、轻机关枪 28 挺，各种冲锋枪、卡宾枪、马步枪、手枪若干支，电台 4 部，骡马 44 匹，各种弹药 200196 发。我仅亡 1 人，伤3人，亡马3匹，伤6匹。这次战斗，标志着孙元良兵团突围部队的全部覆灭。

这时，骑兵团戴彪团长和芦富贵政委带着团部和九大队到了围外，豫皖苏军区一小部分武装和地委书记寿仲涛也来到围外。

也就在这时，我地方政府人员，带着老乡们，有老有少，还有两位穿着红棉袄、绿棉裤的大姑娘。他们端的端，担的担，喜笑颜开地给我们送饭来了。一见我们就说："同志们辛苦了，你们打得好，给我们除害了，我们从心眼里高兴。"我迎上前去，拱手谢谢来送饭的乡亲们。国民党军的那些将校军官看到此景，很好奇地说："我军从来没享受过老百姓这样的温暖。"副军长杨熙宇说："孟团长，这就是贵军胜利之本！我们也说不吃老百姓的鸡，但到处都吃光了，不叫压迫老百姓，但我们每到一处老百姓都逃光了。你看，这男男女女，老老少少，见了你们不惧不怕，和亲人一般。"我跟他说："我军是老百姓的队伍，爱护老百姓是我们的根本路线，我们全靠老百姓支援。"

事后，这些人知道俘虏他们的骑兵只有48名战斗员和几十名病号时，都大为吃惊。

这时，骑兵团戴彪团长和芦富贵政委来到了围内，他们紧紧地握着我的手说："老孟同志，你们辛苦了，向你们祝贺！告诉你们，我军在永城以北地区包围了国民党军30多万人，双堆集包围的黄维兵团也没几天了，还要打大仗，你们带着俘虏兵，

▲ 我军向前进，俘虏向后送

到永城县的酂城休整几天，待命行动。"我高兴地答应着，然后，带着大队，押解着1000余俘虏兵，连夜开进到永城县的酂城。从此，我们一大队全部换了美械装备。

第二天上午，华东野战军来电嘉奖了我们骑兵团一大队。后来淮海战役结束时，我还因此荣立了二等功。

（作者时任华东野战军特种兵纵队骑兵团一大队大队长。此文由孟昭贤女儿孟秀玲整理。）

碾庄堵击黄百韬

李剑锋

1948年秋，淮海战役时，我在江淮军区独立旅一团二营任副教导员。一团原是新四军淮北军区第三军分区独立团、新四军四师十二旅三十四团、华中野战军九纵队七十七团，宿北战役后，九纵队组成淮北挺进支队，团为一总队，我们二营为二支队，挺进淮北打游击。经过一年多的斗争，淮北广大地区得到解放，随着解放战争在各个战场取得重大胜利，已经到了战略决战的关键阶段。江淮军区部队集中在淮北的泗宿、泗南、睢宁地区集结待命，争取时间进行形势、任务教育，军事技术训练，补充新兵及临战动员，准备打大仗。参加淮海战役，第一仗的重心是集中兵力歼灭黄百韬兵团，完成中间突破。山东部队及苏北、江淮部队采取南北对进，切断敌人西撤徐州的退路。

11月8日得知黄百韬兵团已从新安镇地区西撤，军区命令部队立即开动，到陇海路赵墩、碾庄地区执行堵击任务，坚决把黄百韬兵团堵住，绝不能让它西逃徐州。当时我所在的独立旅一团正住泗宿县芦圩子，接到命令立即出发。经过十多个小时急行军，走了100多里路，赶到赵墩以南，尚未进入战斗，团里告诉我们，赵墩已被兄弟部队攻占，国民党军已向碾庄方向逃跑，要我们火速追击，坚决堵住不能让它跑掉。华野要求参战部队"不怕疲劳，不怕困难，不怕饥饿，不怕伤亡，不怕打烂建制，不怕河流阻隔，敌人跑到哪里坚决追到哪里，全歼黄兵团"，对部队鼓舞很大，追得坚决，跑得有劲，哪里有国民党军就往哪里追。追到碾庄以南，侦察分队已将碾庄以西铁路炸断，我们要乘机插进去，楔上个钉子把国民党军堵住。

当我们二营进到碾庄西南西张庄时，遇到敌人抵抗，前进不得。这个村子约有一二百户人家，东西很长，分南北两排，中间和西头有条小河相隔，村里有原住国民党军修的碉堡、堑壕、鹿砦、铁丝网，东南角和东北角各有一个居民建筑作为外围防御，工事还是比较坚固的。据此情况，团里决定我们二营主攻该村，首先一营占领村东南的居民点，巩固阵地，支援二营突击。营里决定四连为突击连，天黑后，四连连长史守余带领突击排，首先突破阵地，五、六连紧跟突入，六连在东向北发展，四连向西发展，消灭小河以南的国民党军。两个方向都遇到国民党军顽抗，战斗异常激烈，在村里逐屋逐院地争夺。对孤立的碉堡、国民党军相对集中的院子和高处的火力点就组织爆破，逐一占领。激战一夜，直到天亮，才全歼守备国民党军占领西张庄，任务完成，伤亡也大。军区首长说："攻击西张庄，打得很艰苦。"正当部队攻击西张庄时，村东北居民点的国民党军向我们射击，天亮后营里决定叫五连打掉这股国民党军。一排长刘振严带一排突击，刚进到小河边的南北沟，就受到国民党军密集火力的射击，压得抬不起头来，发现当面的国民党军密度很大，火力很强，一下子拿不下来，只好一个一个地撤回来。全营尽快改造、加修工事，做好抗击国民党军反扑的准备。村里房屋的墙壁都是很厚的土打墙，又在墙脚下挖洞，加上木棍、门板修成地堡，既便于射击，又可以防炮。炮弹打来了，碰到墙上爆炸对地堡有掩护作用，正像钉子一样越揳越深，越揳越牢了。

到了上午 10 时左右国民党军反扑开始，先是一个连一个连地上，后来是一个营一个营地上，连续三四次均被我们打退。在抗击国民党军反扑中，六连连长郭宜孟亲自用八八式小炮向国民党军射击，连续发射 40 多发炮弹，打得国民党军乱窜，不敢向前，小炮发挥了大作用。国民党军反扑，进攻不成，就用炮火向我们的阵地轰击。房子打塌了，起火了，有的墙壁打倒了，压在我们的地堡上，出不来，进不去，伤亡的同志抢救不出来，弹药补给不上，情况非常严重。上级为了减轻二营的压力，命令兄弟部队积极行动，吸引国民党军的兵力、火力，我们才有喘息的机会，修复阵地，抢救伤员，补充弹药，我们的阵地丝毫未动，钉子真的揳住了。

到了晚上国民党军不敢攻击了，我们就积极攻击。西张庄东北有个叫火烧房子的小村，有国民党军约一个多连，营里就组织六连和五连消灭这股国民党军。突击之前团里给补充了 50 多副担架，我是副教导员要管战勤工作，就给担架队交代任务，并要他们听从指挥，没有任务就躲在墙边防炮，我的话音刚落，有人叫："大兄弟，咱们的队伍也到这边来啦！"我一听，这不是占城街南的周维斌二哥吗？他说："对呀，这些担架都是咱们那边的。"我说："太好啦！今天上去的队伍就是当年咱们县大队的，家乡的队伍，在家乡打仗，家乡人支援，太好啦！我们要吃掉这个大黄鱼，不让他跑了。"大家情绪很高。战斗开始了，炸药一响，一排长孔宪文带领突击排突进村子，全连从西向东发展战斗，大部国民党军被消灭。在村东头有个大院，还有约一个排的国民党军在顽抗，孔宪文指挥三班长送炸药，炸药一响墙倒屋塌，国民党军被消灭，约一个多小时战斗结束。这时西张庄附近的居民点全部被我军攻占，碾庄以南各村的国民党军全部被消灭，碾庄被包围，退路被切断。部队经过艰苦的战斗，堵击的任务完成了。

11 日下午接到命令，我们的阵地交给华野八纵队，要立即转移执行新的任务。接着奉命快速行军，赶往徐州东南潘塘，阻国民党军东援，并包围国民党军的机场，将敌人地面、空中救援线路都切断，使杜聿明不敢也不能倾巢东援，保障华野部队的围歼顺利进行。而后为了保障对李延年、刘汝明兵团的作战，布置南线战场，江淮部队又奉命南下围歼守备灵璧县的国民党军。11 月 24 日晚发起总攻，25 日拂晓战斗胜利结束，国民党军被全歼，灵璧解放。淮海战役第一仗重点歼灭黄百韬兵团的任务圆满地完成了。江淮部队奉命转入淮南，立即破击津浦铁路浦蚌段，牵制南线国民党军，配合主力围歼黄维兵团和杜聿明集团。12 月 7 日强渡淮河，执行明光、管店、三界地段的铁路破袭任务，使明光至沙河集 40 多公里的铁路，变成"死蛇"，有力地支援了主力部队围歼黄维兵团的作战行动。

过去破铁路，用大量人力将整段铁轨掀翻，费时费力；这次是用小包炸药，将铁轨两头炸翘、炸鼓，不仅照样阻止火车通行，而且增加了修复的难度，提高了破路的效率。在我主力对杜聿明集团围而不打之际，国民党从武汉调来的二十军、六十六军，被阻不能北进，就向我江淮部队进攻，经两天激战，被我赶至津浦路西，我稳稳控制嘉山、三界、张八岭地区，直至杜聿明集团被歼灭，胜利完成切断津浦线浦蚌段，保证江北把国民党军歼灭的任务。江淮部队为淮海战役的胜利作出了自己的贡献。随后，部队奉命南进，解放滁州，在那里整训、整编，过大年。

（作者时任江淮军区独立旅一团二营副教导员）

一一〇师部队的新生

袁血卒

我在接受对国民党第一一〇师的改造任务后，带领工作组进驻一一〇师，在这段时间里，我们开展了不少工作。我就先从一一〇师的师长廖运周的经历说起吧。

廖运周是个老同志，大概是安徽涡阳、蒙城这一带人。他很早就向往革命，约在1927年加入共产党，开始在国民党部队受过很多波折。大革命时期在叶挺那个团里当过连长，以后又到冯玉祥的西北军。1930年阎锡山、冯玉祥反蒋大战，冯玉祥失败，廖到了太原。太原有我们党的地下组织，负责人是柯庆施、周茂兰（现名周一树，为太原市园林局顾问）。廖运周这时所在部队的番号我记不清了，但他与太原党组织是有联系的。后来他与党内的一些同志随冯玉祥到了张家口，组织了抗日同盟军，他也在这个部队里。抗日同盟军不久失败，余部被蒋介石收编。廖运周就在改编的部队里当团长，以后又当了一一〇师师长。他以国民党的面目来从事共产党的事情，不仅在国民党部队站住了脚，而且升了官。这就说明他在对敌斗争方面是很能干的。这期间，他曾当过方振武部队党的负责人。在鲍刚部队做党的工作。他虽然也曾与党失去联系，但他一直在做党的工作，做士兵的工作。从未忘记自己作为共产党员的职责，没有改变共产党员的身份，表现是很好的。当时找党的关系是很难的，是要杀头的，我是做过这个工作，有体会的。他平时不忘记自己的身份，关键时刻为党做工作。

▲ 袁血卒（中）与廖运周（左）、廖光凤（右）在一起

他刚当上一一〇师师长，是在河南南召。蒋介石下令给第一战区司令蒋鼎文、副司令汤恩伯，八十五军副军长吴绍周，要他们消灭南召地区共产党。他们就把这一任务交给廖运周。廖运周接到命令后采用各种办法通知我党组织转移，又暗派警卫员带人捣毁了国民党县党部，破坏了敌人的行动，如今健在的袁葆岱、袁葆松同志就是当时因廖老送去了消息而幸存下来的我们党的地下工作的老同志。廖老警卫员闵金锡也了解这些情况。由于廖运周采取机智灵活的手段，不仅保护了革命组织，而且给国民党造成我党组织被打垮被消灭的假象。这对党的地下工作者来说是件干得相当漂亮、相当成功的事情。廖在国民党队伍里干出了掩护党的地下党组织的事情，是了不起的，在南召事件中廖是有功劳的。而现在审干中，有些人不了解当时的情况，认为廖运周在南召事件中破坏、冲散了党的地下组织，犯了严重错误。这就是不懂当时地下工作总的指导思想、性质、任务，不顾历史背景，把事情完全看反了，以致将功当过。

淮海战役开始时，廖运周与党接上了头，这最早是由中原局的靖任秋同志派徐仁到一一〇师与廖联系的。廖的夫人傅书岚是演员，会唱戏。傅以演员的身份为我党做了不少工作，徐仁等许多当时党内的同志都得到她的掩护。

廖运周所在的一一〇师是黄维兵团的主力部队。淮海战役开始时中原局的靖任秋同志同徐仁联系，徐仁请示什么时候起义，当时传达了刘、邓首长的指示，要求做好准备，现在起义最好。徐向廖传达了首长的指示，廖部随即按党的意图起义了。

廖运周率部起义后，一天，邓小平、刘伯承、陈毅、张际春四位首长在涡阳一家老百姓的堂屋里接见了我，记得当时天冷了，屋中生了堆火，给我交代了改造廖部的任务。当时在座的还有二野敌工部长杨松青，另外还有个报务员，刘、邓等首长说，廖运周是我们党的一个老同志，起义前后表现一直很好，详细情况不很清楚，这支部队由于长期受反动思想统治，一部分人很反动。为了改造这支部队，我们已派去一些同志做过工作（记得当时军政委王维纲去过，听说没有做通），但力量不足，现在由你去负责做好这一工作。当时起义过来的只是三二九团和三三〇团，三三〇团团长金汉章，三二九团团长刘协侯。刘协侯是预备党员，起义时也很坚决。副师长杨柳营旧军人习气较浓。还有个参谋长洪炉青表现不错。

刚去改编时部队并没有党的基层组织，只有地下党委，部队的组织机构完全是个军阀的队伍。我接受任务后即带着警卫员和马夫来到一一〇师驻地，当时村子里一边是人民解放军王维纲的司令部，一边是廖运周的司令部，我先找到王维纲。王因自己工作没做通，对我做改造工作也有点信不过，我给他看了刘、邓司令部的介绍信，他态度有所好转，并要安排我与他一起食宿。我为了不过多打扰他，也为了方便工作，就与警卫员、马夫找了一处老百姓的房子住了下来。而后，我去找廖运周，我对廖部的哨兵说："同志，我找你们廖师长。"不料哨兵反问："哪个是你同志？我是反动派，你看看我戴的什么帽徽吧。"我说："我和廖师长是老相识了，烦你通报一下。"哨兵进去报告，不一会廖运周出来了。在这种场合廖俨然摆出师长的神气，反问我："你来干什么？"我说我是刘、邓首长派来的，并给他看了刘、邓首长的信，又找来了在一一〇师与廖同做党的地下工作的李俊成同志（李俊成同志是冤案死的），我们在一起的气氛就缓和了，才把话给他说进去。我心想一见面就尽碰钉子，意识到改造旧军队的工作将是艰难的。

这个部队虽然起义了，但因长期受反动思想的影响，部队又先后掺进了许多信奉蒋介石的骨干分子，不仅各方面都还是国民党那一套，而其中下层军官很多是黄埔学生，有效忠蒋介石的信念，一些进步人士往往受到围攻乃至伤害，一些士兵还持枪恐吓中共人员，甚至打黑枪。有一个副团长的警卫员看到这个副团长在我们教育下思想有所改变，表示要跟共产党走时，竟乘机对他的团长连砍三刀，幸亏淮北的草房低矮，大刀挥不起来，只是伤了点皮肉。国民党部队的情况是这样，而我们来的一些同志像卢耀武、郭超仁、李瑛、卢子俊等，大都是学生出身，是知识分子，这些同志都是很好的同志，但书生气太足，对旧军队缺乏了解，不懂得白军的工作如何做，也没有多少实际工作经验，再加上部队内部山头主义的影响，我们的同志中也有互相看不起的情绪，在这种情况下，要想改造好这支部队，当时要做的工作很多。

当时我唯一的办法是依靠党组织，发挥党员的作用，没有办法不好统一时，就开党小组会，我们把派来工作的同志和原先在该

▲ 率一一〇师起义的师长廖运周（左）与参谋长洪炉青（右）在罗集合影

部搞地下工作的同志这两方面的意见统一起来，以求得统一行动。这是最好的办法，因为廖运周这个同志，由于当时当地的处境，有些问题上有他的难处，但可贵的是只要一开起党的会议，他很好说话，坚决听党的，总是无条件地服从党的决定。我和他商量要对部队进行思想教育，号召大家反对蒋介石，他说支持。在当时干这些工作确实是冒着生命危险的，因为像在这样刚起义过来的部队中，个别的顽固势力依然很强，少数人可能铤而走险。

我们先把军官集中起来办训练班，而后利用各种场合、各种形式给大家讲革命道理，讲打倒蒋介石、解放全中国等，接着又发动士兵展开诉苦运动，经过诉苦，激发了阶级的爱憎感情，士兵们觉悟很快有所提高，没有人再干伤害我们同志的事了。我们自己的同志也在工作中促进了相互了解，增强了感情，团结起来了。在党的政策的感召下，由于发挥了人民解放军政治工作的威力，这支部队获得了新生，在解放战争的道路上又奋勇前进了。

廖运周率部起义对淮海战役的胜利起了很大作用，完全打垮了黄维兵团的作战计划，使国民党战线出现了崩溃的缺口。经过艰苦复杂的工作，这支部队基本上被改造过来了。后来上级派了张子明、方戈等到这支部队，我完成任务后，把工作向方戈作了简单交接，就带着杨柳营、洪炉青离开该部了，主要是为了避免因为他俩对部队改造带来不必要的干扰，接上级的指示就把他们送到石家庄军政大学学习。这支部队以后的情况我就不清楚了。

（作者时任华东野战军第二纵队敌工部部长）

悠悠岁月的战地歌声

——忆淮海战场宣传鼓动工作片断

张同言

淮海战役期间，我们八纵文工团的同志都活跃在淮海战场上，有的为部队慰问演出，有的随参战部队开展战地文娱活动。我与张明等同志奉命去二十二师六十五团帮助工作，40多个日日夜夜，我们同部队一起急行军追

▲ 解放军某部文工团到前线演出

截逃跑的国民党军，沿途开展宣传鼓动工作；在战壕里活跃文化生活与部队共守阵地；通过阵前喊话，开展政治攻势，瓦解国民党军。举世瞩目的淮海战役已过去半个多世纪，烽火岁月难以忘怀。回忆起当时的情景，许多事仍记忆犹新。

用战歌鼓舞部队前进

1948年11月26日下午，我们赶到徐州以南的六十五团驻地，团政治处柳锡三主任和宣传股李秉才股长向我们交代任务，要我们帮助连队开展行军中的宣传鼓动工作。从柳主任的讲话中得知，黄百韬兵团被歼后，驻守徐州的杜聿明集团惊恐万分，唯恐被歼灭，企图突围南逃。毛主席指示淮海前线军民：要不怕疲劳伤亡连续作战，将国民党军全部消灭在长江以北，决不让敌人跑掉。六十五团按上级指示正待命追歼逃跑的国民党军。根据团里要求，我当晚赶到二营。我考虑到

这次时间紧、任务急，据以往的经验，行军途中唱歌是活跃部队、鼓舞士气的简便有效方式，经二营李教导员同意，我即抓紧利用部队战前动员准备的间隙配合各连文化干事，有针对性地教了几首新歌，一首是《乘胜追击》，一首是《捷报！捷报！歼灭了黄百韬》，还有一首是《拉开两条飞毛腿》。这几首歌都是华野文工团沈亚威和何仿等同志在淮海战役第一阶段新创作的，歌曲短小精悍，好唱易学，有浓厚的战斗气息，干部战士很爱唱，不到3天全都学会了。

12月1日，杜聿明集团放弃徐州向西南方向突围逃跑，我们的部队奉命立即出发拦截追歼他们，部队精神抖擞，各连成多路纵队齐头并进。此时，我首先带领机炮连唱起了："拉开两条飞毛腿，追！追！追！乘着胜利乘着胜利向前追！赶快向前追……"

还没等机炮连唱完，四连文化干事吕树灿又指挥连队唱起了："捷报，捷报，歼灭了黄百韬！这一仗打得实在好，实在好，同志们的功劳真不小，真不小……"

行军路上战歌嘹亮，此起彼伏，真不愧是一支威武雄壮的胜利之师。尽管常有敌机轰炸扫射，但部队不避艰险，斗志昂扬，勇往直前。入夜，为保持肃静，各连停止了集体唱歌，沿途只听见刷刷的脚步声和时常传来"跟上、跟上、快跟上！"的口令声。我突然听到好似一阵阵的歌声，待我仔细一听，原来是后面五连的战士边走边自动轻声哼起了"追上去！追上去！不让敌人喘气。追上去！追上去！不让敌人跑掉"的歌曲。他们以歌声来激励自己，克服疲劳不掉队。

部队经一天一夜急行军已相当疲劳。第二天团里决定由我负责以二营各连文化干事和个别连队文艺骨干组成行军宣传鼓动组，沿途路边定点演唱。我们在路边唱，路上行进的部队也随着我们边走边唱，情绪很高。我们鼓动组除了唱歌还用快板表扬各连行军中的好人好事。为此，我们邀请五连副指导员吴斌同志参加我们的鼓动组，吴斌有即兴编"顺口溜"的特长，随编即说。如当他看到行军中连队干部帮助战士的情景，即兴说道："同志们，向前看，有位同志不简单；右肩扛着两支枪，左手还挽着战士把路赶，你们猜猜他是谁？"齐答："那是四连指导员。"我们的宣传鼓动很受欢迎，也很有效果。

下午5时左右部队已离永城不远，我们鼓动组选好地点正要演唱，突然响起了防空号。我们与行进的部队就地卧倒，只见两架国民党军飞机朝我们扑来，慌忙投下两颗炸弹便向南逃去。炸弹在离我们不远的地方爆炸，炸了几米深的一个大坑，掀起的泥土撒落了我们一身，气浪把我的军帽吹出好远。还好，这次飞机轰炸基本没给部队造成伤亡，但炸伤了机炮连一匹骡子。解除警报后，我们继续前进，突然听到前面部队唱起了"向前，向前，向前……"的战歌。我们鼓动组的同志深为部队这种威武不屈的英勇精神所感动，有个同志激动地说："真是炸不断的歌声啊！"嘹亮的歌声在淮海大地回荡，歌声鼓舞我们部队勇猛前进。

经过两天两夜的猛烈追击，当日傍晚，我们与兄弟部队一起终于在永城以北将国民党军 3 个兵团合围在陈官庄地区。

因地制宜　活跃战地文化生活

国民党军被解放军包围之后，部队转入阵地坚守，待机歼灭国民党军阶段。开始几天，国民党军飞机疯狂轮番轰炸解放军的阵地，包围圈里的国民党军在坦克支援下多次向解放军阵地反扑，企图突围，但在我指战员的顽强打击下都未得逞。随着解放军阵地向前推进，包围圈越来越小，双方距离更近。指战员们日夜守在战壕里，战斗频繁，生活艰苦。虽然物质生活方面有广大人民的支援，每天能吃上热饭、热菜，喝上热水，但文化生活很枯燥。文娱活动是战士们的精神食粮，由于部队同敌人壕对壕、堡对堡地对峙，高度分散，再像往常那样开文娱晚会已不可能，因此我们就设法"化整为零"，利用战斗间隙在战壕里或各班的掩蔽部里分别开展文娱活动。节目的形式比较简单，组织战士们唱歌、说快板，战士们朗诵自己写的诗歌"枪杆诗"、"雪花诗"等，或我用二胡伴奏战士们唱民歌或家乡小调。机炮连通信员小刘喜欢唱歌，我曾教他一首由华野文工团张锐同志创作的表演唱《两个部队不相同》。这首歌既唱又有快板，生动活泼。有时班里搞活动我也约他参加，我用二胡伴奏由他演唱，大家很喜欢，尤其是解放战士更爱听。

为了给战士们提供一个学习园地，及时传播战地讯息，相互学习交流，推动杀敌立功运动的开展，我在二营阵地上还配合各连文化干事在战壕里挂起一块布，办

▲ 华野某部战士在战壕里看墙报

起了"战地墙报"，一般分两个专栏，一个是"战地快讯栏"，一个是"杀敌立功竞赛栏"，把团政治处编写油印的《战地快板》、《火线传单》和战士们杀敌立功的《决心书》，各班排的挑战书及战士们写的战地诗歌小快板等，贴在墙报上，虽然简单，但生活气息很浓，战士们很喜欢看。小小的战地"墙报"，对活跃战地文化生活，鼓舞士气，激发杀敌立功的战斗热情，起到了很好的作用。

阵前喊话　瓦解国民党军

自 12 月 16 日起，为配合平津战役，总前委根据毛主席的指示，命令华野部队暂缓对杜聿明集团的总攻击，转入战地休整，火线练兵，同时要求对国民党军发动强大政治攻势，开展火线劝降、瓦解国民党军的工作。团政治处指定我在团的前沿四连阵地上用话筒对敌喊话。除向国民党军宣传战场形势和我军优待俘虏的政策，主要是反复向国民党军宣读毛主席亲自写的《敦促杜聿明等投降书》，揭露国民党军的欺骗手段，打破国民党军企图突围南逃的幻想。我第一天喊话虽经常遭到对面敌人打枪干扰，但人心所向，当天晚上就有 13 个国民党军士兵爬到我们阵地来投诚。此时，淮海平原下起了大雪，包围圈里的国民党军内无粮草，外无援兵，进一步陷入了饥寒交迫的绝境。据爬过来投降的国民党军士兵说，空投下来的一点东西，彼此间进行武装抢夺，自相残杀。当地老百姓的牛、羊、鸡、鸭早被他们抢吃光了，现在只靠从老百姓口中抢来的一点豆子、红薯或靠宰杀骡马充饥，士兵们怨声载道叫苦连天。根据这些情况，我及时编成喊话材料，使揭露国民党军的欺骗宣传、瓦解国民党军的士气更有针对性。进一步指出突围无望，只有投降才是唯一的生路，劝他们不要再为蒋介石卖命。这次喊话效果更好，当晚又有 20 个国民党军士兵和两个排长爬过来投诚。之后一个星期内，在我们阵地上又陆续有 50 多个国民党军过来投诚。

▲ 解放军对国民党军喊话，瓦解包围圈里的国民党军

1949 年 1 月 6 日下午，总前委下达了总攻的命令，我随部队跃出战壕向对面盘踞在刘小楼的敌人冲去，我们的部队以摧枯拉朽之势一夜之间将驻守在刘小楼的国民党军全部歼灭。之后又与兄弟部队一起攻占了刘集，歼灭了驻守的国民党军。1 月 10 日淮海战役结束，我随部队路过杜聿明集团盘踞的陈官庄阵地，亲眼目睹了国民党军的覆灭。战场上尸横遍野、一片狼藉。我亲身感受了我军胜利的喜悦，作为部队的一名普通文工团员，我感到无比自豪，但是，我永远也不会忘记解放军指战员为这一胜利浴血奋战所付出的巨大代价。

1 月 12 日，我回到文工团，根据部队建议，文工团报请八纵直属党委批准为我记了一等功。

（作者时任华东野战军第八纵队文工团团员）

赞《淮海战役组歌》与它的作者

苏培兴

1948 年 11 月 6 日，当淮海战役刚刚打响的时候，华东野战军政治部文工一团的全体同志，在团长沈亚威、教导员李永怀的带领下，来到第八纵队（二十六军前身）开展火线文艺工作。在两个多月的战役过程中，文工一团的同志始终与部队战斗生活在一起，以顽强的意志和坚强的毅力，克服种种困难，运用各种形式，大力颂扬在战斗中涌现出来的英雄事迹，传播解放军的捷报，鼓舞部队的战斗士气。《淮海战役组歌》就是文工一团的同志随着战役的发展和胜利，而创作产生的一组有着巨大精神鼓舞作用的战斗乐章。

文工一团的同志们那种一切为着胜利，始终坚持在第一线的作风，和在这种作风基础上进行的富有战斗性的创作和演出，博得了部队指战员的高度赞扬，为解放军文艺史添写了光辉的一页。淮海战役距今已有 60 年了，然而，文工一团及其创作的《淮海战役组歌》，却依然深印在人们的记忆中。

《淮海战役组歌》具有哪些生动特点呢？

首先，《淮海战役组歌》具有广阔的视野和深刻的观察力。以《组歌》之一的《捷报！捷报！歼灭了黄百韬》为例，这首歌歌颂的是歼灭黄百韬兵团的胜利，但作者并没有把着眼点局限在直接参加围歼黄百韬兵团的主攻部队上，而是从战局的总体上去歌颂淮海战役第一阶段的胜利。正如歌词中所写的那样："咱们的指挥员个个有才能，咱们的战斗员个个赛猛虎，无论是主攻部队、牵制部队、阻击部队、友邻部队，全军上下，万众一心，协同配合，人人都立下大功劳。"作者的这种写法，全面准确地反映了淮海战役第一阶段的情况。淮海战役第一阶段的胜利，正是在中央军委和总前委的统一指挥下，在全国各大战区的协调策应下，华野和中野两大野战军的全体指战员，并肩战斗，密切协同所谱写的第一曲凯歌。不仅如此，《组歌》还把淮海战场与解放战争的全局联系起来，赋予《组歌》以更深的含义，歌词中写道："你看那全中国的老百姓，男男女女，老老少少，喜笑颜开夸奖打的好。"通过全国老百姓的喜庆与欢悦，来表达人民对子弟兵的夸奖。还有什么比全国老百姓的夸奖更崇高的呢？解放军是在中国共产党及其领袖毛泽东同志领导下，来自人民、服务于人民的军队，历来以热爱人民、保卫人民、维护人民的利益为宗旨，因而得到人民群众的爱戴与支持。从这个意义上讲，《组歌》不仅写出了解放军与人民群众的鱼水关系，也写出了人民军队的本质。而解放军每一个胜利，都离不开人民群众的支持。淮海战役的胜利，也正是在人民群众全力以赴的大力支持下取得的。

《组歌》还把宣扬战役第一阶段的胜利，与鼓励部队再接再厉争取新的胜利结合起来，与宣传解放战争的胜利前景结合起来，使人们从解放军节节胜利的现实中看到解放军必胜，国民党军必败，坚信解放军能够在"一年左右要把国民党的反动统治根本打倒"。

把丰富的思想内容、必胜的斗争信念、顽强的战斗意志，体现在通俗易懂、生动活泼的语言中，体现在优美的歌曲旋律中，这是《组歌》又一鲜明特点。在具体写作方法上，根据歌词的内容和所要描写的不同对象，采用不同的语言和旋律。在宣扬解放军胜利的歌词中，采用亲切动人的语言和明朗欢快的旋律。在描写国民党军动摇逃跑，解放军乘胜追击的歌词中，采用简洁明快的语言和短促有力的旋律，例如："追上去！追上去！不让敌人喘气！追上去！追上去！不让敌人跑掉！看敌人动摇了！敌人混乱了！敌人溃退了！敌人逃跑了！同志们快追上去！快追上去！"这是《乘胜追击》的第一段歌词，在这段歌词中作者采用连续反复句，来说明淮海战役第一阶段开始后的基本态势，说明"追上去！不让敌人跑掉"对整个战斗发展的重要性和紧迫性。这段歌曲的节奏感很强，通过这种节奏，给人一种强烈的真实感，使你一听到歌声，就如同身临其境，感受到一种浓烈的战斗气氛。淮海战场波澜壮阔的场面、滚滚向前的铁流、在暮色中高速疾进的战士的身影，活灵活现地展现在眼前。

在淮海战役中，华野八纵经历了一个追击、围歼、再追击、再围歼的战斗发展过程，当战役第一阶段结束之后，部队没有休息，即投入第二阶段的追歼战，部队从尾随追击，到平行追击，再到超越追击，最后是回过头来进行迎头拦击。文工一团的同志就是在这样的情况下进行创作演出的。当淮海战役第一阶段结束的时候，《乘胜追击》《抢占运河》《捷报！捷报！歼灭了黄百韬》《涉水打碾庄》等歌曲，已相继诞生并演唱了。他们利用行军出发提前集合的机会，在村头路边的打谷场上，排成整齐的方块队形，向着部队演唱，部队在嘹亮的歌声中前进，场面十分壮观感人。

　　淮海战役胜利距今已 60 年了，用战斗去夺取胜利的精神永远鼓舞我们向前。华野政治部文工一团在战役过程中随八纵行动，这是文工一团全体同志的光荣，也是第八纵队全体指战员的光荣，这更是第三野战军全体指战员的光荣。毛主席曾对第三野战军作出过这样的表扬，他说："第三野战军仗打得好，歌也唱得好。"今年是中华人民共和国建国 60 周年，又是淮海、渡江、淞沪战役胜利 60 周年，作为一名曾经亲历了上述战役的老战士，我怀着无比喜悦、自豪、光荣的心情，写此片段，以作为我对这段光辉战斗历程的永远的记忆与怀念。

（作者时任华东野战军第八纵队二十三师政治部秘书）

我最崇拜的作曲家沈亚威

韦　明

1944 年初冬，19 岁的我，离开了日本鬼子统治的扬州城，走向那最羡慕、最神往的苏北抗日根据地，进入当年延安军政大学九分校（后改名为苏中公学）。校长是新四军一师师长、苏中军区司令员，大名鼎鼎、有着赫赫战功的粟裕将军。

我们在校部军需仓库脱下了长棉袍，换上了崭新棉军装，腰扎棕色军皮带，头戴红星闪闪的军帽，人人英姿飒爽，个个青春焕发，全部变了模样，心里乐开了花。

从今天起，我就是一个革命军人，我就是抗日的新四军！

1945 年 4 月苏中公学校部，为了响应党中央毛主席号召学习郭沫若文章《甲申三百年祭》，由夏征农、吴天石、沈亚威创作了历史话剧《甲申记》，调集了苏北地区优秀人才，组织建立了"前线剧团"，我也有幸从苏中公学学员调入当演员。话剧中有六首不同风格的插曲，包括明朝末年宫廷歌舞、李闯王农民起义士兵演唱和爱国名妓陈圆圆独唱曲等，全部是由沈亚威作曲。

从此，我与沈亚威同在一个剧团，同住一个村。我是刚刚 20 岁的新兵，他已是 1938 年入伍的营级干部。剧团的艺术气氛特浓，很像一个革命大家庭，相互之间，以兄弟姐妹对待。我们见面时，既不敬礼，也不称官衔，一直到后来他当了团长、院长、军区文化部长，我们还是亲切地直呼他"亚威"！

亚威是浙江湖州人，清秀英俊，举止潇洒，着装整洁，昂首挺胸，精神抖擞，很有军中艺术家风度。他 18 岁就奔赴皖南参加新四军战地服务团。他没有经过音乐专门院校学习，完全依靠自己对音乐的热爱，勤奋刻苦钻研，行军、作战间隙，每到一地每到一村，向老乡、战士、民间艺人请教，收集音乐素材。大家都知道他身边有好几本笔记本，已经记下了 100 多首民歌、民谣、民间小戏的曲谱，随时都能背唱。凭着天赋和勤奋，当时他已经写了 20 多首优秀歌曲，流传在皖南、苏北抗日根据地。他这个 24 岁的青年作曲家，是我们心目中最崇拜的自学成才的

▲ 解放军文艺工作者在战壕里表演节目欢度新年

好榜样。

1945 年 8 月 10 日，日本鬼子投降了，八年抗战终于胜利了！战争结束，转入短暂的和平时期，"前线剧团"随苏中军区领导机关，从农村迁入东台城，在中山公园剧场重新连续公演了话剧《甲申记》20 多场，全城军民蜂拥而至，场场爆满，人人争看《甲申记》，个个学唱剧中的插曲。

为了纪念人民音乐家冼星海，在东台还举办了"黄河大合唱音乐会"。苏中军区下属军分区各文工团队，约有近百人参加，全曲都由沈亚威指挥，进行极为严格认真的排练。他挑选我和另一个演李闯王的演员阿国担任《打回老家去》中的农夫河边对口唱，为我们俩讲解分析作品，对领唱与合唱的艺术处理十分细致，一丝不苟。他的指挥节奏清晰，干净利落，充分调动合唱队员的创造激情，大家都公认他不仅是作曲家，也是出色的青年指挥家。

此后，1949 年南京刚刚解放，沈亚威又组织南京军区驻地所有文工团和南京市师生合唱团，更联合华东海军交响乐团，在南京市中心，豪华的"国民大会堂"，举办了更大规模的《黄河大合唱》音乐会，仍由他亲自登台指挥，又挑选我朗诵其中一首长诗配乐《黄河之水天上来》，这是第二次合作。当时连续演出三场，取得更强烈的剧场效果。

战争重燃　奔赴前线

中国人民受尽苦难的八年抗战刚刚结束，仅仅过了 10 个月，蒋介石又发动内战，对各解放区发动全面进攻。苏中前线剧团经过整编，迁移到苏北淮安县城，改称为华中军区文工团。

战争即将爆发，我们随野战军指挥部从淮安城出发，连续多日徒步行军，抵达长江北岸。文工团分散下放至最前沿作战部队，担负各项战勤工作，经历了40多天，完成了苏中前线七战七捷的伟大胜利。

随后，由于战略形势需要，人民解放军放弃整个苏北地区，北撤山东，整整作战近两年，走遍山东全境东西南北中，经常在风雨冰雪中夜行百里路，越过无数高山峻岭。这是我一生经历中，最残酷的战斗，最艰苦的岁月。

1948年全国战争形势转折，我军由全面防守转入全面进攻，文工团总团随野战军政治部告别了山东，移师河南濮阳，进行了约4个月的整风运动后，又作了一次重大调整，沈亚威被正式任命为华东野战军文工团一团团长。他为了加强一团的创作和演出的实力，将我重新调回一团担任戏剧股长，又将能写会导的汪岁寒调来担任编导组长。从此，我一直在他直接领导下，更能真正体会到上下级之间的真诚体谅。艺术上我们志同道合，十分融洽。他潜心钻研，追求完美，是我心悦诚服的学习榜样。

经过大规模、大兵团运动战的豫东战役，和现代化的攻坚战攻占济南城两大战役的胜利，河北、山东广大平原地区全部获得解放。沈团长从政治部领受紧急任务：华东前委在山东曲阜召开师以上高级干部会议，5天之内，必须完成排练苏联在第二次世界大战中创作的著名话剧《前线》。沈团长和老导演王啸平研究决定，贯穿全剧的主角苏联红军总司令果尔洛夫由我来扮演。

那天夜晚，在曲阜孔庙附近的大礼堂，面对坐满全场的华东野战军所有的百战百胜的将军们，进行了一场别开生面的演出。

闭幕时，沈团长率演员们向全场特殊观众们致敬，并预祝未来更大的胜利！我们都心领神会地预感到一场更巨大的决战即将开始！

追上去！追上去！

华东数十万大军，乘胜挥戈南下。我们从曲阜出发，夜以继日，连续徒步行军，向南！再向南！回忆两年前也正是沿着这条路线向北撤退，同样是寒冬腊月，穿着厚厚的棉军装，北撤，再北撤，双脚磨起了血泡，爬不尽光秃秃的山头，走不完泥泞崎岖的山路……今天不再是山难爬、路难行，而是雄赳赳、气昂昂向南进军！硬朗的铁脚板，踩在大道上，手提冲锋枪、肩扛轻机枪的步兵，纵马驰骋的骑兵，中小吉普车前后穿行，还有骡马大车、手推小车的送粮队，男女民兵支前队，浩浩荡荡，车轮滚滚，争先恐后地奔赴淮海战场最前线。

有一天清晨，我们直达陇海铁路东段，宿营地就在鲁南边境的一个小村庄，刚刚搭好门板，解开背包，准备美美地睡一觉，集合哨音骤然响起，前方指挥部直属机关和我们文工一团全体人员，在村头树林里集合。华野政治部主任钟期光站在队前，操着湖南口音，兴奋地挥动着手臂："同志们！淮海大战已经打响了，陇海铁路最东段，已被我先遣部队切成几段，敌人要从东西两个方向逃跑，向东妄想从连云港海上逃跑，黄百韬兵团大部队要向西靠拢徐州。我们决不能让敌人逃掉！敌人跑到哪里，我们就追到哪里！……"

动员会结束，亚威团长就地留下我和另外七名男女同志说："你们随我去八纵二十二师，部队的任务是向西抢占运河铁桥，赶快抓紧时间睡一觉，下午出发！"

我躺在门板上，强制着自己闭上眼睛，却辗转反侧，无法入睡。勇士们穷追猛打，国民党军狼狈逃窜，铁桥火光冲天，硝烟弥漫，一个个镜头闪过，一幅幅画面交错，抑制不住心潮涌动，我翻身跳起，伏在门板上，挥笔疾书：

追上去！追上去！不让敌人喘气！

追上去！追上去！不让敌人逃跑！

看！敌人混乱了！

敌人溃退了！

敌人逃跑了！

同志们！快追上去！快追上去！

不怕困难，不怕饥寒！

逢山过山，逢水过水，

乘胜追击，迅速赶上，

包围他！歼灭他，

包围他！歼灭他，歼灭他！

写完草稿，我飞快地给亚威团长送去，他默默地连看几遍，点头称赞："好！太需要了，你抓住'追上去'这个战争的特点，这首歌就叫'乘胜追击'吧！"

我注视着他的眼神，他的脑子里，音乐的旋律、节奏，似乎正在闪现。他急着说：我想用 x.x xo1x.x xo1"追上去，追上去"这样的节奏开始，作战部队夜行军急促的脚步声，从远到近，从弱到强，逐步展开，如果唱到"逢山过山，逢水过水，不怕饥寒，不怕困难"，最后反复加上多声部轮唱，可以造成千千万万人在呼喊，排山倒海的气势……

亚威的创作灵感，正是因为他与战士们心心相连，

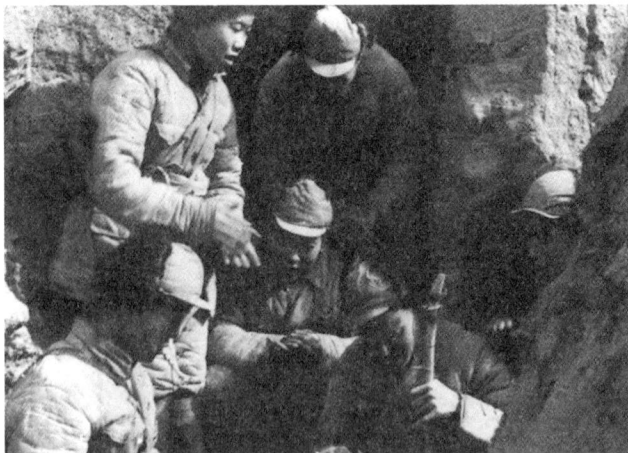

▲ 解放军文工团在前线进行慰问演出

在战争中具有敏锐的生活洞察力和丰富的艺术想象力，并强烈地追求每首歌曲，都具有独创、新颖、色彩性很强的风格，使我这首普普通通的歌词，经过他的神功妙笔，化为交响式的音乐，变成时代的最强音。这首歌很快唱遍了整个淮海战场，鼓动着全军战士们追上去！快追上去！夺取胜利！

一直到60年后的今天，这首歌仍在舞台、荧屏、电影中传唱。

解放大军迅猛南下，势如破竹，切断陇海线东段，攻占连云港，堵住敌人从海上东逃的去路。国民党军眼看大难临头，六神无主，慌乱中率4个军10多万人马，急速向西徐州地区靠拢。敌军沿途必须经过唯一的咽喉通道运河铁桥，解放军远程炮火，早已严密封锁，炮弹在桥的周围，不停地爆炸。国民党军乱成一团，拼死挤过桥面，纷纷被炸死、踩死、挤落在河中淹死……

沈亚威率领小分队，紧随师部，穿过充满火光硝烟的铁桥，更加快速跑步猛追，一个个气喘吁吁，丝毫不敢掉队半步。我们8人沿途分了3个小组即兴编词，打竹板、呼口号、鼓舞士气。

黄百韬兵团逃到徐州以东有40多个村落的碾庄地区，这里也曾是国民党军遗留下的前线指挥部所在地，早设有坚固的防御阵地，外有两道水壕，内圩构筑各式各样的地堡群，村村相连，难攻易守。蒋介石密令他就地待援。李弥、邱清泉精锐主力兵团，星夜火速从徐州附近分两路增援，又被我强大阻击兵团拦截。两军对峙，箭在弦上，只等致命一击。

文工团团部通知我们速回驻地，加快准备战地演出。亚威团长决定，演出一切事宜由我全权负责，并共同商定将及时反映战斗的新作品《乘胜追击》《抢占运

河》等，首先列入合唱节目，再加上活报剧《活捉王耀武》，秧歌剧《买卖公平》《火线爱民》等组成内容丰富、形式多样、战斗性很强的文艺晚会，这将是文工一团在淮海战场的首场演出。

14日起，先遣部队寻找突破口，进行多次攻击，但进展艰难。17日发动全面总攻，连续三天。夜间，枪炮声越加猛烈，火光更加清晰。这场逐村逐巷、刀对刀、枪对枪的肉搏战，一定会付出很大代价。我们一天比一天更担忧，一天比一天更焦急……

22日中午，亚威团长正和我们一起忙着在村头广场上搭台，突然发现从西北方向有一匹白马飞驰而来，骑在马上的通讯员，手中挥舞着一捆快报，扯开嗓子高叫着："快看！捷报！全部歼灭了！"沈亚威第一个跑向高坡上，我们紧跟着上前，狂喜地跳起来高举着快报，奔向了全村呼叫："快来看！快来看！黄百韬兵团全被歼灭了！"

亚威内心沸腾了："这是特大的喜讯啊！正像催春的战鼓，旱天的惊雷，终于盼来了！终于盼来了！"他独自走向村头大树下坐着，盯着手中的捷报，全神贯注。很快，他写下了千万人喜爱的歌曲：

> 捷报，捷报！
>
> 捷报，捷报！歼灭了黄百韬，
>
> 这一仗打得实在好，同志们的功劳真不小，
>
> 你看那蒋介石的军队一师一师、一军一军，
>
> 整师整军，整军整师，全部歼灭光！
>
> 你看那全中国的老百姓，男男女女老老少少，
>
> 喜笑颜开，夸奖打得好！
>
> 咱们的指挥员个个有才能，咱们的战斗员个个赛猛虎，
>
> 无论是主攻部队、牵制部队、阻击部队、友邻部队，
>
> 全军上下，万众一心，协同配合，人人立下大功劳。
>
> 捷报、捷报，歼灭了黄百韬！
>
> 再接再厉、再接再厉！胜利接胜利！
>
> 同志们哪！
>
> 一年左右要把国民党反动统治根本打倒。

晚上，火线撤下来的部队，就是我们的贵宾，开场第一个合唱节目的第一首

歌，正是沈亚威自己写词作曲的《捷报！捷报！歼灭了黄百韬！》，当我站在合唱队前，看着台下坐满前线归来的勇士们，一股热浪冲击着我，当场报幕，我不再用准备好的朗诵词，而是即兴地编了几句鼓动、煽情、像连指导员一样的讲话："同志们！你们打得

▲ 华野七纵二十师战士演出队活跃在阵地前线

好，经过 16 个日日夜夜碾庄激战，全部歼灭了黄百韬兵团，取得了重大胜利，让我们共同庆祝淮海战场传来的第一捷报！"演员和观众共同爆发出雷鸣般的鼓掌。掌声未落，指挥棒举起，舞台上下的互动，产生了极强的"剧场"效果，既激起合唱队的激情，又鼓动了战士们奋勇杀敌的决心。

艺术家准确地抓住"捷报"这一瞬间的心态，用最朴实的语言，升华为跳动欢庆的曲调，只要听上一遍，马上就会跟着同唱，人人共同享受着胜利的喜悦。很快，这首歌成为华东战场最流行的歌曲。

"三个兵团挤一团"

淮海战役开始后，蒋介石便急派杜聿明飞往徐州，任"剿总"副总司令，妄图力挽狂澜，扭转败局。杜上任后，先睹黄百韬被歼，又遭黄维被困，深感败局已定，危在旦夕，为了忠于蒋介石，决定保存实力，放弃徐州。

粟裕司令员早已洞察杜聿明弃城西逃的迹象，抢先向华东 11 个纵队发出急令，火速全线出击。此时，国共双方五六十万大军，在徐州西南平原追逐，国民党军拼命逃，解放军飞速追。11 月 4 日终于在永城东北的青龙集、陈官庄地区，撒下天罗地网，将杜聿明所属的邱清泉、李弥、孙元良三个兵团，以及地方残余部队、地方机关大官小官、官太太……坦克、装甲、辎重、骡马……统统收缩在巨大的包围圈内，完成了"撒大网、钓大鱼"的部署，形成即将开展的第三阶段战略大决战。

文工一团在沈亚威率领下，紧随华野八纵，再次乘胜猛追，直插永城西南，

接近国民党军先头部队孙元良兵团。此后，各路纵队加紧施压，迫使杜聿明集团全部都龟缩在只有几十平方公里的狭窄地带，陷入进退两难、上天无路、入地无门的绝境之中。

有一天夜晚，我们在炮阵地前沿小广场上演出，全副武装随时待命的连队战士正在聚精会神地观看，我们阵地发射的炮弹，从上空呼啸而过，突然，有人跑步来下达命令："孙元良兵团出水了（指国民党军突围逃跑），快追！"随之便宣布演出停止，战士们立即投入战斗。

第二天传来一个真实的笑话："孙元良司令下了一道荒唐的命令，谁有本领，就往外突，躲在包围圈里也是等死，大家对着月亮往西南突，活着的到平汉路上集合。"小兵拼命打头阵，当官的拽着太太，连滚带爬没命地逃，只要我们冲上去，就成百上千地举枪投降。俘虏兵大批大批成群结队地向后方走……

沈亚威始终生活在战斗的最前沿，耳闻目睹国民党军狼狈溃逃，丑态百出，巨大包围圈内，更是馋狼饿虎，妖魔鬼怪。艺术家以胜利者的心态，用漫画式的笔触勾画形象，又一次亲自创作口语通俗的歌词，并采用最熟悉的河南坠子作为音乐素材，别出心裁地写了一首嘲讽、幽默、民间说唱式的合唱曲《狠狠地打》：

> 三个兵团挤一团，
>
> 妄想逃过长江南；
>
> 有一个老二叫李弥，
>
> 那个老大就叫邱清泉，
>
> 孙元良，数老三，
>
> 他们慌慌张张把路赶；
>
> 小兵腊子打头阵，
>
> 大官小官随后跟，
>
> 官太太，一大串，他们连滚带爬真难堪；
>
> 好家伙，二十五万，
>
> 他们想要逃命难上难；
>
> 中国反动派快完蛋，
>
> 中国人民好喜欢；
>
> 假如他，不投降，
>
> 困死他坚决地打！

假如他，不缴枪，

揍死他狠狠地打！

揍死他，狠狠地打！打！打！打！

在军队庄严、雄伟的战斗歌曲中，穿插一首特殊调侃、风趣的曲调，音程大幅度跳动，风格别有天地，演员喜欢唱，观众乐开了花，台上台下会心地笑，产生了意外的演出效果。

淮海战役组歌的创作，在沈亚威直接领导下，极大地发挥了集体智慧和潜能。活跃在前线的文工一团的成员，人人动笔作词写歌，创作 40 余首。正式出版时，选定了 9 首歌曲，并命名为《淮海战役组歌》。沈亚威创作的 3 首歌曲，演唱场次最多，也最受欢迎，成为整个"组歌"的核心，直到今天，全国各地有不少合唱团队，仍将之列为经常演出的保留曲目。

文艺工作者投身于战争，一切为了争取战争的胜利，在战火中冶炼，在战争中成长，华野文工一团在沈亚威直接领导下，适应战场各种条件，遵循战争的种种需求，即编即演，机动灵活，见缝插针，开创了各种大、中、小形式，取得了创作和演出的大丰收，发挥了巨大的宣传、鼓动、教育功能，产生了一批代表时代的优秀作品。亚威团长对淮海战役作出了重大贡献，也立下了特殊功勋。

不朽之作　中国人民解放军占领南京

沈亚威率领我团跨过长江，挺进上海，我们早做好准备的文艺晚会——《淮海战役组歌》《淮海大战胜利腰鼓》、秧歌剧《火线爱民》等，从解放上海第一天起，首先面向解放前夕为保卫大上海作出重大贡献的工厂、公司、大学等，送戏上门。不论白天黑夜，不讲任何条件，礼堂、教室、厂房、饭厅、广场……不同演出场地，都受到狂热的欢迎。

革命的火线文艺，解放区特有的载歌载舞的崭新的艺术形式，使刚刚解放的上海人民，通过这一场场精彩演出，看到了一个新的世界，一个翻天覆地的新时代。

我们胜利地、圆满地完成上海解放入城式、军管演出等一切任务后，7 月底随三野政治部领导机关进驻南京。文工团的临时驻地，恰巧分配在"国民大会堂"内（现改名南京人民大会堂）。当我们走进"总统府"，参观总统办公室，每一个

▲ 华东军区文工团到华野四纵十一师慰问，图为团长沈亚威与师长谭知耕合影

胜利者，都依次在蒋介石"宝座"上坐一坐，看一看特大办公桌上的大台历，正翻开到 1949 年 4 月 23 日，正是这一天宣告了蒋家王朝的彻底覆灭。

10 月 1 日，中国人民解放军第三野战军文工团全体团员，在驻地门外列队，中央人民广播电台传来钟声敲打十下，毛主席在天安门城楼上，向全世界庄严宣告："中国人民站起来了！"我们全团高唱《义勇军进行曲》，并用我们自己在淮海战场缴获的三支卡宾枪，对空鸣放，沈亚威团长在队前站立，全体肃然举手致军礼！五星红旗在国歌声中，冉冉升起……

新中国成立前后，沈亚威以华东著名作曲家的身份，先后参加了首次文联代表大会，和中国文化艺术家代表团首次访问苏联，并任第二届政治协商委员会特约委员。三野文工团改建为华东解放军剧院后，沈亚威又任副院长，1951 年还应邀来北京担任创作大型歌剧《打击侵略者》的作曲。

他的声誉、地位、成就，早已名震华东乃至全国，然而，作为当代音乐家，亚威内心深处，仍感多方面不足，很难适应新时代的更高要求，于是决心摒弃任何官职，摆脱一切干扰，进入天津音乐学院（中央音乐学院前身）当一名普普通通的学生，扎扎实实地进修、深造。

1964 年，在周恩来总理亲自领导下，汇集全国最优秀的艺术家，策划筹备在人民大会堂，演出音乐舞蹈史诗《东方红》，沈亚威被选入音乐创作组。最后阶段有一首毛泽东的诗词《人民解放军占领南京》，经最高领导小组反复研究，把谱曲的任务，直接交给沈亚威独自一人完成。

人民解放军占领南京

钟山风雨起苍黄，百万雄师过大江。

虎踞龙盘今胜昔，天翻地覆慨而慷。

宜将剩勇追穷寇，不可沽名学霸王。

天若有情天亦老，人间正道是沧桑。

亚威后来曾告诉我们说："对主席的诗词，真有一种虔诚、惶恐之感，觉得它是大海太宽阔了，如用涓涓细流似的旋律来谱曲，远远无法相称，即使用一般的浩荡奔腾的音乐，也觉得难以表现出他的意境……在自己真正投入《东方红》创作的过程中，那沸腾的戎马生涯、风卷残云的淮海战役场景，万船齐发、击浪飞渡长江的宏伟气势，随着词句展开，似潮水般不断在脑海中涌现……"

千人大合唱，站立在人民大会堂舞台两侧，两百多人的大型交响乐团响起进军号式的前奏，4个声部同声唱起时代的最强音，"钟山风雨起苍黄……"继而逐步展开，男女声相互转换，领唱合唱交叉进行，随着声部、速度、节奏的变化，浑厚的感情，步步升华。舞台上出现飞渡长江战斗的舞蹈画面，坦克登台占领南京，"天若有情天亦老……"进入天上人间，迂回跌宕，音乐线条波浪式冲击，感情和技巧完美的统一，推向最高境界。

混声大合唱《人民解放军占领南京》安排在整个晚会最后的高潮部分，得到暴风雨般的掌声。首场演出结束后，很多艺术家走到亚威面前，特别是他的老朋友，著名作曲家、指挥家黄贻钧、司徒汉纷纷伸出大拇指，亲切地祝贺："好！好！好！！！真棒！"

中外贵宾、驻华使节，莅临人民大会堂观看。中国革命史诗《东方红》大歌舞，赢得世人最广泛的称赞。

亚威经过四年寒窗，刻苦钻研，其美学、中外音乐理论、作曲、配器、和声技巧等方面都发生了质的飞跃。《人民解放军占领南京》是亚威一生中，最具有代表性的巅峰之作，已被国家评为经典作品，列为各音乐院校必修教材。各专业和业余合唱团队，都将之列为首选的保留曲目，代代相传。

沈亚威的英名，永远铭刻在我的心中！

沈亚威的歌声，永远在祖国大地回荡！

（作者时任华东野战军文工一团戏剧股股长）

对六十年前北京一次演出的回忆

何 仿

1949年7月6日的夜晚，北平西单电影院（现北京首都电影院）里灯光通明，掌声像潮水般波澜迭起。在楼上正中坐着的毛泽东、朱德、周恩来和刘少奇等领导同志异常兴奋，时而热烈鼓掌，时而会心谈笑，整个剧场融化在热烈亲切的和谐气氛里。掌声随着"捷报！捷报！歼灭了黄百韬……"的歌声，把演出推向高潮。这是第三野战军政治部第二文工团作为华东地方和军队文工团的代表，在为全国第一届文学艺术工作者代表大会联合举行的音乐会上，演唱大会指定曲目的《淮海战役组歌》。这大气磅礴、振奋动人的战歌，把演员和听众带进了硝烟弥漫的淮海战场，展现了淮海战役取得伟大胜利的宏伟画卷。当时，我站在指挥台上，全神贯注地指挥着《组歌》的演唱，仿佛再次回到了淮海战场，鼓舞战士们奋勇杀敌，欢呼胜利。作为中国人民解放军的一名文艺战士，我的整个身心沉浸在庄严、自豪的感情里。我们每一支歌唱完后，中央首长和全场观众都热烈鼓掌。毛主席高兴地对坐在他身边的吕骥同志说："三野的仗打得好，歌也唱得好。"整个演唱结束时，全场响起了长时间雷鸣般的掌声。

（作者时任华东野战军政治部文工二团音乐股副股长）

"组歌"诞生在淮海大决战中

陈大荧

运河铁桥上的火光

"跟上！快跟上！"

"跑步跟上！快跑步跟上！"

这激动人心的口令声，像旋风似地在队伍中一个接一个从前头传到后头，在漆黑的夜幕笼罩下，一队队钢铁般的队伍，向着徐州东面陇海线碾庄一带急速挺进！

我们，华野政治部文工一团年轻的文艺战士们，和战斗部队一起，日夜不停地奔向围歼黄百韬兵团的战场。

1948年9月，解放军取得了济南战役的胜利，激战八昼夜，歼灭国民党军王耀武所部十万多人，解放了山东省首府济南城，从而使华北、华东两大解放区连成一片，揭开了解放战争战略大决战的序幕。

济南战役后，我们文工一团，随华野政治部在山东曲阜一带休整，厉兵秣马，养精蓄锐，迎接淮海大决战的到来。

一天，宣传部长陈其五来看望我们，对我团下一步工作提出了明确的要求。他说："希望你们都到前线去，开展火线文艺活动，发扬解放军不怕艰苦、不怕牺牲的精神，运用各种文艺形式，激励指战员们英勇杀敌，瓦解国民党军的士气。同时要以最快速度，向全国人民报道与传播新的战役中的每一个胜利。"这一指示给了我们极大鼓舞。大家都希望不要再像过去那样，枪声一响，文工团就留在后边照顾伤病员，押送俘虏兵，搞粮食供应等。大家一致决心到最前线去发挥文艺武器的强大威力。

11月初，我们随部队经过夜以继日的强行军，到达陇海线运河东面的一个村庄。上午，部队召开了战前动员会，传达了中央军委关于继辽沈战役之后，华野在淮海平原围歼以徐州为中心的蒋军主力的命令。淮海战役打响后，黄百韬率七兵团从新安镇狼狈西逃至碾庄一带，留下四十四师据守唯一的交通孔道——运河铁桥桥头堡，妄图阻拦解放军追击；华野八纵六十九团以一夜130里的速度，猛追到运河铁桥畔，冲上桥头，展开了英勇的争夺战。国民党军放火烧桥，也阻挡不住人民解放军的猛攻，终于被全部歼灭。木刻家杨中流当时创作的木刻《强攻运河铁桥》，就是这场战斗的真实写照。

▲ 华野八纵文工团在前线为指战员演出

抢占运河铁桥的战斗刚刚结束，文工一团团部就决定派汪岁寒、向彤、郭卓（女）、闻进和我5人同新华社记者许同志一起，立即前往八纵六十九团收集素材，进行创作。

当我们快步走上运河铁桥时，只见硝烟弥漫，火光闪烁，浓烟刺鼻，铁梁烫人，国民党军的尸体横七竖八地躺在桥头。走了一程又一程，还是看不到部队的踪影，初冬的夜幕很快就降下来了。这里是战地，一时又找不到向导，我们只好摸索着向西前进。虽然寒风阵阵，我们却走得身上出汗。

这时，国民党军的飞机突然飞临我们的上空，盘旋侦察，并不时传来炸弹爆炸声。突然间前面不远的村庄被炸起火，草屋在熊熊燃烧。

"站住！你们是哪一部分的？"突然，有3个端着冲锋枪的解放军战士向我们走来，我们赶快说明是来找六十九团团部的。走在前面的战士说："哎呀！多危险呀！这里是最前线，那个村庄叫鲁楼，前面就是国民党军的阵地，快别向前走了。团部在东北方向十几里路远的村子里。你们赶快向后转吧。"

当我们七转八弯找到了团部时，已经是夜里9点多钟了。团长和政委听说我们是总部派来采访创作的，热忱地招待我们吃了饭，然后将凌晨攻占运河铁桥的战况作了详细介绍。

沈平团长说："抢占运河铁桥有很重要的战略意义。这里是通向前线的咽喉，抢占了它就可以保证我后续部队顺利通过，向西乘胜追击，围歼黄百韬兵团，进而逼进徐州。"指挥攻打桥头堡的一位营长补充说，这是一场硬仗，我军如神兵从天而降，今天拂晓突然出现在桥东，国民党军还来不及全部撤到河西，人民解放军已冲上来，紧追在国民党军的屁股后面发起了冲锋。扼守桥西的国民党军惊慌失措放火烧桥，竟对逃往桥西的自己人扫起机关枪来。解放军趁敌混乱不堪、溃不成军之际，猛打猛冲，一举全歼守备的国民党军，并占领了铁桥。他们还生动地介绍了一些英雄事迹的细节。我们听了之后都非常兴奋，顾不得疲劳便连夜在油灯下构思创作。许记者写出了通讯报道，岁寒、向彤等同志集体写好了歌词《抢占运河铁桥》，我通宵未眠，谱写了曲调。这首歌曲，很快在战地传唱开来，后来成了《淮海战役组歌》中的一首战斗歌曲。

战壕里的歌声

经过十昼夜激战，我英勇的围歼部队在 1948 年 11 月 22 日黄昏全歼了黄百韬兵团，淮海前线发出了第一号捷报！

30 日晚，杜聿明率部放弃徐州，向永城方向仓皇逃窜，我华野大军迅即将杜聿明指挥的邱清泉、李弥、孙元良诸兵团牢牢地包围在永城东北的陈官庄地区，形成了"瓮中捉鳖"的态势。

此时，我们文工一团就活跃在南线距国民党军几百米的最前沿。白天，经常发生战斗，我们的演出活动往往在夜间进行。一小块平坦的野地、村头打谷场、战士们刚刚挖好的战壕，都是演出的舞台。为了避免被国民党军发现目标进行炮击，我们就在背着国民党军的阵地上竖起两根竹竿，挂上一块小幕布，挡住汽油灯的灯光。有时正在演出，国民党军的飞机来了，我们就赶紧把汽油灯拿到战壕里隐蔽起来，一次也没有暴露目标。

我们的节目短小精悍，用歌唱、小歌舞剧、快板、三句半、顺口溜等文艺形式，即编即演反映前线部队战斗生活和英雄事迹。战士们非常喜欢看，战壕里不断传出我们小乐队伴奏的歌声和战士们的欢笑声。

石汉编剧的小歌剧《一样爱护他》，很受战士欢迎。剧情虽简单却很有现实意义：一位爱护解放军的老大娘（康宁扮演）见到刚从前线抬下来一副担架，热情地端茶送水，并忙着杀鸡煮饭慰劳这个为人民挂彩的伤员。她突然发现这个人身穿蒋军军装，以为他是蒋军士兵，就对着他揭发不久前蒋军驻扎村子里犯下的种种罪行，还把她的独生子抓去当炮灰。正当老大娘骂得狗血淋头之时，躺在担架上

▲ 华野九纵文工团深入战地给勇士们演出

的伤员（萧克木扮演）开口了，他说："老大娘，你冤枉我了。我是前几天刚解放过来的国民党军士兵。部队一时发不出服装，只好每人先发一顶解放军军帽做标记。你老人家看看这不就是解放军军帽吗？"他拿出了崭新的军帽戴在头上，并自豪地说："昨晚我参加攻击蒋军的战斗，在冲锋时负了伤，被抬下来的。"老大娘感动得流下了眼泪，连声说："孩子，大娘我冤枉你了，冤枉你了。"她端来了热饭和鸡汤，说："你吃了吧，养好了伤再上前线打敌人！"……每次演出都获得了强烈的戏剧效果，特别是许多刚入伍的解放战士更是感动得热泪盈眶，进一步认识了人民军队为人民、人民军队人民爱的道理。

小型歌舞剧《火线爱民》（汪岁寒编剧，张锐、俞频作曲），描写的是我解放军战士在炮火连天、硝烟弥漫的战地，帮助老弱群众抢割秋粮的动人事迹，演员们化装成战士，身背步枪，挥舞镰刀，边唱边舞，用优美健壮的舞姿、雄壮有力的歌声，塑造了可爱的人民战士的形象，描绘出"军爱民，鱼水情"的场景。还有沈西蒙编剧的《买卖公平》，生动地表现了人民解放军司务长自觉遵守群众纪律，主动把少付的买菜钱送还给卖菜的小姑娘（梁泉扮演），受到新解放区群众拥护的情景。

在八纵，我根据真人真事创作了歌曲《爆炸英雄冯书元》，并誊写好送给他。一次，在前沿，我见到他挂了彩躺在担架上，便上前慰问他。他从军装口袋里摸出了我送给他的那张歌谱，激动地说："我身上带着这首歌，冲向国民党军阵地去爆炸。文工团同志，我没有辜负你们的期望呀！"新中国成立后，冯书元光荣地出席了全国首届英模大会。

淮海战场上的火线文艺，最直接、最有力的形式莫过于"战前鼓动"了。

一天，太阳已经下山，天空一片灰蒙蒙的。驻在魏小窑的连队刚吃过晚饭，正在整装待发。这是一个只有在军用地图上才能找到的小村庄，位于杜聿明集团指挥中心盘踞的陈官庄西南方向，是战斗的最前沿。连长将部队集合在战壕里，传达上级命令，交代出击任务。战士一个接一个猫着腰沿壕沟向东北方向奔去。这时，我们文工团几个男女团员站在战壕的交叉口，高喊着鼓动口号，并根据平时了解的战士情况，即兴地念起顺口溜。

绰号"张大炮"的张福生奔过来了。我们就有节奏地唱道：

> 张大炮，个子高。胆子大，脾气暴。
>
> 准备好多"铁馒头"，要让蒋军吃个饱！

看到机枪手赵国强扛着轻机枪走过来了，又唱道：

> 好班长，赵国强。平时一声也不响。
>
> 打起仗来像猛虎，打得蒋军喊爹娘。

解放战士孟阿林虽然是新同志，但却勇敢地紧跟老战士向前冲去，我们热情地赞诵他：

> 新同志，孟阿林，
>
> 过去打仗为老蒋，
>
> 如今打仗为人民。
>
> 好同志，孟阿林，
>
> 下定决心要立功，
>
> 火线上烈火见真金。

此时此地，不可能悠闲地吟诗作赋，唯有这诗味不浓的顺口溜，起到了极大的鼓舞作用。战士们微笑着从我们身边奔过，连打个招呼的时间都没有，就冲向国民党军阵地夺取胜利。

战斗结束后，这些可爱的英雄战士顾不得掸去身上的灰土，一个个紧握着我们的手，七嘴八舌地说："同志呀，我抓了5个俘虏。""我消灭了两个敌人。""我们没有辜负你们的希望呀。"

这就是火线文艺的效果，这就是我们文艺战士的作用！

淮海战场上的"楚歌"

文艺兵们的火线演出，不仅鼓舞了人民解放军的斗志，而且瓦解了国民党军的士气。

记得有一次，我们刚结束演出，正在收拾幕布、道具时，见到部队押了一批蒋军俘虏走了过来。有的蒋军士兵对我们无限感叹地说："你们这边锣声鼓声，欢欢喜喜；我们那边却死气沉沉，凄凄惨惨。我们一听到你们阵地上的锣鼓声和唱歌声，就想缴械投降。"真没料到，我们的歌声和器乐声竟像 2000 多年前楚霸王项羽被围困垓下时的"楚歌"那样，动摇与摧垮了蒋军的军心，加速了国民党军的失败。

为了配合平津战役，总前委决定：华野自 12 月 16 日起暂缓攻击杜聿明集团，进行战场休整，展开对国民党军强大的政治攻势。

寒冬腊月，北风呼啸，雪花飘飘，陷入绝境的国民党军军心涣散，惶恐万分。文艺兵们就在前沿阵地上展开对他们的攻心战。我们手持话筒，向着国民党军阵地反复宣读毛主席为中原、华东人民解放军司令部写的《敦促杜聿明等投降书》。

有一天晚上，在魏小窑的八纵六十九团一营三连指导员，要我们做一条大字标语，插到前沿阵地上瓦解国民党军。我们立刻找来一幅大红布，一时找不到铅笔，我就直接用剪刀剪了"投降是生路，顽抗是死路，欢迎蒋军兄弟投诚"18 个大白字贴了上去，用两根竹竿撑起来，还在竹竿上捆了一些香烟、花生、馒头和一叠"通行证"。指导员派两名战士在夜幕掩护下匍匐前进，在距离国民党军三四十米的地方悄悄地把标语竖了起来。天亮了，国民党军一见，惊慌不已，赶紧把横幅连同"礼物"一起扛了回去。当晚 10 时左右，对面阵地十几名士兵在炮兵连长带领下，举着白旗前来投降。身穿单军衣，冻得哆哆嗦嗦的连长说："我们早就不想打了。天冷得要命，饭又没得吃，从徐州跑出来时棉衣裤也没有带。我们是炮兵连，大炮拖不过来，带来 5 支步枪来赎罪。"他又说："你们的馒头、花生真好吃，就是少了点，大家都抢着吃。"这时，他带来的士兵都拿出了《通行证》，七嘴八舌地说："有了这个心里就踏实了。"我们和指导员、战士们拥上去握住他们的手，欢迎他们弃暗投明，他们一个个感动得掉下了眼泪。

1949 年元旦到了。我们文工一团在王庄前沿阵地上向蒋军展开了火线"拜年"活动。先用话筒喊话："蒋军兄弟们，今天是 1949 年元旦，我们向你们拜年了。"这时，国民党军阵地响起了一阵机枪声。等枪声过后，我们伏在战壕里演开了节目，黄石文拉起了小提琴，马璇、张子夜唱起了《白毛女》中喜儿与杨白劳的对唱，马璇还唱了我们新创作的《我们都是亲兄弟》。节目过后又是喊话，国民党军的枪声渐渐稀少，以至到后来鸦雀无声。我们又高声喊道："我们这边有热腾腾的白馒头，欢迎你们过来饱餐！""蒋军兄弟们，别再为蒋介石卖命啦，天下工农一家人呀。快投降过来吧，我们优待你们呀。"我们的宣传收到了立竿见影的效果，一批又一批蒋军不断携带武器跑过来投诚，纷纷要求参加解放军，调转枪口去打蒋介石。

魏小窑的庆功会

12 月初的一天清晨，我和黄石文、张子夜、马璇、鲁平等同志从王庄赶到魏小窑去参加火线庆功会。途中经过一个小村庄，静悄悄无一人影。稍事休息，忽听国民党军飞机声越来越近，我们迅速奔出村头。在刚进入壕沟时，马璇忽然惊喊她的小提琴遗留在刚才休息的地方了。我二话没说，迅速向村中跑去，冒着飞机轰炸扫射的危险，找到了小提琴。我知道这把琴是抗战时期部队从日寇手中缴获的，马璇把它当成宝贝，当成文艺战士的"机关枪"在使用。

我们五人沿着壕沟继续前进，忽见国民党军 B26 大型轰炸机扔下了一颗颗炸弹。我大声喊叫"快跑！"当跑了三十几步之后，就听到"咣咣咣"的爆炸声，其中一颗正命中我们刚才站着的地方，好危险呀！大家的耳朵几乎被震聋了，身上沾满了爆炸扬起的泥土。

我们一到魏小窑，顾不上吃饭就分头到各班收集素材，准备创作今晚庆功会的新节目。团部的张干事也在这儿，他说团部有幻灯机，如能将英雄人物的生动事迹画出来在晚会上放映，效果一定很好，我们 5 个人中虽没有像我团彭彬、陈其那样的专业绘画人才，但我以前学过炭精人像画，也跟彭彬学过素描，于是就自告奋勇地说："让我试试看。"指导员找来五六个战斗最出色的战士，我就一个一个地画起来。这几个"模特儿"端端正正坐在凳子上纹丝不动地让我画。我要他们笑一笑，他们的脸上就出现了憨厚而尴尬的笑容。我好不容易总算把这些可爱的人物画了出来，又一一描绘在玻璃板上，张干事写了说明词，于是一套幻灯片就这样制作成功了。

到了晚上，全连战士全副武装毕恭毕敬地排队坐在各自的背包上。火线庆功会开始了，连长致词欢迎我们华野文工团，战士们热烈鼓掌，喜笑颜开。我们 5 个人的节目真是丰富多彩，先是五人"大合唱"，唱的是：《打得好》（王杰词、朱践耳曲）、《捷报！捷报！歼灭了黄百韬》（沈亚威词曲）、《赞英雄》等。接着马璇唱起了《南泥湾》(贺敬之词、马可曲)、《我们都是亲兄弟》(陈大荧词曲)，鲁平和张子夜表演了诗歌朗诵，黄石文和马璇表演了小提琴合奏，马、张合唱《白毛女》中的《扎红头绳》等，随后马璇和鲁平两位女同志把红绸带束在腰间跳起了秧歌舞，边跳边唱赞颂英雄之歌，唱到哪个战士就给哪个戴上大红花。这时，战士们和我们都激动得流出了喜悦的泪花。

最后的节目是放幻灯片，当连队英雄形象一个个出现在白色幕布上时，会场气氛沸腾起来，有的说，赵国良画得很像，不过嘴巴小一点；有的说，还是李明画得好，浓眉大眼，活灵活现。我听着暗自好笑，心想若不是张干事念着讲解词，光看画像恐怕一个也难对上号。但是，不管艺术水平如何，能在短暂时间里画出了各人面部的主要特征，讴歌为人民立下战功的英雄，就受到战士们从心底发出的欢迎和感谢。晚会结束了，战士们围着我们五个人久久不肯散去。

《淮海战役组歌》响彻淮海战场

1949 年 1 月 6 日清晨，淮海战役总前委发出了向陈官庄杜聿明集团发起总攻的命令。经过猛烈的炮击之后，人民解放军从四面八方分割包围杜部残存的部队。顿时，冲锋号声，大炮、机关枪声，此起彼伏的喊杀声，惊天动地，战斗场面伟大壮观。激战至 10 日，全部歼灭了杜聿明集团。至此，规模空前的淮海战役胜利结束，创造了解放军以 60 万打败国民党军 80 万，歼灭国民党军 55.5 万的中外战史上罕见的辉煌战绩。

▲ 人民解放军在战壕里拉胡琴，热热闹闹过新年

新华社记者在报道陈官庄总攻战的场景时写道，有的部队在高喊杀灭国民党军的同时，还唱着我们在淮海战役中创作的歌曲前进！

淮海战役于 1948 年 11 月 6 日晚正式发起，到 1949 年 1 月 10 日胜利结束的整个过程中，我们牢记华野总部首长的要求，在行军途中，在战壕沟里，将自己的亲身感受化成战斗的音符，写出了 40 余首充满激情的歌曲，在传唱过程中不断加工修改，并选择其中 7 首有阶段代表性的歌曲，配上朗诵词，连成一组反映淮海战役全过程的联唱，这就是响彻淮海战地、响彻大江南北、响彻全中国的《淮海战役组歌》。

《组歌》是沈亚威等同志集体创作的结晶，包括：一、《序曲：争取更大胜利》（向憎词，余频、何仿曲）；二、《乘胜追击》（韦明词，沈亚威曲）；三、《抢占运河》（汪岁寒、向彤、闻达词，陈大荧曲）；四、《捷报！捷报！歼灭了黄百韬》（沈亚威词曲）；五、《挖工事》（陈大荧词曲）；六、《狠狠地打》（沈亚威曲）；七、《歌颂淮海胜利》（张锐曲）。

《序曲》高屋建瓴，气势恢宏，高度概括了解放军排除万难，所向披靡，万众一心，大军向南的气势。《乘胜追击》的作者紧紧抓住战士们夜间急行军追歼逃跑国民党军的形象，用短促有力的同音反复，唱出了"追上去，追上去，不让敌人喘气，追上去，追上去，不让敌人跑掉……"犹如贴着地面滚滚而来的雷声，由远到近，由轻到重，变成千万人的呼喊。当歼灭黄百韬兵团的喜讯传来时，沈亚威成功地创作了欢庆胜利的战歌，特别是最后一句："一年左右要把国民党反动派根本打倒！"艺术地体现了党中央的伟大号召，极大地鼓舞了解放军必胜的信心。在战役第二阶段，解放军在永城东北布下天罗地网，阻击从徐州逃窜来的国民党军主力。当时我跟随部队连夜急行军后，于拂晓到达宿县以南阵地上，刚放下背包，就跟部队冒着严寒，抬木头，扛门板，挖泥巴，筑工事。我边挖边用山东临沂民歌《打夯号子》作为音乐素材，随口哼出："我来唱歌，你来帮腔，一个嗓子，不响亮哪，一个巴掌，拍不响哪，挖工事哪，一起干哪……"后来，就整理成歌曲《挖工事》。《狠狠地打》用鲁南说唱形式表现了解放军对国民党军逃窜时狼狈相的鄙视与嘲笑，最后的结尾铿锵有力："揍死它！狠狠地打！打！打！"淋漓尽致地表达了我军的英雄气概。在发起最后总攻时，我们的战士正是唱着这首歌冲锋陷阵、歼灭国民党军的。整个战役刚刚结束张锐就及时写出了合唱曲《歌颂淮海胜利》，唱出了解放军的军威，唱出了人民的欢迎，唱出了"要打过长江去，要解放全中国"的时代最强音。

有这样一个戏剧性的场面我至今记忆犹新。一天，在前线华野总部驻地，将要押送 56 名被俘的国民党高级军官赴后方的时候，陈毅司令员来为他们"送行"，并要我们唱几首新歌给他们听听。我们文工一团的同志全体集合，我指挥大家唱起了《淮海战役组歌》。唱完一曲，这些特殊的听众就响起了热烈掌声，唱完全曲之后，他们站起来长时间鼓掌。有一位高级军官当场感慨地说："听了你们的歌，证明我们是必败无疑的。你们解放军，能文能武，人才出众，战争还没结束，你们的歌已写出来唱起来了，真叫人佩服，佩服！"

1949年7月，我们第三野战军政治部文工团二团赴北京参加第一届全国文代会，由何仿指挥演唱了《淮海战役组歌》。记得在西单剧场演出时，毛主席亲自来听我们的演唱，演出结束后，他热烈鼓掌，连声称赞说："好得很哪！"这是对我们三野文艺工作者的最大鼓励。

《组歌》在文代会上演出，以它强烈的生活气息和雄伟的战斗气魄受到广泛的好评，又一次证明了毛主席在延安文艺座谈会上指出的，工农兵火热的斗争生活是革命文艺唯一的最广大最丰富的源泉。在周扬同志的关心下，我们将《淮海战役组歌》全谱送印刷厂排印，我逐字逐句校对，做到无一错漏。出版后，由新华书店向全国发行。出版社又特地印了10册精印本，分赠作曲者，至今我仍然珍藏着，它使我时时回忆起40多年前淮海战场上的日日夜夜，耳畔仿佛又响起了那气壮山河的雄伟歌声。

（作者时任华东野战军政治部文工一团音乐股副股长）

忆参加淮海战役伤员收治工作感受

董 健

　　1948 年 10 月间，我们华东野战军卫生部第一野战医院，正在收容济南战役伤员任务时，领导上要我们野一院将未治愈的伤员，转至后方某医院，立即南下，接受新的战役伤员收容任务。当时，我们野一院院长是盛立，业务副院长彭克，行政副院长黄子春，政委刘万祥。

　　我们野一院是由 4 个医疗队组成，第一医疗队是手术队，第二、三、四医疗队都是担任伤员收容任务。我当时担任第二医疗队队长。院领导要我们医疗队南下到济南某火车站，乘火车到兖州，约 300 余华里。当同志们听到要乘火车的消息，心中有说不出来的高兴。我们在车站时，因白天怕国民党军飞机袭击，故在晚间上车。我们乘的火车，不是客车，而是运货的火车，同志们上了火车，坐在自己的背包上，互相依靠。因火车没有顶棚，车启动起来时，风速快，同志们都感觉冷得要命，只好动员有些同志把自己的被单打开，朝风的方向，用绳子绑在车厢上，另一头两边要同志们轮流用手牵着，挡挡风，大多数同志们相互依靠，打盹、休息。因为是货车，开得很慢，走了 7 个多小时，到了兖州车站时，天蒙蒙亮了，同志们下了火车。见面时，大家都笑起来了，你看我像黑头包公，我看他除了两只眼睛在动外，其他的部位均看不清楚，因为我们所乘的是运煤的货车，这在战争岁月里给我脑海中留下难以忘怀的印象。我们在站台上，用公用的水龙头洗洗脸、漱漱口，清理身上的灰土，吃点干粮，打好背包，向目的地

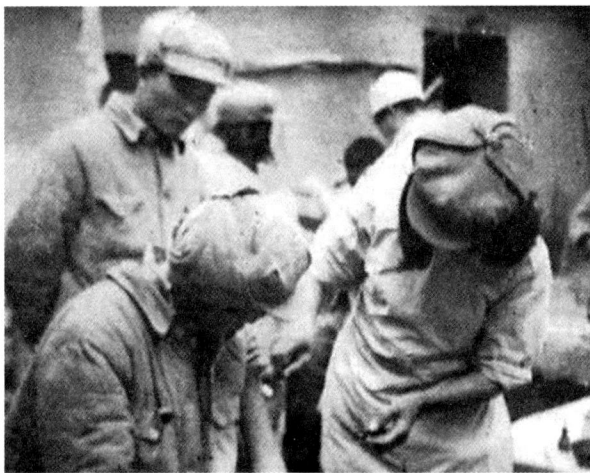

▲ 解放军战地救护所

前进。到达院部所在地，行政副院长黄子春打开地图，告知我们第二医疗队驻地的村庄，并告知我们第一野战医院伤员收容任务是 15000 名，即每个医疗队平均要收 5000 名伤员。我们一个医疗队的编制是 500 余工作人员，要收容 5000 名伤员，任务的艰难，是可想而知的。

遵照上级指示的要求，野战医院医疗队接受任务后，要在 24 小时内做好以下四个方面的准备工作：

一、认真做好宣传动员工作。在当地干部配合下，向老百姓宣传动员，借用他们家中房屋，作为收容伤员住所。农村中，农民住房大多数是三间，中间是堂屋，是家庭成员吃饭和会客之用。经过宣传动员，群众是通情达理的，愿意让出一间堂屋给我们用。

二、以医务人员为主，帮助老百姓将房屋放的东西搬清放好，就地取材，搭成床铺。一间堂屋，可以放三张或四张床位。伤员住的床位，都是借用老百姓的房门，借用的房门背后，要写好姓名，以便于识别，还时不会搞错。

三、以护理人员为主，向人民群众借用伤员吃饭要用的碗筷和重伤员的大小便容器及洗脸擦身用的水盆。

四、炊事人员要借用给伤员做饭的锅和装菜的容器及柴、米、油、盐、菜等物品。

各小组经过努力，做到什么程度，如实汇报，由队长写成报告交院部，并告知领导，我们可以接收伤员。

我们野一院，是参加淮海战役第三阶段，就是全歼杜聿明集团阶段的伤员收容任务，我们第二医疗队先后收容伤员 2000 余名。

▲ 解放军医务人员自制夹板，给伤员疗伤

此时正值严冬，从 12 月下旬起连降大雪，气候非常寒冷，白天因担心国民党军飞机袭击，民工们用担架大多是在夜晚运送，途中要走好几个小时才能到医院。一到医院，首先是医务人员立即检查伤员受伤部位及伤情，对受伤处进行针对性、有效的处理。清洗血迹，更换新敷料，减轻疼痛。有的伤员要注射破伤风抗毒素，有的骨折伤员，要进行完善固定，经过医治，让伤员疼痛感觉减轻。其次，我们护理人员，将热饭（也有馒头、面条）、菜、汤及时送给伤员让其吃饱、喝好。口腔部位受伤的伤员和重伤员，他们自己吃饭有困难，我们护理人员一口一口喂，使伤员同志没有饥饿感。再次，对伤员身上灰尘要进行热水擦澡、擦身，换上干净衣服。有的伤员身上生疥疮，搽上药膏治疗。重伤员脚下冷，我们护理人员用烧热的砖头，包上旧布或报纸，放在他们脚下取暖。伤员同志经过医务人员的精心护理，伤处及时得到治疗，当他们消除疲劳、精力充沛后，便会高兴地向我们工作人员讲他是怎样受伤的事迹和战斗故事。

伤员在住院期间，部队领导派代表前来慰问受伤的战友，对他们作战勇敢、不怕牺牲、光荣负伤，表示敬佩。要求受伤战友，尊重和配合医院工作，安心休养，早日伤愈重返前线。他们还发给伤员负伤费及缴获的国民党军空投的食品、罐头、香烟等物品，使伤员同志深感为党、为人民、为革命战斗负伤无比光荣。

解放军野战医院在完成接收伤员的任务后，对轻、重伤员，要进行分别安排。对重伤员要积极抢救，提高救治质量，减少死亡和残疾程度，并登记转入后方医院继续医治。对轻伤员，要留院治愈归队，增强部队战斗力。

我们野一院，遵照上级指示，集中休整，认真总结收治淮海战役的伤员工作上好的经验和不足之处，力求使我们医疗队在伤员收容工作上更加完善。同时，在院党委统一安排下，认真学习党中央《将革命进行到底》的伟大号召和毛主席《关于时局问题的声明》，武装我们的思想，认清形势，明确任务。分析了进军江南的有利条件和困难，消除了一些同志对长江"天险"的恐惧心理，和对南方地理环境不熟悉、生活不习惯等思想顾虑。接着传达了党的七届二中全会和前委扩大会议精神，树立牢固的纪律观念和政策观念，坚定了向江南进军的信心和决心，以满腔热情迎接渡江战役伤员收容任务。

（作者时任华东野战军卫生部第一野战医院第二医疗队队长）

淮海战役救护伤员的一些回忆

储 渭

淮海战役期间，我在华东军区第四野战医院担任军医。医院成立于1945年8月，是由日本投降后从前后方抽调来的医务骨干和我们刚从卫校毕业的实习医生，以及其他各类人员共同组建。成立后不久，就参加苏中部队攻打兴化城，全歼日伪军的战斗，收治了200多名伤员。

其后，从解放战争开始，我们医院陆续参加了苏中、宿北、鲁南、孟良崮、豫东、济南等战役，收治过大批伤病员。

医院工作，技术性强，各科室配合又很重要，如何应对淮海战役中大批伤员的到来，必须早日做好组织准备，大力加强队伍建设。写到这里，我必须提到当年苏中军区卫生部长李振湘同志，他早年毕业于湖南湘雅医学院，是在民族危亡时刻，忧国忧民而投奔人民军队的少数高级知识分子之一，后来是华东军区卫生部长。早在淮海战役没有打响之前，粟裕司令员就说过：他为部队卫生建设，为战争胜利作出了重要贡献。有他管理卫勤保障工作，我在前面打仗就放心了。

抓好人才培养，造就医药卫生队伍，才能收治大量伤病员。早在抗日战争时期，我们就举办各种类型的训练队，如卫校、干部轮训队、化验班、药材训练班等。据不完全统计，华东部队总共培养卫生干部4万余人。

战争年代，我们在卫校学习，条件非常艰苦，没有固定

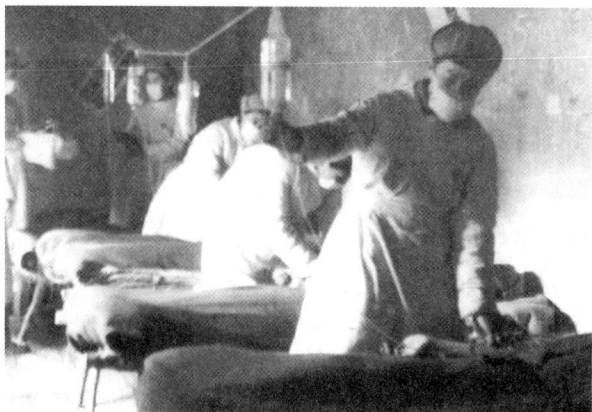

▲ 解放军医务人员为伤员注射

教室，缺少教材、教具，以老师讲课为主，我们记笔记，下来后小组讨论。一师卫生部要求在职干部学习的内容是战伤治疗原则及创伤性休克、胸腹部战伤的处理和治疗等。野战医院领导要求我们军医，要能处理好各种伤口，我曾治疗过四肢被截取的伤员……要求室长以上要熟练掌握腰穿、战伤扩创、常见病处理等等。司药和材料干事要学会常用药物配制，能自制蒸馏水、生理盐水与注射液。我也曾经配制过盐水注射液……

有人说，战争打的是后勤。从淮海战场特点看，参战部队多，战区广，持续时间长，客观要求卫勤保障工作，必须事先做好充分准备，组织足够的保障力量。华野卫生部在前后方共部署近 40 所医院（加上地方的）。同时开设伤员转运站，全力做好伤员收容转运工作。在此情况下，我们野战四院在完成了济南战役的救治后，于 10 月下旬到达台儿庄附近，准备接收伤员。从 11 月中旬起共收到攻打黄百韬兵团的伤员 800 多人。上级给我的任务是，带领一个"分类组"在医院入口处等待，当伤员到来时，经过询问观察、检查伤情，把急需要手术和要抢救的重伤员迅速转到各科室处理。这个工作看似简单，但难度不小，必须在短时间内准确判断，才能达到及时救治，类似急诊科的工作。后来又叫我带领几名医护人员组成一个"轻伤组"，负责 100 多名伤员的治疗。这个任务，工作量大，琐碎事情多，每天单是查房、换药就占去大部分时间，晚上还要值班。虽然疲劳，但不知累，因为热情高，又年轻。伤员多，吃喝拉撒睡，样样都要管。后来想个办法，把他们组织起来，轻的帮重的，干部管理战士，像连队一样，建立班、排组织，成立休养队，这样很快把他们组织起来，我们也就有时间集中精力，搞好诊断治疗工作。

淮海战役时正是冬季，气候严寒，部队又是连续作战，给卫勤保障、医院收治增加了困难。但由于人民解放军掌握战场主动权，有新老解放区广大人民群众的支持，支援前线力量雄厚，为收治大量伤病员创造了良好条件。

整个战役共动员民工 500 多万人，每个纵队都有民工团、担架队随行。每个野战医院配备担架 200 多副，民工近 1000 人。此战役华野卫生部所属各医院共收治伤员近 6 万人，各纵队留治轻伤员近 3 万人。

淮海战役进行中，前线捷报频传，也给广大卫生工作者极大的鼓舞，我们和前方将士一样，不怕流血牺牲，忘我工作，全心全意为伤病员服务，涌现出一大批英雄模范人物。而且战斗中卫生人员伤亡也不小，我们医院共有 1340 人，其中有 241 位同志献出了年轻宝贵的生命。他们为革命战争的胜利，为全中国的解放事业作出了伟大贡献，他们永远值得我们怀念和尊敬。

（作者时任华东军区第四野战医院军医）

忆淮海战役野战医院的日日夜夜

闫崐山

1948 年淮海战役一打响，我们华东野战军前方卫生部直属野战医院的同志们，紧跟前线的作战部队（当时是华野的一纵、四纵、六纵队的指战员），从山东郯城日夜急行军进入江苏的新安镇、碾庄、双沟一带作战前线，在极其简陋的条件下，利用老百姓打谷场的场院屋，拉起幕布帐篷，地上铺上芦苇席，撒上消毒药水，挂上汽油灯，支好简易开刀床（能折叠驮走），废寝忘

▲ 淮海战役中设在宿迁皂河镇的华野第四野战医院手术室

食、夜以继日地做着各类创伤手术。一般每日做 40 多次手术，有时达到 60 多次，医护人员在手术台上一站就是四五个小时，连大小便时间都很难抽出，饿了就轮流下手术台吃口高粱窝窝头或喝碗高粱糊糊，继续上手术台进行手术。当时负责进行手术的有刘品、余健、裴林队长以及医务处主任吴质和手术室长赵茵、周永昌等。那时我们驻在安徽的灵璧与江苏的睢宁交界处的一个叫马庄的小村庄场院屋，铺的是秫秸、麦草，盖的是军毯，点的是煤油灯和蜡烛。每逢夜间急诊手术，只能用手电筒照着进行伤口深部的血管结扎，虽然环境条件极其简陋，但同志们都是尽心尽责，毫无怨言。

那时我是刚受过训练的卫生员，余健队长和手术医护组长牛连旺同志决定叫我负责近 200 多个工作人员、骡马大队 80 多人和所有病号及所有探亲家属的食宿

安排工作。我每天都亲自去伙房打饭、打菜、送水，并精心照顾他们。但我总觉得在第一线的同志特别忙累，根本没有休息时间，非常辛苦，于是我就主动向领导要求除了完成本身工作外，能到一线给伤员服务。队长批准了我的请求，从此，我天天到病房，帮助给伤员服药、打针，帮助伤员打饭、送水，给重伤员喂饭、端大小便盆等，什么杂事都做。一次一位嘴被炸伤的伤员，吞咽咀嚼困难，我就主动找司务长要点面、油、盐，做疙瘩汤给他吃。

记得在一线日夜工作的军医王创的妻子从苏北老家不远千里，穿过了国民党军封锁线，只身来到前线医院，见到了多年未团聚的爱人，悲喜交集，大哭起来，激动得饭都吃不下去了。我立即找到了司务长，向他说明情况，他立马叫我到伙房拿了白面、油等佐料，专门为她做了一顿招待饭。那时工作人员每天只能吃到高粱面粥或窝窝头，因粮食供应困难，有时一天只能吃到两顿饭，大多时吃不饱，因为医院只有少量的大米，白面是专供伤员吃的，这件事情虽小，但对王军医夫妇来说，他们很受感动。

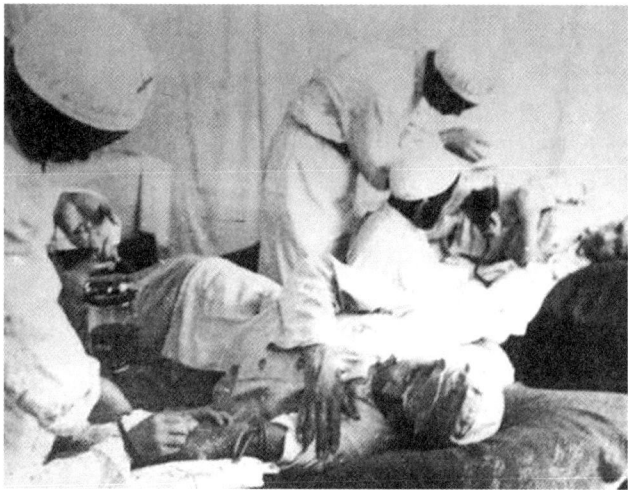

▲ 解放军医务人员为伤员输血

我每天除了给工作人员、病号送药、打饭、送水，有空就到病房帮助重伤员喂饭、喂水或端大小便盆子等琐碎杂事，我内心非常开心、愉快，因为这是一种热爱伤员的真挚感情。那时我们医院的医疗器材和人员水平在全军可算一流：医疗器材全是从战场上缴获来的美国货，人员也都是经过专门训练的，都具有高度的无产阶级"爱伤观念"。伤员们为了解放全中国身负重伤，还有更多的同志在战场流尽了最后一滴血，献出了自己宝贵、年轻的生命，他们才是真正伟大的英雄，我们少吃一顿饭，挨一天饿，能算得了什么呢？积极地为他们疗伤，使他们尽快痊愈上前线，这是我们应尽的责任。就这样，一批批治愈的伤员又重新回到了前线，一部分需要继续治疗的伤员转送到老解放区，只剩下一些头颅外伤不适宜转院的伤员跟随医院继续治疗。

我记得当时有一位伤员屁股被炮弹炸飞了，血淋淋的两大片伤口，使他只能趴着睡，不能仰卧，这个姿势吃饭、大小便都不方便，女军医黄玉亚同志日夜守护在床边，帮他喂饭喂水，拿大小便盆。为防止生褥疮，不时地进行着各部位的按摩，每天都用消毒水一点一点地清洗伤口。这位同志进院时由于流血过多，血色素只有六七克，经过精心医疗护理，逐渐增长到七八克，后来升到了10克以上，伤口也渐渐缩小了，保住了他的生命。这位同志的顽强精神、黄玉亚同志的"爱伤观念"得到了同志们的高度赞扬。1949年元旦，卫生部在睢宁县举行庆功总结大会，黄玉亚受到表彰，为全体医护人员树立了榜样。

战斗继续向前，渡过了长江，解放了上海，摧毁了国民党多年的统治。我们直属医院接管了南京伪海陆空医院，装备焕然一新，又新进了一批高级技术人员，这样提高了医疗质量，为保障伤病员早日恢复健康重返前线，早日解放全中国作出了积极贡献。

我们今天的幸福，全是老一辈的革命者不怕艰苦、不怕流血牺牲得来的，我们永远不会忘记他们的奉献，他们将永远激励着人们继续开拓前进。

（作者时任华东野战军前方卫生部直属野战医院卫生员）

只有人民才是创造历史的动力

王遐方

　　淮海战役是中国人民解放战争中，战略决战时间最长、规模最大、歼灭国民党军最多的一个大战役。我随华野一纵队进入了战区，也到了前线。当时国民党军气势汹汹，凭着美式装备控制了一段交通线及构筑了一些现代化的防御工事，一面顽抗，一面企图拉我们落网、上套和我们决战。他们的飞机一直在山东的天空上大丢传单，妄言"3个月内一定能消灭在鲁的共军"，还加上"完全彻底"，我们的战士捡了传单看后边撕边笑着说："放他娘的狗屁！"干部在边上一边好笑，一边认为国民党军是白天做大梦，不见棺材不掉泪，事实上他们已经感到自己处在四面包围之中，自己像兔子尾巴长不了。从全面进攻到重点进攻，左攻右攻攻不动，伤亡惨重，国民党军面临着全面崩溃，但仍在垂死挣扎。干部战士们都有一种信念，我们有人民的支援，最后的胜利是属于我们的。我们的陈毅司令员在战后说："淮海战役的伟大胜利，是山东人民群众用小车推出来的。"在战地上的耳闻目睹，处处感到山东人民对我们绝对有效的支援，对这点我感触最深，特别在

不久前，我专访了淮海战役后被华东评选为支前模范县的山东日照，听他们谈了当时支前情况，真是热火朝天，万众一心，势不可挡。战争一打响，他们一面出动担架抢运伤员，一面把一袋袋粮食、干粮送到前沿阵地，让大家吃饱，还帮助解放军主力部队抓俘虏，打扫战场，押

▲ 支前民工将粮食运往前线

送俘虏。他们夜里要抢运伤员，还要运送枪支弹药，特别是手榴弹，几十箱、几十箱地送往前沿阵地，大家忘掉一切疲劳，劲头特别大，立功的人特别多。当时战场投入的部队和我们的民工有100多万，每天送给养30万斤以上，民工忙得顾不上休息，从而保证了前方将士的军需，为战役的全胜提供了保证。

我在日照采访时，听到当年的民工讲了许多动人的故事。战役打响后，他们就成立了支前指挥部，区里成立了支前站，村里也成立了支前委员会。1948年11月3日，日照组成了首批民工团及小车队奔赴淮海战场，随后，日照又派出了运输队、担架团，分别跟随华野二纵、六纵、十二纵运送粮食、弹药支援前线，他们的口号是：解放大军打到哪里，我们的运输担架就支援到哪里，不怕一切艰难困苦，坚决完成任务。民工们冒着枪林弹雨和国民党军飞机的狂轰滥炸，忍饥挨饿，顶风雪，冒严寒，跋山涉水，组成了一条飞机炸不断、大河挡不住的钢铁运输线。在艰苦的支前活动中，日照民工团长王智民，身患多种疾病，但仍身先士卒，争着抬担架、推小车，鞋子烂了就脱掉光着脚在泥雪中走。有一天北风刺骨，冰封大地，在行进路上有座桥梁被逃窜的国民党军炸断，我们的运粮车队被20米宽的河流挡住了前进的道路。为了按时完成运输任务，王智民团长带头脱下棉服，下河破冰探路。在他的带领下所有民工都脱掉棉衣，每4人抬一辆小车，涉水前进，终于把部队急需的给养全部运到了对岸，顺利完成运粮任务。在担架转运伤员途中，遇到敌机狂炸，民工们就在火线上掩护伤员，大家宁愿牺牲自己，也不让伤员再次负伤。他们有时一夜抢运伤员四五趟，强行军百余里。在抢运伤员途中，为减轻伤员痛苦，大家想法改装了担架架式，有栅式、靠背式、推抬两用式等。日照担架队一连一排班长张茂桂跟着大队，转战山东、安徽、河南，冒着国民党军的炮火，跋山涉水。全班为了最快速抢运伤员，把原来4人抬一副担架改为2人抬一副，及时收送伤员。他照顾伤员无微不至，真比亲兄弟还亲，经常喂水、喂饭，用自己喝水的杯子为病人接尿，用嘴为伤员吸痰，从不嫌脏，他抬的担架走得快又稳。在围歼杜聿明残部时，他们用担架向前沿阵地送去了30箱弹药。在返回途中，年仅25岁的张茂桂同志遭到飞机轰炸，壮烈牺牲。上级立即追记他大功一次，淮海战役纪念馆至今仍展示有他的英雄事迹。淮海战役中该县200辆民工小车队，每辆载小米300斤运往指定的地点后，又将11万斤面粉送往前线，长途跋涉1000公里，随身自带的三红"红高粱、红辣椒、红萝卜"全部吃光，后两天每天吃一顿，怎样也舍不得动车上的一粒粮食，终于将粮食送往了前线部队。

▲ 担架队员救护伤员

正因为这样，山东日照子弟兵团在淮海战役的支前任务中，有2400余人立了大功，还有的被评为特等功臣。在支前队伍中有父子、夫妻、兄弟同赴前线；有的刚从前线返回又奔赴另一战场；有的在支前中致残，回到后方又参加支前工作。日照支前大队情绪极高，5000民工参加的运输大队和2500人的担架兵团，是由县长亲自率领指挥的，各区乡村只留一个干部在岗，到处鼓励群众要支前立功。

当地人民为了战争的胜利，砸锅卖铁也要支援前线，以惊人的毅力保证了数十万大军粮食供应和战场运输的需要。陈毅同志在战后说："山东人民配合主力部队作战在前线出了大力，为战役胜利作出重大贡献，我们永远不能忘记山东人民的功劳。"

历史告诉我们，胜利是多么来之不易！淮海战役有英雄的人民参战，才战胜了武器装备都超过我们的国民党军，历史将永远铭记着英雄人民的贡献、功绩。

（作者时任华东军区后方卫生部组织干事）

淮海大战中的铁军风采

崔左夫

淮海战役，是中国革命战争史上一次歼灭国民党军 55.5 万的光辉战例，距今已 60 年了！

淮海战役的整个部署与作战方针，中央军委和毛主席早在 1948 年 10 月 11 日就有指示："……三个阶段大概共须有一个半月至两个月的时间。""你们以亥戍两月完成淮海战役。明年一月休整。二月西兵团转移。三至七月同刘邓协力作战，将敌打至江边各点固守。秋季你们主力大约可以举行渡江作战。"（1948 年 10 月 11 日，《中央军委关于淮海战役部署的几点意见致饶漱石、粟裕、谭震林的电报》，《淮海战役（第一册）》，中共党史资料出版社 1988 年版，第 64、65 页）10 月 11 日的指示还明确指出：淮海战役第一阶段的重心，是集中兵力歼灭黄百韬兵团，完成中间突破。10 月 14 日，华野代司令员粟裕在曲阜会议上下达了如下作战计划：以 7 个纵队向新安镇、阿湖地区实施主要突击，歼灭黄百韬兵团；3 个纵队南北对进，突破运河车站及其以西地区，分割李弥兵团之间联系；以山东兵团进攻台儿庄第三绥靖区部队，而后强渡运河，直出陇海路，切断黄百韬兵团西退之路，阻击徐州国民党军的东援；以两个纵队配合中野逼近徐州。这一部署的特点是以宽正面的攻击动作，造成合围徐州之势，以迷惑国民党军，在人民解放军完成对其包围之前，使其无法判断人民解放军的真正意图。

淮海战役发起后，国民党方面很快作出回应，宣称"徐州会战胜利在握"。

淮海战役中，经受过千锤百炼的华野一纵队，在完成城镇攻坚、宽正面阻击、追击合围狂逃的国民党军、野战村落攻击等等战斗和迫使一个师的国民党军阵前投降的诸多任务中，显示其所属部队的军政素质进入到一个攻防纯熟，政治工作、后勤保障都有新建树的新高度。

一、"六十三军被消灭，是砍断了黄百韬的一只胳膊！"

二团二连突破窑湾小东门立了第一功

济南战役结束后，第一纵队司令员叶飞因病留在济南就医，他在鲁中曲阜会议上为纵队受领投入淮海战役的任务后，便交给纵队第一副司令员刘飞和张翼翔、陈时夫、汤光恢等同志合力主持全纵队的作战指挥、政治工作和后勤保障工作。

战役发起前夕，纵队奉命前往瓦窑和新安镇地区监视国民党军。当时华野首长预令一纵队的作战目标有两个：一个是协同兄弟部队合力围打杨家集、瓦窑地区的国民党军的第一〇〇军；一个是参与围攻新安镇地区的黄百韬兵团部及其六十三军（蒋介石到处损兵折将，无法恢复其原有部队建制，采取自欺欺人的办法，将原整编师恢复军的番号。整八十三师恢复其原番号一〇〇军，整六十三师恢复其原番号六十三军。旅改为师。所辖部队不变，兵员无法补齐，徒有空架子）。

国民党军为改变其不利态势，以徐州为中心进一步收缩兵力，黄百韬率 4 个军西退，至 11 月 11 日被我包围于碾庄圩。掩护黄百韬兵团左翼的六十三军于 8 日 14 时弃守新安镇南撤，妄图经窑湾再渡运河西逃。

国民党军第六十三军南逃时，在堰头被我九纵队歼灭了一个多团。我纵队于 9 日 18 时许奉命追歼六十三军，刘飞副司令员当即下了一道特急的命令：一、二、三师分由北、东北、东南三个方向迅速包围压缩国民党军于窑湾，首先肃清外围，而后可不经调整部署即转入总攻击的各项准备，务求于 12 日前全歼该敌。与此同时，命令纵队侦察营抢占运河西岸，以防国民党军渡河西逃。战后有人问刘副司令："当时何以下达可不经调整部署就转入总攻准备这非同寻常的命令？"他回答说："这是一种急袭的战法，就是为了不让国民党军逃离窑湾。六十三军的老底子是广东方面的，老兵多，都会游泳。我们一纵队虽是江

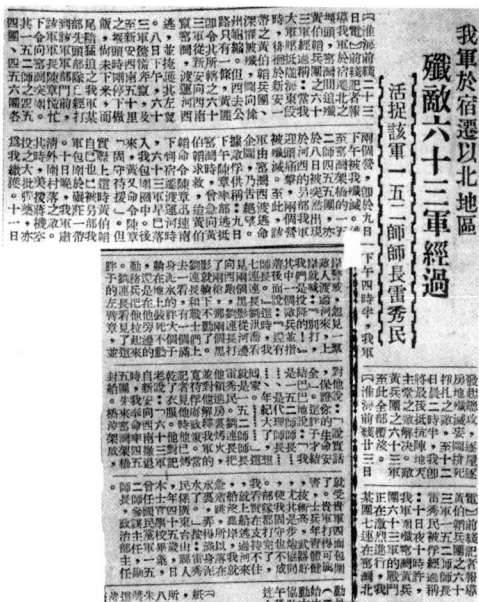

▲ 1948 年 11 月 24 日《开封日报》歼灭国民党军第六十三军经过的报道

浙成分多，但经过两年多的战争，现在北方籍的战士也不少了，双方的泅渡能力谁高谁低是个未知数，如果让国民党军泅渡到运河以西，那要全部消灭它，就不是围攻窑湾这么稳扎稳打了。"

部队跨过陇海铁路时，新安镇、瓦窑车站两旁的男女老少迎上前来，围住我们的战士诉说国民党军的暴行和第六十三军逃跑的方向。公路上，国民党军抛弃的弹药、粮食、衣物满地都是，公文纸页随风飞散，但谁也没有理睬这些。一师师长廖政国接到刘飞副司令员的命令后，和政委曾如清简单商量一下，立即命令二团团长方铭迅速带前卫营猛追。曾政委指示政治部将纵队命令改写印成快报，直接分发到部队。

窑湾镇西临运河，北靠沂河，全镇有3000余户居民，周围有高四米多的土围墙，筑有明堡、暗堡和地堡群等工事，六十三军仓促占领后，控制了周围约3公里的大小5个村落。纵队命令各师迅速扫清外围的国民党军，到10日午夜就完全逼近土圩子。

在激烈的枪炮声中，一师廖师长命令二团各级指挥员迅速察看好地形，因为纵队的第一突击梯队是在二团的方向上。鉴于第一突击梯队的任务关系到全师能否打开进攻通路，任务重大而艰巨，廖、曾两位师首长交换意见后，决定由曾如清政委坐镇到二团指挥所，团营干部的指挥位置都提前到前沿阵地了。16时30分总攻击开始，纵队配属的数十门榴弹炮、山炮以准确的抵近射击，摧毁了小东门门楼，压制住国民党军的火力点，二团二连以迅猛的动作实施突击，炸开了鹿砦和围墙，一举突入了小东门。围墙内的国民党军连续进行了3次反扑，疯狂无比。据后来被我俘获的一个副团长说，六十三军军长陈章对他的部下说："徐州会战非同小可，打好这一仗，各级军官连升三级，薪饷增加十倍。"我二团保卫干事审问这个俘虏时，曾如清政委走过去插问了一句："你知道不知道，你们完全被包围了？"那个俘虏抬起头来说："怎么不知道，但我们军长说：只要坚持两天，黄维兵团就能来接应我们。"这一情况提醒了担负突击任务的指战员们，只有速战速决才能万无一失地消灭六十三军。

向小东门突破口进行反扑的国民党军，其疯狂程度是前所未有的。在"坚持两天，可以回广东"的欺骗宣传驱动下，在军官枪口威逼下，丢下一片尸体之后，又送来一批横冲直撞的活靶子。二团二连对已占阵地寸土不让，连续打垮了国民党军3次集团反冲锋，并巩固扩大了突破口，赢得了两个小时的时间，使得二团的后续部队全部进入小东门向纵深扩展。这小东门突破后站稳脚跟的两小时，是窑湾之战中至关重要的两小时。

二连受领突破小东门的任务后，连长施福居根据支委扩大会讨论的预定方案，决定三排为搜索排，二排为突击排，一排为预备队，干部也作了分工。施福居并率领各排长和爆破班长作了现地勘察，指导员深入到各排进行了临战动员。攻击开始后，纵队和师的榴弹炮、山炮实施轰击，小东门的城楼顷刻间被炸塌，副连长丁长安及时指挥二级爆破英雄周锦夫随九班跟进，九班不顾城楼上国民党军的猛烈射击逼近鹿砦。周锦夫的爆破班随即连续爆破成功，他作为第一名爆破手炸开了鹿砦，共产党员、副班长梁瑞峰机警地抱起最大的一包炸药，趁烟雾弥漫之际扑向第二道障碍，又是一声巨响；第三名爆破手吴秀万又迅速地向城门送上一包，随着一声巨响，小东门被炸开一个大缺口。担任突击的第九班迅速突入爆破口，在向纵深扩展时，遭到三面国民党军的火力阻拦。国民党军又从正面杀出一个加强排，企图趁我立脚未稳时封闭突破口，五班战士就利用国民党军原有的工事，以手榴弹抗击国民党军，打退了敌人第一次反冲锋。指导员带领二排四、六两个班进入突破口后，迅速向西扩展，很快遇到国民党军一个连兵力的疯狂反扑，指导员鼓励全排："考验我们二连的时候到了，拿出敢打硬拼的勇气来，把敌人打下去！"共产党员、二排长顾勇国，在被炸塌的城墙废墟下，连抛出17个手榴弹。五班长吴禄发负伤后仍和敌军士兵拼刺刀。通信员身负重伤，不能站起来，躺在地上帮战友们拧手榴弹的盖子。战士杨有昌负了伤，班长叫他下去，他说："我不！你不是说人在阵地在嘛！"国民党军在二排狠狠打击下，终于向后退缩。二排长抓紧时机，指挥重机枪火力掩护，命令五班向右侧扩展。又一批国民党军反扑上来，五班战斗组长闫秀林连续向敌人的机枪火力点抛出十几个手榴弹。反扑的敌人混乱不堪了，负伤后的五班长督促全班迅速向右发展，自己担任正面警戒。二排长又带了一个班上来，抢占了前方的暗堡，缴获了一挺轻机枪。这时连长指挥一、三两个排突进来了，迅速向左右扩大了突破口，并组织三排咬住向纵深溃退的国民党军，为后续部队扫清了前进的通道。

二团二连首先在窑湾小东门突破，并且苦战两小时巩固扩大了突破口，这对窑湾之战取得全胜是十分关键的。为此，二团二连在战后被纵队授予"窑湾战斗第一大功连"的光荣称号。

用蒋介石的高级幕僚、"近随监军"李以劻的话来说："六十三军被消灭，是砍断了黄百韬的一只胳膊。"二团二连在淮海大战的第一战中立了一功，的确是很光荣的。

二、勇士在失利中奋起。六团五连在外围战中吃了大亏，发扬军事民主总结经验后，纵深战中获得大胜

大约世界上任何一支军队即使在绝境中也不会坐以待毙。当时退守到窑湾镇的六十三军总兵力尚有13000余人，其军长陈章用第一八六师主力重点守北门、小东门地域，以一五二师守备大东门、南门地域，把一个加强团和军直属队放在天主教堂附近作为预备队。这个军虽属粤系部队，但老兵多，除武器装备不及蒋嫡系外，其战斗能力并不弱于蒋的嫡系，向来享有"劲旅"之誉。11日晚8时左右我一师全部进入突破口后，除分兵一部向南门方向接应三师的七团外，以一团接替二团向纵深攻击，在接近天主教堂时被国民党军阻击。而担负北门突破的二师四团因地形不利，一时未能得手。鉴于这一对峙状态不利于速战速决，已进入东门的廖政国、曾如清交换意见后，当即向纵队刘飞副司令员建议："请二师调一个团从小东门进来，配合一师直捣镇中心的核心工事，同时叫四团接应，迅速从北门打进来。"刘飞副司令员完全同意廖、曾建议，并在电话中告诉曾如清："向西逃跑的黄百韬兵团及其二十五军、一百军、四十四军等，已被我南下的中路大军包围在碾庄圩和曹八集一带。"纵队副政委陈时夫还在电话中指示："窑湾的敌人兵力集中，反复冲锋是不可避免的。但由于他孤立无援，固守和反扑必不能持久。我军的战术手段必须是集中兵力，选择弱点，大胆攻击，争取拂晓前解决战斗……"在电话旁边的二团政治处主任夏期发听到纵队首长的指示后，立即赶到前沿向部队传达去了。

10时，二师参谋长戴克林风风火火地来到一师指挥所，一声报告："我们六团战斗情绪很高，可以担负最艰巨的任务。"曾如清政委高兴地说："老战友，你们是我们的生力军，我们合起来重重地打敌人一锤子！"

追击六十三军的进攻意识无比高涨，在基层的指挥员中胜利信念也无比强烈，但有少数同志却把从逃跑转入仓促防御的国民党军当做是没有任何战斗力的乌合之众，周文江所在的六团五连，在攻击窑湾北门外围张口砦时便吃了一次亏。

五连连长受领任务后，竟忘了"战术上重视敌人"的老传统，不跟其他连干

打招呼，便一字队形把部队拉了上去，接近鹿砦时遭国民党军的密集火力杀伤，全连一下子伤亡了30多人，连长自己的腿也被打断了。指导员周文江很快组织火力压住了国民党军的火力网，组织了两个班冲上去把连长救出战场，张口砦的国民党军随即过了沂河逃进窑湾北大门去了！营部命令五连撤离战场整顿组织休息待命。

窑湾的外围战打得这么窝囊，指导员周文江心中很不服气，他跑步到营指挥所要求："我们不能下战场，也不能休息，我要求把全连拉到张口砦现地，开展军事民主总结经验教训，而后请求上级赋予我们新的战斗任务。"营长同意了，于是周文江带着全连重新回到昨天的攻击位置上，他对大家说："首先各人把自己当面的地形地物观察清楚，再把敌人的火力点搞清楚，然后想一想昨天我们失利的原因。"全连集合起来以后，战士们七嘴八舌地议论开了："攻击前连排干部都没有叫我们注意什么，也没有交代用什么战斗动作，这明摆着是把逃跑的敌人当做一堆豆腐渣了！""哪有一字队形往火口上冲的道理？攻击前连火力侦察都没有搞，没有组织自己的火力，没有利用地形地物，我们连主攻、次攻、侧攻在哪里都不清楚。打仗不是儿戏，两军对战可不是搞武装大游行……"周文江在最后的总结中，严肃而沉重地讲了这么几句："不管是干部还是战士，只要你一只脚踩到战场上，就面临着两种选择：是坚决消灭敌人还是白白浪费自己的生命？坚决消灭敌人，那就要开动脑筋，眼明手快，动作麻利，一句话：体脑并用。你若是不在乎自己的性命，那就很简单，做一个麻痹大意的傻瓜蛋子。以后大家一定要记住：要保存自己，就得先设法消灭敌人；也只有消灭了敌人，才能保存自己。一个穿军服的人民战士，特别是干部，一定要敢于猛打猛冲，也一定要体脑并用。"

五连的情绪很快振作起来，大家要求把部队整理一下，一定要争取参加总攻窑湾并担负突击任务。当得知老团长，现任师参谋长戴克林带领六团进小东门受领任务后，周文江便越级跑到戴参谋长面前请求任务。戴参谋长批准了他的请求，告诉他：现在纵队首长给我们区分了任务，要把围墙里的国民党军分割成四小块，来一个分菜吃饭，我们六团的任务是和三团并肩携手作战，解决镇东北角的一部。在我们的作战区域内，据查在一个学校里就盘踞了国民党军一八六师一个团，你们的任务是打巷战，就是血路也要开出一条来，去接应北大门的部队。周文江立下了军令状："请老首长放心，我们五连的干部战士保证痛痛快快地消灭敌人！"

五连投入战斗后，在巷战中是逐屋争夺的。国民党军凭借着每一幢房屋顽强抵抗，周文江指挥半个班爬上屋顶，撬开房顶向下扔手榴弹，半个班上刺刀搜索前进，左右用两个班担任警戒并同友邻部队取得联络，这样全连分两个梯队轮换前进。打着打着，五连的这条通道居然打到了六团最前面，并在镇中心偏北的一座学校里俘获国民党一八六师的一个步兵营，计 400 余人。

周文江派出一个班将他们押送脱离镇中心后，自己便带着两个班继续打巷战。与此同时，二师四团与一师在镇中心会合，三师八、九两团打进大东门和南门外，积极向西南攻击被分割的国民党军一五二师残部。

一师一、二团夺取了天主教堂，二团五连在伤亡较大的情况下继续向国民党军军指挥所发起冲击，到只剩下 20 余名战士时，连长金永清、指导员顾建帆及时调整组织，组成 3 个班打进国民党军的军指挥所，俘虏 200 余人，战后被纵队授予"窑湾战斗第二大功连"的荣誉称号。

12 日拂晓，窑湾战斗胜利结束，歼灭了六十三军两个师 5 个团共 13700 余人。这次战斗，创造了解放战争以来，人民解放军应用急袭的战法，以一个纵队歼灭国民党军一个军的战例，受到了华东野战军首长的通令嘉奖。

11 月 22 日，黄百韬兵团为我兄弟部队全歼于碾庄圩。

12 月下旬，按照蒋介石的旨意在南京开了公祭的追悼会，由南京国防部参谋次长林蔚代表蒋介石公祭，蒋本人没有到场。而得知六十三军军长陈章死于窑湾，蒋介石命令陆军总司令余汉谋筹备公祭陈章，在此以前蒋介石已追赠陈章为上将。余汉谋遵循蒋介石的旨意，邀请了在南京的广东人士，国民党"中委"、"立委"，还有一些"国大代表"的将领参加，还特别通知粤系军留南方的官兵也参加。公祭仪式特别隆重，蒋介石到场祭奠，显得特别悲恸，频频拭泪，并讲了话。前后两个追悼会很不一样。李以勋于 12 月返南京时去看望余汉谋，他问："总统祭奠陈章为什么那样隆重，而且挥泪哭陈章？"余汉谋说："问题不是很明白吗？他从广东参加北伐起家，直到获得全国政权，而现在大势却到了这种地步，将来又要退回到广东去，自然触景伤情啊！广东对蒋的一生关系太大了！"这说明陈章在窑湾丧命，蒋介石失声痛哭，固然有悼念部属的一面，但却漏泄了他的内心悲哀，同时想借此收拢广东的人心，好留待以后退却到南方去作最后的挣扎。

三、《土地法大纲》加入了淮海前线的大决斗

窑湾战斗刚结束，六团团部通知周文江到后方挑选新战士，周文江带回52个新解放战士，团里又抽调了一批战斗骨干补充到五连，又是一个116人的满员战斗连队了！对新战士，五连当天就分别召开了迎新会、相互介绍会、新老战士谈心会。老战士探问新战士："你们是怎么出来当兵的？"有的新战士哭了，诉说他们在蒋管区被抽壮丁挨打受屈的苦情。周文江从小口袋里拿出一年前中共中央颁布的《土地法大纲》，吩咐卫生员唐楚云到班里边念边解释，又组织解放区参军的新战士讲家乡分土地闹翻身的情况，引起新解放战士的无比关切，有的把《土地法大纲》要去认真阅读，有的向老战士询问："南方的农村将来也实行土改吗？""我的家里将来也能分到土地吗？"于是出现了全连新老战士互诉互谈互帮互学的热潮。个别新解放战士坦白了曾在解放区老百姓家里拿过东西。有人交出集体加入三青团的证件，纷纷发誓今后在解放军大家庭里战斗到底！

周文江又给战士举行授枪仪式，这在当时曾被师、团领导机关誉为一种创造。后来五连参加打援、保证兄弟部队围歼碾庄圩的黄百韬兵团，3天中打了大小5次战斗，没有一个新战士掉队的。新战士蔡茂平负了伤滚下山来，到后方包扎后又回到前方，一边找一边问："五连在哪里？我是五连的新兵！"新战士占全连总人数的三分之二，老战士很自豪地对团机关下来了解战斗力情况的干部说："我们是老连队新战士，《土地法大纲》使新老战士心明眼亮，我们五连包打胜仗！"五连终于锤炼成为立集体一等功的光荣战斗连队。团里郑重其事地向师里做了书面报告："五连是一个即俘即补即教即打的冒尖连队，周文江是个军政双全的优秀的连指挥员。"纵队刘飞副司令员知道这一情况后，夸奖"周文江这个人，打仗是猴子的脑袋，老虎的胆，做政治工作也能做到点子上，他把《土地法大纲》调到淮海前线来参加战斗了"！

窑湾战斗刚结束，纵队指挥所就前进到运河西岸。新华社华东野战军总分社一支社几名记者一起来到纵队指挥所，请刘飞谈谈指挥窑湾战斗的体会。他上唇的浓胡子不见了，脸刮得干干净净的，上身穿了件很合身的皮夹克，完全不像一个44岁的老军人。他意识到记者们打量他的上装，笑着说："这是国民党军联勤总部空投到济南的美援物资，许谭兵团首长分送给各纵队负责人的。它能挡风雪，冬季作战战士能有一件就不怕风霜雨雪了，将来天下归了我们，我们建议毛主席、

朱总司令把哨兵的服装都换成这样好不好？"有位记者马上应声说："谁不赞成就叫谁在冰天雪地中站三天三夜的哨。"大家哈哈大笑，接着记者们就请他回答问题：首战窑湾得手，人民解放军一个纵队消灭国民党军一个军，这是解放战争以来少有的战例，你作为得胜一方的指挥员，请谈谈这一战的指挥心得。

他摇摇头，手也动起来了，那手势加重了一副不以为然的神态。他说："现在战争形势发生根本变化了，战争本来就是'攻'、'防'二字，现在'攻'字归了我们，蒋介石只剩下了一个'防'字的能耐。而且这一次是大兵团作战，在一个局部看起来是一个打一个，实际绝不是！整个战场的合围、分割、牵制、打援都在起作用嘛，你们看，他就没能派出一兵一卒来援救六十三军，因为他自己同时为我兄弟部队围困在碾庄圩。这一次人民解放军一个纵队吃掉国民党军一个军是事实，而且野战军首长通令嘉奖了我们，这可以说是我们全体指战员的杰作，希望大家不要过分地报道我们指挥上是如何如何，一个人的作用总是有限的，从来不会是所向无敌。我是一个平平常常的指挥员，严格地说来，已经获得的胜利和失利相差不多。我没有什么绝招，每一仗都是竭尽全力勉为其难地打。两年前打峄南阻击战，初次对付国民党军的坦克，我们就吃了亏，撤离战斗后看到各团送来的伤亡报表，非常难过，我还向纵队首长写了检讨报告，叶司令叫我认真读了一本兵书，是一个叫克劳塞维茨的德国人写的……好了，时间宝贵，我们一起去看看附近的部队吧！"

他双手停下来了，起身脱去了皮夹克，扔给了警卫员："把这个送给机要科，让电台同志和机要员同志值夜班时穿用。"在运河西岸的一个高地上遇上一支部队，一问是二师四团的，刘飞说："这个团的前身是新四军十八旅五十二团，最早的一批战斗骨干，是'江抗'（江南抗日义勇军）在东路地区作战时留下的36个伤兵病员。这个部队的经历很有意思，在胜利后你们当中最好有人写一写这支部队。五十二团的第一任团长是陈挺，我那时是五十三团的团长兼政委。以后五十二团有一支团歌叫《你是游击兵团》，我记得是宣传股长过鉴清写的词，黄苇作的曲……"

四团的两位领导同志听说刘飞副司令员来了，赶来请他对部队讲讲话。他没有推辞，站到一个高垛上，双手舞动起来，大声说："前些日子有个秀才告诉我，徐州这个地方是个古战场，徐州以南的灵璧县境内有个地方叫垓下，就是项羽最后全军覆没的地方。这是我国战争史上很有名的战例，也就是十面埋伏，四面楚歌，文仗武仗一起打。我们现在进行的是伟大的人民解放战争，今后解放全中国的作战方式，将会是多种多样的，只要能瓦解敌人，文的武的半文半武的方式都可以用，广播、传单、喊话、唱个小调什么的，都可能用得上。这上头谁出大力气谁就是人民功臣。各级指挥员和政工干部都要学得更聪明一点，我们付出的代价较小而获得的胜利很大，党和人民就更加满意。当前我们所有军政干部要特别注意一件事，就是要努力使每个战士都知道为谁而战。我们许多的新解放战士都是贫苦农民出身，他们是被迫参加打内战的，他们根本不愿意为蒋介石的反共独裁送死，要非常耐心细致地教育他们：我们人民解放军是为全国人民翻身做主人而战斗的，是为实现耕者有其田而战斗的。有的连队组织新老战士一起学习畅谈《土地法大纲》，使大家明白了家在北方的早已翻身；家在南方的，只待解放军一到也就得解放！要强调的是，战时政治工作千头万绪，但当前最关键的是把'为谁而战'的教育工作做到家，每一个战士懂得了为谁而战，我们就会成为一支战无不胜、攻无不克的常胜之军！"

四、邱清泉卖力东援，畲族英雄蓝阿嫩说："此路不通！"

窑湾战斗还未完全结束，纵队首长就命令工兵营在运河上选择渡河点准备架桥，因而战斗刚结束、纵队接到华野指挥部的西进命令时，全纵队便迅速通过了运河、皂河，以攻势行动抢占了碾庄圩西南的鼓山、狼山阵地，迎击邱清泉兵团所属七十军的东援。鼓山、狼山距离碾庄圩只有50华里，从11月18日起，我二师五团与三师七团并肩战斗，与国民党军七十军争夺鼓山、狼山的制高点，两昼夜的冲击反冲击，阵地失而复得，终于没有让七十军越过鼓山、狼山阵地一步。担负鼓山阻击战二梯队的指挥员，一团副团长蓝阿嫩在战前动员中对一营的干部说："我们已经吃掉了一个六十三军，兄弟部队同时在碾庄圩包围住黄百韬所属的4个军。黄百韬的总兵力大约占淮海战场国民党军总兵力的四分之一，我们的决心是非吃掉他不可，蒋介石的决心是非救出他不行！能不能吃掉黄百韬兵团，关键在于堵住国民党军的增援，才能保证总攻的兄弟部队万无一失，这一次邱清泉支援很卖力气，步兵、重炮、坦克和飞机都用上了，但在以前的8天时间里，国民党军只前进了30华里，却死伤了一万余人。现在上级命令，从20日开始，不准敌人前进一公尺，我蓝阿嫩有这样一个想法，华野首长的这一决心，是一定要使蒋介石的痴心妄想落空，所以我们这些站到鼓山、狼山一线阵地上的人，要用大量杀伤国民党军的顽强防御，明明白白地告诉我们的对手：此路不通！活着滚回去我们欢送，爬上来送死我们决不爱惜弹药！……"邱清泉的七十军终于没有能东援碾庄圩的这一线要地，直到11月22日，黄百

▲ 华野某部炮兵向东援的邱清泉兵团第五军轰击

韬兵团被我兄弟部队全歼，全纵队才解除了鼓山、狼山一线的防御任务。

在完成鼓山阻击任务后的追歼国民党军的作战中，一团副团长畲族雄鹰蓝阿嫩同志在一次国民党军飞机狂轰滥炸中不幸光荣牺牲。他14岁时，作为福建省柘荣县富溪乡草籽坪的一个畲族少年，就参加了闽东工农游击第一支队，当司号员。一个月后在大坪岗战斗中，国民党军逃过一条小河后向尾追的红军战士大喊："敢过来吗？过来叫你们有来无回！"少年蓝阿嫩急中生智，操起一根竹竿，像撑竿跳那样"嗖"一下飞过河去，然后立即吹响冲锋号。在号声与冲杀声中，许多战士泅过河去，还有的仿效蓝阿嫩的办法一跃而过，立即展开全线追击，把国民党军全部消灭了！从此少年蓝阿嫩便得了个"畲族雄鹰"的光荣称号。后来在新四军老六团的战斗序列中，参加过著名的袭击虹桥飞机场的战斗，他带领战士率先冲入机场跑道，火烧了停机坪上四架日机。此后，他在连指导员、作战参谋、营长、团参谋长、副团长的战斗岗位上，都有过出色的作战和工作表现。窑湾战斗中，一团参加了突破小东门的战斗，他率领的突击营一直打到盘踞在天主教堂的六十三军军部，全团俘敌300余人。

胜利全歼了黄百韬兵团的次日，全纵队受领了新的阻援任务。这时我中原野战军在华野一部的配合下，准备聚歼黄维兵团于宿县以南地区，蒋介石命令邱清泉、孙元良两兵团从徐州以南现地南援黄维，华野以8个纵队、两个独立旅在徐州以南津浦路两侧50公里的宽大正面上，阻击企图南援的国民党军。

一纵队担负整个防御集团的右翼，我们的对手仍然是邱清泉所部的七十军，

从 11 月 22 日至 28 日，在旧黄河南岸的水口地区，连续打退了七十军所吹嘘的 6 次"拿破仑式的滚动进攻"，我水口地区的全线阵地屹立未动。

11 月 30 日午夜，杜聿明率 3 个兵团弃徐州绕道萧县、永城南逃，纵队奉华野指挥部十万火急的命令：直取萧县迅猛追击。纵队刘飞副司令员向各部队下达了如下的命令："不要尾追，要迂回猛插到敌人前面去，不要为小股敌人所困扰，发现敌人的高级指挥部坚决捣毁；发现敌人的战车和装甲车要坚决摧毁，勿使敌人利用现代装备逃跑。"

这一道命令点出了拦截 30 万逃跑的国民党军的关键所在。三师八团二营在萧县西南的桃园战斗中，爆破排长郭荣熙率领爆破组，在同国民党军装甲车群较量中，一举击毁他们三辆坦克并缴获了两辆装甲车，创造了步兵消灭坦克的战斗范例。总之，打乱国民党军的指挥机构和拦击捕捉国民党军的坦克、装甲运输车，是紧追直至最后包围杜聿明集团中解放军指战员的杰作。从 11 月 30 日杜聿明集团 30 万人弃徐州逃跑始，至 12 月 3 日晨止，华野各部已将逃跑国民党军全部截住。我纵和九纵以最迅猛的行进战斗动作，从东西两翼迂回到他们的前方，完成了拦堵 30 万国民党军的重大历史使命。

五、战争轶事——八二迫击炮打飞机

12 月 4 日拂晓，华野各部终于将杜聿明指挥下的 3 个兵团（邱清泉、李弥、孙元良）完全包围于永城东北的陈官庄、青龙集地区，使国民党军龟缩在以陈官庄为中心的东西 10 公里、南北 5 公里的狭小地域内，成为瓮中之鳖。一纵队从发起追击到紧缩包围圈的 4 天作战中，共经历大小战斗 30 余次，俘获国民党军近 1 万人。

在围困杜聿明集团的战场休整期内，整个前线无大战事。但我战地军民面临着两大威胁：第一，国民党军穷凶极恶地施放了毒气，对此，我方除公开加以揭露外，只有加以周密的防范；第二，国民党的飞机俯冲低飞，把老百姓草房的屋顶都掀掉了，战士们气得用步枪、机枪打飞机，但无济于事。

一师师长廖政国来到师后勤的修理所（这个修理所有一个绰号叫"廖记小兵工厂"），找到徐琨、丁逸、张震三人开会商量能不能用迫击炮打飞机。廖师长对他们说："敌人太猖狂了，打不到他，吓唬吓唬他狗日的也好，至少不让他飞得这么低！"听他这么一说，三人一时都不敢回答，因为改造迫击炮高射炸药空爆太没有把握了，心中都没有底。然而廖师长再三动员他们，理由越来越多："你们看到吧，影响了我们后方运输的安全；再说，飞得那么低，声音那么刺耳，影响了战士轮番睡觉休息……"开会约有两个小时，这是从来没有过的。后来张震说："让我们研究一下再答复你。"他不作声。最后三人表示："试一试吧！"他才满意地走了。

修理所马上研究试制方案，决定改变迫击炮的碰发装置，采用高空定时爆炸，改造八二迫击炮打高射引爆管。试制成功后，准备试射，廖政国接到报告，立即跑到现场观看。为了安全，大家只许他站在离试射点 20 米远的地方。为了看得更清楚一些，他要求让他靠近 5 米观察。这一次试射是张震操作的，一打上去，在 400 米的高空爆炸了！廖政国连声叫喊："好！好！打不到它，吓它狗日的也好，至少可以迫使他们的飞机不敢低空投弹扫射。"后来，修理所第一次就改装了 30 发八二炮弹。一师部队使用迫击炮空炸后，在一师阵地的空域内，飞机的"威风"确实被打下去了，它不敢俯冲低飞，而且一飞临一师阵地上空就很快逃走。后来廖政国告诉修理所的同志："这不仅是打掉飞机的猖狂'威风'，也可能打掉了蒋介石的'威风'，因为蒋介石再不敢飞临战场上空视察了！"

廖政国在几十年的军事生涯中，为了克敌制胜，他总是孜孜不倦地对延伸和改进部队武器装备的使用性能进行研究，这是他善于从战争中学习战争的一大特点。他没有上过理工科学校，也不是技术工人出身，但他有钻研心，对各种技术问题很感兴趣，提出许多制作要求，也给下级出过不少难题。一句话，他充分意识到武器装备是部队战斗力的重要组成部分，不断改善装备才能成为战争中真正的强者。

早在抗日战争时期，部队根据驻地群众提供的线索，在当地挖到两个光绪元年的炮筒子和三十几发炮弹。那古老的独角炮，只能打一发装填一发，而且还没有炮栓。当时担任旅长的廖政国一见如获至宝，部队到哪里，都把它抬到哪里。南下到了浙西龙头界的时候，廖旅长要求供给处把那两门小炮筒子改造成为平射炮。军工科有个学过机械制造的大学生叫徐鹏飞，他负责设计，十几个人参与共同试制，经过 19 天的日夜奋战，终于试制成功了，第一炮试射，把土地庙打了一个大窟窿。以后打双林桥头堡，这两门炮便发挥了很大的威力，部队很高兴有了自己的炮兵。

▲ 解放军山炮打飞机

在山东作战期间，廖政国听说被我击毁的国民党军飞机上有高射机枪，他派部队拆卸回来，交代修理所的同志：把飞机上用电击发的高射机枪改装成不用电击发，而用手扣扳机击发，再做两只架子，就可以用来对付坦克。根据他的设计方案，很快改装成功了。后来到鲁南战役打国民党军第一快速纵队时，这挺高射机枪就派上用场了，它穿透力强，瞄准国民党军的坦克，一打一个洞。

在解放战争期间，一纵队的3个师都各具有自己特有的战功和优良战斗作风，但在武器装备的改良这一点上，一师一直居于领先地位，比如部队进入山东后，都普遍学会了爆破，各部队都培养训练了一批批送炸药的爆破手，但是用六〇炮平射送炸药、步枪送炸药等等，都是一师开头而后推而广之的。毋庸置疑的是，廖师长在这方面的关注和钻研是功不可没的。现在人们在首都军事博物馆，就可以看到那门被改造过的光绪元年的独角炮，在济南的山东博物馆里，就可以看到一挺从飞机上拆卸下来又经过改造的高射机枪。

廖政国有一句至理名言，闻者无不为之折服，他说："一个指挥员，指挥得好是指挥员，指挥得不好就是指死员！""指挥员要坚决果断，也要多动脑筋多想办法，千万不可把蛮干当成勇敢，要爱惜战士啊！"

六、1949年元旦的一个战地聚餐会

战场休整期间，迎来了1949年的元旦，二师侦察连的连长给师参谋长戴克林打了一个电话，请首长来参加他们连的元旦聚餐，老军人答应了，按时来到侦察连。

这是怎么回事呢？前几天戴克林来到侦察连查问一个战士，他告诉连长：窑湾战斗中，他率六团进入小东门突破口后，部队同守备的国民党军展开了激烈的巷战，最后在镇中心同兄弟部队会合。这时西南角还有一部分残敌没有解决，他叫

侦察班去找一名被俘的军官来查问一下。不久，一名侦察员带来一个30岁上下的汉子，只穿一条短裤，上身披了件国民党的军官服，一手夹着一捆旧报纸包的东西，打开一看，是几本教材和辞典之类的书。问他是六十三军哪个单位的？那人说自己是窑湾中学一名教师，蒋军占领窑湾后，他和同事们想过运河西逃，但自己不会游水，下了水又爬回东岸，光着身子在芦苇丛中躲了一天一夜，听到枪声稀落后才摸回学校，捡到了一件国民党军的军服披到身上。这时学校的图书馆起火了，教师赶快抢出几本书，正好碰上一位解放军同志。侦察员在一旁吆喝道："闭嘴！你再胡编乱说，我将你五花大绑送到后方俘管处去。"戴克林对侦察员的插嘴发怒了："你给我闭嘴！"还熊了侦察员几句。那教师离去后，侦察员还是叽叽咕咕有些不服气，戴克林又斥责了他几句："到了新区以后你若再随便抓人，那等着你的就是禁闭室。你没睁开眼看看他那一包东西？那是书，一个教书的人要用的书。不是金条、美钞、金圆券、高级手表……"侦察员虽是认错了，可还是感到委屈："我只晓得爱护老百姓，谁知道他是教书的呢还是国民党军官？……"

戴参谋长讲完这件事后，告诉连长："空下来想起这件事，总觉得不应该熊那个战士，所以我想找他谈一次，赔个不是，向他道个歉。"侦察连长说："仲明高是个好兵，就是有点憨脾气，这个事由我来安排吧。我们决定元旦那天会餐，到时请首长赏个光。仲明高是个回民，我们节假日吃猪肉，照例要给他烧几只鸡蛋，让他单独吃，那天你来陪他吃顿除旧迎新饭，不就了了嘛！"

这便是戴克林到师侦察连参加元旦会餐的缘由。那一天纵队《前锋报》一位记者正在请戴克林谈窑湾战斗的体会，接到侦察连长的电话后，戴克林拉着记者一道来到侦察连。

那是一次再简单不过的战地会餐，是为了迎接1949年新年的到来，也是为了迎接淮海战役最后大围歼的到来。平时连队开饭从来是不准讲话的，只有节假日的会餐例外，干部战士可以边吃边谈，有说有笑，互敬酒菜。这一次是战地会餐，当然没有酒，菜也只有一脸盆红烧肉和一脸盆山东大白菜。会餐开始后，连长让记者留在连部，参谋长去陪一个单独"开小灶"的回民战士吃饭了。

连长用白开水同大家碰了杯。他还兴致勃勃地谈起他们江南酒乡做糯米酒的窍门。酒器和制酒方法都极简单，但最讲究的是要有一副非常灵光的能辨酒熟的好耳朵，弯着身子不时到酒缸旁边听，听到里面起泡的声音窸窸窣窣的，好像是螃蟹吐沫的声音，便到了恰好开缸的时刻，如果早一点那酒还未熟，迟点就发酸

▲ 陈官庄前线解放军战士吹起欢快的口琴，快快乐乐过新年

了。他说得使人有一种微醺的感觉。

饭罢，戴参谋长拉着侦察员仲明高的手走了过来，他出了一道题考问连长："回民族有哪些饮食习惯？"连长说："不吃猪肉呗！"戴克林是参加过长征的红军干部，对西北的回民地区熟悉，他不满意连长的回答，就叫仲明高告诉大家：回民禁食猪肉、马肉、驴肉，禁食自死的动物和无鳞鱼，禁食动物的耳、鼻、血、脑等。戴克林接着说：将来条件许可时你可以进回民餐馆参观一下，他们从不卖无鳞鱼、鱼唇、鱼皮、海参；还有回民菜的烹调方法也跟我们不一样，我们汉人的菜是烧、炒、烹、炸，回菜是焦、溜、煸、炒。记住啰！连长保证：打过长江去，部队休整下来，他一定请仲明高陪他到回民餐馆见识见识。戴克林马上发问："听你的口音好像是阳澄湖那一带的人？"

"是的，我们家乡的大螃蟹名扬天下。"连长承认。

戴克林说：我知道。我和叶飞司令员、刘飞副司令员、廖政国师长、夏光、陈挺等一批人，在你们那里打过仗。你那时大约只有十三四岁。我在你们那里学会了一句话，那是"常熟民抗"司令员任天石同志常在群众大会上讲的："江抗好比蟹墩（壳），侬（你们）好比蟹脚，有墩有脚，大家爬起来就着力哉！"

关于一名老军人在战场上陪一名战士吃除旧迎新饭的故事，从此就在部队中传开了！

七、李贵的故事

纵队政治部就"为谁而战"的思想政治工作发出了专门指示，重点是大力开展对新解放战士的帮学活动。窑湾战斗后，全纵队获得了两个大批补充：一个是补充了大批缴获来的武器弹药；一个是补充了来自六十三军的大批新解放战士，有的连队甚至补充了占全连人员半数的新解放战士。当时纵队、师、团的机关政工干部纷纷下到基层，帮助连队的干部开展教育新解放战士的工作。

为谁而战的教育工作，三师七团七连的成效给人以振奋和启示。这个连的二班除了正副班长外，全部都是新解放战士，班长赵光生是豫东战役解放来的，已经是共产党员，他责任心强，善于做团结新战士的工作，和山东参军的副班长吴宝玉处处起模范作用。他们让新战士休息晒太阳，他们俩分头打饭、摊铺、烧开水，把新战士生白虱的内衣烫洗干净，甚至把新战士的洗脚水端到面前，新战友吃饱饭他们收拾碗筷，又把晒干的衣服收回来，破的补补，脱线的缝缝。新战士一个个都感动得不知说什么好，他们说，在国民党部队里，新兵简直是牛马，要替班长洗衣物干杂务不说，还要伺候老兵，班长、老兵动不动就打骂他们。大家都说到了这边，正副班长比家里的父母兄长还要亲。全班的新兵都有说有笑的，只有一个"小广东"叫李贵的一声不响，心事重重，他望着房东老大娘发呆，没精打采的双眼总湿乎乎的，不管是谁找他谈心，他总是不开口。一个下半夜，指导员查哨，"哪一个？口令！"哨兵哗啦一声子弹推上了膛，指导员答了口令，走近一看，放哨的是李贵。他持枪对着指导员，身子在发抖。指导员问他有什么情况？是不是身上冷？他结结巴巴，答不出来。指导员看他抖个不停，脱下棉大衣披到他身上，他才退出了顶膛火，哭着说："指导员，我不要大衣……"

第二天上午指导员忙其他的事，把李贵枪口朝里放哨的事告诉了团部下来的宣教股长金乃坚。因为金乃坚能听懂广东话，所以指导员请金股长花点时间同李贵谈谈，解除他的思想顾虑。金乃坚告诉李贵：人民解放军是为人民服务为人民谋福利的，同志之间都是阶级兄弟，都是为了解放全中国人民而团结战斗的。你们刚来不久，有这顾虑那顾虑、怕这怕那是很自然的。你们班长赵光生刚来时也一样担心这担心那，你看，到现在还不到半年，已经是七连的一个挺出色的班长了。关于班长赵光生的事可能触动了李贵，他说了声："我心里也担心……"伤心得泣不成声了。

他担心什么？那用不着细问，无非是国民党反动派那些老掉牙的反动宣传："共产党抓住俘虏要活埋"、"用机关枪点名"、"先甜后苦"等等，在大家的耐心帮助下，特别是眼前许多活生生的事实，终于使李贵的眼睛亮起来了，他打破了缄默，话多起来了，一口难懂的广东话，喊起同志来"同机、同机"亲昵得很，他终于向班长报告：在国民党军六十三军当兵时，有一次连长把全连集合起来，活埋了3个解放军重伤被俘的战士，那反动连长对大家说："都看见啦，共产党把你

▲ 解放军某部炊事员替战士站岗，让战士吃热饭

们俘过去，早晚总要把你们活埋了的。"所以从那边过来以后，总是日夜提心吊胆，同志们对他好，他总认为是假装的，晚上睡不熟，放哨枪口朝里。现在才全都看清了，一定在这边老老实实当兵。

"老老实实当兵！"这话意味着李贵还没有真正懂得为谁当兵，为谁而战。七连在徐州以南的赵家洼打阻击，在做好工事休息之际，连里党支部决定组织大家学习讨论《土地法大纲》，搞小型诉苦会。二班班长赵光生在地堡里带头诉苦讲家史，李贵再也忍不住了，他向大家诉说："我比班长还苦啊！"他从小死了父亲，母亲整天干活也养不了他，只好把自己卖给了别人。他从10岁起就在地主家放牛、干活，地主把他当一头牲口用，挨饿挨冻，半死不活，有苦无处诉，有时只好伏在牛背上哭。他总盼着长大后能挣点钱把母亲赎回来，哪知到了18岁时，万恶的国民党师管区半夜三更把他抓去当兵，他不愿意走，被捆起来抽打得浑身发青。

诉苦会没有诉完，国民党军逼近了，来势很猛，七连打垮了他们3次冲击。二班是全连打得最出色的一个班，工事被炸毁了，他们跳出工事，发起两次短促反击，杀伤国民党军30余名。不幸的是班长赵光生负了重伤，他知道自己不行了，拉住李贵的手说："李贵同志，打从解放过来，我才懂得了人为什么活着，可惜刚刚懂，就不能再打仗了，不能同你一块去解救你的母亲了！你要好好听党的话，杀敌立功。"李贵抹了把眼泪，"嚯"地站起来，冲在全连反冲击的最前面。

后来杜聿明集团弃守徐州向西南逃跑，我纵奉命边追、边堵、边打，一时出现过混战的局面。七团攻击储庙，歼灭国民党军第四十一军两个营，第二天早上，有一个操四川口音的俘虏兵，带着另外5个俘虏兵，扛着5条步枪和一门六〇炮，被二营的同志送到七连来。四川兵说他是七连二班的兵，连的干部都不认得他，盘问起来，他说："我是七连二班的，不信去问问那个广东人！"这四川兵一走进二班，一看见吴宝玉和李贵，就如久别重逢的老友一样。后来还是李贵说清了这一件事的底细。

原来 12 月 5 日夜间，七连突破了储庙前沿阵地后，遭到前面土圩子里国民党军的反击，班长吴宝玉手里的手榴弹快拼完了，正有些发急，这时战斗小组长李贵转身回到刚打下的地堡里，摸到一大堆手榴弹，送了一批到班长身边，又回身到地堡里搬，天黑，一脚踩到地上的一个人身上，好像听到一声轻轻的叫声，一问才知道是一个国民党军的士兵，此人知道解放军的俘虏政策，趁其他人向后溃逃时，就躺下来装死。李贵把他扶起来，说自己也是刚刚解放的，共产党是为穷人打天下的，解放军的军官待士兵如兄弟。李贵动员这个兵调转枪口参加解放军。短短几句话，把那个"死人"说活了，动员他参加打土圩子，他也答应了。为了让大家识别这个火线入伍的新兵，李贵给他左臂上扎一条白毛巾，领他去见了班长，班长吴宝玉说了声"好吧！"发了他一支步枪，分配了手榴弹，重新组织了火力，就让这个新兵加入李贵的战斗小组，去攻击土圩子。

那一夜天黑人多，土圩子突破后枪声、喊声不断，有点混乱，李贵同那个四川兵失散了，可是那个四川兵跟着兄弟部队一直打到战斗结束，还抓了 5 个俘虏，又缴到一门六〇炮。天亮后，二营的同志发现这几个人来历不明，扣了下来，他再三争辩，说自己是七连二班的战士，左臂上的白毛巾可以作证。二营的同志一看，白毛巾上有"支援前线"4 个鲜红大字，这是老根据地的慰问品，是昨夜作战的识别标志，这才把他们送到七连来。

这一天，七连又重新调整了组织，连长沈世元大声念着昨夜新解放来的 40 多个新战士的姓名，把他们分配到各班去。这时，七连共有 123 人，比战前多了 50 人。其中，有新解放战士 92 人。二班长吴宝玉提升当排长了，李贵当了二班长。

八、阵地奇观

从 12 月 16 日开始，前线部队奉命围而不打，转入阵地休整，于是开始了 20 天的前线无战事。

前沿部队中出现了前所未有的阵地奇观。

首先是清除了战壕内外的秽物，掩埋了远近的国民党军的尸体，疏通了排水沟，设置了"公厕"，有的连队还把汽油筒锯开当澡盆，设了阵地"浴室"。四团八连曾为此获得华野授予"淮海战役卫生模范连"的荣誉称号。

在风雪交加的阵地上，战士们和衣抱枪倚在战壕中睡觉，吃着冰凉的饭菜（炊事员从四五里路外把热饭菜送到阵地上就冰凉了），没有水喝，至于洗脸、刷牙就别提了，所以有的战士说："我们的碗越吃越小了，筷子越吃越粗了！"还有解大小便的也没有个地方，战壕内泥泞难行，鞋袜湿透，疾病威胁着指战员们，这将直接影响连队的战斗力。就在这时，四团八连接到了上级关于"构筑坚固工事，改善阵地卫生，做好抗寒防病工作，积极做好围歼国民党军的最后准备，争取淮海战役全胜"的指示，党支部书记王家苗和连长进行了认真研究后，迅速对全连作了动员，提出"少一个病员，就增加前沿一份战斗力"的口号。全连在党员和干部的带头下立即行动起来，分别构筑了散兵坑、避弹体、掩蔽部。又在掩蔽部里堆上稻草，为了保暖防冻，睡觉时采取两人倒头合睡，睡觉的问题不到两天就解决了。

为了便于运动部队和转送物资、伤员，八连又加宽了战壕。化雪后又在交通沟两侧挖起了深宽各十公分的排水沟，每隔十步的地方挖一个积水池，还用旧棉花在战壕壁上嵌成"勇敢路"、"胜利路"的路名。而且轮班打扫整修，掩蔽部内整清，战壕内外也没有脏物了。

▲ 在围困杜聿明集团的解放军战壕里所设的厕所

团首长来连检查后，袁天枢政委又命令后勤在两天内用小米秸编好几百张草帘送到前沿阵地。八连的同志又在战壕一侧挖起了"饭厅"。实际是一个泥桌，周围挖成够一班人坐的"椅子"，泥桌中央挖出一个菜盆大小的圆洞，当饭菜送来时，就在圆洞中放些柴火烧起来，给凉菜加热。战士们幽默地说：我们连开饭是"进饭馆吃暖锅"。后来八连每个班还进一步挖起了"小水井"，用钢盔、子弹箱烧水，解决了喝开水和洗脚的问题。

从此，全纵队所有前沿部队结束了一天三餐吃冻干粮的战地艰苦生活，吃上了热饭、热菜、热汤、热馒头，甚至热水饺。二师侦察连有个安徽淮南籍的司务长，居然开动脑筋大显身手，每星期给全连开两次豆腐宴。这位司务长战后自豪地介绍经验说："中国豆腐的发明权据说属淮南王刘安，这次我们用豆腐宴在淮海前线为战士们庆功，这是我们淮南人的光荣。"

阵中奇观还值得提及的是二师六团三营阵地上，竟闯进来几个来自徐州的小商贩。问他们怎么敢闯到前线来做生意的？回答是："我们看到那么多男女担架员通过徐州的大马路上前线，他们不怕，我们为什么非怕不可呢？你们不要把生意人都看作是大老板，我们是小商贩，小商小贩，跑跑贩贩，不跑不贩，便一日无饭。"

战士们问他们：跟解放军做生意一点不担心吗？回答是："我们知道解放军实行买卖公平，我们放心！你们把抢劫老百姓钱财的遭殃军包围起来了，我们高兴！我们也想亲眼看看解放军的模样。"

阵地上的指挥员告诉他们："在前沿阵地上看看可以，但不要久留，万一挨了对方的冷枪冷炮可不值得。"他们感谢解放军的热心肠："我们打心眼里知道了解放军是爱护老百姓的军队！"

他们在阵地上来来去去好几天，呼喊了好几天："请吃徐州水果糖，恭贺解放军打胜仗！"

12 月 20 日后淮海大地风雪交加，天寒地冻，包围圈内粮弹两缺的蒋军，完全陷入了饥寒交迫、朝不保夕的境地。这期间，《敦促杜聿明等投降书》在国民党军前沿阵地不停地广播，各种喊话劝降活动非常活跃，几天之内仅李石林、陈官庄两地，夜间携枪来降的蒋军即达 2000 人之多。

来降者受到热情接待，吃饱了热饭菜之后，便向解放军诉苦，"空投场变成了抢劫场，每天都有打死轧死的人，饿疯的人一见谁的怀里抱着一箱饼干，便扑上去往死里打"，"为了争一根马骨头，两个单位都拉出队伍来，真枪实弹地干上半天，结果那根骨头却被第三个单位抢走了"。陈官庄空投场附近，有一条两米宽的交通沟，被称作徐州的"三马路"，那是一个地下黑市场，当官的霸占空投食品，据为己有，在地下黑市里进行交易、赌博，黑市行情按天气阴晴、空投多少而上下浮动。天气晴、空投多，一块银元买到一块烧饼；天下雨，得花五块银元才买到一块烧饼；连续几天大雪，空投断绝，食品价格便猛涨，一只金戒指才能买到一块烧饼。当官的赚到钱就搞赌博，有了输赢就发生行凶、抢劫，第七十军有个编余军官赌博赢了钱，就在那天深夜被他的同类杀死在防炮洞里。

走出战场后，人民解放军指战员的话题之一也有一个"饭"字，有人这么讲过：蒋介石认得许许多多汉字，唯独有一个汉字他识而不懂，他不懂得一个很普通的"饭"字的结构是怎么回事？"饭"者，偏旁是一个"食"字，和一个"反"字，

▲ 在陈官庄战场，解放军战士在战壕里理发

合在一道便成为"饭"。我们的老祖宗就懂得"食"字至关重要，说过"民以食为天"，食是天经地义的事，无食必反，所以现在蒋管区就掀起了"反饥饿反内战"的浪潮，前线的士兵们无食，他们就自动携械向解放军投降。

九、立此存照——蒋介石丧心病狂的罪恶计划

震撼中外的淮海战役，从 1948 年 11 月 6 日发起至 1949 年 1 月 10 日结束，历时 66 天。这是难忘的 66 天！

我们永远不会忘记的是：全纵队付出了 7740 人的伤亡，才胜利完成了城镇攻坚、阵地防御、连续追击、平原村落攻坚等大小数十次战斗。歼灭国民党军的数量是我纵作战史上最多的一役，仅俘敌即达 38830 余人。

为实现"歼灭国民党军主力于长江以北"伟大目标而战的光荣牺牲者永垂不朽！

我们永远也不应忘记的是：日日夜夜源源不断地用肩挑、小车推、大车拉、毛驴驮、担架抬的支前大军，他们把粮食弹药送到前线，把伤兵病员运回后方。这是人民战争的伟大壮举！这一史实告诉我们，没有人民群众的支援，便没有中国人民解放军的胜利。而国民党军则处于孤立无援、千夫所指的氛围中，加上一个失道寡助、腐败无能的统帅部，他们所支撑的这场反人民战争，除了彻底失败，是不会有其他前途的。

从淮海战役的史实中，人们还应当记住的是：蒋介石这个一手酿成三年战争祸害和苦难的元凶，他的穷凶极恶、野蛮残暴，善良的人们是不可以随着岁月的推移而忘却的。据杜聿明揭露，1948 年 12 月 19 日，空军总司令部通讯署长董明德携来蒋介石给杜聿明的亲笔信中，竟有施放毒气的罪恶计划："……（二）弟部被围后，我已想尽办法，华北、西北所有部队都被共军牵制，无法抽动，目前唯一

办法就是在空军掩护下集中力量，击破一方，实行突围，哪怕突出一半也好。（三）这次突围，决以空军全力掩护，并投射毒气弹。如何投放毒气，已派王叔铭、董明德前来与弟商量具体实施办法。……"

就凭这几行白纸黑字的手令，给蒋介石戴上"头号战犯"的帽子也是罪有应得！对此，宋希濂也曾著文揭发："除了上述几种面孔外，在这一期间，我还看见蒋介石对人民的切齿仇恨和他那凶狠残忍的面孔。那是 12 月 6 日下午，俞济时打电话通知我，叫我于下午 3 点到光华门外空军总司令部王叔铭的战斗指挥所去（那时王专指挥空军对解放军作战），我按时到达。几分钟后，蒋介石就来了。在一间相当大的房间里，中间摆着一个大沙盘，按五万分之一的比例，把双堆集周围的地形和双方的态势，在沙盘上标志得很清楚，这是经由空中摄影放大出来的。室内还有几十部电话和无线电报话两用机。王叔铭将空军侦察所得情况向蒋介石报告，同时他说到凝固汽油弹的威力（据王叔铭说，这种凝固汽油弹是中国空军总部一个技术员发明，由美国大量制造出来的），可使每一个村庄化为灰烬。蒋介石听了立刻从忧郁的神情转变为兴奋凶狠的面孔，连声说好，好，应大量投掷，连共军后方一带的村庄都要投掷。这样，可以大量杀伤他们，使他们的补给发生困难。同时我还听说蒋介石和胡琏商谈过施放毒气的计划，因受条件限制而未能实施。这充分显露了这个大屠夫的狰狞面目。"

1949 年 1 月 10 日，杜聿明集团完全被解放军消灭，历进 66 天的淮海战役胜利结束。淮海战役的规模之大、歼灭国民党军人数之众，是中国人民解放战争史上的奇峰峻岭，也是世界战争史上罕见的战例。

淮海战役结束十天之后，即 1949 年的 1 月 20 日，蒋介石宣告下野，溜回老家溪口。中国历史上最后一个残暴的元凶终于被觉醒了的人民打败了！被中国人民解放军的战士们嘲笑为"运输大队长"的蒋介石终于垮台了。

蒋介石仰仗美国反动势力的扶植和援助，不惜依靠美元和美式装备来屠杀镇压遏制中国人民的进步事业，对此，人民和人民军队只有奋起抗争，结局是蒋介石的失败和人民的伟大胜利！

中国人民及其子弟兵决心走自己的路，独立自主，自力更生，自强不息，为把自己的国家建成一个繁荣昌盛的社会主义强国而团结奋斗！

（作者时任华东野战军第一纵队二师师报编辑、新华社华东一支社记者）

对淮海战役的点滴回忆

康矛召

▲ 康矛召 1949 年春摄于炮三团阵地

淮海战役延续 66 天，战况空前激烈。当时国民党军的炮火在总体上仍比人民解放军要强，但由于解放军是外线作战，又对国民党军采取了分割包围，使之不能互相支援，然后集中优势兵力和火力，分批分片地逐一予以歼灭，终于完成了全歼该部 55.5 万余人的伟大胜利。

在每一阶段的作战中，我们也是集中优势兵力火力，先攻击国民党军突出部分、分散部分，层层剥皮，然后发起总攻。因此，在每一阶段的各次攻击中，我兵力火力均能压倒国民党军。当时我某些步兵纵队（军）及所属师、团已拥有各自建立的不同规模的炮兵，如以山炮、轻重迫击炮混合编组的炮兵营、连，具有一定的炮兵技术和火力，但在与拥有新式装备的国民党主力兵团作战时，仍须由野战军直辖的炮兵火力支援，才能取得火力上的优势。当时特纵只建立了 4 个炮兵团，步兵在战斗间隙中还可略事休整，野战炮兵则不得不往复奔驰、连续作战。

炮三团辖一个一〇五榴弹炮营和两个七五野炮营，都是日制火炮，这种混合编成对当时的作战有一定的优越性。我们在协同步兵作战时经常要为步兵扫清道路，摧毁鹿砦、地堡等防御工事，压制国民党军步兵火力，同时也需要对付国民党军炮兵群，对国民党军纵深配置的火力予以压制。野炮易于发挥我抵近射击的长处和传统，榴弹炮在压制国民党军炮兵时更具威力。在攻击国民党军一个旅或加强团防御的村落或野战筑城时，我们用一个加强营的炮火就能胜任，愉快地完成协同作战的任务。而配合步兵分别攻击两个目标的战例也不少。所以全团在整个战役过程中的作战次数约 30 余次，除此以外，又在人民解放军步兵全线休整的20 天内还不断用炮火袭击国民党军，炮轰国民党军临时机场。

特纵为我们团配备了电台，加强了通讯联络，以适应连续的转移和调遣，及时地接受作战任务和解决弹药的补给。纵队为我团提供了汽车队以保证弹药的供应。我们随时都保持 3 个基数的携行弹药，以每炮 30 发为一个基数。我们的炮弹是从东北经海路运到胶东，然后用汽车转运前线。没有这样充分而及时的后勤供应，也很难想象在战场上能发挥那样大的炮火威力。炮一团全是美制一〇五榴弹炮，弹药只能取之于国民党军，虽然时常从战场上缴获一些，甚至国民党军的空投也帮过一点小忙，但在大规模的决战中，缺少有保证的弹药供应，在作战中就不能不"量入为出"了。

淮海战役对我们炮兵的技术和战术是一次严重的考验，我们也通过频繁的作战，努力在战斗实践中学习。直接瞄准、抵近射击是我们的优良传统，容易命中目标，发挥炮火威力，也是新建炮兵较易掌握的技术。但光靠这一方法是不足以胜任大规模野战对炮兵的要求的。我们在淮海战役前各级干部都积极学习射击指挥，炮手则努力掌握间接瞄准的技术。淮海战役以前我们主要是靠直接瞄准和抵近射击，而在淮海战役中出现的形势就迫使我们经常使用间接瞄准和远距离射击。我们往往在一个战斗刚结束后就接受了另一个战斗任务。炮队的转移因需避免国民党军飞机的轰炸而多在黄昏才开始。我们的指挥干部和观测兵则先期到达接受任务，选择炮兵阵地，标定射击目标，构筑必要的工事，并与协同作战的步兵分队密切取得联系，架通电话。我火炮到达后立即进入阵地，根据观测兵事先标定的目标，在夜间或拂晓前就进行试射并按规定的时间为步兵扫清前进的障碍，摧毁国民党军的工事和火力点。当步兵发起冲锋突破国民党军阵地后，我们又按照步兵的信号延伸射击。我担任压制国民党军炮兵的炮火，多半只能借助于图上作业，再根据战场上的观测施行射击。由于经常进行这样的作战并不断总结，我们的射击技术有了显著的提高。

在步炮协同的战术上，应该与协同作战的步兵建立相互的了解。我们在配合中原野战军围歼黄维兵团的作战中，曾经遇到一次挫折。在我炮火准备完毕，逐渐延伸射击时，步兵在发起冲锋后的动作不够迅猛，以致被国民党军反击而退回来了。事后我访问了这个步兵分队，发现他们同炮兵协同作战的经验较少，又首次同榴弹炮兵相配合，他们顾虑有可能被自己的炮弹碎片伤害，所以发起冲锋后的动作有些犹豫。知道这一情况后，我向步兵分队的指挥员建议，我愿向有关的干部和担任主攻的尖刀班排的战斗骨干介绍炮兵步兵协同的战术。在那次会上我又着重讲了炮兵是受步兵指挥的，在步兵发起冲锋时，炮兵是根据突击连长的信号延伸射击，而不是等待高级指挥员的命令。因此步兵在发起冲锋后不必顾虑自己的炮火，它会听命于突击连长的信号而立即延伸。此时步兵要不失时机地突破国民党军前沿阵地，跟进的部队要迅猛地扩张战果，不让国民党军有时间重新组织抵抗。

那次报告会不仅是一次战术研究，而且也是一次步炮协同的政治工作会议。它解决了某些步兵同志的思想问题，因而在下一次作战时步炮配合极好，步兵迅速突破歼灭了守备的国民党军，而准备逃窜和前来增援的国民党军分别被解放军炮火拦击而未能得逞。

我常常怀念一位年轻的观测兵，他是湖南人，高中学生，国民党号召十万知识青年从军时他参加了青年军二〇六师，1948年3月人民解放军攻克洛阳全歼二〇六师，这位青年参加了解放军，后来被分配到炮三团的一个炮连当观测兵。在淮海战役期间他来到团指挥所向我提出一个建议：他想借用我的望远镜，自带一部电话机，担任前进观测员的任务，向本连报告并校正弹着点。我的望远镜是在孟良崮战役缴获的张灵甫用过的旧物。皮套虽然是后配的显得有些土气，但镜子却是十倍的蔡司真品，右镜还刻有十字分划，团里的观测兵都喜欢瞧一瞧并备加赞美。我立即把望远镜交给了那位观测兵，并对他的建议和勇气予以鼓励。总攻双堆集的战斗胜利结束后，我的望远镜被一位连长送回给我，但是却再也没有见到那位勇敢的观测兵。连长告诉我，他及时报告弹着点并予以修正，使炮击发挥了最好的准确性。他的身影和英勇的事迹永远印记在我的心里。这位青年烈士是炮三团战士的政治素质和战术技术水平迅速发展的最生动的标志。

歼灭了黄维兵团后，陈赓司令员来到我们团的指挥所，他满面红光，意气风发，向我们全团指战员表示了嘉奖和慰勉。我们请陈赓同志提出批评和指示时，他不停地走动和挥拳，以极度兴奋的语调连声地说："打得好！打得好！"后来陈赓司令员还发布了嘉奖令，给炮三团指战员记集体大功一次。

我们赶回参加对杜聿明集团的作战时，解放军前线各步兵纵队都开始进入战前休整，抓紧时间进行整补，教育新解放战士，我们炮兵则不时地被赋予骚扰国民党军、轰击临时机场的任务。后来也协同步兵把国民党军的防线一层层地剥开，解放军的包围圈越来越缩紧。根据我们对碾庄和双堆集的作战经验，总攻陈官庄已为期不远了。

但是出人意料的是，在我们还没有发起总攻前，我一个步兵团从国民党军防御阵地的西北角直插陈官庄，以猛虎掏心之势打乱了杜聿明的指挥体系。中心开花立即引起各处阵地的突破，被饥饿、冰雪和人民解放军强大攻势困迫和震惊而无计可施的几十万国民党军真是兵败如山倒，我步兵从四面八方突入国民党军阵地，国民党军已无有组织抵抗的能力，纷纷缴械投降。我炮兵已无用武之地，我通知各连除留下必要的警戒保护火炮外，凡能机动的人员都组织起来去捉俘虏，搜集炮兵器材，我们炮团也俘获国民党军 500 余人。

（作者时任华东野战军特纵炮三团政委。此文写于 1988 年）

难忘的岁月

——淮海战役战地摄影采访的回忆

杨　玲

▲ 英姿飒爽的战地记者杨玲

1948 年 11 月至 1949 年 1 月，作为华东野战军新华社前线分社的摄影记者，我参加了淮海战役第一、第三阶段的战地采访。

早在此之前，我就随外线出击的华东野战军西兵团——陈（士榘）唐（亮）兵团参加了许昌、漯河战役（1947 年 12 月）、洛阳战役（1948 年 3 月）和解放开封的豫东战役（1948 年 5 至 7 月）。而淮海战役是我在解放战争中参加的最后一次战役，并给我留下了深刻的印象。

在淮海战役中，我一直跟随华东野战军特种兵纵队进行战地采访。1948 年 11 月，我首先参加了位于徐州以东碾庄地区围歼国民党军黄百韬兵团的采访。记得我和特纵文字记者张钊、纪航赶到前沿村庄进行观察时，由于决战双方反复"拉锯"，那里的村庄早已只剩下断壁残垣，我们只好在村边的一个牛栏里歇脚。栏里一边装着草，槽旁拴着牛；一边是露天的粪坑。天寒地冻，我们倒在草堆里休息，时时听着牛的嚼草声，闻着牛粪的味儿。夜幕中，远处不断传来枪炮声，曳光弹在低空划着亮弧，月亮和星星静静地高悬夜空。突然，总攻开始，炮弹像暴雨般向国民党军阵地倾泻，战士们勇猛冲锋，一举攻占碾庄。天亮后，我立即来到战场，先后拍摄了《淮海战场一瞥》《在黄百韬兵团司令的临时指挥部门前，被我军击毁的美式榴弹炮和正在冒烟的炮弹壳》《被我军击毁的军车和击毙的国民党军士兵》，以及《大批俘虏押往后方》等照片。

这次总攻之前，我还有过一次有惊无险的遭遇。当时，我到西边一个小村采访，刚一进村，就碰见国民党军抬着伤员，由北向南迎面而来。起初我以为是新解放的战士，是俘虏抬着俘虏走下战场，正想端起相机，忽然发现后边跟着一群拿着枪的国民党军。情况不妙，我一个箭步闪进老乡的大门隐蔽起来，我为没有拍到"俘虏抬俘虏"而遗憾，但也庆幸自己险些当了"俘虏"。

我的丈夫康矛召当时也在前线，他是新华社华东前线分社社长、华东野战军宣传部副部长、华东野战军特纵炮兵三团政委和第八兵团宣传部副部长。他一直使用着一架向陈毅司令员先"借"后"要"的莱卡三点五镜头的相机（1946年在莱芜战役中缴获）。在这次战斗中，他拍摄了《我炮兵进入阵地》《炮击被我军包围的敌军临时机场》《我炮兵向前进，俘虏向后方送》以及《美联社记者罗尔波在战地采访我解放区群众》等珍贵照片。

1949年1月6日至10日，华东野战军在中原野战军配合下，在永城地区展开了围歼国民党军徐州"剿总"副总司令杜聿明指挥下西逃的邱清泉、李弥两兵团的决战。我于1月9日前半夜得知杜聿明可能乘坦克突围逃窜，便迅速赶到华东野战军特种兵纵队坦克大队，参加追击国民党军的战地采访。当时，国民党军6辆坦克突围逃跑，人民解放军派出4辆坦克执行追击任务，另派两辆卡车运载步兵配合。天未亮，战车出发了，我急忙跳上第二辆坦克，沿着国民党军坦克履带的印迹前进。由于麦田里凹凸不平，坦克颠簸得很厉害。当时正值零下13度的严寒，为了保持安全和身体平衡，我不得不紧握冰冷的铁绊，顿时周身透凉、手指发僵，抓拍时两手几乎拨不动光圈和快门。

这次采访，我先后拍摄了《我坦克曙色中追击敌人》《村头围观的群众喜盈盈指路》《敌人刚过去，你们快追吧！》《完好无损的敌坦克扎上白布条以示投降》《慌不择路的敌坦克栽入沟中》《我军战士追上最后

▲ 村头围观的群众喜盈盈指路

一辆坦克爬上车顶欢呼胜利》以及《新解放的战车手与被俘的战车手因早已相识，重逢后亲切握手》等照片。完整地记录了追歼国民党军 6 辆坦克的全过程。

40 年后，《大众摄影》编辑王大莉采访我时，问起这段不平常的经历："您是当年华东前线唯一的女摄影记者，到前线采访需要更大的勇气吧？"我回答："要有冒险精神！我没有觉得自己是女同志有什么不方便。那时我身体好，穿着一身军装，腰里扎着皮带，打着绑腿，把头发往军帽里一塞，不仔细看，谁也分不清是男是女。再说，战争年月整天想的就是行军打仗拍照片，别的什么也顾不得了。"

我在淮海战役中拍的照片，《华东画报》发表过。新中国成立后，由中国军事博物馆收藏。1994 年 11 月 5 日，康矛召同志病逝，为了了却他生前的夙愿，由我完成了《康矛召、杨玲摄影选集》的编辑出版工作。我俩共同在淮海战役中拍摄的珍贵历史照片，也选入其中。

（作者时任华东野战军政治部、新华社前线分社摄影记者。是前线唯一的女摄影记者。此文写于 1982 年）

对淮海战役中编辑画刊工作的回忆

杨　涵

　　华东野战军（以下简称华野）于 1948 年召开曲阜会议之后，与中原野战军紧密配合（组成总前委），发动淮海战役。当时我任华野文工一团美术股股长，因有创作任务，留在曲阜。到 12 月初，闻徐州解放，随唐亮主任所率领的留守部队进入徐州。我的工作任务是协助华野《人民前线》报社，编辑摄影图片，出版单页画刊。前线摄影记者所拍战地摄影照片，全部交给我，编成四开双面印刷的《淮海战役画刊》。在华野印刷厂制版室，图片编辑划样之后，即刻制版、印刷。根据当时战局发展形势，第一期内容：华野部队进入徐州。徐州市民欢庆解放，进城部队尾追逃跑的国民党军以及他们狼狈不堪。据闻当时各路纵队追击包围杜聿明集团，缺少照片，我用木炭铅笔画了一个追击画面加以补充。第二期内容：战场休整。为瓦解国民党军开展政治攻势，用话筒向国民党军喊话。在战壕中开展文娱活动及火线庆功、火线入党、战地过新年、战前战役演习等。第三期内容：发起总攻。围剿杜聿明集团，突击队逼近陈官庄。生俘杜聿明，击毙邱清泉，多路大批俘虏群，以及缴获榴弹炮等重武器。历时 66 天，歼灭国民党军 55 万余人的淮海战役胜利结束。我的编辑图片工作亦完成。

　　在此编辑工作过程中，徐州街上，日日夜夜很热闹。山东文工团演出《李闯王》，各路部队来来往往经过徐州。遇到从前线下来的华野文工团同志，得知华野文工一团团长沈亚威创作了《淮海战役组歌》。一团音乐股的同志，在战壕中为火线庆功拉提琴。还有文工三团美术股股长王流秋，因俘虏太多，暂任俘虏营营长。

▲ 华野六纵在编印火线报

　　淮海战役胜利结束后，1949 年 2 月中旬，上级下发五角星八一帽徽、"中国人民解放军"胸章。华东野战军已改称中国人民解放军第三野战军。标志着渡江南进，推翻蒋家王朝，解放全中国的前夕，红军、八路军、新四军、野战军，进入正轨的中国人民解放。这是淮海战役胜利的伟大历史意义。

　　40 年之后，由上海教育出版社、上海人民美术出版社出版《淮海战役画册》，纪念淮海战役胜利 40 周年。我亦在图册编委之列，从中看到我在淮海战役第三阶段所编辑过的部分摄影图片，以及我所画的"追击"画面，往事历历在目。在纪念淮海战役 60 周年的时候，写此回忆。

（作者时任华东野战军文工一团美术股股长）

战地拾遗

张子固

1948 年是个不平凡的年头，这年夏季山东大旱，农民们边抗旱边支前。前方捷报频传，当年 9 月 16 日解放大军打济南，只用了 8 天时间，就打开了济南府，活捉了王耀武，解放区一片欢腾。接着又喊出了"先灭黄百韬，再打邱清泉；打开徐州府，活捉刘峙这头猪"的响亮口号。11 月 6 日，淮海大地炮声隆隆，一场古今中外罕见的大战——淮海战役打响了！

当时我在华东军区政治部《华东画报》社任摄影记者，政治部驻在益都（今青州市）城南一个叫贾家庙的村庄里。济南战役胜利结束，我因患了黑热病到驻寿张县的军区后方第一医院治疗，淮海战役打响后，我的病已基本痊愈，赶快出院回到政治部，要求到淮海战役前线采访。领导批准了我的要求，要我到前线后着重采访卫生战线抢救伤病员的事迹，并告知军区第一重伤医院现在徐州以东的新安镇（今新沂市）一带，我领受任务后，立即出发。

路上见闻

冬天的鲁南大地寒风阵阵，白雪皑皑，往年是一片寂寥，今冬却一片欢腾。前方打大仗，后方支前忙，村庄中的小伙子不是参军就是支前，一股脑儿上了前线，村中基本上是妇女当家。解放军队伍来了，她们要组织群众腾房屋、送铺草，还要碾米磨面筹集军粮，缝军衣做军鞋供应前方。就连孩子们也忙得团团转，要站岗放哨监视坏人，还得替村干部跑腿送信当通讯员。我每经过一个村庄就碰到不少人向我打听前方的消息，我告诉他们国民党军的七兵团 12 万人马已经被我们包围了，解放大军正在围歼他们哩！

这天路上，我遇到一支开赴前线的支前民工队伍，他们是从滨北往前方送军鞋的，百多辆小车一辆紧跟一辆，行动起来吱吱嘎嘎听着蛮有节奏，推车的、拉

▲ 胶轮大车满载鞋子运往前方

车的满头大汗，有人干脆脱掉棉衣只穿单褂，迎着寒风日夜赶路。我跟随这支队伍，不时向天空眺望，竖起耳朵向远处探听，防备国民党军飞机的骚扰。走着走着，我忽然被他们的步伐吸引，不觉把两眼紧紧盯在民工们的脚上，天啊，送军鞋的民工自己脚上却不见像样的鞋子，有的人脚上的鞋子已经破烂不堪，只能用带子捆绑起来，有的人连破烂的鞋子也没有，只能用破布把脚包裹起来，那包脚布血污和泥巴混成黑糊糊一团，看起来令人吃惊、痛心。问起来才知道他们已经赶了300多里路了，在这种冰天雪地里长途跋涉，脚上的布鞋很快就烂掉，前方部队正等着这批军鞋，他们只得咬住牙关、忍住双脚的伤痛，日夜兼程赶往前线。不必再问了，一切都清清楚楚，他们车上一麻袋一麻袋装的是军鞋，但那是要送给大军穿的，自己哪怕赤着脚踏着冰雪赶路，谁也绝不动用一双车上的军鞋。这就是老解放区的农民，有这样的人民做后盾，解放军怎能不打胜仗，解放战争民心所向啊！

有一次我在一个小集镇过夜，夜晚的小镇比过年还热闹。十字路口站着一位哨兵，不断挥舞着手中的红、绿小旗，指挥着南下部队前进的道路。民工小车队开过来，每辆车上挂着一盏油灯，远远望去活像正月十五闹龙灯。最惹人注目的是炮兵队伍经过，汽车拖着大炮一辆接一辆，轰隆隆震得街道都在颤抖。小镇上的人们顾不上歇息，成群结队涌向路旁看热闹，你一言，我一语，不停地夸赞大军的威武。这一夜我也兴奋得难以入眠，干脆和房东老大娘加入看热闹的队伍。房东是位军属，她边看边唠叨："俺家的孩子也在解放军队伍上，他现在哪里啊，是不是也在这些过路的大军队伍里？"

重伤医院

又是一个深夜，我靠两只脚终于赶到新安镇。黑洞洞，看不清新安镇是个什么模样，打听着终于在距镇不远的一个村庄中找到军区第一重伤医院。

这里距离西边碾庄围歼国民党军第七兵团的战场约40公里。敌七兵团的4个军（该兵团原有5个军，其中一个军已在窑湾被人民解放军歼灭）分布在碾庄周围二十几个村庄中仍在顽抗，徐州的刘峙、杜

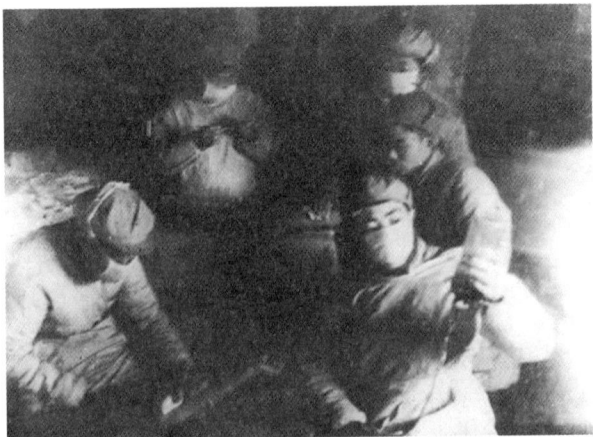

▲ 解放军医务人员日夜为伤员换药治疗

聿明在蒋介石严厉督促下，正组织第二兵团和第十三兵团沿陇海路南北两侧向解放军阻击阵地猛攻，先是用飞机向解放军阵地猛烈轰炸和扫射，继之大炮轰击，然后战车开道步兵跟进与解放军逐村争夺，杀得惊天动地，就是攻不进解放军坚守的大许家。包围圈里的黄百韬能听到西进的枪炮声，却见不到企图前来解围的自家人，只能仰天长叹干瞪眼。这样的大兵团作战自然伤员多，我军的重伤员一批批地被送来重伤医院。

第二天又是一个晴朗的冬日，清晨我由院部向一个所的驻地村庄走去，一进村就发现动人的一幕，在村头一口不大但已结冰的池塘边，医院十几个洗衣班的女兵和几个村庄中的年轻妇女，正敲开薄冰洗濯着染满血污的绷带和伤员们的血衣。多么寒冷的天气，这种季节本来应该把两手揣在棉衣袖中取暖，她们却在冰窟窿里洗濯，她们双手和全身该是一种什么滋味想想就知道了，但她们似乎毫不在乎，在她们冻得发紫的脸蛋上看不到痛苦的模样，看到的是紧张而又愉快的笑容。

这里是新区，新区的老百姓最能分辨是与非、善与恶。国民党军第七兵团的部队曾在这里驻扎过，带给他们的是无穷的祸害；

▲ 在冰天雪地中洗敷料的护士们

解放大军来了，带给他们的是无限的温暖。他们热爱自己的队伍，能做的就是让出最好的房屋给伤员们住，摘下门板给伤员搭床铺，用篮子盛着鸡蛋送给伤员补养身体，到医院帮忙干些力所能及的杂活，他们也成了医院的一分子。

这一带的村庄从早到晚都有从前线送来的伤员，伤员们一下火线就由医院打前站的医务人员进行分类，抬到这里来的都是头部、胸部、腹部、四肢受重伤以及在战地感染上败血症、急性坏疽重症的重伤员。抢救重伤员就是和时间赛跑，抢到一分一秒也许就能挽救一位伤员的性命。民工们为了抢时间，组织的突击队一路上简直是赛跑，日夜轮流在战地上奔波，没有人叫苦，没有人喊累。为了减轻伤员的痛苦，民工们根据伤员受伤的部位调整担架，真是无微不至的关怀。路上伤员要大小便，一时找不到便具，有的民工便用自己盛饭的小瓢为伤员接大小便。天寒地冰怕伤员冻着，有的民工脱下自己身上的棉衣盖在伤员身上，那棉衣虽旧虽破但是一份心意，暖在伤员的心窝。

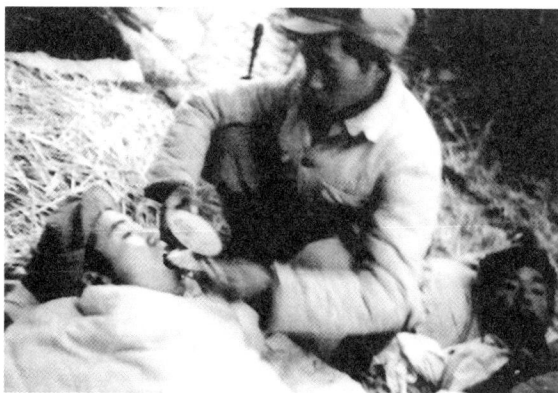

▲ 淮海战役中，招护员宋俱经给伤员喂饭

伤员一批批地送来，医院的所有人员都投入抢救的战斗中，手术室的医生日夜轮流动手术，有人累病了还咬牙坚持在岗位上。我采访过一位招护员名叫娄生（忘记是哪个所了），也就是个十四五岁的孩子，一个人招呼40多个重伤员，从早到晚要给伤员们喂汤喂饭，为伤员们端屎端尿，我曾为他的工作量惊叹，后来发现每个招护员都要招护四五十个伤员，而招护员们都是些十几岁的小兵。护士们要为伤员送药、换药、打针、测体温……这家出、那家进日夜忙碌，夜晚他们一手提灯一手拿药穿梭在村中路上，黑暗中带来瞬间光明，也带来一股暖意。

我曾经看过医生为伤员输血。那时医院没有储存血液的设备，重伤员抬来需要立即输血，医院的工作人员就蜂拥而至排成队伍等待挑选，血型对上号的高高兴兴脸上露出一丝骄意，落选的难免有些沮丧。输血也简单，伤员躺在床上，旁边一张桌子和一把椅子，桌子上摆放着简单的输血工具，捐血者坐在椅子上，伸出已卷好袖子的手臂，抽血者这边抽出血液立即输入那边伤员体内，看着伤员苍白的脸庞渐渐红润，或者在昏迷中苏醒过来时，在场的人谁能不激动！

我曾经在一个病室遇到医院一位名叫徐峻峰的政工干部，老徐是苏北人，开口就是浓郁的苏北腔，他为人诚恳、热情，夜里要我和他挤在一扇门板搭成的床上。那几天的夜晚几乎是我一个人睡觉，深更半夜他经常被叫走，是有伤员过世了，他要去料理后事，看看伤员有什么遗物，等待护理人员为逝者洗洗脸或清洗一遍遗体，然后用白布缠身（少数逝者有棺材），然后才抬到村头墓地埋葬。

徐州解放后，我随重伤一院的人们一起到了徐州，接管了徐州东郊国民党军的装甲兵学校和陆军总医院。这年过了元旦，我又到了徐州以西、黄口以南一个所中，继续我的采访工作。

最后胜利的那天

1949 年 1 月 10 日是个晴天，湛蓝的天空不见一片乌云，更不见雪花飘落，只是阵阵寒风袭人，刮得人脸像被刀割，冻得两足麻木。这天下午村庄像炸开了锅，人们吆喝：大军攻进包围圈了，杜聿明完蛋了！

我听到了这个好消息，立即向包围圈中心地带奔去，这里应该是国民党军第十三兵团的防地。

汽车在燃烧，坦克瘫痪在雪地泥泞中，国民党军的尸体这里一具那里一堆，国民党军伤兵见到人来就拼命喊叫"长官救命！"俘虏们土头灰脸，有的披着破烂的棉被或大衣，无精打采地排着队被解放军或民兵押下战场。讽刺的是，杜聿明手下这 20 多万官兵，原来并不都是熊包，抗战期间第五军曾经鏖战云南、远征缅甸和印度，与日寇几番厮杀，赫赫有名；1946 年内战初起，第八军在山东胶济线上逞能，与解放军屡屡交锋，打得顽强，被山东军民称为"顽八军"。这才过了两三年，蒋介石的这些王牌军怎么这样不经打？道理明摆着，得民心者得天下，失民心者失天下，蒋介石一意孤行，顽固坚持他那个"一个主义、一个党、一个领袖"，妄想称霸天下，最后定会落个兵败如山倒的下场！

猛抬头，只见一个国民党小兵，不，他已经是解放军战士了，因为他身上虽然仍穿着国民党军的军服，但头上戴的是人民解放军的帽子，这就说明他已经参加解放军了。这个小战士瘦削的小个头，冻得红扑扑的小脸蛋，看上去也就十四五岁，他精神饱满，双手端枪，正押解着一队俘虏和他们的眷属从我跟前经过。这孩子许是当年被国民党军抓来的小壮丁，在国民党军中吃尽苦头，一旦获得解放，就变成了另外一个人——一个要报仇雪恨的人民战士，这又说明了人心向背这个道理。这是难得一见的一幅独特风景，只有在解放战争中才能见到。

天渐渐黑下来，得找个地方吃饭和住宿。远远望去，东北角有一高地，高地上有几间房屋，料到那里可能有人民解放军，我便向高地走去。到了目的地，只见几个民兵站岗，走上前一打听，原来这里是暂时收容俘虏军官的处所。亮明身份，民兵放我进去。一进大门，前面是登上高处的一溜台阶，台阶两旁有几间空着的房屋，现在里面正收留着一些俘虏军官。看样子这些俘虏军官官阶并不高，也就是一些尉官，顶多是校官。我正要登台阶，却听到俘虏军官中有人朝我喊叫起来："喂，解放军，你们对我们要怎样处理？"又有一人大声喊道："请问长官，你们的军队谁是嫡系，是林彪还是刘伯承、陈毅？"真是太嚣张了，我厉声回答他："我们解放军都是中国人民的军队，没有什么嫡系、杂牌，若是和你们一样也分什么嫡系、杂牌的话，你们今天也不会作俘虏了！"我窝着一肚子火，心里明白，这些蒋家王牌军依然顽固，当了俘虏还这样嚣张，要改造这些家伙确实得下工夫！懂得这些家伙不怕解放军，知道人民解放军讲俘虏政策，不打骂俘虏，他们却怕民兵，惹火了说不定要挨几个耳光。我回头又走到门口，对民兵们说："里边关的这些家伙不老实，还在捣蛋，你们去教训教训他们！"一个民兵气呼呼跟着我走进来，朝着这些俘虏厉声喊道："怎么着，还不服气是不是？谁要是不服气站出来，咱们再较量较量！"果然奏效，这些家伙一个个缩起头来，装聋作哑，谁也不敢捣蛋了。

晚餐是这个单位的领导交代炊事员给我煮的一碗面条，在当时淮海战场上能吃上这么一碗热面条当真不容易。我正埋头吃着，忽然听见隔壁房中有女人的哭泣声，一打听，原来那间屋里暂时住着一位从包围圈里逃出来的年轻妇女，正等待遣送。出于职业本能，餐后我便去找她，打听一下她的经历。

一盏油灯照明，我看见这个妇女身上披着一件人民解放军棉军衣，围着一床人民解放军的棉被，依偎在床头，两眼仍散发着惊恐、疑惑的目光。问她的经历，她吞吞吐吐，欲言又止；再三动员，才断断续续地说起来，但仍然有保留。

原来她是连云港一个商人的女儿，已经结婚，丈夫是个小学教员。11月5日（她不记得这样清楚，是我计算的）深更半夜，连云港和海州忽然像塌了天，保甲长们挨家挨户敲门通知，解放军打过来了，驻军（应该是国民党军第四十四军）

明天天亮就要开拔撤往徐州，
要百姓们赶快收拾一下家中财
物，准备明晨跟随军队撤退，
不走的自己负责，共产党来了
要"共产共妻"。他父母说什
么也不愿离开这个家，只是催
促他们夫妻赶快收拾一些金银
首饰背个小包袱，又烙上一些
饼准备路上充饥，叫他们跟着
军队逃跑。第二天天亮后他们

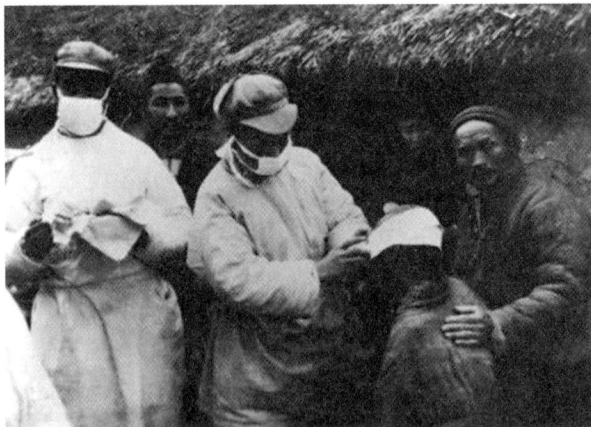

▲ 解放军医务人员给战地老百姓医治伤病

果然跟着军队上了撤退之路，一路上谁也顾不上谁，吵吵闹闹呼爹唤娘，好不容
易逃到新安镇，再跟着大部队往西撤，不顾死活地好不容易挤过运河上的铁路桥，
解放军对这些百姓倒不拦阻，放他们逃到徐州。在徐州提心吊胆住了十几天，忽
然听说碾庄的 10 万国民党军被解放军全部消灭了，徐州的 30 万军队又要跑，再
跟着军队往西逃去，不到 100 里又被解放军包围起来。这下惨了，包围圈成了活
地狱，什么稀奇古怪的事情都发生了，村庄都被军队占领，连他们的伤兵都被抛
在荒郊雪地。那些当兵的没有吃的杀军马，军马吃光掘地捉老鼠吃。逢上晴天南
京派飞机来空投粮食，为了抢粮食互相开火，顾不上都是一家人了。没有东西烤
火，把人家的坟墓挖开，扒出棺材劈开来烧。跟着逃来的老百姓更是走投无路，
在野外挖个地窖，上面用破布、枯草，最好的是降落伞遮挡起来，蹲在里面御风雪。
为了活命，一枚小元宝能换个罐头或者一块大饼……说到这里，我问她你们夫妻
是怎样挺过来的？她停顿一下，有气无力地告诉我：有一天又是飞机来空投，她丈
夫为了活命，也跟在军队后头去抢粮食，好不容易抢到一袋米，正高高兴兴地抱
着这袋米往回跑，"啪"的一声，有人开枪将他打死，他就这样做了个饿死鬼！

她哭哭啼啼地说着，越说越激动，索性一股脑把肚子里的苦水都吐出来才痛
快。接着说，有一天，忽然传说国民党军在包围圈的东北角放开一个口子，老百
姓要想活命可以从那个口子逃出去，这真是天大的喜讯，她跟着一群人拥到那个
出口。几个当兵的嬉皮笑脸地把她围起来，说是要搜查她有没有把吃的东西带出
去，硬把她拖到一个帐篷里……她停顿一下，咬牙切齿地骂起来，"共产党是救星，
国民党那些害人精才共产共妻！"听完这个女人的哭诉，我更增加了对包围圈的

了解，蒋家王朝覆灭时，竟演出这么一幕世上罕见的丑剧。

淮海战役胜利 60 年了，60 年来那场大战的情景常常在我眼前重现，我忘不了那些支前的民工。陈毅元帅说的那句话：淮海战役的胜利，是山东人民用小车推出来的！常常在我耳畔萦绕；我忘不了重伤医院那一幕幕救死扶伤的感人情景；忘不了那个持枪押送俘虏的小解放战士；也忘不了那个遭受横祸的妇女……都是老早以前的事情了，但又和今天分不开，正是中国共产党领导全国人民推翻了国民党政府，推倒三座大山，才有我们幸福的今天。

（作者时任华东军区政治部《华东画报》摄影记者）

包围圈内的众生相

——淮海战场一角

丁　固

　　那是 1949 年 1 月初，正当淮海战役第三阶段最后决战前夕，记者来到第十一纵队第三十一旅前线指挥所，旅长朱云谦每天清晨接到新战报之后，便拿起铅笔在作战地图上把被人民解放军包围的位置用红细线标出一个个箭头。目前国民党军徐州"剿总"副总司令杜聿明率邱（清泉）、李（弥）两个兵团，被人民解放军紧紧围困在永城东北以陈官庄为中心的狭窄地带。他们数次夺路南逃，均遭惨败。每次缴获的战利品数量以及国民党军伤亡、被俘的数字不断报来，每打退国民党军一次突围，便相应增加。

　　人民解放军四面夹击，10 天以来，夺得村镇百余处，大大缩小了包围圈。双方相距越来越近。解放军有些交通壕挖到离国民党军工事只有几十米的地方。国民党军 30 万，现被困在东西 20 里、南北 10 里、村庄 70 余座的狭窄空间。

　　国民党军撤离徐州时，携带 7 天口粮，早已吃光。部队被打得七零八落，混乱不堪，弹药装备奇缺；数九寒冬，冰天雪地，士气低落，官兵厌战。

　　为了配合平津战役，总前委遵照中央军委指示决定在战地休整 20 天。人民解放军在施以强大军事压力的同时，展开了声势浩大的政治攻势。第十一纵队各部队普遍建立了政治攻势小组。运用广播、传单、喊话、送"救命袋"（内装饼干、馒头、炒面等）、"来归证"以及遣送俘虏到国民党军内部策反等形式，广泛开展"攻心战"，致使国民党军士兵纷纷向我倒戈。

　　面对这一战局，困兽犹斗的国民党军高级指挥官，恨不能插上翅膀跳出包围圈。解放军报务员截获了蒋介石发给杜聿明的简短电文，内容是要求他坚持下去，即可助他们打开道路，速做好接应准备……据逃跑过来的国民党军下级官兵说：这电文在连班也有流传，但除了一些傻瓜信这套，大家只是苦笑而已。当大官的最头痛的是部队自杀、逃跑的事件越来越多。几天前，第七十二军第二三三师的"督战队"指挥官还逮捕了几个企图逃跑的上等兵。国民党军士兵还私下买卖解放军发的"来归证"，而且还有定价：一张"来归证"的价格为一至二块银元，或一份面包口粮，或一桶肉罐头，甚至一包大前门牌的香烟。

求生怕死、悲观厌战的情绪笼罩着国民党军整个军营。下级官兵如此，中高级军官更明白，他们在这场决战中只能是以卵击石，百般无奈地熬着末日将临的命运。在一次解放军突袭国民党军的战斗中，记者在国民党军的一个掩蔽部里捡到国民党军第七十二军二三三师少将师长徐华的日记本。他在 12 月 16 日的日记上哀叹："现在我们已掉进深渊。在这兵荒马乱、死气沉沉的荒野地面上，草木、人民、食物，全已耗尽无存……""前线作战已进入第 16 日了，伤亡问题、粮弹问题、燃料问题之严重，日重一日。"12 月 22 日，他又写道："食粮日渐恐慌。剩马三匹，分给各团一匹，令其杀食。这样下去出路何在？真伤之至也！"26 日，他在日记中叙述逃兵日益增多的情况时又写道："现在人心锁不住，向敌方跑的人不断增加，今夜又是 100 余人。"

国民党军被围困期间，人民解放军神炮手大显神威，他们把国民党军的每个军事目标都控制在自己火炮的口袋里，指到哪里打到哪里。国民党军一听到我炮击声，就惊恐万状。国民党军师长徐华在 12 月中旬的一天的日记上这样写："早起，刚洗漱完毕，一阵阵炮弹呼啸而来，这是一二二师攻击失败，伤亡数百余人，他们撤回原地，又遭到敌人更猛烈的炮火轰击，伤亡 300 余名。这炮弹像长了眼睛一样，打得我们无法回击，只好每天蜷缩在掩蔽部里生活。"

这个师长的日记只是反映了淮海战役第三阶段一角的点点滴滴的情景，而从整个包围圈内来看，国民党军更是一片凄凉。约从 12 月 20 日起，突然刮起大风雪，每天冻死、饿死和被人民解放军枪炮打死者难计其数。用国民党军的话来讲："最后这几天，是非常可怕的。"士兵们已筋疲力尽，万念俱灰，个个饥肠辘辘，酷寒刺骨。为了烤火取暖，他们把民房拆光，树木锯光，坟地的棺材板挖光。为了填肚皮，他们把群众的粮食、蔬菜和牲畜、家禽吃光，即使猫狗和田鼠也不放过。这些国民党军，好像一群群满地飞的蝗虫，他们一闯到哪里，只要找到能吃的东西，立即吃得一干二净。他们把牛马打死之后，随即砍开或撕成块，就在当地点起火堆，没等烤熟便狼吞虎咽地啃起来。能活蹦乱跳抢到东西吃的人，总算幸运，而那些躺着不能动弹的病号、伤员，不知活活饿死多少。据缴获国民党军的一份内部文件透露：在 12 月最后几天，国民党军"剿总"野战医院的伤员，因受冻挨饿接连死了 580 多名。国民党军十三兵团医院由于同样的原因，一夜之间也死了 200 多名。

在包围圈内有一个国民党军的临时机场。在被围困的最后几天，国民党军全靠运输机来运送物资。大风雪使得这些沉重的运输机常常不能按预定日期起飞。但是逢到好天气，总有排成一行一行的飞机来空投。因兵多，空投物资有限，各部常常为争夺空投物资而发生格斗，自相残杀。12 月 25 日，正是久雪初晴的好天。国民党军第八军第四十二师第一二五团三营争先占领了机场，第九军的一部也当即赶到，双方对峙，互不相让。当空投的一个个食物箱徐徐飘落时，他们双方都像一群群饿狼，纷纷飞奔向前，跃身猛扑上去，你抢我夺，纠缠一起，难分难解。最后，他们动用刀枪实弹展开厮杀，结果两败俱伤，近百人的生命呜呼哀哉。

国民党军对内是如此穷凶极恶地互相残杀，而对人民群众更是灭绝人性疯狂迫害。在人民解放军的一次反击战中，记者巡察刚被解放军夺回的原国民党军防守的村庄时，四处一片悲惨的哭声，有的抬着被敌人枪杀的亲人尸体，有的寻找被国民党军裹胁去的儿女。这个村叫宋庄，原来有 30 多户人家，现在没有一幢完好的房子，树木全被放火烧光。住在庄子前边的居民宋理娣全家老小在哭天嚎地地哭诉。原来，横躺在一个弹坑旁的是他 50 多岁的母亲的尸体。邻居讲述了他老母亲被杀害的经过。昨天傍晚，几个国民党军官兵逃跑前撞到这个老人的残墙断壁的破屋里，抢棉被，找东西吃。其中有一个家伙，发现地窖里藏着点口粮和衣服，顺手就抢，并凶残地对老人拳打脚踢。邻居听到老人的呼救声。老母亲拼命反抗，咬着那个人的手。那个家伙便开枪打死了她。为了掩盖罪行，他们就把她的尸体扔到炮弹坑旁，说是被"敌人"（指人民解放军）乱炮打死的。"万恶的暴徒！"痛哭流涕的宋理娣把牙齿咬得咯咯响，声音嘶哑地说："等着瞧吧！我们大军（指人民解放军）会跟你们这些披着人皮的野兽算账的！"

接着，我们记者来到了离这里不远的陈官庄。这个庄 120 余户人家，原有 600 余人口，现所剩无几。战前留在庄上的 100 多个青壮年全被国民党军强迫当兵或做战勤工作，现在生死都不知道。自从国民党军占据这个村庄后，许多居民全家老小都被赶在外面冰天雪地上，吃无粮、睡无床、住无房。他们便挤靠在自己挖的土洞里，煎熬着苦难的日子，其中不少老幼、体弱的人受冻饿而死亡。庄上 63 岁的陈三英老汉，天天被荷枪实弹的国民党军押着挑水、修工事，稍不顺从，就

▲ 包围圈里的杜聿明集团弹尽粮绝，士兵靠麦苗树皮度日。此系李楼附近被扒去树皮的榆树

遭到毒打。他脱下棉衣露出身上的伤痕，愤慨地说："这些匪徒烧杀、奸淫、抢劫，什么坏事都干得出。"说到这里，他跺着脚，手指着身边的一个衣服褴褛、面黄肌瘦的小女孩说："天呀！叫这些狼心狗肺的坏蛋不得好死呀，他们把我们老百姓害苦啦，连我这个 11 岁的小孙女也被糟蹋得不像人了。"

在这段时间，庄内庄外许多群众纷纷赶来，向人民解放军指战员滔滔不绝地控诉国民党军的暴行。越控诉对国民党军越仇恨，要消灭国民党军的情绪越激昂。他们有的跪着哀求，有的哭着叙说，也有的攥着拳头呐喊，千言万语汇成一句话："为了报仇雪恨，为了平平安安活下去，请求大军对包围的敌人，快些发起总攻！"

在人民共同的渴望、人民解放军总前委的正确决策下，1949 年 1 月 6 日按时发起总攻。霎时万箭齐发、千炮轰鸣，一刻不断，犹如山崩地裂。一条条火龙不断在国民党军阵地上空飞舞，爆炸的烟柱宛如大片棕褐色的树林，摇摇摆摆地升腾在国民党军工事的上方。随后，炮轰加剧，步兵在重炮火网的掩护下开始冲锋，以雷霆万钧之势席卷整个国民党军军营，连续苦战四昼夜，杜聿明被俘，邱、李、孙 3 个兵团全部被歼灭。

在总攻中，记者跟随第十一纵队主攻部队进入包围圈内。我们看到国民党军最前沿的防御地带，第一道战壕，第二、第三道……火力点、掩蔽部、机枪巢、装甲阵地和炮垒，以及一切国民党军可能集中的地方，几乎全被人民解放军强大的炮火摧毁。

黎明时分，记者冒雪走访战场，沿着炮弹炸的沟壑，艰难地穿过耿庄。这个村庄相当大，村中一些地方被破坏得很厉害，几乎成了废墟，房前屋后弹坑累累。树木被炮火连根拔起，挡撑篱笆墙的碗口粗的木桩被弹片击成碎片。在淮海战役第二阶段的后期，国民党军曾在 10 架飞机和 6 辆坦克的掩护下，连续向这里发起 4 次集团式的冲锋，以死伤被俘 1000 余人的代价，企图突围，仍未得逞。

离耿庄不远的是李楼、徐小凹、鲁楼等村庄，第十一纵队各部在攻击这些村落的战斗中，采取了断其后路、神速迂回、勇猛穿插、大胆分割等战法，很快就使国民党军的防御体系全面崩溃，一批批混乱不堪的国民党军都成了惊弓之鸟。人民解放军第九十三团一连七班副班长袁强和战士王开元孤胆追击，勇猛机智地歼灭李楼溃败的国民党军一个连，活捉 60 余人。在这总攻的战场一角，到处见到国民党军的仓皇溃败的迹象：阵地上丢散着许多被炮火打坏的机枪、自动步枪、小口径炮和几辆装甲车，在靠近阵地的一些村庄边、大路旁、河坝上，还有纸牌、女人照片、家信、卷宗文件、金圆券……更引人注目的是除了国民党军的尸骸狼藉，还有数不胜数的断胳膊、瘸腿的国民党军伤员，他们在地上爬着、滚着，不断发出怨恨声、咒骂声和沉重的喘气声。

国民党军除了被打死的外，活着的全部被俘，排成长龙磨磨蹭蹭在好几条大道上走着。这些从包围圈的一线战场被押送到后方的俘虏队伍，一眼望不到头，几路加起来，少说也有八九里。他们没精打采，耸肩缩脖，耷拉着脑袋，由于疲劳和饥饿而走得摇摇晃晃。一个个身上棉衣破烂，肮脏不堪，有的披着军毯，有的披着各色各样的降落伞，戴着大檐帽的军官抱着哇哇哭的小孩，或是扶着烫发和穿着旗袍的时髦太太。我们记者恰巧遇到第十一纵"俘管队"的几个干部战士，手持自动枪正押送着数百名俘虏在一个村庄上休息。不一会，住在这个村子的人民解放军一个连队开中午饭，一大桶热气腾腾的米饭，把俘虏们馋得垂涎欲滴，结果一哄而起，你一碗我一碗，抢得精光。押送的战士告诉俘虏："到了后方，一定让你们吃饱穿暖，愿意回家的还发路费和通行证。"当即，被俘的国民党军第七十二军一百团的一个文书抓起头上的大檐帽往地上一扔，气冲冲地说："再不替老头子（指蒋介石）卖命了，还是干解放军好！"随后，这群俘虏又上了路继续走，押送他们的几个干部战士却凑在一起，一面抽烟，一面谈笑，走在俘虏队伍最后。这当然是违反上级要求的，若按规定，他们应荷枪实弹走在队伍两侧，每隔几步距离还必须有一人严密监视。但这次和以前情况大不一样，俘虏一蹶不振，在刚刚结束的战役中已经担惊受怕够了，仍心有余悸，就怕漏单走后会饿死或被老百姓打死，如果你叫他们离开也不会有人走。再说，他们还能逃到哪里呢？难道从这个包围圈逃到另一个包围圈里去吗？

记者旁听了对被俘的国民党军六九八团上校团长叶杰祥的审问。这个国民党军上校黝黑憔悴的脸上，仍然显出一些恐惧的神色。他说："你们的炮火简直像强烈地震一样惊天动地。你们集中的兵力很强大，我们早就知道的。但我们相信，

▲ 被俘的国民党军伤兵列队前往解放军野战医院治疗

仅仅是步兵和小口径炮而已。没有料到你们全线集中这么多的大口径炮火，突然铺天盖地地倾泻过来。因为我们部队人多地窄，如此密集，每一发炮弹都能炸死几个，绝无虚发。所以我们全线防御体系很快垮了。"

"难道你们事先就没有想到将会全军覆灭吗？"人民解放军同志问。这位上校国民党军团长似乎有些羞于启齿，愣了愣，话匣子又打开了。他毕恭毕敬，双手放在膝盖上，带着埋怨和气愤的情绪说："由于老头子（指蒋介石）指挥无能，几十万人被贵军关在包围圈内，已处于内无粮草，外无救兵，四面楚歌的绝境。杜聿明曾传来命令，要将士们为党国效忠，豁出命来也要打开一条胜利的道路。可我经过这淮海战役开始的几次恶战之后，总想，再打下去必定是凶多吉少。什么'豁出命来打开胜利道路'，都快要冻死、饿死了，还能打开什么道路。够了，我现在已经脱离了这场赌博，庆幸自己还活着，心里很高兴。现在看，在这场赌博中开出的每一个砝码和我们押的砝码都对不上号。"

这个国民党军团长原率所部驻守在李楼，在人民解放军发起总攻的前一天，他在几个关系亲近的下级军官面前说："现在上天无路，入地无门，我自己也难保。你们各找出路，不然也是冻死、饿死、打死，反正是死，我救不了兄弟们。"所以，他们每人都藏了一套便衣，准备随时换装逃命。1949 年 1 月 6 日 15 时，我军突破李楼前沿阵地后，叶杰祥带领一个连逃跑未遂，就只好乖乖举手当了俘虏。

（作者时任新华社华东野战军第十一纵队支社书记）